LA VÉRITÉ
SUR L'EXPÉDITION
D'ALGER

Amar Hamdani

LA VÉRITÉ SUR L'EXPÉDITION D'ALGER

BALLAND

A la mémoire de mon aïeul,
Hadj Saïd,
tombé au combat de Sidi-Fredj
en juin 1830.

SOMMAIRE

AVANT-PROPOS

En juin 1830, un corps expéditionnaire français, fort de plus de 35 000 hommes, débarquait sur les plages de Sidi-Ferruch, à une trentaine de kilomètres à l'ouest d'Alger. Trois semaines plus tard, la capitale algérienne capitulait. A l'origine de cette agression, et la justifiant, selon les historiens coloniaux, il y aurait eu le fameux « coup d'éventail » donné par le dey Hussein à Pierre Deval, consul de France.

La connaissance de cet événement, si important par ses conséquences, est étrangement elliptique. L'imaginaire populaire (français et algérien) a comme comprimé le temps : entre le geste malencontreux du dey et le début des démêlés de la France avec Abd el-Kader, on a l'impression qu'il ne s'est passé que quelques mois. Or le coup d'éventail date de 1827 et l'émergence d'Abd el-Kader de 1833-34. Sept années s'étaient écoulées, soit presque la durée de la Guerre d'Algérie, et plus que celle de la Seconde Guerre mondiale ! Mieux encore, l'expédition de 1830, présentée comme une punition pour venger l'outrage subi par le consul de France, fut rien moins qu'un acte spontané puisque la réaction survint trois ans après l'insulte. Voilà qui diminue singulièrement la crédibilité de la justification traditionnelle de l'expédition.

Il faut donc chercher des raisons plus profondes à la détermination du gouvernement de Charles X. Les historiens de la Conquête ont évoqué, parfois, la compétition ou la « rivalité coloniale franco-anglaise ». Mais c'est restreindre le contexte international dans lequel s'inscrivit la guerre contre le dey d'Alger. Tombée de sa position de première puissance mondiale après l'aventure napoléonienne, la France tentait depuis 1820 de reconquérir son rang. Cette préoccupation fut-elle sans influence sur les rapports franco-algériens ?

Un aspect de la crise de 1830, négligé à tort, est la dimension « franco-française » de l'affaire d'Alger. Charles X voulait, par-dessus tout, ressusciter la monarchie absolue. Il se heurtait à une opinion publique et à une élite politique qui avaient goûté aux délices de la démocratie parlementaire (celle-ci fut plus étendue que ne le suggérerait le système censitaire). Pour gagner cette bataille intérieure, où le sort de la Couronne était en jeu, le roi et son président du Conseil, le prince de Polignac, pensèrent qu'ils porteraient un coup fatal à l'opposition libérale grâce à une victoire à Alger. Celle-ci procurerait, en outre, un immense trésor qui arriverait à point nommé pour renflouer les caisses du souverain... Aussi l'opposition, pressentant les arrière-pensées du pouvoir, combattit-elle le projet d'expédition.

En nous attaquant à ce sujet, (les véritables causes de la guerre contre Alger), nous avions conscience de bousculer inévitablement certaines croyances tenues pour des certitudes, ou même de froisser des susceptibilités. Nous rencontrerions, du reste, les mêmes difficultés pour tous les autres aspects de l'histoire coloniale. Jusqu'à une date récente, celle-ci était le monopole des anciennes puissances dominatrices européennes, qui se sont ingéniées à y présenter des peuples dominés une image presque toujours déformée, voire dénaturée. Depuis leur indépendance, ces peuples ont entrepris de se saisir de leur histoire propre, ne fût-ce que pour corriger cette image peu flatteuse et surtout inexacte. Il existe bien une sorte de bataille larvée entre anciens colonisés et colonisateurs autour d'un passé commun conflictuel, qui met les passions à vif. Que l'ex-dominé ose jeter le doute sur la vérité historique claironnée par l'ex-dominateur, il s'attire aussitôt les foudres de ce dernier, se fait traiter d'arrogant ! Inversement, lorsque l'ancien puissant persiste, de bonne ou de mauvaise foi, dans des certitudes anachroniques, on le taxe de néo-colonialisme. Indubitablement, les rancœurs et une certaine nostalgie malsaine, fruits de la cohabitation sous le régime colonial, empoisonnent le dialogue entre les « métropoles » et leurs anciennes « possessions ». Une histoire sereine et aussi précise que possible, dépouillée de toute passion sinon celle de la vérité des faits, devrait donc, croyons-nous, contribuer à une meilleure compréhension. Mais est-elle seulement possible ?

On serait tenté de répondre par la négative, à examiner les matériaux à la disposition de l'historien (documents d'archives, mémoires, études, etc.) : ces sources sont presque exclusivement européennes. D'un côté, il y a pléthore ; de l'autre, pénurie. Les méfaits du monopole et de la surabondance d'information sont bien connus : c'est principalement la « manipulation » des événements. En outre, un fait inexact, voire un mensonge, répété par de nombreux « témoins » et amplifié par des historiens peu scrupuleux, finit par acquérir l'apparence d'une vérité... Bien des légendes n'ont pas d'autre origine. La pénurie d'information peut conduire à des excès tout aussi déplorables. L'historien ex-colonisé est fortement sollicité de se livrer à ce que nous appellerions une « histoire militante ». Il s'agirait de pallier l'insuffisance de la documentation autochtone par des allégations ou des supputations ne reposant sur rien. Ce procédé aboutirait à la fabrication de nouvelles images d'Épinal qui ne vaudraient guère mieux que les anciennes !

Mais cette double approche de l'histoire coloniale, qui consiste à opposer deux blocs, colonisateurs et colonisés, relève du manichéisme le plus simpliste et d'une méconnaissance de la documentation. Le monde colonial n'était pas uniformément « mauvais », et l'on ne doit pas confondre littérature coloniale, circonstancielle et partisane sans aucun doute, et documentation de première main, infiniment plus nuancée et souvent d'une objectivité méritoire. Avec sa pertinence habituelle, le professeur Ch.-A. Julien a déjà souligné combien « le contraste est grand entre la liberté de jugement des historiens de la Monarchie de Juillet et même du Second Empire et la prudence ou le conformisme de ceux de la IIIe République ». Des faits essentiels, mentionnés par des témoins ou des historiens français, au début de la Conquête, furent purement et simplement éliminés par d'autres historiens plus tard. C'est que, entre-temps, l'idéologie (en l'occurrence colonialiste) avait gangrené l'Histoire en tant que science soucieuse de vérité.

Le fait essentiel demeure, cependant : la documentation de première main existe, qui autorise une connaissance sérieuse des réalités coloniales, débarrassées de la gangue légendaire qu'un siècle et demi d'« histoires » leur a appliquée pour les travestir. C'est à ces sources qu'il convient d'avoir recours. Voilà pourquoi aussi, au lieu d'un récit linéaire qui suppose toujours un minimum de crédulité de la part du lecteur, nous avons choisi ici la méthode de l'enquête. Chaque fait avancé est étayé par des archives, des témoignages contradictoires, d'origine française le plus souvent. Nous nous sommes effacé devant ces documents, que nous reproduisons tels quels, avec les préjugés de l'époque, sans en changer ni le style ni même l'orthographe. Au lecteur de juger sur pièces.

INTRODUCTION

L'Algérie « turque »

Désignée communément par les auteurs européens sous le nom de « Régence d'Alger », et formant avec Tunis et Tripoli le fameux trio des « régences barbaresques », l'Algérie d'avant la conquête française jouissait d'un statut juridique équivoque. Si elle appartenait incontestablement à la mouvance de l'empire ottoman, elle avait des liens avec la Sublime Porte qui échappent à toute définition catégorique : était-elle, comme le soutiennent certains historiens, une colonie turque ? Ou bien une province ottomane dirigée par un « régent », nommé par le Sultan ? Ou encore un État indépendant qui entretenait de vagues liens de vassalité avec Istanbul ? Paradoxalement, le statut de l'Algérie turque se présentait comme un « cocktail » de tout cela ! Cette ambiguïté, qui devait être fatale au pays, fut le résultat de trois siècles de *présence,* plus que de *domination,* ottomane.

L'histoire de l'Algérie « sous les Turcs » commença au début du XVIe siècle. A cette époque, les puissances dominantes étaient l'Espagne (et dans une moindre mesure le Portugal) dans l'Ouest méditerranéen, et l'empire ottoman à l'est. La Grenade maure venait de tomber en 1492, l'année du voyage de découverte de l'Amérique. Face à l'irrésistible ascension de l'Espagne des Rois Catholiques, les dynasties maghrébines étaient en décadence depuis déjà un siècle et demi, et donc incapables de contenir la poussée ibérique et chrétienne. Dans le Maghreb médian, c'est-à-dire le territoire algérien, il n'y avait même plus de pouvoir central : les émirs de Tlemcen ne régnaient plus que sur un minuscule territoire, le reste du pays étant morcelé en une multitude de petits royaumes plus ou moins indépendants.

Or, dans la foulée de la *Reconquista,* les flottes espagnoles se lancèrent à l'assaut des villes côtières d'Algérie et de Tunisie, proies faciles et mal défendues. Oran, Mers el-Kébir, Bougie, Djidjelli, Bône, etc., furent conquis en quelques campagnes fulgurantes. Alger dut céder sous la contrainte un îlot situé à quelques encâblures de ses remparts. Les Espagnols y édifièrent rapidement une forteresse, le *Peñon,* d'où ils tenaient sous le feu de leurs canons le port et la ville.

Quelques années après ces événements, parurent en Méditerranée occidentale les premières flottilles corsaires turques. Arborant le pavillon de l'Islam, indissociable de l'étendard ottoman, ces corsaires et aventuriers furent accueillis au Maghreb avec soulagement, à un moment où y affluaient par milliers les victimes andalouses (musulmans et juifs) de l'Inquisition : la confrontation hispano-turque prit l'allure d'une double croisade, en quelque sorte.

Parmi les corsaires turcs, deux s'étaient tout particulièrement signalés par leur audace et leurs succès contre l'Infidèle : c'étaient les « frères Barberousse », Arroudj et Kheireddine. Ils réussirent à s'emparer de Djidjelli d'où ils chassèrent les Espagnols, et y établirent leur base. Informés de cette victoire musulmane, les notables d'Alger dépêchèrent des émissaires auprès d'Arroudj pour le supplier de venir au secours de la ville, de la délivrer de la menace espagnole en détruisant le Peñon. Arroudj accourut aussitôt... et commença par faire étrangler Salim, le cheikh d'Alger ! Puis il se fit proclamer sultan et entreprit d'élargir son « royaume », sans s'attaquer à la forteresse espagnole. Conquérant successivement Miliana, Médéa et Ténès, il se dirigea vers Tlemcen où la population, à son approche, s'était soulevée contre l'émir local zayyanide. Mais ce dernier s'allia aux Espagnols d'Oran. Abandonné par une partie de ses partisans, Arroudj fut acculé à la retraite ; rejoint et assiégé, il fut tué après une héroïque résistance.

Dès que ces événements furent connus à Istanbul, Soliman le Magnifique, conscient de l'enjeu maghrébin, décida de donner une impulsion décisive à l'implantation turque dans l'Ouest méditerranéen. Il accorda au survivant des frères Barberousse, Kheireddine, le titre de pacha beylerbey (bey de tous les beys) pour régner en son nom sur l'Occident musulman. Pour appuyer ce nouveau pouvoir, Kheireddine reçut une armée de six mille hommes, de l'artillerie et une imposante flottille fortement armée pour la guerre de course. Le pacha débarqua à Alger et attaqua aussitôt le Peñon qu'il détruisit malgré une formidable résistance de la garnison espagnole. Puis il reprit la politique de « reconquête » de son frère, expulsant les Espagnols de toutes les places, sauf Oran, (qui ne sera repris qu'en 1792). Parallèlement, Kheireddine soumit à son autorité les chefs locaux. Le pays prit le nom de « Régence d'Alger », avec un gouvernement central siégeant dans la capitale. Les frontières à l'est et à l'ouest, déjà esquissées au cours des siècles précédents, se stabilisèrent et ne devaient plus subir de changement notable jusqu'à nos jours.

Le système de « domination » mis en place par les Turcs mérite d'être brièvement rappelé. Ce ne fut à aucun moment un style de gouvernement comparable aux modèles coloniaux européens. Vue d'Istanbul, la Régence d'Alger était perçue comme une base avancée du dispositif militaire ottoman : c'est pourquoi la présence et l'administration turques eurent toujours un caractère militaire. Point de colons, point de transfert de populations civiles d'Asie mineure en Afrique du Nord. Pour les mêmes raisons, les Algériens furent systématiquement écartés du pouvoir, puisque la défense de la Régence était une affaire exclusivement turque ; son gouvernement devait l'être aussi ! Ainsi, dès le milieu du XVIe siècle, il y avait rupture de fait entre pouvoir étatique et société en Algérie [1]. Tandis qu'au Maroc les dynasties locales assuraient la cohésion « nationale », qu'en Tunisie l'élément turc parvenait à fusionner avec l'autochtone (dynastie husseinite), les Ottomans d'Alger s'ingénièrent à vivre en vase clos, interdisant toute intégration à la société indigène.

La minorité turque se composait de troupes de janissaires recrutés en Anatolie et de corsaires d'origines fort diverses. Janissaires et corsaires se complétaient admirablement. La course, favorisée par l'état de guerre permanent qui régna en Méditerranée du XVIe au XIXe siècle, rapportait d'énormes butins à la *Taifa des Rais,* ou corporation des corsaires : ces butins trouvaient un refuge inexpugnable dans *Alger-la-bien-gardée* des janissaires ! Bientôt, au « couple » corsaires-janissaires s'agrégea un troisième partenaire, les négociants juifs, chargés d'écouler les marchandises saisies et de négocier les rançons des chrétiens capturés... Cette fructueuse activité maritime, que ses promoteurs ne manquaient pas de présenter comme une des formes de la guerre contre l'Infidèle, détermina les orientations fondamentales du destin de l'Algérie turque :

- Le pays fut déclaré « Dar Al-Djihad », ou « territoire de guerre sainte », et demeura tel jusqu'à la fin de la domination ottomane [2]. Ce subterfuge permit aux Turcs de s'assurer une neutralité relative des cheikhs algériens qui ne pouvaient soulever les populations contre les « défenseurs de la Foi », rempart contre les visées chrétiennes ! En trois siècles, l'Algérie ne connut aucune révolte d'envergure...

- Jusqu'à la fin du XVIIIe siècle, les Ottomans se tournèrent presque exclusivement vers la mer, source essentielle de leur richesse. L'intérieur du pays fut négligé et abandonné à une anarchie endémique qui accentua la décadence économique et culturelle et empêcha la formation d'une conscience nationale.

- La nécessité d'écouler aux meilleurs prix les produits de la course contraignit les Turcs d'Alger à s'allier aux grandes familles de négociants juifs : le commerce extérieur de la Régence glissera irrésistiblement vers ces derniers qui surent habilement s'en assurer un quasi-monopole et en tirer un pouvoir politique occulte.

- Au nom de l'efficacité militaire du Djihad, le recrutement militaire se fit désormais sur une base strictement raciale. Consciemment ou non, au début, Istanbul considéra que les Algériens avaient démontré leur incapacité à défendre le sol musulman contre la chrétienté. Cette défense de nature « sacrée » revenait donc de droit à ceux qui en avaient la capacité, c'est-à-dire les Turcs. Dès lors, le corps d'élite sur lequel reposerait la sécurité de cette portion du sol musulman, serait exclusivement composé de Turcs ! (La précarité du métier d'écumeur de mer atténua quelque peu la rigueur du recrutement ethnique pour les corsaires). Cette ségrégation raciale dans le recrutement militaire fut poussée jusqu'à l'absurde. On ne jugea dignes d'entrer dans le corps des janissaires que les jeunes mâles célibataires d'Anatolie. Comme l'émigration des femmes turques vers l'Algérie était interdite, certains janissaires prirent des épouses algériennes. Leurs enfants, les *Kouloughlis,* parce que « sang-mêlé », furent néanmoins écartés du corps des janissaires et des hautes charges de l'État (à quelques très rares exceptions)...

Le monde algérien sous les Turcs était donc fortement contrasté. Une minorité étrangère s'était arrogé l'exclusivité du pouvoir, qu'elle exerça souvent avec une extrême brutalité. La masse autochtone, rurale à plus de 90 %, était dépouillée de toute prérogative sauf pour la gestion des affaires locales ; prise entre le despotisme turc et la menace d'une invasion chrétienne, elle préféra « le choléra à la peste » - ce qui n'empêcha pas des révoltes sporadiques. Entre la masse des fellahs et des pasteurs et la caste militaire omnipotente, une population citadine, composée de « Maures », de Kouloughlis et de juifs, numériquement faible mais pesant d'un poids économique considérable, s'adonnait au commerce et à l'artisanat. Ce « découpage » de la société en strates étrangères les unes aux autres, souvent hostiles, fut un facteur de stagnation, voire de recul dans tous les domaines.

Pour administrer un ensemble aussi disparate, aussi étendu, et avec des effectifs modestes, les Turcs établirent un système gouvernemental assez original. Territorialement, le pays était divisé en quatre domaines : le « Dar es-Soltan », ou « domaine du prince », comprenant la ville d'Alger, sa grande banlieue et la Mitidja ; et trois provinces ou *Beylik :* celui de Titteri, avec Médéa pour chef-lieu ; celui de l'Ouest dont Mascara puis Oran, à partir de 1792, furent la capitale ; celui de l'Est, de loin le plus important, avec Constantine pour capitale.

Le Dar es-Soltan dépendait de l'autorité directe du bey (puis du dey), qui l'administrait par l'intermédiaire d'un agha des Arabes, assisté de quatre caïds turcs. Cette division administrative était la mieux contrôlée par le gouvernement. A la tête de chacune des trois autres provinces, des beys, nommés par Alger, gouvernaient avec une très large autonomie de gestion et d'action politique. En fait leur obligation unique vis-à-vis du pouvoir central consistait à faire rentrer les impôts et à en acheminer le produit à Alger. Cependant, la collecte fiscale ne ressemblait pas à une promenade : les tribus se montraient réticentes et parfois entraient en rébellion ! Aussi la perception de l'impôt s'effectuait les trois quarts du temps *manu militari.* Les beys formaient un corps d'armée avec des janissaires, détachés spécialement par Alger, et des miliciens recrutés parmi les autochtones. C'est ce que l'on appelait les *mehallas.* Un autre procédé de recouvrement des impôts consistait à accorder à certaines tribus - les tribus *makhzen* - des privilèges (exemption fiscale, distribution de terres) ; en échange, celles-ci prêtaient main-forte aux troupes gouvernementales... La combinaison de ces divers systèmes, une stricte neutralité du beylik dans les conflits entre tribus, une modération relative de la pression fiscale (jusqu'au début du XIXᵉ siècle), permirent à la minorité turque de maintenir son pouvoir. Mais, en vérité, le gouvernement ne contrôlait qu'une petite partie du territoire : de grandes zones, telles que la Kabylie, l'Aurès, les Hauts-Plateaux, échappaient à l'emprise d'Alger, sans que cela remît en question, cependant, la domination ottomane. La crise éclatera au début du XIXᵉ siècle, lorsque, la guerre de course en voie d'extinction ne procurant plus de ressources, le gouvernement central se tournera vers l'intérieur, vers les fellahs, pour exiger d'eux plus d'impôts...

Sans entrer dans le détail d'une histoire mouvementée, il faut examiner les rouages de l'État algérien. Depuis Kheireddine jusqu'en 1671, les chefs de la Régence, appelés successivement beylerbeys, pachas, aghas, étaient nommés par un firman du Grand Sultan. Puis en 1671 se produisit une manière de révolution. Les janissaires, réunis dans un « foyer », l'*odjaq,* décidèrent de se doter d'un chef élu, le *dey,* pour arbitrer les conflits internes. Peu après, cette initiative reçut l'aval de la corporation des corsaires, la *taïfa des raïs.* Janissaires et corsaires s'assemblèrent pour constituer le *Diwan* (ou Divan) qui reconnut l'autorité du dey élu. Comme les intérêts du Divan se confondaient avec ceux de l'État, le dey apparut rapidement comme le véritable chef du gouvernement. Quant à l'agha, nommé par Istanbul, il fut peu à peu relégué dans un rôle purement honorifique ; son poste devait disparaître quelques années plus tard.

Ce coup d'État en douceur provoqua un changement politique et institutionnel très important. Désormais, le choix du souverain d'Alger dépendait exclusivement de l'oligarchie militaire turque. Naturellement, la population autochtone n'eut pas le droit d'exprimer sa volonté. Mieux encore, le Sultan se trouvait devant le fait accompli : or il n'avait ni le désir, ni les moyens de rétablir ses prérogatives souveraines. Dès l'origine, le pouvoir du dey avait cette particularité curieuse d'être à la fois omnipotent et précaire. Nanti d'un empire illimité, absolu, il pouvait être renversé du jour au lendemain. Il tirait sa légitimité, en effet, soit d'un compromis de circonstance entre les factions du Divan, soit de la puissance momentanée de l'une de ces factions à la fortune de laquelle était lié son destin de souverain ! Ce système excluait jusqu'à l'ébauche de la formation d'une dynastie, en même temps qu'il aiguisait les ambitions de pouvoir (tout janissaire pouvait, en principe, être élu dey). Une longue période d'instabilité politique s'ouvrit, ponctuée par d'innombrables assassinats : elle se révélera désastreuse tant à l'intérieur qu'à l'extérieur.

Quoique élu souverainement par le Divan algérois, le dey conserva une certaine forme de dépendance à l'égard du Sultan. A dire vrai, l'Odjaq n'avait pas d'autre choix. Nous avons vu que la minorité turque entendait exercer le pouvoir sans partage ; elle refusait les hautes charges à ses propres enfants issus de mariages avec les autochtones. Même s'ils se croyaient « surhumains », les janissaires ne subissaient pas moins les outrages de la condition humaine : ils tombaient sur les champs de bataille ; les maladies ni la vieillesse ne les épargnaient. Pour continuer à maintenir la fiction de la « pureté ethnique » de l'Odjaq, l'afflux de sang jeune d'Anatolie ne devait pas cesser. Or le Sultan pouvait tarir cette source quand bon lui semblerait. L'oligarchie d'Alger imagina une solution fort astucieuse pour sortir du dilemme. A chaque élection d'un nouveau dey, une ambassade se rendait à Istanbul pour annoncer la nouvelle et demander la consécration. A l'appui de cette demande, les ambassadeurs étalaient devant le Grand Sultan de riches présents : il suffisait d'assimiler ses derniers à une sorte de tribut obligeamment versé par un vassal à son suzerain. De plus, dans la correspondance officielle, le dey n'omettait jamais de reconnaître explicitement l'autorité suprême du souverain ottoman. Il faut croire que la cour d'Istanbul fut sensible à tant d'allégeance : le Sultan toujours confirmera l'investiture du nouveau dey dont, bien souvent, il ignorait jusqu'au nom ! On rapportait en grande pompe les insignes de la dignité de « chef de la Régence d'Alger par la volonté de la Sublime Porte » : un firman, un caftan brodé d'or, une aigrette à planter dans le turban, un sabre d'honneur. Mais il arrivait qu'entre le moment du départ de l'ambassade et son retour, deux ou trois deys s'étaient déjà succédé par la violence et le meurtre. Cette procédure resta en vigueur, néanmoins, jusqu'à la chute de l'administration turque.

En apparence, donc, la Régence d'Alger relevait de la souveraineté ottomane jusqu'en 1830 - et même plus tard, puisque Istanbul, appuyé par Londres, tentera de faire prévaloir ses droits. Mais la réalité était sensiblement différente. Bien avant l'expédition française, l'État algérien répondait à tous les critères d'un État souverain. « L'État algérien, observe J.-C. Vatin, est sans conteste une entité indépendante et souveraine, répondant aux définitions courantes du droit international » [3]. La Régence signait des traités avec d'autres puissances ; elle déclarait la guerre, concluait la paix selon le seul critère de ses intérêts ; aucune autorité étrangère n'intervenait dans la désignation de ses instances dirigeantes, de ses fonctionnaires de quelque niveau, de son organisation économique et sociale, etc. Au surplus, cette souveraineté était reconnue par la plupart des États européens et les États-Unis, qui avaient accrédité auprès du dey des agents diplomatiques permanents. Dans un mémorandum confidentiel adressé par le ministre français des Affaires étrangères à son ambassadeur à Constantinople, cette reconnaissance était explicitement affirmée : « La Régence d'Alger, y lit-on, était un État indépendant, nommant son chef, déclarant la guerre, fesant des traités et les rompant à son gré. Le droit qu'elle exerçait de déclarer la guerre impliquait celui de la conquête par son vainqueur »... [4]. Cette argumentation visait, il est vrai, à repousser les prétentions turques après la chute d'Alger. Elle ne reposait pas moins sur un ensemble de faits indubitables. Beaucoup plus tard, le gouvernement français, confronté aux revendications nationalistes algériennes, niera ces évidences...

Ce très bref survol de l'histoire de l'Algérie du XVIe au début du XIXe siècle montre, malgré les lacunes, toute l'ambiguïté du statut du pays. Indépendant de fait et de droit, mais entretenant la fiction d'une soumission à l'Empire ottoman, l'État algérien continuait à être dirigé par une oligarchie militaire étrangère. Toutefois, une évolution dans le sens d'une « algérianisation » de la machine gouvernementale - évolution que nous n'aborderons pas ici - commença à se faire jour : en 1817, le dey Ali Khodja prit enfin conscience du danger que représentaient les janissaires. Il quitta la Jenina, palais résidentiel des deys, s'installa dans la forteresse de la Casbah et y fit transférer le Trésor de l'État. Pour se soustraire à l'anarchie belliqueuse des janissaires, le dey recruta un corps de garde composé d'autochtones (Kabyles, Arabes, Kouloughlis). Puis il engagea l'épreuve de force avec l'Odjaq : plusieurs centaines de janissaires furent massacrés. La voie était ainsi ouverte à la constitution d'une dynastie et à la stabilisation du pouvoir. Mais Ali Khodja se signala par des mesures excessives, voire despotiques. La peste mit fin à son règne en 1818. Avant de mourir, il désigna son successeur, fait sans précédent dans l'histoire de la Régence. C'est ce successeur, le dey Hussein, qui régnait en 1830, au moment de l'expédition française.

Avant de présenter ce personnage essentiel, examinons les structures du gouvernement central algérien. Le dey était entouré d'une sorte de Conseil des ministres, le Divan des Puissances. Par Puissances, il faut entendre ministres. Il y en avait cinq :

- le *Khaznadji,* littéralement « responsable du Trésor », ministre des Finances, second personnage de l'État après le dey ;
- l'*Agha de la Mehalla,* ou encore *Agha des Arabes,* ministre de la Défense (terrestre), et ministre de l'Intérieur dans le « Domaine du prince » (Dar es-Soltan) ;
- le *Vékil al-Khardji,* ministre de la Marine et des Affaires étrangères. (Tout ce qui touchait à la mer et aux relations avec les États étrangers relevait de sa compétence) ;
- le *Beït al-Maldji* avait des attributions assez particulières : il contrôlait la liquidation des successions vacantes et veillait à la régularité des confiscations décidées par l'Exécutif. Fonction importante dans un système gouvernemental où les fortunes amassées par les plus hauts dignitaires étaient en permanence exposées à l'arbitraire des puissants du moment.
- le *Khodja al-Khil* gérait traditionnellement les domaines nationaux, notamment les haras ; la perception des tributs entra ensuite

dans ses attributions ministérielles. La fonction était donc essentiellement financière.

En plus de ces cinq ministres, il faut citer l'agha des janissaires, dont le poids politique ne fit que décroître, et surtout le *Bach-Kateb*, véritable secrétaire général du gouvernement : il était chargé plus spécialement de la correspondance politique et de la supervision de la comptabilité de l'État.

Un corps très fourni de fonctionnaires (khodjas) assistait ministres et hauts dignitaires. Contrairement à ce qui a été souvent écrit par des historiens ignorants ou partiaux, l'administration de l'État algérien n'avait rien à envier à ses homologues d'Europe : elle était au moins aussi bureaucratique, tatillonne, tracassière et pléthorique !

L'institution parlementaire était inconnue. Mais, au fil des siècles, le Grand Divan, d'abord tout-puissant, se transforma en une sorte de Chambre Haute, organisme consultatif où se retrouvaient les plus hauts personnages de l'Odjaq qui étaient exclus du pouvoir. Le Grand Divan n'était convoqué qu'en certaines circonstances exceptionnelles, comme l'élection du dey... qu'il se contentait d'entériner. Une assemblée plus restreinte, d'une trentaine de membres, appelée le Petit Divan, fut créée à la fin du XVIIIe siècle ; elle joua un rôle politique plus actif, contrôlant et censurant au besoin l'action du gouvernement. L'éviction des deys en poste tendit ainsi à devenir un acte légal et légitime, rompant avec la longue tradition de la loi du plus fort.

Au début du mois de mars 1818, à la mort du dey Ali Khodja, victime de la peste, le Divan se réunit et élut un nouveau souverain, Hussein, qui occupait jusque-là les fonctions de Khodja al-Khil. Dans une lettre adressée au Sultan, le Divan expliquait ainsi son choix : «(Ali Khodja) a usurpé le pouvoir et au cours des six mois de son règne, la population de la Régence n'a connu que le despotisme, l'injustice, la mauvaise administration par des décrets inefficaces et des mesures illégales. Cela n'a eu pour conséquence que la destruction de nos janissaires et la faiblesse de la population. Grâce à Dieu, Ali Pacha est mort de la peste. C'est ainsi que le Divan a désigné Hussein ; celui-ci est connu pour sa sagesse, sa droiture et sa parfaite conduite à l'égard de la religion et de la Porte » [5]. Les membres du Divan qui prirent cette décision étaient au nombre de dix-huit, selon le document.

Il n'existe pas encore de biographie sérieuse du dey Hussein. Les historiens de la colonisation l'ont décrit comme un personnage ignare, cruel et retors - ce qui ne doit pas étonner outre mesure ! Nous savons qu'il était originaire de Smyrne, qu'il servit comme canonnier, avant d'occuper de hautes fonctions dans le gouvernement deylical. On peut compléter ce portrait avec les jugements qui furent portés sur sa personnalité par quelques Européens qui l'approchèrent. Le consul des États-Unis Shaler reconnaissait que le « pacha Hussein s'est élevé à un degré de considération et de puissance morale qu'ont obtenu bien peu de deys » [6]. De son côté, l'ancien gérant du consulat de Toscane à Alger, Bensamoun, interrogé par Genty de Bussy, fit cette description : « Hussein Dey s'est montré moins despote que ses prédécesseurs ; il était à la fois humain et doux, fier et brave. Il ne prononçait lui-même aucun jugement, et renvoyait presque toutes les parties devant les ulémas. Actif, capable, il voulait tout savoir ; il voyait par lui-même, et différait en cela de ses prédécesseurs qui s'en reposaient entièrement sur leurs ministres, toujours accessibles à la séduction et par conséquent à l'injustice. Mais les bonnes qualités de Hussein-Dey étaient ternies par son extrême opiniâtreté ; c'est à elle qu'il a dû sa ruine » [7].

Cependant, le portrait le plus complet du dey a été brossé par le journaliste Augustin Jal. Celui-ci eut l'occasion d'interroger longuement l'ancien souverain à Paris, un an après la chute d'Alger : Hussein fit, en effet, un séjour de quelques semaines dans la capitale française au cours de l'été 1831 dans l'espoir de récupérer une partie de ses biens personnels.

« Le dey d'Alger, écrit A. Jal, est un vieillard d'une taille moyenne. Il est assez gros et il a l'air encore très vigoureux, quoiqu'il ait soixante-trois ans. Sa tête est forte et largement caractérisée. Une barbe longue, grise, aux reflets dorés, sur laquelle tombent, comme deux grandes parenthèses, des moustaches plus noires que le reste de cet ornement viril, ajoute à la beauté de sa figure. Ses yeux, qui sont doux, sont à moitié cachés par des lunettes ovales (...).

« Hussein n'est pas grave et impassible (...), il aime à rire et à conter. Il m'a semblé qu'il avait plus d'instruction que n'en ont d'ordinaire les Orientaux. Ses répliques sont vives et souvent spirituelles. Il a de la bonhomie et je pourrais dire un laisser-aller naïf qui le rend aimable. Ses manières sont douces et engageantes. »

Au temps de son règne, le dey avait un emploi du temps parfaitement réglé, immuable. « Tous les matins, il se levait, environ deux heures et demie avant le lever du soleil, pour faire la prière (...). Libre de se recoucher après, il restait presque toujours debout pour veiller à ce que chacun, dans le harem, remplît exactement ses devoirs. De l'étage supérieur (du palais de la Casbah) où il habitait, il voyait tout ce qui se passait au divan ; il avait l'œil sur ses ministres et ses officiers, à qui il ne permettait aucune négligence dans l'accomplissement de leurs travaux. En sortant du harem, il descendait au milieu des chefs du gouvernement et se faisait rendre compte de tout ce qui intéressait la Régence, soit au-dedans, soit dans ses rapports avec les nations étrangères. A midi, on fermait le trésor public, dont on lui apportait la clef. Deux jours par semaine, le trésor était clos et l'on n'y puisait pas [8] ; si la Régence avait quelque besoin pendant cette vacance, le dey payait de sa cassette ; le lendemain, il réglait l'affaire avec le trésorier du pays. Si Hussein avait à recevoir des étrangers, c'était avant la prière du soir, car à partir de ce moment, il redevenait chef de famille et abdiquait les devoirs de la souveraineté. Après le repas, la prière, qui se faisait, comme lui, quand le soleil est couché. Les deux heures qui suivaient le repas étaient données à des promenades dans le jardin ou les cours de la Cassaba, ou à la lecture de traités sur la politique, l'administration, les mœurs d'Europe, l'histoire des différents peuples. Les ouvrages de poésie et de littérature avaient aussi beaucoup d'attrait pour lui. Ils sont encore un de ses passe-temps...

« A propos de cette régularité de mœurs, Hussein Pacha m'a dit quelque chose qui m'a vivement frappé : « J'ai toujours eu un grand respect de moi-même, comme homme et comme souverain. Ma qualité de chef de famille et de dey m'imposait une double obligation à laquelle j'ai obéi par sentiment autant que par devoir politique. Comme un autre, j'ai bu du vin dans ma jeunesse. J'ai mesuré ce plaisir défendu et je sais ce qu'il vaut ! ...Ce qui peut s'excuser dans les premiers temps de la vie, où l'on est étourdi, plein de passions, ne se pardonne guère dans la vieillesse. J'ai renoncé au vin, parce que j'ai compris la sagesse du précepte qui le défend dans certains climats, et quoique je me sentisse assez fort pour n'en point abuser. L'exemple que je devais à tout ce qui était au-dessous de moi, depuis que j'ai eu quelque portion du pouvoir, m'a fait une règle, avec mon principe religieux, de la stricte observance des lois. Ayant eu les fonctions graves du sacerdoce et du gouvernement, il fallait que je fusse grave dans ma conduite. Je n'ai pas même eu de femmes ce que la loi me permettait d'en avoir, mais seulement pour la satisfaction de ma constitution physique. La débauche n'était pas dans mes penchants et j'ai toujours montré à ceux qui m'entouraient que la réserve, satisfaisant à la volonté de Dieu, est aussi une satisfaction pour soi-même. Du reste, sévère pour moi, je suis indulgent pour les autres. J'aime à avertir et non à imposer ma volonté. Je me suis toujours conduit, je puis le dire parce que c'est la vérité, en bon chef de famille, en bon Turc. Personne ne pourrait dire dans ma maison et dans le pays que j'ai gouverné : « Hussein a autorisé par sa conduite notre dérèglement ou notre indifférence pour nos devoirs ». ... N'est-il pas humiliant que les gazettes étrangères puissent imprimer : « Cet homme qui gouverne dans tel endroit est un débauché, un mauvais prince, un mauvais musulman ? » (...).

«Je puis donner un détail sur le lit du dey ; il est bien entendu que ce n'est pas du pacha que je le tiens. C'est un officier de marine de mes amis qui me l'a communiqué. Ce lit était de la largeur de deux matelas et se composait de deux couchers placés à côté l'un de l'autre, mais inégaux en hauteur, l'un à dix-huit pouces de terre, l'autre à trente pouces environ, si bien que, dans sa plus grande largeur, le lit avait l'air d'un escalier à deux marches seulement. Par cette combinaison, Hussein avait le plaisir de coucher seul et avec sa femme. Ce meuble très confortable est, je pense, d'invention anglaise et d'origine indienne (...). »

L'habillement du souverain était plutôt modeste pour un personnage de son rang. Augustin Jal nous le détaille, à l'occasion d'une soirée à l'Opéra de Paris. Questionné par le journaliste, Hussein répondit :

« Ce n'est pas merveille que mon habit ; je suis toujours comme me voilà. Quand j'étais gouverneur, il fallait aux jours de cérémonie mettre des choses plus brillantes, cela m'ennuyait. L'homme ne vaut pas par son costume orné de pierres et d'or. J'ai les goûts simples, comme vous voyez. »

« En effet, poursuit Jal, Hussein était habillé très simplement à l'Opéra ; nos dames ne l'ont pas trouvé assez magnifiquement paré pour un Turc que l'on dit riche de plusieurs millions. Il était dans sa loge comme je l'ai vu à son hôtel ; il avait seulement un poignard enrichi de diamants, qui manquait, mercredi, à sa ceinture et dont il ne se charge pas chez lui, afin d'être plus à son aise. Il n'y a pas un de nos tragédiens de province qui voulût acheter le costume du dey d'Alger pour représenter Orosmane ou Othello ; ils le trouveraient trop mesquin. A peine y a-t-il une ou deux onces d'or aux broderies qui accompagnent l'agrafe de sa veste de dessus et aux poches de cette veste. La partie principale de son vêtement, sa veste à manches et ce que nous appelons, peut-être à tort, le *bombey,* sont, ainsi que sa large culotte, en étoffe de satin blanc. Les broderies y sont en tresses de coton ou de soie, de la même couleur. La veste qui recouvre tout le reste est d'un drap vert très fin, d'une nuance claire, et chargée de peu d'ornements, verts comme le drap. Un châle et une calotte rouges composent son turban, qui n'est pas d'un grand volume. Une pièce d'étoffe, qui m'a semblé être d'un lin assez fin et qui est à carreaux rouges et roses, comme certaines toiles de Rouen, lui sert de ceinture ; ses pantoufles sont aussi peu recherchées que tout le reste du costume. Ses joyaux consistent en un fort beau rubis, qu'il porte au petit doigt de la main gauche, et une tabatière d'or assez grande, plate, ciselée finement et ornée, sur le couvercle, de diamants ajustés en arabesques, peut-être aussi en caractères d'écriture ; je n'ai pas examiné le bijou d'assez près pour m'assurer de ces détails. Cette tabatière était posée sur le canapé, à côté du pacha et près d'un écritoire de la forme usitée dans tout le Levant, dont Hussein se sert quand il veut prendre quelques notes, car il s'occupe assez souvent à écrire. Quand le dey a voulu prendre du tabac, ce qui est arrivé trois ou quatre fois pendant notre visite, il s'est servi lui-même ; puis il l'a tendue à Mustapha, qui est venu la présenter ouverte à chacun de nous (...) » [9].

Tel était donc l'homme que l'on s'acharnera à présenter comme un « fanatique », un sanguinaire, un « barbare » et un « chef de pirates ». Les témoignages produits - nous avons volontairement exclu les sources algériennes ou turques suspectes a priori de complaisance - sont l'œuvre d'individus que l'on pourrait difficilement récuser ou accuser de partialité. Il faudra donc en tenir compte pour bien comprendre les événements au moment de la confrontation franco-algérienne.

Pour l'historiographie coloniale, la guerre entre la Régence et la France fut un événement fortuit, conséquence d'une mauvaise querelle recherchée par le dey. G. Yver résumait bien cette thèse quand il écrivait :

« L'intervention française ne fut pas déterminée par des préoccupations de politique générale ou d'expansion coloniale. Elle eut une cause toute fortuite, le conflit provoqué par le règlement d'une affaire de fournitures de grains faites (à la France) sous la République par deux Juifs algériens, Bacri et Busnach, et qui n'avaient pas encore été payées à la chute de Napoléon. Créancier lui-même de Bacri, le dey Hussein insistait pour que satisfaction fût donnée à ses sujets. Désireux de rétablir avec la Régence les bonnes relations interrompues sous l'Empire, le gouvernement de la Restauration consentit à un arrangement. Une transaction conclue en 1819 arrêta à 7 millions le montant des sommes dues et fixa les modalités du remboursement. Mais des oppositions furent faites aux ordonnances de paiement par des créanciers authentiques ou de complaisance de Bacri ; Hussein ne reçut rien et manifesta un mécontentement que les explications du consul de France, Deval, sur les complications de la procédure et sur la lenteur des tribunaux n'étaient pas de nature à atténuer. Son irritation se traduisit par une lettre comminatoire adressée au ministre des Affaires étrangères, auquel il réclamait le remboursement des sommes dues aux Juifs et, aussi, par des vexations et des violences à l'égard des Français ou des protégés français (violation de domicile de l'agent consulaire à Bône, visite de bâtiments français dans les eaux de la Corse, capture de navires battant pavillon pontifical). Une situation aussi tendue devait fatalement aboutir à un éclat. Ce fut l'affaire du « coup d'éventail ». Le 30 avril 1827, au cours d'une audience accordée au consul à l'occasion de la fête de Beïram, le dey adressa à Deval des reproches violents et s'emporta jusqu'à le frapper trois fois du manche de son chasse-mouches, puis il lui intima l'ordre de se retirer. Immédiatement avisé de l'outrage infligé à son représentant, le gouvernement français envoya devant Alger une escadre dont le commandant devait exiger du dey des excuses et des réparations. Hussein les ayant refusées, le consul et les résidents français furent embarqués et le littoral algérien déclaré en état de blocus. A cette mesure, le dey répondit en ordonnant la destruction du comptoir de La Calle. L'Idée d'une expédition fut à ce moment envisagée... »[10].

Cette version des causes de la crise franco-algérienne est devenue une sorte de dogme historique pieusement respecté par tous les historiens de l'« Algérie française ». Même des savants fort estimables, tel que C.-A. Julien, n'envisagent pas d'autres raisons à l'expédition : « Une affaire louche menée par les tout-puissants négociants juifs d'Alger avec la complicité de politiciens tarés de Paris ; un incident provoqué par un diplomate suspect ; [...] furent les débuts singuliers de la conquête de l'Algérie par la France. Le règlement des créances Bacri et Busnach, d'où devait sortir le conflit entre la France et l'Algérie... »[11]

Pourtant cette version contestable fut contestée dès l'origine, notamment par un député libéral, Alexandre de Laborde[12]. Plus récemment, Marcel Emerit[13] et Nouschi[14], entre autres, ont remis en question le fameux dogme : « Quand on examine les causes du conflit, on en voit bien l'origine, le refus de payer la créance Bacri, cela explique la rupture diplomatique de 1827 et le blocus, mais fort mal le recours à une opération de débarquement. Une offense à notre consul ? On ne croyait pas beaucoup, à cette époque, au fameux « coup d'éventail », dont l'inquiétant Deval s'était indigné », écrit Emerit. « En réalité, observe de son côté A. Nouschi, si le coup d'éventail ne fut qu'un prétexte, la piraterie et l'affaire Bacri-Busnach en étaient également... » Un historien algérien, M.C. Sahli, pense que « certaines données historiques permettent de conclure à une provocation (de la part de Deval) ordonnée par le gouvernement français et exécutée par le consul »[15]. Mais en fait de « données historiques », Sahli se contente de citer un ouvrage assez discutable, l'*Histoire générale de l'Algérie* d'Henri Garrot, où cet auteur avançait sans en apporter la preuve que le gouvernement français avait envoyé « des instructions particulières au consul (Deval), lui enjoignant de profiter de toute occasion pour brusquer les choses avec la Régence »[16].

Comme on le voit, ces contestations de la « vérité officielle » reposent sur des intuitions, et en histoire rien n'est plus irritant que de vouloir faire passer des intuitions pour des faits. Il eût suffit de consulter méticuleusement les archives pour découvrir la vérité. On eût appris que l'affaire des créances Bacri-Busnach, si elle servit effectivement de « détonateur », ne fut cependant pas si étrangère à la rupture ; plus important, on eût appris que les véritables causes de l'expédition étaient plus souterraines, et certaines inavouables.

Nota : Nous reproduisons les documents tels quels, avec les préjugés de l'époque, sans en changer ni le style ni même l'orthographe. Au lecteur de juger sur pièces.

PREMIÈRE PARTIE

Le coup d'éventail et la rupture : Le mythe et la réalité

La ténébreuse affaire des créances Bacri-Busnach

L'affaire des « créances Bacri-Busnach », formidablement tortueuse, ne fut pas imaginée et conduite par les seuls « mercantis juifs sans scrupules », comme une certaine littérature coloniale (et passablement antisémite) l'a longtemps accrédité. Des hommes d'État français et algériens y trempèrent aussi. Pour comprendre les dessous de l'affaire, un bref rappel des relations franco-algériennes jusqu'à la fin du XVIIIe siècle est indispensable.

Commencées au Moyen Age, ces relations prirent une certaine ampleur à la fin du XVe siècle. Lorsque Louis XI prit possession de la Provence, après la mort de son oncle le roi René, puis de son cousin Charles III d'Anjou, en 1481, son premier souci fut de relever le commerce maritime du Midi. A cet effet, il écrivit une lettre au roi de Bône dans laquelle il déclarait notamment : « Pour ce que nous avons délibéré à l'aide de Dieu d'élever en notre pays de Provence la navigation, et fréquenter la marchandise de nos sujets avec les vôtres, par manière que s'ensuive utilité et profit d'une part et d'autre, et que la benivolence accoutumée entre la majesté du roi de Tunis, votre père, auquel présentement écrivons, et la vôtre et celle de bonne mémoire le roi de Sicile, mon oncle, non pas seulement soit conservée mais accrue, nous avons voulu vous avertir en vous priant bien affectueusement qu'il vous plaise accueillir nos sujets, lesquels viendront pratiquer et troquer de par-delà, les traiter favorablement comme vous faisiez par le temps que notre dit oncle vivoit, car ainsi ferons-nous à vos sujets quand le cas advendra. » [1] Dès 1495, un premier établissement commercial permanent fut établi par des Provençaux au cap Nègre.

L'avènement de la Régence d'Alger comme puissance politique et navale accéléra le rapprochement. Les corsaires ottomans luttaient d'abord contre l'Espagne. De son côté, la couronne de France était menacée par le même ennemi. Soliman le Magnifique et François Ier consacrèrent cette convergence d'intérêts par un traité d'alliance et d'amitié en 1535. « Une manière d'alliance franco-algérienne (...) rendit les rapports plus intimes encore et permit aux Algériens de coopérer à la lutte contre la Maison d'Autriche » [2]. Charles-Quint tenta vainement d'obtenir par tous les moyens sinon l'alliance, du moins la neutralité de Kheireddine, puis de son fils et successeur Hassan. La fidélité des pachas d'Alger aux engagements pris envers la France fut à l'origine de l'expédition de l'Empereur contre la Régence (1541). En fait, selon H.D. Grammont, cette campagne d'une envergure exceptionnelle avait un autre but : « Cette grande entreprise eût été, au besoin, l'invasion de la France : (...) les Algériens une fois domptés, le formidable armement devait faire voile (le cas échéant) pour les côtes de Provence... » [3]. On sait que la tentative de Charles-Quint tourna au désastre qui contribua puissamment à la création du mythe de l'invincibilité d'Alger.

La bonne entente politique franco-algérienne eut des prolongements naturels dans les échanges commerciaux. Traitée en « nation privilégiée », la France obtint de la Régence des facilités d'établissement sous la forme d'un comptoir à Bône et d'une factorerie à La Calle. Ces facilités, connues sous le nom de *concessions,* assuraient au commerce marseillais l'exclusivité de la pêche du corail, moyennant paiement d'une redevance annuelle (lismes) fixée à 17 000 francs. Pour loger négociants et pêcheurs, les Marseillais édifièrent à La Calle une bâtisse que l'on nomma le Bastion de France. Contrairement à ce que suggérerait cette dénomination, l'édifice n'avait aucun caractère de forteresse militaire. Le témoignage de Brève, ambassadeur d'Henri IV, qui eut l'occasion de visiter la Régence au début du XVIIe siècle, est formel à cet égard : « Nous costoyasmes les ruines dudit bastion, démoly depuis quelques années en cà, par la milice d'Alger, à l'occasion d'une famine survenue au royaume, dont elle rejetoit la cause sur les traites de bleds (blés) qui se fesoient audit lieu. Au reste, ce bastion n'estoit point chasteau n'y forteresse (comme aucuns abusez du vocable pourroient croire) ains seulement maison platte, édifiée par permission du grand-seigneur pour retraite des François peschans le corail en Barbarie »[4]. Il n'y avait donc dans la Régence ni établissement militaire français, ni cession d'une parcelle du territoire : « C'est proprement une ferme cédée de temps immémorial au commerce de la ville de Marseille par la Régence, à un prix très modéré, comme un présent de *bon ami* et de *bon voisin* »[5].

Les relations franco-algériennes furent très mouvementées au cours du XVIIe siècle. Alger subit le bombardement des escadres de Duquesne et d'Estrée (1683 et 1684). Mais Louis XIV et l'Odjaq conclurent un traité de paix le 27 septembre 1689. « Depuis la date de ce traité en 1689, jusqu'au 12 juin 1827, date de la présente guerre, c'est-à-dire pendant cent trente-huit ans, la bonne harmonie n'a point été troublée entre la France et la Régence d'Alger, puisqu'on ne peut considérer comme une guerre la rupture momentanée qui eut lieu en 1798 à l'occasion de la guerre d'Egypte. Ce ne fut qu'une suspension de relations ordonnée par le grand-seigneur à son vassal le dey d'Alger. »[6].

Peu après la paix de 1689, les relations commerciales reprirent avec plus de vigueur qu'auparavant. Une Compagnie d'Afrique, créée pour la circonstance, conclut un accord avec la Régence pour reprendre l'exploitation des Concessions. Cet accord de janvier 1694, dans lequel l'État français n'était pas partie prenante, reconduisait les privilèges accordés précédemment aux marchands et aux pêcheurs français. L'article 3 autorisait la Compagnie « à relever et réparer tous les édifices détruits », assorti d'une faveur spéciale, la faculté pour la Compagnie de « bâtir un moulin à vent et de l'entourer d'un mur en terre très-mince pour le mettre seulement à l'abri des voleurs ». De plus, pour marquer le caractère strictement privé des installations commerciales françaises, le traité stipulait (art. 9) que les représentants de la Compagnie ne seraient pas inquiétés ni recherchés dans leurs établissements en cas de rupture de la paix entre les deux États, de manière à ne point « mêler une cause particulière avec la générale, ni les affaires d'État avec le négoce qui s'introduit et s'exerce de bonne foi ».

Après la Révolution, les relations franco-algériennes ne s'altérèrent nullement ; au contraire, elles se resserrèrent, et le *Moniteur* pouvait écrire en juin 1793 : « Tandis que l'Europe se coalise contre la France libre, une puissance africaine (Alger), plus loyale et fidèle, reconnaît la République et lui jure amitié »[7]. Quelques mois plus tard, le dey adressa une lettre au Directoire où l'on peut lire : « Les Anglais, se couvrant du voile de l'amitié, ne cessent de nous presser et de nous solliciter de profiter de vos embarras présents pour rompre les traités sacrés qui nous unissent à la nation française »[8]. Les souverains d'Alger ne se payèrent pas que de mots : ils accordèrent un crédit sans intérêts de deux millions de francs pour permettre à la France républicaine, asphyxiée par le blocus des monarchies, de s'approvisionner. « Nous sentons, écrivait le dey Hassan au Directoire, que dans la guerre générale que vous avez à soutenir contre les grandes puissances de l'Europe, il est impossible que vous n'éprouviez pas de la difficulté à vous procurer des subsistances et d'autres objets de première nécessité. C'est dans de semblables circonstances que nous devons déployer toute la magnanimité de notre caractère et l'étendue de nos sentiments » [8].

Cette alliance inconditionnelle ne se démentit même pas au moment de l'expédition d'Égypte. Le dey, que devaient obliger sinon des liens de vassalité, du moins un « devoir de solidarité islamique » envers la Sublime Porte, osa cependant prendre parti pour Bonaparte, en secret il est vrai : « Si la flotte turque fait voile vers ces parages, disait-il dans une lettre au Premier Consul, et si vous en avez avis, comme vous êtes actuellement considéré comme un ennemi, il faut préparer un certain nombre de vaisseaux de guerre pour prendre et brûler tout ce qui viendra vers vous... Que ces paroles et cette lettre soient toujours un profond secret entre nous » [8]. Le secret ne fut peut-être pas si bien gardé car le grand-seigneur frappa la Régence d'une amende de plus d'un million de francs de l'époque... Ce qui n'empêcha pas Paris et Alger, lorsque l'état de guerre prit fin entre l'Empire ottoman et la France, de signer un traité de paix (17 décembre 1801). Comment des relations amicales aussi exemplaires allaient-elles dégénérer et devenir des rapports d'hostilité ?

Il faut revenir, pour le comprendre, à l'histoire de la Compagnie d'Afrique. Maintenue après la Révolution jusqu'au début de 1794, malgré le principe de la suppression des privilèges et des monopoles si cher aux révolutionnaires, elle fut remplacée par l'Agence d'Afrique. « La République se chargeait elle-même d'exploiter nos privilèges séculaires » [9], car les blés d'Afrique étaient jugés indispensables pour l'alimentation des départements du Midi. Cependant, « la disparition de la Compagnie d'Afrique avait privé les Algériens d'excellents clients auxquels de longues traditions les avaient attachés. L'Agence d'Afrique, malgré que son organisation fût absolument calquée sur celle de la Compagnie et qu'elle eût en grande partie gardé son personnel, n'avait pu conserver la même autorité ni inspirer la même confiance. La situation troublée de la France et l'anarchie du gouvernement ne lui avaient pas permis de défendre aussi bien les positions acquises et le monopole commercial aux Concessions » [9]. L'incurie de l'Agence fut aggravée par les nouvelles règles commerciales édictées par la Convention et le Directoire : le commerce marseillais perdit la franchise du port et le droit de 20 %, « garantie efficace du pavillon et des négociants français contre la concurrence étrangère. D'autre part, avec le port franc, disparaissaient les barrières douanières qui séparaient Marseille du reste du territoire français » [9]. Dans ce contexte entrèrent en lice les fameux Bacri et Busnach. Qui étaient-ils donc ?

Les deux familles étaient originaires de Livourne. Contrairement à leurs coreligionnaires algériens, qui formaient la masse misérable de la communauté israélite, les Livournais se créèrent un empire financier et acquirent un poids politique sans précédent dans la Régence. Les Busnach s'établirent à Alger vers 1723, tandis que les Bacri n'y arrivèrent qu'en 1770. Au début, Michel Bacri « possédait seulement une petite boutique d'épicier où il faisait le détail de la quincaillerie », puis sa maison, « liée d'intérêt avec Hassan Pacha et Mustapha Pacha, est parvenue à posséder des millions » [10]. C'est à une circonstance plus singulière que Neftali Busnach « devait sa fortune. [C'était] à des services rendus à Mustapha ben Ousnadji qui fut bey de Titteri de 1775 à 1795. Craignant, au cours d'un voyage à Alger, la disgrâce du dey et peut-être pire, ce bey s'était réfugié dans un lieu d'asile où nul de ses amis n'osait aller le voir. Le seul Busnach lui apporta des encouragements, des vivres, obtint sa grâce et lui prêta, affirme le consul Vallière, une forte somme d'argent dans un moment où il avait peu d'espoir de remboursement. Mustapha ben Ousnadji, nommé par la suite bey de Constantine, se montra reconnaissant : Busnach devint son premier homme d'affaires, son confident, son guide ; il fut tout-puissant auprès du bey dont il dirigea à son gré les faveurs, la protection et les rigueurs » [11].

En 1782, le fils de Michel Bacri, Jacob, créa une société avec ses frères Joseph, Mardochée et Salomon, qui prit le nom de « Salomon Cohen-Bacri et frères ». Cette maison commerciale ne tarda pas prospérer et, vers 1797, Neftali Busnach entra dans la société qui prit le nom de « Bacri frères et Busnach » [12]. Ensemble, les deux maisons représentaient un potentiel commercial et financier peu commun, qui ne pouvait pas manquer d'avoir des prolongements politiques. « Banquiers des deys, ils se firent céder par eux le monopole des céréales. Leurs agents, disséminés dans les beyliks et les marchés européens, les renseignaient sur la politique, en même temps qu'ils faisaient leurs opérations commmerciales. Les marchands ambulants allant de porte en porte leur apprenaient quel était l'état des esprits. Grâce à ce service de renseignements, ils pouvaient guider le dey sans trop de risques » [13]. Les deux familles se partagèrent la tâche : les Bacri s'occupaient des affaires, tandis que Busnach suivaient les questions politiques, « faisant et défaisant les beys et les hauts fonctionnaires, élevant un balayeur (sic) comme Mustapha à la dignité de ministre des Finances, afin d'être lui-même maître du Trésor Public puis, le faisant élire dey. Il mérita pleinement le surnom de « roi d'Alger » qui lui fut donné par ironie » [14].

La société Bacri-Busnach atteignit les dimensions d'une véritable « multinationale », comme on dirait aujourd'hui. Dans un rapport au gouvernement français, le consul Jean Bon Saint-André observait : « Quelqu'un aurait-il pu croire que tout le commerce de la Méditerranée tomberait aux mains de deux Juifs d'Alger ? Rien n'est, cependant, plus vrai, et ce phénomène moral offre le plus vaste champ à la méditation des politiques. Quelle est la place importante où vous ne trouverez pas des agents de Bacri et de Busnach ? Carthagène, Marseille, Gênes, Livourne, Naples, Smyrne, Alexandrie, Tunis et autres, en ont ; ils jouissent dans ces différents endroits de plus ou moins de puissance, suivant la nature des gouvernements, et même selon l'intérêt plus ou moins grand qu'ils ont à dominer. Ils promettent aux petits États d'Europe la paix et ils la font ; ils en sont mécontents, ils leur déclarent la guerre. S'agit-il d'un rachat d'esclaves ? Ils en sont les médiateurs. Un marchand européen leur fait-il ombrage ? Ils le chassent, et le pouvoir consulaire échoue contre leur crédit... La cause de la diminution de notre influence, en Barbarie, est dans l'accroissement du crédit des Juifs ; les Anglais leur doivent l'espèce de faveur précaire dans son principe et très réelle dans le fait, dont ils jouissent. Sans ces mêmes Juifs, les Américains ne paraîtraient pas dans ces mers, et enfin ils préparent sourdement et suivent avec constance un projet de résolution qui, en soumettant Tunis à Alger, établira en Barbarie un nouvel ordre des choses, dont les avantages ne seront rien moins que désastreux pour nous » [15].

Cette puissance disproportionnée ne put s'accroître sans des complicités haut placées dans la Régence comme en France. Les dirigeants algériens, membres du Divan et même les deys, victimes de leur propre cupidité, ne surent pas préserver l'État des manœuvres des deux associés, qui en profitèrent pour ériger leur maison en véritable État dans l'État. En France, les troubles révolutionnaires et la rapacité de quelques hommes du pouvoir favorisèrent l'essor de la filiale des Bacri-Busnach au détriment des maisons de commerce marseillaises et de l'Agence d'Afrique !

En 1794, alors que l'Agence avait pratiquement cessé ses activités à Bône, les négociants juifs obtinrent un quasi-monopole de l'exportation des céréales dans le beylik de Constantine. L'année suivante,

Jacob Bacri s'installa à Marseille pour y superviser le commerce de grains. Bientôt, un agent de la maison algéroise, Simon Aboucaya, fut détaché à Paris pour traiter les affaires avec des membres du gouvernement. Une lettre du dey Hassan au Comité de Salut public arriva fort à propos pour appuyer l'entreprise Bacri : « Citoyens, déclarait le dey, j'ai écrit deux lettres aux autres Représentants du Peuple en mission à Marseille par lesquelles je leur ai recommandé Jacob Cohen-Bacri, négociant chargé de mes commissions. La présente servira pour vous le recommander particulièrement, étant une personne à laquelle je me suis fort attaché. Je ne doute point qu'il ne soit assisté et protégé dans toutes les occasions, et que vous regardiez d'un œil d'amour et de partialité non seulement Jacob Cohen-Bacri, mais encore toute personne qu'il pourrait envoyer dans quelque endroit de la République que ce soit, pour faire mes commissions et les siennes, vous priant de l'assister dans tous les cas où il pourra en avoir besoin, et vous assurant que les marques d'attention et d'amour que vous lui donnerez resserreront toujours davantage les bases fondamentales de notre amitié » [16].

En conférant un caractère officiel, étatique à la maison commerciale, le dey facilita les intrigues de Bacri : il entra en relations avec les représentants de la Convention en mission dans les départements du Midi et gagna leur confiance (Masson). L'habile négociant ne payait pas de mine, aux dires de ses contemporains : « Bacri, alors à la fleur de l'âge, avait tout à fait l'air d'un imbécile. Sa taille était courte et grêle, son teint blême, son regard hébété, sa parole lente et pénible. A peine laissait-il échapper de ses lèvres quelques mots en baragoin barbaresque. Il faut avouer qu'un extérieur si peu avenant n'annonçait en aucune manière le favori du despote africain ; ce favori n'en était pas moins un homme important, car il était cousu d'or... » [17]. Cet « imbécile » avait, cependant, un certain génie du négoce ! Dès 1795, il emportait deux marchés pour la fourniture de grains à la République à des prix exorbitants : 100 à 120 francs la charge, alors que l'Agence payait 25 francs la charge rendue à Marseille ! « Les années suivantes, les Bacri étendirent de plus en plus leurs opérations en France. Leurs entrepôts à Marseille avaient tout à fait supplanté ceux de l'Agence d'Afrique. En 1796, ils offraient au Directoire 40 000 quintaux qu'ils y avaient en magasin » [18]. La famille algéroise mènera grand train de vie dans la métropole provençale : elle acquit l'hôtel de Samatan, une superbe demeure où résidera quelque temps le roi Charles IV d'Espagne... Ainsi ce furent les hommes du Directoire et de la Convention qui, en réduisant les activités de l'Agence d'Afrique, contribuèrent indirectement à la fortune des négociants algériens : la concurrence impitoyable qu'ils firent à l'Agence la ruina durablement : « Le gouvernement (français) d'alors anéantit lui-même ses propres ressources dans les Concessions en leur créant des concurrents violents qui devaient ensuite le dévorer lui-même » [19].

A dire vrai, une raison subsidiaire favorisa le prodigieux succès des Bacri : le Trésor français était vide - et il fallait, néanmoins, assurer l'approvisionnement des départements du Midi. L'Agence n'avait pas de moyens financiers pour suppléer même provisoirement à la pénurie publique. Or la maison Bacri offrait de larges délais de paiement, assortis d'intérêts substantiels, bien entendu. C'est ainsi qu'à la fin de 1795, la France lui devait déjà deux millions, et il y eut d'autres fournitures dans les années suivantes. Au printemps 1797, prétextant la mauvaise qualité de certaines livraisons de blés, le gouvernement décida de surseoir au paiement des créances de « Bacri frères et Busnach ». Or une partie des céréales livrées par la maison de commerce appartenait à l'État algérien, qui les avait en quelque sorte « avancées » à Bacri-Busnach. Ceux-ci n'eurent aucune peine à persuader le dey qu'il ne pourrait être payé si eux-mêmes ne l'étaient pas par la France...

En réalité, la véritable raison qui avait motivé la suspension des paiements était strictement politique, comme le montre clairement ce document du ministre des Affaires étrangères, Delacroix, à son collègue des Finances : « En retenant ainsi les sommes dues à ces Juifs, nous les empêcherons de se distraire entièrement de nos intérêts et nous les forcerons à plus de circonspection dans leurs procédés obligeants avec les Anglais qu'ils ne servent avec tant de zèle que parce que leur présence, en Barbarie, leur offre l'espoir certain de nouveaux bénéfices » [20]. Des informations étaient parvenues à Paris qui laissaient entendre que Bacri-Busnach étaient sur le point d'opérer « un renversement d'alliance », ce qui se traduirait par un tarissement des fournitures de céréales africaines en plein blocus ! Le dey Hassan, doublement intéressé à l'affaire, réagit vigoureusement contre ces insinuations, réaffirmant la fidélité algérienne pour la République et se portant garant de l'« attachement incorruptible (des Bacri-Busnach) pour la nation française » [21].

Le 16 juillet 1797, Talleyrand remplaçait Delacroix aux Affaires étrangères. Aboucaya et Jacob Bacri, désormais très au fait des us et coutumes des hommes en place à Paris, entrèrent en contact avec le nouveau ministre. « Le mercanti et le grand seigneur causèrent et ce dernier fut “intéressé” au point que les Juifs n'eurent pas de protecteur plus actif » [22]. Plus clairement, on parla d'un pot-de-vin de 500 000 francs ! Effectivement le roué diplomate se montra très coopératif : « Si le Boiteux (Talleyrand), écrira Bacri, n'était pas dans ma main, je ne compterais sur rien »[23]. L'ancien évêque d'Autun sut faire reconsidérer toute l'affaire par ses collègues du gouvernement, et les créances qui avaient paru suspectes à quelques-uns furent regardées comme irréprochables ! On s'acheminait donc vers un règlement définitif : le montant des créances fut fixé à 2 297 445 livres, avec l'accord du gouvernement français ; la liquidation se ferait par versements bi-mensuels de 150 000 francs. Puis, la décision de conquérir l'Égypte arrêta tout le processus. L'état de guerre s'instaura entre la France et la Régence. Les paiements furent suspendus, ce qui n'empêcha pas le Consulat de commander de nouveaux approvisionnements pour l'armée d'Égypte et d'Italie à la maison Bacri... tandis que Jacob Bacri et Aboucaya, sujets algériens, étaient emprisonnés au Temple ! Rapidement remis en liberté, Jacob s'associa avec d'autres négociants et enleva plusieurs marchés importants pour le ravitaillement de l'armée du Rhin.

L'état de guerre officiel n'entama, cependant, pas sérieusement les relations franco-algériennes. Dès que la paix fut rétablie entre l'Empire ottoman et la France, Alger et Paris signèrent un nouveau traité de paix le 17 décembre 1801. Talleyrand, décidément protecteur assidu de Bacri, n'attendit pas la fin officielle des hostilités pour relancer l'affaire des créances. Dans une lettre à son collègue des Finances, en date du 24 août 1800, il soulignait : « L'état de nos rapports actuels avec la Régence exige qu'on montre aux Juifs la meilleure bonne volonté possible. Il faut considérer cette affaire non comme leur étant particulière, mais comme une *affaire d'État.* Ils méritent des ménagements à raison de ce que leur souverain leur accorde, et l'on pourrait craindre que leur mécontentement n'altérât, dans leur principe, les bonnes dispositions qu'il vient de leur montrer »[24].

De privée qu'elle était, l'affaire devint donc une affaire d'État, modification essentielle qui fut reconnue par le traité, lequel rétablissait les privilèges accordés traditionnellement à la France. En 1802, Bacri et Busnach avaient « récupéré » au total plus de quatre millions grâce aux interventions conjuguées de Talleyrand et des deys. Mais ils ne remboursèrent pas un sou des 300 000 francs environ (en capital de 1796) qu'ils devaient au Beylik. En 1803, Jacob Bacri écrivait encore à son associé Busnach pour lui demander de « faire écrire par notre maître (le Dey) au Petit (Napoléon) une lettre qui lui dira que l'argent réclamé par Bacri et Busnach est à lui et qu'il le prie de les faire payer à cause de lui ». Les négociants estimaient que l'État français était encore leur débiteur pour sept millions de francs ! Et ils subordonnaient le règlement de leurs dettes vis-à-vis du Trésor algérien à la liquidation des créances qu'ils avaient sur la France.

Le dey écrivit plusieurs lettres à Napoléon, mais elles restèrent sans effet. Au contraire, les relations franco-algériennes entrèrent dans une phase de tension telle qu'en 1808, l'Empereur envisagea une expédition de conquête de toute l'Afrique du Nord !

Il fallut donc attendre la Restauration et le retour de Talleyrand au pouvoir pour que l'affaire se débloque. Déjà en décembre 1814, le ministre des Affaires étrangères, comte Jancourt, faisait un geste de bonne volonté vers Alger : « Sa Majesté impériale, écrivit-il à Mustapha, ministre de la Marine de la Régence, a décidé de rappeler M. Dubois-Thainville, afin de détruire l'effet des préventions dont il pouvait être devenu l'objet » [25]. Nommé président du Conseil de Louis XVIII, le prince de Bénévent fut de nouveau sollicité par ses anciens protégés, Bacri et Busnach. Il choisit alors personnellement le nouveau consul de France à Alger, Pierre Deval, qui allait jouer un rôle décisif dans le développement de la crise franco-algérienne.

En principe et très officiellement, le choix de Deval comme nouveau consul était destiné à rétablir la bonne entente entre les deux pays ; le règlement de l'affaire des créances figurait en premier dans les priorités. Pourtant ce choix, en raison de la personnalité même de Duval, ne laisse pas de troubler. C.-A. Julien n'est peut-être pas loin de la vérité, quoique aucun document positif ne soutienne sa thèse, quand il affirme : « C'était reprendre la politique équivoque qui ne jouait qu'au profit des Juifs et, subsidiairement, de leurs protecteurs français. Qu'un conflit opposât les Bacri au dey, en la matière, il n'était pas douteux que la France soutiendrait les intérêts des hommes d'affaires contre le souverain. En ce sens, le consul Deval était l'homme propre à accomplir la besogne qu'on attendait de lui » [26].

Né vers 1760, Deval était le fils d'un secrétaire-interprète de l'ambassade de France à Constantinople. Il avait appris l'arabe et le turc, mais insuffisamment, semble-t-il, pour maîtriser les finesses et les subtilités de ces deux langues ; sa connaissance du français ne paraît guère plus académique, ainsi qu'en témoignent divers rapports rédigés par lui pour son ministre (voir plus loin). Deval servit d'abord comme drogman (interprète) dans différents consulats d'Orient (Saïda, Alep, Alexandrie) ; il fut ensuite consul à Bagdad de 1786 à 1794. De cette longue carrière en Orient, il acquit une sorte de mimétisme culturel, « une mentalité levantine », selon Esquer ; « il s'était accoutumé, dès sa jeunesse, aux procédés obliques dont il était courant d'user en Orient, dit C.-A. Julien. Il avait acquis plus de souplesse, d'humilité intéressée et de sens des intrigues que de capacités diplomatiques ». « On pensait, souligne de son côté Yacono, que le consul ne reculait pas devant les moyens les plus tortueux pour aboutir à ses fins » [27]. Ces jugements d'historiens récents sont corroborés par les témoignages de ses contemporains ; nous n'en citerons que quelques-uns :

« Vers la fin de 1815, remarquait le consul des États-Unis à Alger, W. Shaler, un agent (Deval) des princes rétablis sur le trône arriva à Alger et, depuis cette époque, il a été suivi un système de concessions les plus ruineuses et une condescendance indigne d'une grande et puissante nation. On a ainsi ravalé le caractère de la France et réduit son crédit politique à tel point qu'il serait odieux de reproduire ici le détail de ces hideuses tractations » [28].

Ces « hideuses tractations » allaient jusqu'au proxénétisme, ce que confirme un témoignage cité A. de Laborde [29]. Par C.-A. Julien, « la réputation de Deval n'était pas meilleure à Alger qu'à Marseille. On le tenait pour un proxénète, habile à satisfaire les désirs des deys, et un diplomate assez peu soucieux du droit des gens pour livrer ses domestiques kabyles à la vengeance des Turcs. Le capitaine de navire Carran, au cours d'une déposition faite devant la police de Marseille, dépeint, en octobre 1825, le consul « comme entièrement déconsidéré parmi les Européens qui résident dans ce pays, au point qu'il est réduit à ne fréquenter que des Juifs et des Turcs ». Il raconte que, lors de la naissance du duc de Bordeaux, le corps diplomatique se réunit au consulat de France pour entendre la lecture des dépêches « mais ni à la fête qu'il donna à cette occasion, ni à celle du baptême du Prince, aucun consul, aucun chrétien ne se rendit à son invitation. Ce témoignage de mépris a fait beaucoup d'impression » [30].

Au moment où ce personnage arrivait à Alger pour représenter la France, les relations algéro-françaises étaient profondément détériorées depuis une dizaine d'années. L'attitude versatile de Napoléon avait déterminé les deys à retirer en 1807 le privilège des Concessions à la France, pour l'octroyer à son adversaire, l'Angleterre, qui avait accepté de payer au prix fort (300 000 francs) ce privilège. Un grave différend surgit en mai 1816 entre l'Algérie et l'Angleterre. A la suite de la décision prise au Congrès de Vienne de mettre fin à l'« esclavage et à la piraterie » dont on accusait la Régence, une flotte combinée anglo-hollandaise, sous les ordres des amiraux Exmouth et Von Cappelen, arriva devant Alger le 27 août 1816. Lord Exmouth remit un ultimatum au dey Omar, qui refusa de se plier aux injonctions anglaises. La puissante flotte déversa alors un déluge de feu sur la ville, tuant plusieurs milliers de civils. Le lendemain, le dey dut accepter les conditions anglo-hollandaises, libérant notamment 1 200 captifs sans rançon. Durant la bataille, la flotte algérienne fut pratiquement anéantie [31].

Cette brutalité anglaise compromit la reconduction du bail des Concessions, qui venait à expiration en 1817. La France, qui n'avait pas souscrit aux projets anglais contre l'« esclavage et la piraterie » algériens, tenta de tirer le meilleur profit de la situation pour rétablir ses intérêts compromis. Le 2 août 1816, le ministre des Affaires étrangères donnait l'ordre au consul Deval de rester absolument étranger à toutes les discussions et à tous les événements auxquels l'arrivée incessante de la flotte anglo-hollandaise pourrait donner lieu [32]. A la faveur de cette crise, Deval renoua donc le dialogue et, le 17 mars 1817, un traité fut signé qui rétablissait les privilèges accordés à la France dans les Concessions. La redevance annuelle fut fixée à 118 000 francs, contre 300 000 francs que payaient précédemment les Anglais. De son côté, le gouvernement français s'engagea à réexaminer l'affaire des créances Bacri-Busnach, et à la liquider à bref délai.

En 1819, en effet, une commission composée des conseillers d'État Hély d'Oisel, Monnier, Bessières et de Malartie, prit en main le dossier : « La commission, dit de Laborde, y mit un tel empressement qu'en peu de mois on termina une affaire en litige depuis vingt-cinq ans » [33]. Après de longues tractations entre les commissionnaires et Nicolas Pléville, mandaté par Bacri et Busnach, une transaction fut conclue le 28 octobre 1819. Le montant des créances, que Pléville avait commencé à négocier à 24 millions, fut définitivement fixé à 7 millions. Mais ce qui est important, ce sont les attendus de la convention, car ils établissent formellement le caractère politique de la transaction consentie par le roi pour complaire au dey :

« Le roi voulant mettre un terme aux réclamations de la Régence d'Alger, relativement aux créances dont les sieurs Jacob Coën Bacri et Michel Busnach, négociants algériens, sollicitent depuis longtemps le paiement, et *prouver à la Régence son désir de maintenir la bonne intelligence qui existe entre les deux États ;*

« S'étant fait rendre compte à cet effet de la nature et de la situation desdites réclamations, et ayant reconnu que le paiement des sommes dues aux sujets algériens a été formellement stipulé par le traité conclu entre la France et la Régence, le 17 décembre 1801, et que l'exécution de cette stipulation, réclamée et annoncée à plusieurs reprises par le gouvernement français, a encore plusieurs fois été promise depuis le rétablissement de Sa Majesté sur le trône, et notamment *par la déclaration que son consul général à Alger a été autorisé à faire à la Régence le 29 février 1816 ;*

« Considérant qu'il est juste et convenable de réaliser *ces promesses qui ont amené le rétablissement des rapports de bonne intelligence et d'amitié entre les deux États* »...

Suit le texte du compromis en huit articles [34]. Sans entrer dans le détail, retenons-en les points essentiels. La liquidation des créances serait faite entre les mains de Nicolas Pléville, fondé de pouvoirs de Bacri et Busnach, en douze versements de 583 333, 33 francs chacun, de cinq jours en cinq jours. Le Trésor français retiendrait le montant des oppositions et transports de créances qui lui seraient signifiés, dont seraient redevables Bacri et Busnach (art. IV). Parmi ces créanciers, la transaction énumérait Isaac Tarna, François Aiguillon, David Bacri (neveu de Jacob) et l'Agence d'Afrique, soit au total un peu plus de 660 000 francs. Enfin, la convention disposait (art. VII) que « le présent arrangement ne (sera) exécuté qu'après avoir été approuvé par le Roi, et après que le dey aura déclaré (...) qu'il n'a plus aucune demande à formuler envers le gouvernement français, relativement aux créances des sieurs Bacri et Busnach ».

Une première remarque s'impose. On voit que le gouvernement français reconnaissait le caractère éminemment politique lié à la transaction ; il n'ignorait pas que si la Régence avait tant de fois réclamé le paiement des créances Bacri-Busnach, c'était parce que ces négociants étaient ses débiteurs. Or les commissionnaires avaient inscrit comme créanciers privilégiés l'Agence d'Afrique et certains parents de Bacri : *mais aucune mesure conservatoire ne fut prise en faveur du dey !* Bien mieux, quinze jours avant la conclusion de l'accord, Bacri remit à son fondé de pouvoir, Nicolas Pléville, une reconnaissance de dette considérable (1 250 000 francs) au bénéfice d'un certain Maury... qui n'était qu'un prête-nom du négociant algérois. Dans les mois qui suivirent, une foule d'autres créanciers fictifs de Jacob Bacri présenta des oppositions pour une somme globale de 20 millions devant les tribunaux de Paris et de Marseille. Or la somme prélevée sur les 7 millions et remise à la Caisse des Dépôts et Consignations pour honorer les créances dont les tribunaux devaient établir la validité, était de 2,5 millions seulement [35].

Mais il y eut plus grave encore. On sait que la transaction ne pouvait être exécutée que si le dey donnait son accord. Jacob Bacri et Pierre Deval se chargèrent de l'épineuse démarche. Convaincu de la bonne foi du gouvernement français, Hussein se déclara satisfait (12 avril 1820). Il ignorait, cependant, qu'il devait présenter des oppositions devant les tribunaux français pour être remboursé, puisque la convention ne lui avait pas ménagé de garantie ! Ni Bacri ni Deval, parfaitement au fait des arcanes de la justice française ne le renseignèrent : il y avait, de toute évidence, collusion entre Bacri,

Deval et Pléville - les commissaires ayant « péché » peut-être par omission seulement. Cette procédure scandaleuse, qui ressemble bien à un « coup monté », fut dénoncée dès 1829. « Étranger aux cinquante ou soixante jugements rendus dans cette affaire, s'écriera de Laborde, le dey n'ayant personne pour le représenter se trouva de la sorte frustré de la part qui aurait dû lui revenir de droit au partage des sept millions : ainsi cette transaction, qu'on n'avait faite que pour lui, présenta en résultat la singularité que le seul créancier en faveur duquel on avait reconnu la créance, était le seul qui n'en reçut aucune part » [36].

La supercherie ne devait pas rester longtemps ignorée du souverain algérien. S'il put admettre à la rigueur la déloyauté d'un négociant qui n'en était pas à sa première escroquerie, il ne put supporter la tromperie de Deval. A ses yeux, il était inconcevable qu'un agent diplomatique, représentant d'une grande puissance, puisse tremper dans une basse combinaison financière. S'il agit ainsi, ce ne devait être qu'à l'insu de son gouvernement... « Dans cet état de choses, qu'on se représente le juste ressentiment du dey, et l'embarras du consul. L'œuvre consommée, il fallait nécessairement ou le satisfaire ou le provoquer pour le mettre (le dey) alors dans son tort, et d'une manière ou d'autre étouffer cette scandaleuse affaire » [37].

Pour se laver de tout reproche, Deval allait, en effet, s'employer à « embrouiller l'affaire ». Il serait servi par les circonstances et par les intrigues du ministre des Affaires étrangères, le baron de Damas.

Une double machination

De 1820 à 1826, la relance tant attendue des rapports franco-algériens ne se produisit pas ; au contraire, la tension ne fit que monter. Tout d'abord une chute inattendue se produisit dans les échanges commerciaux. En renouvelant les privilèges des Concessions, la Régence espérait une reprise du commerce avec la France, dont elle tirait des bénéfices vitaux pour son économie. Or de 1818 à 1822, l'Agence provisoire d'Afrique chargée d'exploiter les Concessions, confiée à un piètre gestionnaire, le juge Faurrat, ne parvint pas à rétablir l'ancien trafic. En 1822, le gouvernement français, tirant la leçon de cet échec, accorda pour huit ans l'exploitation des concessions à une maison privée de Marseille, la maison Paret. Mais Deval y était hostile et multiplia les entraves, bien que les agents de Paret fussent chaleureusement accueillis à Alger et à Bône : « Trois mois après leur arrivée, les agents de Paret avaient expédié en France plus de marchandises que l'agence n'en avait envoyé dans le cours de près de cinq ans » [38]. Le consul redoutait ce succès qui pouvait lui porter ombrage... Il voulait avoir la direction exclusive des relations franco-algériennes, de manière à les orienter selon ses intérêts, et sans interférences extérieures.

En 1825, il obtint la nomination de son neveu, Alexandre Deval, comme vice-consul à Bône. En violation des traités, et notamment du dernier en date, celui de 1818, le vice-consul, sur ordre de son oncle, entreprit de fortifier les installations commerciales françaises de La Calle et de Bône, y introduisant même des pièces d'artillerie. Ce geste incongru souleva tout le pays, et le dey dépêcha des renforts sur les lieux pour raser les fortifications. Cet incident aigrit un peu plus les relations avec Deval.

L'année suivante, un nouvel accroc envenima ce climat. Des navires de la marine algérienne capturèrent deux bâtiments battant pavillon pontifical. Or la France du très catholique Charles X avait accordé sa protection à ce pavillon, et avait demandé en 1825, au dey Hussein, de le respecter à l'avenir. Le dey promit verbalement à Deval de donner des ordres en conséquence, sous réserve que l'État pontifical envoie à Alger un diplomate pour apurer un vieux contentieux et conclure un traité de paix en bonne et due forme. Pendant un an, la marine algérienne n'intercepta aucun navire romain. Mais le Vatican n'avait envoyé aucun diplomate pour régler le contentieux. Dès lors, la Régence était fondée à considérer que la continuation de l'état de guerre avait été décidée à Rome ; d'où l'intervention de sa marine. Toutefois, le dey libérera les marins pontificaux, en signe de bonne volonté après les réclamations de la France.

Au mois d'août 1826, Hussein, qui attendait toujours le remboursement des créances Bacri, fit incarcérer ce dernier à la suite d'un litige survenu entre le négociant et un de ses anciens associés. Dans sa prison, ruiné et n'ayant plus rien à perdre, Bacri fit des « révélations » : il déclara qu'il avait dû payer un pot-de-vin à Deval et à Pléville pour obtenir la fameuse transaction de 1819 ! Sur le moment, Hussein se contenta d'écrire une lettre courtoise au ministre des Affaires étrangères, le baron de Damas, sans évoquer le rôle frauduleux du consul et de Pléville : « Nous prions votre Excellence, au reçu de la présente lettre, de régler avec Nicolas Pléville, représentant de notre serviteur Jacob Bacri, le compte des sommes qui nous sont dues en France. Nous désirons que notre serviteur Raya Elem Kajen soit présent lorsque vous ferez ce compte parce qu'il connaît tout ce qui y est relatif. Enfin, lorsque vous aurez entièrement réglé et terminé le compte des sommes susdites qui sont connues et avérées, veuillez bien nous envoyer promptement par vos propres moyens, sans délai ni retard, la somme totale que ce compte aura donnée pour résultat, et y joindre aussi l'intérêt que cet argent a dû rapporter, avec le montant des dépenses faites pour le recouvrer pendant le long espace de mois qu'il est resté hors de notre jouissance... » [39].

Cette lettre resta sans réponse. Hussein renouvela ses réclamations à Deval, en termes plus pressants. Au mois d'octobre, une frégate française, la *Galathée,* arriva à Alger. Au lieu de la réponse tant attendue, le commandant du navire apportait une note menaçante, reprochant au dey les actes d'« hostilité envers la France et le Vatican », et concluant : « Le gouvernement de Sa Majesté déclare que le retour de pareils procédés troubleraient infailliblement la bonne intelligence entre les deux États et que, dans ce cas, Son Altesse ne devait s'en prendre qu'à elle-même des conséquences qui pourraient en résulter ».

Le même jour, 29 octobre 1826, Hussein, qui, cette fois, était convaincu que le consul avait tout manigancé et complotait pour saper les relations franco-algériennes, écrivit une nouvelle lettre au baron de Damas. Signe qui montre bien l'état d'esprit du dey à l'égard de Deval : la lettre fut transmise par l'intermédiaire du consul de Naples, via Livourne ; Hussein estimait que le consul français soit ne transmettait pas ses lettres au gouvernement de Paris, soit ne lui communiquait pas les réponses ! Cette missive du 29 octobre est très importante à connaître : elle portait des accusations graves contre Deval, tout en assurant le gouvernement français que la Régence désirait poursuivre de bonnes relations. Plus tard, on allégua que ce document était insultant et qu'il n'était pas de la dignité du baron de Damas d'y répondre. Or de deux choses l'une : ou bien il y avait offense épistolaire, et le gouvernement de Paris aurait dû rompre les relations diplomatiques ; ou bien les allégations du dey paraissaient justiciables d'une enquête, et l'on aurait dû rappeler Deval à cette fin. On ne fit ni l'une ni l'autre ! Deval fut maintenu à Alger, contre le gré du souverain ; le baron de Damas, qui avait une dignité « à géométrie variable », rédigea une réponse : ses collègues du Conseil des ministres la jugèrent si peu diplomatique qu'ils s'opposèrent à son envoi !

Voici donc ce qu'écrivait Hussein, en substance. S'étonnant de n'avoir reçu aucune réponse à sa lettre du mois d'août, il croit que le consul, « plein de malices et de mensonges », intercepte et garde pour lui la correspondance diplomatique. « Je ne peux plus souffrir cet intrigant chez moi, et plusieurs fois j'ai été tenté de le mettre sur un de nos vaisseaux et de le renvoyer de chez moi, mais j'ai souffert de tout cela depuis longtemps à cause de la bonne intelligence qui existe entre la Régence et la France depuis un temps ancien et parce que c'est l'unique nation que nous croyons amicale. En conséquence, je désire que Votre Excellence ait la complaisance de présenter mes respects à Sa Majesté le roi en le priant de prendre tout cela en considération et qu'il fasse appeler cet intrigant chez lui et nous envoie un autre consul qui soit un brave homme. » Hussein revient ensuite sur l'éternelle affaire des créances et fait part des révélations de Bacri : « J'ai appris par ledit Bacri qu'il a fallu promettre à M. votre Consul et à M. Nicolas Pléville une somme de deux millions de francs pour lui avoir fait obtenir les sept millions. » Il aborde ensuite l'affaire du pavillon romain, affaire sur laquelle le gouvernement français avait été mal informé intentionnellement par son agent. Il rappelle que la Régence avait renoncé unilatéralement, par amitié pour le roi de France, à l'état de guerre qui existait avec le Saint-Siège, dans l'attente d'un émissaire pontifical pour conclure la paix par un traité. Or après plus d'un an d'attente, aucun émissaire ne s'était présenté à Alger, ce qui semblait indiquer que le Vatican ne souhaitait pas établir la paix. Toutefois, pour prouver sa bonne volonté et sa bonne foi, le dey a fait libérer treize prisonniers pontificaux, sans aucune contrepartie, pour complaire à Sa Majesté. (Les prisonniers furent effectivement remis au commandant de la *Galathée*.) Protestant de l'amitié séculaire qui lie les deux pays, Hussein insiste sur le fait qu'il désire perpétuer les bons rapports avec la France. S'il y a actuellement des difficultés, elles sont créées par le seul Deval, qui trompe et son gouvernement et celui de la Régence : « Venant un autre consul de bon caractère, termine le dey, il lui sera accordé tous les plaisirs possibles, considérant la France comme la nation la plus attachée à nous, ainsi qu'elle l'a toujours montré » [40].

Comme on le voit, cette missive n'avait rien d'injurieux, rien d'offensant pour le ministre des Affaires étrangères, et encore moins pour la dignité de la France. Elle montre seulement à quel point d'exaspération le souverain algérien avait été poussé par les agissements du consul. Or il est de tradition dans les relations internationales que, lorsqu'un diplomate s'attire l'épithète de *persona non grata,* son gouvernement prend l'initiative de le rappeler sans délai. En 1814, par exemple, pour nous en tenir aux relations franco-algériennes, le consul Dubois-Thainville en fit la triste expérience. Pourquoi, dans ces conditions, le baron de Damas s'obstina-t-il à maintenir Deval à Alger ? C'est que ce geste entrait dans un dessein politique plus large qui prévoyait une rupture, puis une expédition contre Alger. Cette orientation inattendue de la politique française à l'égard de la Régence obéissait à des impératifs étrangers aux relations franco-algériennes.

« Le capitaine Fleury (commandant de la *Galathée*) et Deval présentèrent (au dey) le 29 octobre des réclamations au sujet de divers actes de piraterie, écrit P. Masson. Hussein, de plus en plus mal disposé, ne donna pas satisfaction et *le gouvernement français se décida, en novembre 1826, à commencer le blocus des ports algériens* » [41]. Cette décision, demeurée secrète, ne donna pas lieu à une exécution concrète, car elle apparut à certains membres du gouvernement comme arbitraire et injustifiable. Il fallait qu'il y eût un acte public de la Régence qui la justifiât au regard des lois internationales ; en un mot, il fallait pousser Hussein à prendre une mesure contraire aux usages ou aux traités - et donc le provoquer. Le baron de Damas et le consul Deval s'y employèrent, chacun avec ses moyens propres.

Le fait de maintenir Deval en poste à Alger était en soi un geste de défi. Mais Hussein, toujours convaincu de la bonne foi du gouvernement royal, résista à la tentation de mettre le consul sur un de ses vaisseaux pour le renvoyer de chez lui. Fut-ce la « trop grande patience » du dey qui décida le baron de Damas à brusquer les choses et à lui écrire, le 28 février 1827 ? La lettre que le ministre rédigea alors fut si violente que le Conseil des ministres la jugea inadmissible et refusa qu'on l'envoyât à son destinataire ! En revanche, il fut convenu qu'au début d'avril une escadre de deux vaisseaux de ligne et deux frégates irait à Alger pour appuyer... les réclamations de Deval. Un peu moins d'un mois et demi plus tard, le 11 avril 1827, le baron de Damas revint à la charge sous la forme d'un rapport à Charles X : ce document, d'une valeur exceptionnelle, n'a jamais été cité, à notre connaissance, par les innombrables historiens de la Conquête. Il figure aux Archives du ministère des Affaires étrangères, Mémoires et Documents, Algérie, t. II, où il occupe les folios 41 à 60. Sa lecture démontre la détermination française d'ouvrir les hostilités avec la Régence bien avant le « coup d'éventail ». Il est donc essentiel de reproduire ici les passages les plus importants du projet de lettre et du rapport de Damas au roi.

La lettre destinée à Hussein se terminait ainsi : « Sa Majesté m'ordonne en conséquence (après une longue énumération de griefs) de vous demander :

1°) que, désapprouvant hautement les hostilités commises par les corsaires d'Alger contre les bâtiments français, vous punissiez d'une manière exemplaire les auteurs de ces insultes et fassiez rendre les sommes qu'ils ont enlevées ;

2°) que, pour prévenir désormais de semblables désordres et pour préserver les navires français des dangers de la peste, vous vous engagiez par une déclaration expresse à défendre aux reïs algériens de visiter sous aucun prétexte ceux des vaisseaux qu'ils rencontreront en mer ou de mander les capitaines à leur bord. Les bâtiments des deux nations devront se contenter de parlementer et de se faire reconnaître avec le porte-voix ;

3°) que vous fassiez remettre sans retard au consul général de France le prix des vaisseaux romains capturés par vos corsaires et la valeur des cargaisons dont ils étaient chargés, ainsi que les indemnités justement dues aux propriétaires et aux équipages pour les préjudices et les mauvais traitements qu'ils ont soufferts ;

4°) qu'en même temps vous renouveliez par une déclaration authentique, sanctionnée par les Grands de la Régence, la promesse gratuite de respecter et de traiter désormais en ami le pavillon romain. Le premier engagement que vous avez pris ne comportait aucune restriction ; il était purement désintéressé, tel, en un mot, que le Roi était en droit de l'attendre du chef d'un État si anciennement ami de la France. Sa Majesté n'aurait pu croire, en effet, que vous eussiez prétendu mettre à prix la paix qu'il vous demandait pour le Saint-Siège, quand vous l'aviez accordée gratuitement à d'autres États par considération pour l'Angleterre ;

5°) enfin que, cessant d'écouter des suggestions ennemies, vous rétablissiez avec le consul général de France des rapports de bienveillance et de bonne harmonie conformes à ceux qui doivent exister entre la France et la Régence d'Alger.

« Ces réparations, très illustre et magnifique Seigneur, sont les seules qui puissent satisfaire au Roi mon auguste Maître, et lui prouver que la Régence d'Alger met du prix à l'amitié de la France. (...) Si, ce que je ne puis croire, ses espérances étaient déçues, le Roi est résolu à ne prendre conseil que de sa dignité offensée et à faire usage, pour obtenir justice, de la puissance que Dieu a mise entre ses mains.

« Un nouveau déni de justice exposerait la Régence d'Alger à des calamités inévitables... » [42].

Le rapport du 11 avril 1827 est trop long pour être cité in extenso. En voici les passages les plus significatifs.

« Sire,

« J'ai eu l'honneur de proposer à Votre Majesté d'envoyer à Alger une division de ses vaisseaux pour obtenir par cet appareil de forces et même par leur emploi, s'il fût devenu nécessaire, réparation des torts dont le Dey s'est rendu coupable envers la France. Votre Majesté ayant jugé préférable, dans les circonstances actuelles, d'user encore de quelques ménagements et d'employer la voie plus simple des négociations, j'ai dû préparer des instructions en ce sens pour le Consul général et chargé d'Affaires de France à Alger. Mais je crois devoir mettre sous les yeux de Votre Majesté l'exposé des faits et des motifs qui m'avaient engagé à proposer une marche différente. (Suit un long rappel des incidents survenus aux navires pontificaux au large des côtes « barbaresques ».)

« (...) Ainsi les griefs de la France contre Alger continuent d'exister dans toute leur force. Le Dey refuse d'observer la promesse qu'il a faite de respecter le Pavillon Romain ; il refuse la restitution des vaisseaux que ses corsaires ont pris aux sujets du Saint-Siège, et il n'a fait aucun droit aux plaintes qui lui ont été portées, au nom de Votre Majesté, contre la conduite hostile et injurieuse de ses armements envers le Pavillon français. Il a même ajouté depuis à la gravité de ces griefs par des procédés malveillants, par des exigences déplacées, et surtout par la menace de renvoyer le Consul général de Votre Majesté contre lequel il se livre à des imputations calomnieuses.

« Cette menace inconvenante, ces prétentions mal fondées sont positivement énoncées dans une lettre qu'il m'a fait parvenir par l'intermédiaire du Consul de Naples (...) comme si, par des demandes et des récriminations personnelles, il eût espéré détourner l'attention du gouvernement de Votre Majesté et lui faire perdre de vue ses propres griefs.

« C'est ainsi que le Dey, reproduisant une réclamation dont l'injustice lui a déjà été plus d'une fois démontrée, exige avec hauteur, comme cessionnaire du sieur Bacri d'Alger, la remise immédiate des sommes que la France avait reconnu devoir à cet Algérien, quoiqu'il sache très bien qu'en vertu d'une transaction passée à Paris le 28 octobre 1819 entre les commissaires du Roi et le fondé de pouvoirs du sieur Bacri, (acte auquel il donna son assentiment), la plus grande partie de cette créance a été acquittée, que le reste, frappé d'oppositions légales par les créanciers de Bacri, a du être provisoirement tenu en dépôt, aux termes mêmes de la transaction, et qu'il ne peut être délivré que lorsque ces oppositions auront été levées.

« Tels sont les termes dans lesquels la France se trouve maintenant vis-à-vis de la Régence d'Alger. Il s'agit à la fois d'obtenir réparation d'offenses qui lui sont personnelles et d'assurer l'effet de la protection que Votre Majesté a si généreusement accordée au Saint-Siège. »

(Suit une nouvelle plaidoirie, en faveur du pavillon pontifical, que le ministre conclut en écrivant : « Votre Majesté ne peut pas changer la nature de son intervention en faveur du Saint-Siège, et (...) la Régence d'Alger doit être forcée à remplir ses premiers engagemens »).

« Le gouvernement de Votre Majesté a suffisamment usé de ménagemens envers cette régence et l'inutile essai qu'il a déjà fait de la voie des représentations prouve assez qu'il serait difficile d'en attendre aujourd'hui plus d'effet. De simples démarches, une négociation pacifique n'aboutiraient peut-être qu'à donner une fausse idée de la modération de la France. Le droit est rarement respecté chez les puissances barbaresques, quand il n'est pas soutenu par la force, ou du moins par l'appareil de la force ; et la crainte du châtiment est le seul mobile qui puisse les déterminer à être justes. Ce n'est qu'en présence d'un danger toujours imminent, d'une force toujours prête à réprimer, que ces barbares observent les traités et les obligations qu'ils leur imposent. (...)

« En appliquant ces considérations à la position actuelle de la France vis-à-vis d'Alger, en envisageant les dispositions hostiles que le Dey a manifestées contre nous au moment où le Consul de Votre Majesté faisait entendre de justes plaintes, il est sans doute à craindre que ce chef de barbares, rendu plus audacieux par l'impunité ne comble par de nouveaux torts la mesure de nos griefs ; et que bientôt la navigation française dans la Méditerranée ne se trouve en butte aux vexations des Algériens.

« *C'est d'après toutes ces considérations que j'ai cru devoir proposer à Votre Majesté d'envoyer à Alger une division navale destinée à bloquer les ports de la Régence, si le Dey persistait dans son système d'hostilités contre le Saint-Siège, et dans le refus d'accorder les satisfactions qu'il doit à la France.*

« Toutefois, avant de prendre ce parti, et afin d'en prévenir, autant que possible, la nécessité, je m'étais décidé à faire une dernière tentative auprès du Dey, en lui écrivant pour le porter à réfléchir sur les conséquences de sa conduite, et lui signifier l'intention de Votre Majesté de poursuivre par la force la réparation de ses griefs, s'il persistait à refuser. C'est dans ce dernier cas que l'expédition projetée eût agi conformément à sa destination, en formant le blocus d'Alger.

« Votre Majesté a pensé que ce moyen était insuffisant pour arriver au but, qu'une expédition formée de troupes de terre et de mer pouvait seule conduire à un résultat complet tel qu'il convient à sa dignité et à celle de la France ; mais elle a songé en même temps à *l'énormité des dépenses* qu'occasionnerait une telle entreprise et à l'*impossibilité de la tenter dans l'état actuel des finances.*

« Je crois devoir soumettre à ce sujet quelques observations à Votre Majesté.

« L'expérience a démontré que les expéditions en forme et les attaques de vive force contre Alger n'étaient pas le meilleur système d'hostilité qu'on dût suivre en cas de guerre avec cette Régence. On doit savoir au Ministère de la Marine qu'il est impossible que ces sortes d'attaques aient un résultat positif et complet ; qu'un bombardement peut détruire la ville en grande partie, mais que les Deys s'en sont toujours mis peu en peine ; que les Anglais, après avoir bombardé et presque anéanti cette place en 1816, n'obtinrent, en compensation des dépenses et des pertes que cette expédition leur avait coûtées, que d'assez minces résultats et de stipulations à peu près insignifiantes ; qu'enfin, si le succès de leur attaque contre Alger, déjà favorisé par un très grand déploiement de forces, le fut encore par l'état alors moins redoutable des fortifications de cette ville, il n'en serait plus de même aujourd'hui que des travaux exécutés avec soin la rendent inexpugnable.

« Toutefois, si la prudence interdit de semblables entreprises, on peut, avec plus de chances de succès, bloquer les ports d'Alger, ou s'emparer des armements algériens qui sont sortis pour la Course. Ce dernier moyen a complètement réussi, en 1815, aux États-Unis, en leur faisant obtenir l'exemption du tribut qu'ils payaient depuis 1795 à la Régence d'Alger. Un blocus exige nécessairement moins de forces, moins de dépense qu'une attaque positive ; il entraîne à moins de péril ; il est aussi d'un résultat plus sûr, et l'événement en a déjà prouvé, plus d'une fois, l'efficacité. En effet, une attaque directe et de vive force réunit tous les Musulmans par les liens d'un même danger, par le besoin d'une commune défense, tandis qu'un simple blocus, en détruisant toute communication des ports avec la mer, en rendant oisive une milice turbulente dont l'existence et les habitudes reposent sur la piraterie, a presque toujours pour résultat de mettre les esprits en fermentation, d'exciter des soulèvemens contre le Dey, et de le forcer lui-même, par la crainte de ces troubles qu'il lui serait impossible de maîtriser ou plutôt dont il serait la première victime, à céder à la nécessité et à subir les conditions qui lui sont dictées.

« Un blocus d'Alger pourrait, je l'avoue, porter la Régence à quelque mesure violente contre les établissements français situés sur son territoire sous le nom de *concessions d'Afrique.* Il aurait au moins pour effet d'interrompre le mouvement commercial auquel leur exploitation donne lieu, et qu'on évalue à 500 000 francs par an. Mais la Régence aurait elle-même à souffrir de cette interruption, et serait par conséquent intéressée à en abréger la durée ; car ce même état de choses entraînerait aussi la suspension des redevances ou *lismes* que la France acquitte annuellement pour la jouissance exclusive de ses établissements. Ces redevances s'élèvent à peu près à 230 000 francs, et le gouvernement d'Alger attache d'autant plus de prix au paiement exact et continu de cette somme qu'il l'emploie ordinairement à solder une partie de sa milice.

« Au surplus, comme je l'ai déjà fait observer, l'appareil d'une force respectable et de simples démonstrations ont suffi, en plus d'une occasion, pour imposer aux gouvernemens barbaresques et triompher de leur mauvaise foi. La menace énergique d'un chef d'escadre qui notifie la détermination d'agir hostilement si, dans un temps donné, satisfaction n'est pas accordée, a quelquefois obtenu ce qu'on aurait vainement espéré de réclamations longtemps reproduites. Tel était le sens des instructions remises, l'année dernière, au commandant des forces navales de Votre Majesté qui furent expédiées devant Tripoly, et dont la seule présence intimida le Bey. Tel était aussi le sens des ordres qu'auraient reçus le chef de l'escadre qui se serait rendue à Alger pour en bloquer le port, dans le cas où les satisfactions demandées par le consul de Votre Majesté se seraient fait attendre.

« En résumant les observations contenues dans ce rapport, je pense que Votre Majesté ne peut se dispenser de continuer au Saint-Siège la protection qu'Elle lui a déjà si efficacement accordée ; que *cet appui doit consister dans une intervention promte* (sic) *et énergique pour forcer le Dey à l'exécution pure et simple de ses engagemens et à la réparation des griefs qui sont personnels à la France, qu'il est nécessaire de soutenir de nouvelles réclamations par l'appareil d'une force navale imposante et prête à agir contre Alger, dans le cas où l'opiniâtreté du Dey obligerait à prendre ce dernier parti.* Je pense enfin que l'ajournement de cette mesure tend à prolonger et même à aggraver l'état de choses auquel il est urgent de mettre un terme ; qu'elle n'en sera pas moins indispensable tôt ou tard, mais qu'il est à craindre que trop longtemps différée et devenue moins opportune, elle n'exige un plus grand déploiement de forces, des dépenses plus considérables, et qu'elle ne soit aussi d'une exécution plus difficile.

« Quoiqu'il (sic) en soit, Votre Majesté ayant vu des inconvéniens dans l'adoption du plan proposé, je me suis conformé à ses intentions, modifiant, ainsi que j'ai déjà eu l'honneur de l'annoncer, les instructions destinées au Consul de France à Alger. Je crois devoir mettre en conséquence sous les yeux de Votre Majesté deux projets de lettres adressées l'une à M. Deval, l'autre au Dey, en réponse à celle qu'il m'a écrite. J'y reproduis les réclamations déjà présentées au nom de Votre Majesté et sans parler un langage aussi impératif et aussi menaçant, je n'en fais pas moins entendre au Dey qu'il ne lasserait pas impunément la modération de la France, et qu'il est de son propre intérêt de satisfaire aux griefs dont la réparation lui est demandée.

Paris le 11 avril 1827. Le baron de Damas »[43]

Devant ce document irréfutable, c'est toute la légende du « coup d'éventail » comme cause directe de la rupture avec Alger, qui s'écroule. Plusieurs semaines avant l'entrevue orageuse entre le Dey et le consul, on avait pris des dispositions en vue de décréter le blocus et l'état de guerre contre la Régence ! Il restait, cependant, des opposants au projet, au sein du Conseil des ministres - et en premier lieu Villèle, président du Conseil. On craignait une réaction hostile de l'Angleterre, si des motifs sévères ne justifiaient pas une éventuelle expédition. Certains auteurs ont affirmé, sans preuve, que le gouvernement français adressa à Deval des instructions pour provoquer le dey. Dans le dernier paragraphe de son rapport, le baron de Damas parle bien de deux projets de lettres l'une pour le dey (et non expédiée), l'autre pour Deval. Mais ce document est introuvable ! Du reste il est douteux qu'il ait jamais contenu des instructions lui *demandant positivement de provoquer Hussein.* Toutefois, l'absence de cette mystérieuse lettre n'empêche nullement d'établir que le consul fut effectivement excité à agir de telle sorte que le souverain algérien excédé se mit, par quelque réaction non conforme aux usages, dans son tort et apparut publiquement comme responsable d'une rupture. Au surplus, la « mentalité levantine », l'« esprit retors ne reculant devant aucun moyen pour arriver à ses fins », dont les historiens coloniaux eux-mêmes ont gratifié le consul, eussent pallié l'absence d'instructions « mettant les points sur les i » : il eût suffit, en effet, que Deval connût, dans ses grandes lignes, la doctrine de son gouvernement à l'égard d'Alger telle qu'exposée dans le rapport de Damas, pour prendre des initiatives en conséquence. La connut-il ?

La réponse à cette question cruciale appelle une remarque préliminaire : le consul savait parfaitement qu'il s'était mis dans une situation scabreuse en s'alliant aux Bacri pour arracher l'assentiment de Hussein à la transaction de 1819. Le dey n'aurait jamais donné son accord sans la garantie de loyauté que la caution du diplomate conféra à l'acte. A mesure que le temps passait sans que la Régence fût remboursée, la situation devenait précaire pour Deval, menacé d'être démasqué ! Par conséquent, il devait exploiter toutes les occasions susceptibles de tendre les relations franco-algériennes pour embrouiller l'affaire, et « noyer le poisson ». A cet égard, son habileté machiavélique le servit admirablement : il suffit de lire ses dépêches de 1820 à 1827 pour s'en convaincre !

Le dey finit par découvrir la tromperie, et demanda officiellement le rappel du consul, assorti de graves accusations (lettre du 29 octobre 1826). Deval eut-il connaissance de cette lettre ? Il a prétendu que non dans un document postérieur d'un an et demi aux faits : « Le ministre des Affaires étrangères n'ayant pas cru de sa dignité de répondre à une lettre insultante du Dey, n'en informa pas le Consul général qui dans une ignorance absolue et une parfaite sécurité se présenta le 30 (sic) avril 1827 à l'audience du Day pour le complimenter selon l'usage... »[44]. En supposant que Deval disait la vérité, il n'aurait, cependant, pas manqué de remarquer sa propre disgrâce... de notoriété publique, de novembre 1826 à avril 1827 ! Cette indisposition du gouvernement algérien à son égard lui eût dicté une autre attitude, et à tout le moins d'en référer à son ministre de tutelle. Non seulement il n'en fit rien, mais encore il se comporta avec une suffisance, voire une arrogance étonnante ! A quoi peut-on attribuer un comportement si paradoxal, sinon que Deval se savait soutenu, défendu à Paris ? Il ne pouvait donc ignorer, surtout dans la position qui était la sienne, la teneur du projet de réponse du baron de Damas (28 février 1827) où le ministre ordonnait quasiment au dey « de cesser d'écouter des suggestions ennemies, et de rétablir avec le consul général de France des rapports de bienveillance et de bonne harmonie ». Nous trouvons, du reste, un demi-aveu de Deval. Il figure dans sa lettre du 30 avril 1827, document fondamental où le consul rapporte sa version du fameux coup d'éventail. Nous publions en annexe un fac-similé de l'original de cette lettre à laquelle beaucoup d'auteurs se sont référés sans l'avoir jamais lue ! Après avoir été « frappé » par le dey, Deval se rendit chez plusieurs ministres algériens et conféra longuement avec celui de la Marine et des Affaires étrangères. Ce dernier demanda « pourquoi Votre Excellence (de Damas) n'avait pas écrit directement au Dey en réponse à sa *lettre du 10 septembre 1824* ». Deval mentait sans vergogne ici : il y eut plusieurs échanges épistolaires entre septembre 1824 et avril 1827, comme en témoignent les registres d'archives du ministère des Affaires étrangères et les documents publiés par E. Plantet. En réalité, la lettre dont Hussein attendait la réponse était bien celle du 29 octobre 1826... où il demandait le rappel de Deval ! La réponse que le consul fit au ministre algérien de la Marine n'est pas moins révélatrice : « Je répondis que le gouvernement de France n'étoit pas dans l'usage de correspondre directement avec aucun Prince, ni avec aucun gouvernement étranger, *vu sans doute les conséquences fâcheuses qui pourroient résulter de communications directes et sans intermédiaire* »... Cette assertion est évidemment démentie par d'innombrables documents, cités ici même, et Deval n'aurait pas écrit une telle contre-vérité si elle n'avait son utilité. La vérité, c'est que sa lettre était en quelque sorte à l'usage *personnel* du baron de Damas : il avait appris, d'une manière ou d'une autre, l'échec du ministre devant le Conseil qui lui avait interdit d'envoyer la fameuse lettre du 28 février *« vu sans doute les fâcheuses conséquences qui pourroient résulter de communications directes et sans intermédiaire »*... Cette phrase, en apparence anodine, peut-être parce que trop *diplomatique,* est en réalité une véritable bombe à retardement placée par le rusé consul dans le cabinet de son ministre ! Traduite en termes plus directs, cela donnerait : « Moi, Deval, j'ai bien reçu de vous (Damas) une communication destinée au gouvernement du dey, communication jugée cependant lourde de conséquences fâcheuses par vos collègues. En ma qualité d'intermédiaire, habitué à arrondir les angles, j'ai transmis l'essentiel en y mettant les formes. Malgré cela, il y a eu un esclandre, mais ç'aurait été pire si j'avais tout simplement remis votre lettre telle quelle au dey. » Ainsi, non seulement Deval « se couvrait », mais il rejetait, de plus, l'entière responsabilité de l'incident avec la Régence sur le ministre : lui-même n'était que l'intermédiaire obligé ! C'est du grand art, avouons-le.

Il n'y a donc aucun doute : Deval a été informé du soutien dont il disposait à Paris sur sa manière de traiter les affaires avec Alger. Les termes de la lettre de Damas en font presque un proconsul aux désirs duquel le souverain de la Régence n'avait qu'à se plier, faute de quoi... C'est ici le lieu de revenir sur le mémoire de Damas au roi, daté du 11 avril 1827, pour le rapprocher du rapport de Deval sur le « coup d'éventail ». Dans ce dernier document, il y a une phrase passée inaperçue jusqu'ici : « Le privilège accordé aux consuls de France en cette ville de complimenter en audience particulière, le Day, la veille des fêtes mahométanes, me fit demander au château l'heure où Son Altesse vouloit me recevoir. Le Day me fit dire qu'il me recevroit à une heure après midy, mais qu'il vouloit voir la dernière dépêche, que la goelette du Roi destinée à la station de pêche m'avoit apporté (sic). Je fis répondre aussitôt par le drogman turc du consulat que je n'avois reçu aucune dépêche de votre Excellence par cette occasion, mais une seule de S.E.M. le ministre de la marine et des colonies qui avoit raport à la station de pêche. Je ne fus cependant pas peu surpris de la prétention du Day, de connoitre par lui-même les dépêches que votre Excellence me fait l'honneur de m'adresser ; je ne pouvois concevoir quel en étoit le but. »

Cette dépêche du ministre de la Marine et des colonies est perdue ou égarée. Toutefois, à cet égard certaines dispositions du mémoire de Damas ne laissent pas de troubler. En effet, d'une part, la station de pêche n'était pratiquement plus exploitée par les Français depuis deux ans : cette non-exploitation, qui privait le Trésor algérien de revenus appréciables, décida le dey à retirer le privilège exclusif de la pêche à la France, en 1826, et à ouvrir les côtes aux pêcheurs de toutes nationalités. D'autre part, il faut se souvenir que le plan de blocus imaginé par Damas devait être tout naturellement exécuté par le ministère de la Marine. Par conséquent, à supposer que la dépêche apportée la veille ou deux jours avant l'audience fatale émanât du ministre de la Marine et des Colonies, elle ne pouvait traiter d'une affaire abandonnée depuis plusieurs mois, mais d'une question d'actualité, c'est-à-dire du projet de blocus dont la mise en œuvre était imminente ! Il est probable, sinon certain, que Deval ne reçut pas une copie complète du rapport de Damas. Cependant le résumé qu'on lui fit parvenir était suffisamment explicite, quoique, par prudence, il fût rédigé en termes assez vagues. S'il devait subsister un doute quant à la teneur de ce message, il disparaîtrait lorsque l'on confronte l'argumentation développée par le ministre pour convaincre le roi et le Cabinet de déclencher les hostilités, et l'argumentation de Deval devant le ministre algérien de la Marine sur le contentieux entre les deux pays. Ce sont pratiquement les mêmes mots qui sont employés par le ministre et le consul, ainsi que le lecteur pourra le constater. Et c'est aussi la même conclusion qui clôt les deux plaidoiries : « un blocus d'Alger tel qu'il convient à la dignité de Sa Majesté et à celle de la France », proclamait Damas avant le « coup d'éventail » ; Deval exigeait que l'on donnât à l'affaire « la suite sévère et tout l'éclat qu'elle mérite », après les coups de chasse-mouches !

Reste l'allégation de Deval relative à l'inexplicable « prétention du dey à connaître par lui-même » le courrier diplomatique français. La chose était contraire aux usages les plus élémentaires que Hussein ne pouvait méconnaître. Nous nous trouvons ici devant l'alternative : ou bien le consul mentait sciemment pour accentuer la gravité des « fautes » du dey - ce qui eût eu pour résultat de consolider la thèse défendue par Damas devant le roi et le Conseil, à savoir que l'on ne pouvait traiter avec un tel « barbare » ; ou bien Hussein avait réellement demandé à voir la dépêche ministérielle, et dans ce cas sa démarche insolite aurait eu une origine bien précise : ce serait le consul d'Angleterre, Saint-John, qui, informé par Londres des préparatifs guerriers français, aurait alerté le dey ; c'eût été de bonne guerre dans l'espèce de compétition qui opposait alors l'Angleterre et la France pour le contrôle maritime de la Méditerranée. Mais alors, il était impossible que Saint-John fût informé des projets français sans que Deval, principal intéressé, ne le fût ! Ainsi, que l'on choisisse un terme ou l'autre de l'alternative, il est clair que le consul de France connaissait les projets de son ministre et qu'il comprit, peut-être à demi-mot, la besogne que l'on attendait de lui - besogne qui, par ailleurs, le tirait d'une situation personnelle très compromise.

La scène du « coup d'éventail »

La célèbre scène du « coup d'éventail », dont la connaissance a été partiellement renouvelée par Yacono et Berenguer [45], apporte des preuves supplémentaires d'une volonté de provocation. Elle eut lieu le 29 avril 1827 (et non le 30 comme l'écrivent tant d'historiens). C'était la veille de la fête de *Beïram,* ou *Aïd es-Seghir,* qui marque la fin du mois de jeûne du *ramadhan.* Un premier point capital à souligner d'abord (et qui a échappé à Yacono et d'autres) : si l'on en croit Deval et les sources gouvernementales françaises, le consul n'avait pas été admis au Divan depuis la quasi-rupture du 29 octobre 1826. Le dey et l'agent diplomatique étaient « en froid » depuis six mois. Ce ne fut, selon Deval, qu'en usant du « privilège accordé aux consuls de France en cette ville de complimenter en audience particulière le Day, la veille des fêtes mahométanes », qu'il fut admis à la Casbah. L'occasion était à la fois solennelle et sanctionnée par la tradition : le dey ne pouvait s'y refuser sans que ce refus ne fût justement interprété comme un acte d'hostilité. En acceptant de recevoir Deval, il se faisait violence, à titre personnel, mais accomplissait un acte gouvernemental jugé indispensable pour la continuité de relations paisibles avec la France. Il y avait donc de sa part une bonne volonté manifeste, au nom des intérêts supérieurs de l'État. En fut-il de même pour Deval ? Tous les témoignages montrent le contraire, sauf celui du consul, bien entendu.

Cependant, la relation de la scène par Deval est non seulement partiale, mais mensongère dans deux passages au moins. Il affirmait tout d'abord qu'il était reçu « en audience particulière par le dey ». Or les témoignages du dey, des hauts fonctionnaires algériens et d'autres consuls étrangers européens sont unanimes pour dire que la scène se déroula devant un auditoire nombreux ! Au demeurant, l'algarade n'eût pas eu tout le retentissement qu'elle devait connaître si elle n'avait pas revêtu un caractère public. Il fallait absolument que l'incident se déroulât devant des témoins européens pour que l'« offense » personnelle se transformât en offense au représentant du roi, et donc au roi lui-même. Il y a donc mensonge évident de Deval.

Un échange de propos déclencha l'incident, mais lesquels ? Voici d'abord la version du consul.

« Je me rendis néanmoins, écrivait-il au baron de Damas, au château à l'heure indiquée ; introduit à l'audience, le Day me demanda s'il étoit vrai que l'Angleterre eût déclaré la guerre à la France. Je lui dis que ce n'étoit qu'un faux bruit, provenant des troubles du Portugal, dans lesquels le gouvernement du Roi n'avoit pas voulu s'immiscer. Ainsi donc, dit le Day, le gouvernement de France accorde à l'Angleterre tout ce qu'elle veut, et à moi rien du tout. Il me semble, Seigneur, que le gouvernement de Sa Majesté, vous a toujours accordé tout ce qu'il a pu. Pourquoi votre ministre n'a-t-il pas répondu à la lettre que je lui ai écrite ? J'ai eu l'honneur de vous en porter la réponse aussitôt qu'elle m'est parvenue. Pourquoi ne m'a-t-il pas répondu directement ? Suis-je un manant, un homme de boue, un va-nu-pieds ? Mais c'est vous qui êtes cause que je n'ai point reçu de lettre de votre ministre ; c'est vous qui lui avez insinué de ne pas m'écrire ; vous êtes un méchant, un infidèle, un idolâtre ; se levant de son siège il me porte avec le manche de son chasse-mouche trois coups violents sur le corps et me dit de me retirer »...

Si Deval s'était contenté de tenir les propos qu'il rapporte, l'emportement brutal du dey serait absolument incompréhensible. Un tel comportement ne cadre pas avec le caractère de Hussein tel que nous le connaissons, et d'abord par des témoignages français ! Mais tous les témoins de la scène s'accordent pour dire que le consul tint un langage autre. Le dey lui-même a donné une version plus crédible, dans une lettre du 19 décembre 1827 adressée au Grand Vizir de l'Empire ottoman : « Bien qu'il ait été écrit trois fois de mon humble part, des lettres amicales au roi de France dans le but de demander l'envoi au trésor public musulman des sommes dont les Français sont débiteurs envers l'Odjaq victorieux, ces missives n'ont trouvé aucune considération et n'ont reçu aucune réponse. J'ai donc fait observer au consul français qui réside chez nous en termes courtois et en gardant une attitude amicale, que si l'amitié longtemps conclue entre le Gouvernement de son pays et l'Odjaq impérial subsiste dans les termes des lettres adressées aux pachas mes prédécesseurs, et conservées dans mes archives, je n'en suis pas moins tenu par les obligations de ma charge de vizir délégué à la sauvegarde des intérêts de l'Odjaq victorieux de notre maître le Padichah (...). Pourquoi la réponse n'arrive-t-elle pas à mes lettres écrites et envoyées à ton Gouvernement ? Le consul susdit, dans son entêtement et son orgueil, répondit en termes offensants que « le Roi et l'État de France ne peuvent envoyer de réponses aux lettres que tu leur as adressées » et osa y ajouter des paroles outrageantes pour la religion musulmane, attentatoires à l'honneur de Sa Majesté protectrice du monde. Ne pouvant supporter cet affront qui dépasse toute limite supportable, et n'écoutant que le courage naturel aux Musulmans, je l'ai frappé deux ou trois fois de légers coups de chasse-mouches que j'avais dans mon humble main »... [46].

Un autre témoignage algérien confirme que Deval tint des propos grossiers à Hussein : c'est celui de Hamdan ben Othman, qui fut « témoin oculaire » : « Certainement, écrit-il, dans toute autre occasion, le dey aurait excusé M. Deval, mais en présence de toute sa cour, ces paroles froissèrent tellement son amour-propre, qu'il ne put être maître d'un premier mouvement de colère, et le pacha lui donna un coup d'éventail (cet éventail est formé de paille de dattier) »... [47].

Ces deux témoignages algériens sont confirmés par d'autres, plus difficilement récusables puisqu'ils émanent d'Européens et même de Français. Il y a d'abord le consul de Danemark, Carstensen, qui adressa à son gouvernement un rapport daté du 15 mai 1827, c'est-à-dire deux semaines après l'incident : « La veille de Beiram, écrivait-il, le consul de France, selon la coutume, rendit visite au Dey. Celui-ci aborda la question des susdites créances (Bacri), reprochant au consul de n'avoir rien fait dans cette affaire, laissant entendre qu'il ne croyait guère à toutes les assurances du diplomate qui, supposait-il, n'avait même pas envoyé au Roi sa dernière lettre. Les personnes présentes n'ont pas compris la réponse du consul, mais elle produisit un tel effet que le Dey, après avoir couvert le consul des pires injures, se dressa et le frappa avec un grand éventail qu'il tenait en main. Après quoi, le consul prit la fuite et s'en alla chez le ministre de la Marine solliciter son intervention pour régler l'incident à l'amiable » [48].

On imagine difficilement que la réponse donnée au dey, anodine selon le rapport de Deval, ait pu produire l'effet décrit par Carstensen.

Un journaliste français, établi en Algérie en 1842, François Aumerat, rapporte dans son livre, *Souvenirs algériens,* les témoignages d'un ancien agent diplomatique suédois à Alger et du représentant de la maison Paret, qui furent présents à la fameuse scène : « Une discussion assez vive s'était engagée entre le Dey et le consul de France, note-t-il ; et, quand ce dernier fit la réponse que l'on sait, que le Roi de France ne correspondait pas avec un Dey d'Alger, celui-ci fit un geste de colère avec le bras qui tenait l'éventail et prononça les mots suivants :

« Rohh ! Roumi ben el Kelb », ce qui signifie en français : *Sors, chrétien fils de chien,* juron assez en usage chez les Orientaux et qui, dans leur bouche, n'a pas toute la portée que nous pouvons lui attribuer.

« On y prit à peine garde sur le moment.

« Ce ne fut que dans la soirée, que la question fut discutée, parmi les membres de la Colonie européenne.

« Les avis étaient partagés.

« Dans la maison occupée aujourd'hui par le Conseiller général et qui était alors la demeure du Consul anglais, Saint-John, on était d'avis qu'il y avait eu insulte.

« Chez le Consul de Suède, rue de la Licorne, on était d'un avis tout opposé.

« Remarquez que chez les uns et les autres, il n'était nullement question de l'éventail mais seulement des paroles prononcées par le Dey.

« D'ailleurs, ainsi qu'on m'en fit l'observation, le Dey se trouvait en haut de la grande cour, sur un divan, assis à l'orientale, les jambes croisées, tandis que le Corps Consulaire était devant lui debout à une certaine distance.

« Il eût donc fallu que le Dey se livrât à des voies de faits tels (sic) que les trois coups d'éventail, violemment donnés, comme l'affirme l'historien Camille Rousset, il aurait fallu, dis-je, qu'il se levât et vînt se jeter sur le Consul.

« S'il en eût été ainsi, des désordres bien autrement graves auraient éclaté dans cette salle encombrée de Janissaires.

« M. Deval n'en disait pas un mot dans son rapport.

« Il voyait, dans l'incident, une offense, mais ne lui attribuait pas une exceptionnelle gravité ; il prévoyait même que le Gouvernement français la jugerait moins sévèrement que lui, et, dans ce cas, il se bornait à demander un congé » [49].

Autre témoignage, inconnu à tous les auteurs jusqu'ici, et absolument irréfutable : c'est celui du commandant de La Bretonnière, qui dirigea la flotte française lors du blocus ; il fut également chargé de négocier une solution pacifique à l'incident et fut reçu par le dey. Sa qualité de négociateur officiel l'amena à faire une enquête approfondie auprès des consuls européens, et notamment du comte Dattili della Torre, représentant la Sardaigne et les intérêts français après la rupture, qui a montré des sentiments très hostiles aux Algériens. Or, dans une dépêche adressée le 4 octobre 1828 au ministre des Affaires étrangères, le comte de La Ferronnays, le commandant de La Bretonnière écrivait : « Si j'avais eu des pouvoirs pour traiter cette mauvaise affaire, (...) elle serait déjà terminée, sans que le gouvernement eût eu à faire la moindre concession qui put (sic) compromettre sa dignité. *Il paraît certain que Votre consul général n'a pas apporté dans ses relations avec le Dey, toute la modération qu'il devait observer en traitant avec le chef d'un gouvernement, et qu'il s'est donné des torts graves qui ont forcé la France à une rupture qui lui coûtera cher* »... [50].

Ce document, qui émane d'une autorité investie de pouvoirs par le gouvernement français, est absolument formel : il y eut de la part de Deval provocation et injure grave à l'égard du dey Hussein.

Quant aux coups de chasse-mouches ou d'éventail, consécutifs à cette provocation, il ne fait aucun doute qu'ils furent donnés, mais pas dans les circonstances relatées dans le rapport mensonger de Deval. Sur ce point, nous ne pouvons qu'approuver la conclusion de Yacono quand il dit : « Puisque la réalité du « coup d'éventail » ne peut être niée, ayant été reconnue à plusieurs reprises par le dey lui-même, il faut bien admettre que les « trois coups violents sur le corps » frappés « avec le manche » dont parle Deval relèvent très probablement de son imagination d'autant plus que ce manche était « assez massif » comme le constatera La Bretonnière à qui le dey montra l'éventail. Il se serait agi d'une véritable agression qui ne pouvait passer inaperçue d'un auditoire rendu attentif par les éclats de voix et la tradition n'aurait pu qu'amplifier un pareil événement. (...) Tout au plus peut-on admettre que, sous l'emprise de la colère, Hussein a poussé Deval en s'aidant du manche de son éventail. Sans doute le dey est plus proche de la vérité lorsqu'il parle de « légers coups de chasse-mouches » qui ont pu être portés avec les plumes de celui-ci et au visage, comme il le précisera à Augustin Jal, alors qu'il intimait à Deval de sortir »... [51].

Ainsi le « coup d'éventail », geste d'impatience d'un homme hors de lui, fut la conséquence d'une provocation inspirée à demi-mot par le baron de Damas à Deval. Il s'agissait de « fabriquer » un prétexte pour justifier le déclenchement d'un plan d'hostilités préalablement mis au point - méthode « diplomatique » encore usitée de nos jours ! D'autres faits, au demeurant, confortent cette thèse.

On a longtemps prétendu que Deval rendit compte immédiatement à son gouvernement de la « grave insulte » faite à la dignité du Roi, en sa personne. Cette version a été accréditée par les historiens coloniaux... qui ne se donnèrent pas la peine de lire les documents originaux. Le rapport du consul, comme on peut le constater sur le fac-similé reproduit plus loin, porte un post-scriptum daté du 12 mai 1827, soit deux semaines après l'incident. Il est difficile, dans ces conditions, de parler de « rapport immédiat ».

D'autre part, l'acheminement de ce courrier très particulier ne suivit pas la voie habituelle : Deval indique lui-même qu'il le confia au capitaine d'un navire sarde, moyennant cinquante piastres fortes ! Si l'on tient compte des difficultés diverses qui auront entravé l'acheminement du rapport par cette voie détournée, il aura fallu au moins une douzaine de jours avant qu'il n'arrive à destination. Or il parvint à Paris avec une rapidité étonnante, puisque le baron de Damas répondait au consul par des instructions datées du 29 mai. A moins que ces instructions, préparées de longue date, n'attendissent que l'opportunité pour être expédiées.

Dans sa lettre du 29 mai, le ministre des Affaires étrangères traçait la conduite du consul dans ces termes : « Le Roi, sous les yeux de qui j'ai mis votre dépêche du 30 avril (sic), a été aussi surpris qu'indigné des faits qu'elle signale, et surtout de la scène révoltante dans laquelle le Dey, foulant aux pieds les principes les plus sacrés du droit des gens et perdant tout respect pour le gouvernement que vous représentez, s'est porté envers vous à de brutales violences. Ce nouvel outrage met le comble aux torts déjà si graves dont il s'était rendu coupable envers la France... Je vous ai mandé qu'une escadre allait partir à Alger. Aujourd'hui la question change de face... La première démarche que nous ayons à faire est d'exiger une réparation aussi prompte qu'éclatante pour l'outrage qui a été commis, en votre personne, contre le Roi et son gouvernement. Jusque-là, votre dignité, celle de la France, ne permet plus de votre part aucune communication avec le Dey et ses ministres ; votre intervention cesse pour faire place à celle du commandant de l'escadre qui va se rendre à Alger pour exiger satisfaction ou venger l'honneur et la dignité de la France, si cette satisfaction était refusée ou si l'on ne voulait pas l'accorder telle que nous la demandons »... [52].

Ces instructions sont fort... instructives, quand on les analyse de près. Le baron de Damas, devant la tournure prise par les relations entre Deval et le dey, laisse transparaître une sorte de satisfaction. Non seulement il ne met pas en doute la version unilatérale donnée par le consul, mais il l'accentue encore et « en rajoute » ! Rappelant, sans autre précision, « les torts déjà si graves » dont se serait rendu coupable le dey, il indique qu'une escadre était prête (depuis le mois d'octobre en fait) pour exiger réparation *manu militari* à Alger. Elle n'attendait qu'un signal pour appareiller : ce signal, Deval venait de le donner après avoir créé le prétexte qui justifiait aux yeux de l'opinion française et internationale l'expédition dont le principe était arrêté depuis des mois, voire des années. Désormais, la « question change de face » : à l'action diplomatique ambiguë et, somme toute, inefficace, doit succéder l'argumentation des canons dont la subtilité et la force de persuasion sont bien connues. Si la démonstration de l'artillerie navale ne suffit pas pour obtenir des réparations satisfaisantes, le langage des boulets pourra, du moins, venger l'honneur et la dignité de la France...

Dans les premiers jours de juin, l'escadre de quatre vaisseaux, sous le commandement du capitaine de vaisseau Collet, mit à la voile, précédée par la goélette la *Torche* qui portait les instructions de Damas. Arrivé en rade d'Alger le 11 juin, le commandant de la *Torche* communiqua immédiatement avec Deval. Celui-ci prit connaissance des ordres de son ministre, mais il ne devait pas s'en contenter. Le baron de Damas demandait seulement au consul de suspendre toute communication avec le gouvernement algérien, en attendant l'arrivée de l'escadre chargée expressément d'exiger des réparations dans des formes prescrites au commandant Collet, mais inconnues du consul. Celui-ci qui, décidément, n'aimait guère se fier au hasard, prit alors une décision lourde de conséquence : il ordonna de son propre chef à tous les Français présents à Alger d'embarquer immédiatement sur la *Torche*. Nous en avons la preuve formelle - une lettre adressée, le 23 août 1827, au ministre de l'Intérieur par le négociant marseillais Paret, qui exploitait les Concessions d'Afrique : « Votre Excellence, écrivait Paret, a sans doute eu connaissance que le Vékil-hardji, soit le ministre de la Marine à Alger, a fortement invité mon agent, M. Casimir Jobert, à demeurer à Alger, et que mon agent, en s'embarquant, n'a point hésité à sacrifier mes intérêts pour obéir au service du Roi. Le Dey a même exigé de M. Casimir Jobert une déclaration par écrit constatant qu'il était libre de rester ou de s'embarquer » [53].

Comme on le voit, la sécurité des citoyens français à Alger, de leur propre aveu, n'était pas menacée. Au contraire, le gouvernement de Hussein, soucieux de ne point mêler affaires d'État et commerce, mit un point d'honneur à respecter scrupuleusement les traités franco-algériens garantissant la sécurité des personnes privées en cas de conflit. Alors pourquoi la précipitation et la dramatisation voulues par Deval ?

Lorsque la *Torche* arriva en rade d'Alger, le 11 juin, le consul apprit que l'escadre de Collet arriverait le lendemain, et ce fut, en effet, ce qui se produisit. Ignorant le contenu des instructions données au capitaine Collet, Deval s'avisa de prendre les devants : il fallait que, lorsque l'escadre se présenterait à Alger, la rupture fût déjà consommée. Avant de regagner le bord de la *Torche* avec le dernier Français résidant à Alger, le consul confia, de sa propre initiative, les intérêts français à son ami le consul de Sardaigne, le comte Dattili della Torre. Cette manœuvre était d'une habileté remarquable : Deval mit le capitaine Collet dans l'impossibilité de négocier directement avec le gouvernement algérien. Une explication de vive voix entre le commandant de l'escadre et le dey, en présence des témoins de l'incident du chasse-mouches, eût sans doute tourné à la confusion de Deval. En outre, il est toujours possible, dans une conversation, d'« arrondir les angles », d'atténuer les aspérités d'une demande de réparation mal fondée. Au contraire, la rigidité d'une note comminatoire écrite ne ferait qu'exacerber et durcir les positions de part et d'autre. De plus, le consul de Sardaigne n'était pas homme à jouer les conciliateurs...

Arrivé le 12 juin à Alger, le capitaine Collet ne se décida à effectuer les démarches officielles auprès de la Régence que le 15. Entre-temps, il conféra longuement avec Deval, et ce fut certainement ce dernier qui dicta les termes de l'ultimatum que l'on chargea Dattili de remettre au dey. Pour satisfaire à l'honneur et à la dignité de la France, Hussein était sommé de faire, dans un délai de vingt-quatre heures, des excuses. Il devait envoyer à bord du navire amiral, la *Provence,* une députation comprenant le ministre de la Marine, quatre secrétaires d'État et l'amiral, notamment, pour porter ses excuses. De plus, le drapeau français devait être arboré sur la Casbah et les principaux forts et salué de cent coups de canon ; la Régence s'engagerait à respecter dorénavant le pavillon pontifical, à renoncer à toute réclamation au sujet des créances Bacri, etc. Même si Hussein avait eu tous les torts dans l'affaire du chasse-mouches, de telles exigences étaient parfaitement inacceptables - Deval, qui les a formulées, était bien placé pour le savoir. Quand il eut prit connaissance de cette note humiliante, Hussein s'exclama : « Je m'étonne que les Français ne me demandent pas aussi ma femme ! » [54]. Il fit, cependant, répondre au capitaine Collet que, ne souhaitant pas envenimer la situation, « il ne sera prêté aucune considération à des propos composés de paroles aussi injurieuses. (...) Si vous envoyez un homme sérieux (pour faire une enquête sur place), la situation peut s'éclaircir »... [54].

Le chef de l'escadre (et surtout Deval) ne s'estima pas satisfait : il décréta le blocus d'Alger le 16 juin, véritable déclaration de guerre à laquelle le dey répliqua par la destruction des établissements français de Bône et de La Calle. Inefficace et ruineux (le nombre de navires affectés à l'opération montera de quatre à dix-huit !), le blocus devait durer trois ans. S'il ne s'était agi que de venger un coup d'éventail, le gouvernement français n'aurait certainement pas dépensé tant de millions, ni porté atteinte à son propre commerce, et encore moins couru le risque politique de s'enliser dans cette sombre histoire. Des raisons autrement plus impératives l'y avaient acculé. Comme le souligne judicieusement Yacono, « il est certain que sur la décision d'intervenir militairement (contre Alger) ont pesé divers facteurs de caractère intérieur ou extérieur (...). Mais on ne peut considérer la scène du coup d'éventail comme les trois coups qui ont retenti pour faire lever le rideau sur le premier acte de la grande aventure coloniale que la France allait vivre » [54 bis].

La rupture et ses vraies causes

Les causes profondes de la rupture (puis de l'expédition contre Alger) résident donc ailleurs que dans l'épisode des créances Bacri et son dénouement tragi-comique. Ces causes, que nous ne pouvons développer longuement ici, sont diverses.

Cependant, à l'origine de toute l'affaire, il y avait ce que l'on pourrait appeler la « tentation africaine » de la France qui, depuis Louis XIV, était devenue une constante de la politique extérieure française. La proximité géographique, la nécessité stratégique de consolider l'influence de la France dans le bassin occidental de la Méditerranée, le besoin d'ouvrir des marchés et des débouchés au commerce et à l'industrie, notamment, expliquent la permanence de cette orientation diplomatique.

Déjà, sous l'Ancien Régime, les visées françaises sur le Maghreb ne furent pas que théoriques [55]. Plusieurs projets d'expédition furent élaborés, et certains exécutés (attaques contre Alger de 1683 et 1684). Toutefois, la puissance navale algérienne demeurait suffisamment dissuasive pour écarter tout danger d'attaque d'envergure, ou de conquête.

Au lendemain de la Révolution, la République, menacée par l'Europe des rois, resserra ses liens avec la Régence, comme on l'a dit plus haut. Mais les convoitises se rallumèrent sous Napoléon. En 1808, le chef de bataillon du génie, Yves Boutin, effectua une mission d'espionnage à Alger : il rassembla notes et croquis et conçut un plan de débarquement d'une remarquable rigueur scientifique. Ce plan, qui devait servir de base à l'expédition de 1830, fut finalement repoussé par Napoléon ; depuis Trafalgar, l'Empereur n'accordait qu'un médiocre crédit à sa marine. Plus tard, la Restauration ne disposa ni des moyens militaires, ni des ressources financières nécessaires, pendant ses dix premières années, pour lancer une grande campagne. Si elles empêchèrent toute action, ces difficultés ne dissipèrent pas la « tentation africaine » toujours latente. Les changements intervenus dans la Régence d'Alger après 1815 allaient lui fournir un premier élément de sursaut.

Sans aller jusqu'à écrire, comme certains l'ont fait, que la Régence « était mûre pour être colonisée » à partir de 1825, on peut observer, cependant, qu'elle devint une « proie facile », et d'abord sur le plan militaire. La Marine algérienne, force de dissuasion et force de frappe de la Régence, subit deux échecs majeurs en l'espace d'une dizaine d'années. Le premier eut lieu en 1816 : l'escadre anglo-hollandaise de Lord Exmouth anéantit toute la flotte dans son port. Ali Khodja et Hussein s'acharnèrent à la reconstituer. Ils acquirent un certain nombre de bâtiments, reçurent d'Istanbul, de Tripoli et même du Maroc, quelques autres unités. Mais les deys commirent la faute de négliger la relance de la construction navale locale. Quoi qu'il en fût, cette flotte si difficilement reconstituée subit un nouvel et fatal échec à Navarin, en octobre 1827. A l'appel du Sultan, aux prises avec l'insurrection grecque soutenue par les puissances européennes, les seize meilleurs navires de guerre algériens furent envoyés au Proche-Orient. Lors du combat de Navarin, quatorze navires furent perdus. Les deux seuls rescapés se hâtèrent de se mettre à l'abri à Alexandrie, où ils se trouvaient encore en juillet 1830.

A ce délabrement de la puissance navale, qui ne fut pas compensé par une modernisation des forces terrestres, s'ajouta une crise économique sans précédent. La guerre de course, qui pourvoyait aux besoins de l'oligarchie turque, cessa pratiquement avant 1800. Or les deys ne prirent aucune mesure de reconversion économique. Leur politique à courte vue consista à pressurer la paysannerie par une fiscalité écrasante, tandis que les rendements agricoles reculaient partout, faute d'une amélioration des méthodes culturales. De plus, le Beylik, sous prétexte de prévenir d'éventuelles pénuries alimentaires, s'octroya le monopole de la plupart des denrées - monopole que les dignitaires de l'État livraient aux grands négociants « maures » ou juifs, moyennant de grosses commissions, bien entendu. Il y eut un véritable accaparement des ressources alimentaires du pays - et les accapareurs, vrais ou supposés, payèrent parfois de leur vie (le dey Mustapha et Busnach, en 1805, le bey Tobbal de Constantine et ses « complices », dont un Bacri, en 1811, etc.).

Fiscalité intolérable et disettes provoquèrent d'innombrables révoltes paysannes que les confréries religieuses (Derqwa à l'est, Qadrya à l'ouest) attisèrent et exploitèrent à outrance. Dans le Beylik de Constantine, par exemple, sous le règne du dey Hussein, « on ne connut que l'anarchie, les révoltes et les massacres. Nombreux furent les beys qui trouvèrent la mort à cause de leur incapacité administrative, de leur ignorance des données religieuses, tribales et économiques du Beylik et pour avoir trop abusé de leur pouvoir pour s'enrichir ou réduire à néant toute opposition » [56]. Entre 1820 et 1826, pas moins de quatre beys se succédèrent à Constantine, dont deux furent massacrés par leur successeur ! L'État algérien lui-même était donc en pleine décomposition politique et administrative. Naturellement de tels bouleversements ne pouvaient échapper à la perspicacité des consuls européens : ils en informèrent leurs gouvernements respectifs.

Plusieurs tentatives d'intimidation ou d'immixtion dans les affaires de la Régence témoignent de l'intérêt particulier que suscitait l'affaiblissement d'Alger dans les capitales européennes. Tous ces actes d'hostilité paraissent avoir été dictés par le désir de « tester » les défenses et la capacité de résistance d'Alger. En d'autres termes, les pays européens prirent conscience que la Régence était, en quelque sorte, « à prendre ».

Dans son livre *Esquisse de la Régence d'Alger*, publié à Boston en 1826, donc avant la rupture franco-algérienne, le consul des États-Unis, William Shaler, ne s'embarrassant pas de fioritures diplomatiques, préconisait purement et simplement la conquête d'Alger par son pays ou par l'Angleterre. Il fournissait même un plan des opérations militaires : « Il est clair, écrivait-il, qu'une armée pourrait opérer un débarquement dans la belle rade de Sidi-Ferruch, sans rencontrer d'obstacles ; de là, une seule marche la conduirait sur les hauteurs qui commandent le Château de l'Empereur, et alors, n'ayant rien qui pût l'empêcher de s'approcher des remparts, elle prendrait en peu de temps le château de vive force ou avec le secours de la mine ; maître de cette position, on établirait des batteries sur une hauteur qui commande la citadelle (la Casbah) et qu'il est aisé de reconnaître aux ruines de deux moulins à vent, ayant une forme cylindrique, et à celles d'une forteresse, qui s'appelait Stau, mais qui n'existe plus, grâce aux craintes d'un gouvernement jaloux, qui devait nécessairement la condamner puisqu'elle commandait la citadelle, et conséquemment la ville. La flotte qui aurait débarqué les troupes, se montrerait alors dans la baie pour détourner l'attention de l'ennemi, et la ville capitulerait, ou serait prise d'assaut » [57].

Ainsi présentée comme une « promenade militaire », la conquête d'Alger offrirait un autre avantage considérable : « Le matériel de guerre renfermé dans Alger, le trésor public, fruit de trois cents ans de pillage (sic) exercé contre le commerce du monde, et qu'on dit s'élever à cinquante millions de dollars *, seraient naturellement la proie des vainqueurs, et son acquisition deviendrait un dédommagement des dépenses qu'aurait occasionnées cette guerre » [58].

Les écrits de Shaler donnent une idée assez précise de l'état d'esprit qui régnait dans la colonie européenne d'Alger. Tous les consuls étaient convaincus que, tôt ou tard, la Régence tomberait sous la domination de l'État européen le mieux avisé ou le plus audacieux. Non seulement l'entreprise ne comportait pas de grands risques militaires, mais encore la capture du Trésor permettrait de compenser très largement les frais de la guerre. En outre, la « civilisation » - c'est-à-dire la chrétienté - ne pourrait qu'applaudir à l'anéantissement de la « barbarie et de la piraterie », et le vainqueur jouirait de surcroît d'un immense territoire... L'ouvrage du consul américain eut un grand retentissement. Pour sa part, Deval en fut si impressionné qu'il jugea indispensable d'en traduire deux passages et de les insérer dans son rapport du 30 avril 1827.

Puissance intéressée au premier chef par l'avenir de la Régence, la France, dans ce contexte, se devait de « prendre une option », en quelque sorte, ne fût-ce que pour se ménager un droit de regard, sinon une participation à toute négociation internationale sur le statut des États barbaresques. Ce fut là, indubitablement, une des causes *politiques* de la rupture avec Alger. Toutefois, des motifs peut-être plus décisifs incitèrent Paris à se lancer dans une aventure si incertaine qu'il lui fallut trois années d'hésitations avant de se décider à déclencher la guerre.

L'affaire d'Alger fut *la grande affaire* de la Restauration. Elle est inséparable de la politique intérieure, économique, financière et extérieure des Bourbons, notamment à partir de 1824.

Comme on le sait, la restauration des Bourbons sur le trône de France fut imposée par l'étranger - les puissances de la Quadruple Alliance (Angleterre, Autriche, Russie et Prusse). Pour empêcher un éventuel retour de Napoléon, ou l'émergence d'un nouveau Bonaparte, les troupes alliées occupèrent la France pendant trois ans, aux

* Le dollar valait 5 francs environ de l'époque.

frais du pays. Leur retrait après le Congrès d'Aix-la-Chapelle, en 1818, s'opéra moyennant une très lourde indemnité de guerre. De plus, les Alliés se réservèrent le droit d'intervenir de nouveau, si les circonstances l'exigeaient. En somme, la France était devenue un pays en « liberté surveillée ».

Au cours des premières années du règne de Louis XVIII, un certain consensus national s'établit. Le régime fondé par la Charte de 1814 se voulait un compromis entre « le droit dynastique et le droit national ». Le roi était souverain de droit divin, mais l'absolutisme de son pouvoir était atténué par le droit d'Adresse de la Chambre des Députés et le droit de Pétition. Certes, la Chambre élue au suffrage censitaire était peu représentative ; cependant, la modération de Louis XVIII permit d'établir un équilibre relatif entre les différents courants politiques issus de la Révolution, de l'Empire et les royalistes. Incontestablement, le régime de la Charte fut plus libéral que celui de l'Empire.

Mais en 1820, après l'assassinat du duc de Berry, ce fragile équilibre s'effondra. Le gouvernement de centre-droit de Richelieu fut évincé au profit des ultra-royalistes, menés par Villèle. Les élections de 1824 portèrent au pouvoir le parti ultra - la « Chambre retrouvée », dont le mandat législatif fut porté à sept ans, le plus long mandat jamais prévu pour une assemblée en France !

L'avènement de Charles X accéléra le processus de radicalisation réactionnaire. Il se trouvait, en effet, que le nouveau souverain avait été le chef de file du parti ultra, lorsqu'il s'appelait encore comte d'Artois. La personnalité et les conceptions politiques de Charles X expliquent, en partie, la fatale évolution de son règne qui devait s'achever par la Révolution de juillet 1830.

En tant qu'homme, le roi avait des qualités indéniables, très appréciées surtout de ses familiers. Généreux et loyal, étranger aux basses intrigues de Cour, Charles X sut faire des fidèles serviteurs de la Couronne de vrais amis, dévoués à sa personne jusqu'au sacrifice. Mais ce parfait type de l'émigré de l'époque « n'avait rien oublié, rien appris » depuis 1789. Il se faisait une conception remarquablement anachronique de la royauté et, surtout, de la Charte, fondement du régime : « Pour ce prince, la Charte était une concession, une grâce de la couronne, qui n'obligeait celle-ci qu'autant que l'on ne tournerait pas contre elle le bienfait, et qu'on n'en abuserait pas pour la dépouiller des droits qu'elle s'était réservés. Toute tentative dans ce but devenait un acte d'ingratitude qui annulait le don, déliait la royauté, et la faisait rentrer dans la plénitude de son pouvoir primordial. Or la royauté, telle que la comprenait Charles X, était celle que ses ancêtres avaient exercée et que lui-même avait connue à Versailles, alors que le droit omnipotent du souverain ne laissait aux sujets que des obligations et des devoirs »[59].

Toute l'action de Charles X, et singulièrement l'action à l'extérieur dont l'affaire d'Alger fut le point d'aboutissement, prend sa source dans cette vision particulière du « génie dynastique ». Celui-ci s'exprimait par le truchement d'un personnel ancien, antérieur à la Révolution. Par *ancien personnel,* on n'entend pas des personnes physiques, mais « un ensemble psychologique, un cercle étroit de personnes parmi lesquelles le roi choisissait les gouvernants »[60]. Les gouvernants de la Restauration, surtout sous Charles X, mirent toute leur ardeur au service de la résurrection de l'Ancien Régime. Il en résulta un « antagonisme entre l'administration, la justice, la Cour, qui relèvent du passé, et la Constitution (la Charte), qui établit un droit public nouveau, dans les cadres duquel prend naissance un type nouveau d'État, inconnu jusque-là sur le continent : la monarchie parlementaire, le parlementaire »[60]. Le personnel dirigeant s'efforcera donc de dévier le système constitutionnel vers les traditions du passé : cette déviation incessante débouchera sur la crise de 1830 qui marquera véritablement la fin de l'Ancien Régime.

Le retour subreptice à la monarchie absolue, voulue et désirée par Charles X, se manifesta de diverses manières. On renoua avec la gestuelle royale et le rituel monarchique. Le lustre mystique des cérémonies mérovingiennes fut remis au goût du jour pour le sacre du roi à Reims (1825). Il fallut, toutefois, concéder quelques entorses au rituel antique : Charles ne pouvait promettre de combattre les hérétiques, compte tenu de la puissance réelle de la monarchie française face aux hérétiques anglais, allemands et russes ! Mieux encore, les pouvoirs surnaturels du souverain par attouchement des écrouelles put être « vérifié ». Le roi visita l'hôpital Saint-Marcoul, le 31 juin 1825, et toucha 120 malades : « J'ai été depuis sur les lieux, affirme le baron de Damas, j'ai étudié cette question avec soin, j'ai vérifié les résultats connus et je suis demeuré bien convaincu de la réalité du miracle qu'il est donné à nos rois d'opérer »[61].

Plus évident encore fut le rétablissement des deux « piliers » du trône, la noblesse et le clergé, dans leurs anciennes prérogatives et leurs privilèges d'avant 1789. Le retour du clergé aux affaires prit des formes parfois extrêmes. La plus spectaculaire fut la nomination de Frayssinous, évêque *in partibus* d'Hermopolis, comme ministre à la fois de l'Instruction publique et des Cultes et Grand-Maître de l'Université. Tandis que l'évêque de Moulins qualifiait écrivains et journalistes « d'émissaires de Satan », et jetait l'anathème sur « l'infernale licence de la presse », le parlement ultra votait une loi punissant de mort le Sacrilège. Ce ne sont là que quelques exemples d'excès fanatiques que l'opposition libérale mit sur le compte de la mystérieuse société secrète que l'on appelait la Congrégation, dominée par les Jésuites. Pour un témoin de l'époque, la comtesse de Boigne, dont l'information était presque toujours de première main, « Charles X, agrégé à la Société (la Congrégation) et sous sa domination directe, ne se permettait pas une pensée sans la soumettre à sa décision. Elle lui arrivait par divers organes. Les plus habituels étaient l'abbé de Latil, devenu archevêque de Reims, et le marquis de Rivière, gouverneur de monsieur le duc de Bordeaux »[62]. La plupart des hauts dignitaires de la Cour appartenaient, supposait-on à tort ou à raison, à la Congrégation. Deux personnages qui nous intéressent tout particulièrement ici, le baron de Damas et le marquis de Clermont-Tonnerre, étaient unanimement reconnus comme en étant des membres influents. Même si Charles X fut contraint de retirer certains de ses nouveaux pouvoirs au clergé, l'alliance de l'Autel et du Trône fut un fondement constant de sa politique jusqu'à sa chute. Cette alliance affecta dans une certaine mesure les relations franco-algériennes dès 1824.

Le retour sur la scène politique de l'ancienne noblesse ne fut pas moins ostensible. Déjà s'étaient constitués une pairie héréditaire, avec un régime successoral spécial, et les majorats : la notion égalitaire issue de la Révolution, à laquelle était attachée l'immense majorité du pays, subit une première entorse. D'autre part, le corps des fonctionnaires et les membres des diverses assemblées locales ou nationales furent recrutés très largement dans les rangs de la noblesse. Un nouveau pas vers le retour à l'Ancien Régime fut franchi lorsque, dans la loi sur la liste civile, un article rétablit les apanages supprimés en 1791. L'aspect matériel du rétablissement des nobles ne fut pas négligé non plus. On vota une loi dite du milliard des émigrés, destinée en principe à indemniser toutes les victimes de confiscations révolutionnaires, mais qui ne profita, en fait, qu'à quelques familles bien en cour, la famille d'Orléans notamment. Ce milliard, qui aggravait la dette publique, fut ressenti comme une véritable « indemnité de guerre levée par les émigrés sur la France », comparable à celle exigée par les puissances étrangères ! On prit d'autres mesures économiques et financières, préjudiciables à la nation mais profitables pour une petite caste : tarif douanier ultra-protectionniste de 1826, qui favorisa les propriétaires fonciers, les maîtres de forges et les forestiers ; indemnité de 150 millions accordée aux gros colons chassés d'Haïti, etc.

Des purges maladroites frappèrent l'armée : le gouvernement choisit le jour anniversaire d'Austerlitz pour mettre à la retraite les officiers généraux ayant la plus grande ancienneté dans leur grade ! De plus, la Congrégation avait fait nommer un aumônier dans chaque régiment. En 1827, l'exaspération était à son comble, comme le notait un rapport du général Sébastiani : « Dans l'infanterie, dans la cavalerie, écrivait-il, plus de régularité dans les avancements ; les armes mêmes du génie et de l'artillerie sont livrées à tous les caprices de la volonté ministérielle. Depuis les plus hauts emplois jusqu'aux derniers, tout est livré à l'arbitraire. Plus d'égards pour les droits acquis, plus de respect pour le sang versé. L'officier est rayé du tableau sans jugement, et l'omnipotence ministérielle, non contente de s'exercer sur l'emploi, s'empare du grade et en dispose à son gré. Inquiète d'un avenir si incertain, l'armée est, en outre, tourmentée par la délation et l'espionnage. Les aumôniers y exercent une influence turbulente et tracassière ; le soldat, asservi à toutes les pratiques religieuses, à des cérémonies trop nombreuses pour ne pas lui devenir importunes, murmure des nouveaux devoirs qu'on lui prescrit, et ne voit pas, sans mécontentement, prostituer les récompenses qui lui sont dues aux vains dehors d'une fausse piété. Faut-il donc s'étonner si cet état de malaise amène des démissions nombreuses ? »[63].

Le gouvernement ultra de Villèle avait réussi, en 1827, à créer une atmosphère de crise en multipliant les oppositions. Outre le mécontentement de l'armée, toutes tendances confondues, les divers courants politiques écartés du pouvoir s'organisaient et livraient une lutte acharnée au gouvernement. A l'*extrême gauche,* les républicains, attachés au drapeau tricolore et au suffrage universel, avaient trouvé des chefs en des personnalités de premier plan (Ampère, P.-L. Courier, Sainte-Beuve, etc.). Le *centre,* composé de bourgeois, de commerçants, d'industriels victimes du protectionnisme, de journalistes et d'intellectuels légitimistes (Royer-Collard, Guizot, Thiers, Mignet, etc.), estimaient que l'esprit constitutionnel de la Charte était trahi par l'équipe au pouvoir. A *droite,* plusieurs groupuscules ultras entrèrent en dissidence : les amis de Chateaubriand ; les ultramontains de Lamennais hostiles à l'alliance compromettante de l'Église avec la monarchie ; les gallicans (Montlosier) qui réclamaient l'expulsion des Jésuites et la dissolution de la Congrégation ; enfin les « ultras-ultras », regroupés dans la société secrète des Chevaliers de la Foi de Montmorency, qui accusaient le pouvoir de tiédeur coupable. L'isolement politique du gouvernement fut encore accentué par la crise économique dont la conséquence la plus éclatante fut un déficit budgétaire record (30 millions). Villèle pouvait-il, du moins, se flatter de quelque succès diplomatique ?

La diplomatie de la Restauration, de « caractère souvent utopique » et « conçue principalement à des fins intérieures » [64], ne parvint ni à rétablir le prestige du pays à l'extérieur, ni à apporter des satisfactions au-dedans. A cet égard, l'affaire d'Espagne est parfaitement révélatrice du décalage entre les vues grandioses de Charles X et la réalité.

En 1820, une insurrection obligea le roi Ferdinand VII d'Espagne, un *Bourbon,* à concéder sous la pression une constitution qualifiée de libérale. Un parti d'absolutistes espagnols, idéologiquement frères des ultras de Villèle, se forma avec l'appui de Paris. Son but : abolir la constitution. « Le désir de jouer à la grande puissance, une idéologie ultra-royaliste poussaient certains hommes politiques (français) à tenter de secourir un Bourbon ; Chateaubriand (alors ministre des Affaires étrangères) voyait dans une intervention en Espagne une occasion de mettre fin aux conspirations. En tout cas, bien que l'entreprise ne pût se faire qu'avec l'accord des puissances, Louis XVIII affecta de la présenter aux Chambres comme décidée de son propre chef pour porter aide à un souverain d'une branche cadette de sa famille » [64 bis]. Au début d'avril 1823, une armée de 100 000 hommes, sous les ordres du duc d'Angoulême, franchit les Pyrénées.

Sur le plan militaire, l'expédition réussit au-delà de toutes les expérances. Mais sur les plans financier, économique, politique et diplomatique, ce fut un échec retentissant. Financièrement, l'affaire coûta une quinzaine de millions au Trésor français en pure perte. Économiquement, le bénéfice fut nul, l'Espagne des Bourbons n'étant pas en mesure d'offrir le moindre débouché à l'économie française. Sur le plan politique espagnol, Ferdinand se montra ingrat : il finit par rejeter le régime proposé par Paris, comparable à celui de la Charte de 1814 ; pire encore, il supprimera la règle de succession en ligne masculine des Capétiens, si chère aux Bourbons de Paris ! Enfin, diplomatiquement, l'expédition fut une déroute complète : la France avait inutilement froissé la susceptibilité anglaise, sans obtenir un rapprochement avec Vienne ou Saint-Pétersbourg.

Avec un cynisme que n'eût pas désavoué Talleyrand, le Premier ministre anglais, Canning, tira de toute l'affaire les conclusions suivantes : « Considérant l'Espagne telle que nos ancêtres l'ont connue, j'ai voulu que si la France avait l'Espagne, ce ne fût pas, du moins, l'Espagne *avec les Indes,* et *j'ai appelé le nouveau monde à l'existence* pour rétablir l'équilibre de l'ancien ; *j'ai balancé le compte.* J'ai laissé à la France tous les résultats de son invasion ; je lui ai laissé son fardeau, fardeau ingrat, dont elle voudrait bien se débarrasser et qu'elle ne peut porter sans se plaindre » [65].

Le calcul du cabinet britannique fut, en effet, remarquablement perspicace. En fermant les yeux sur l'expédition d'Espagne, Londres, de connivence avec Washington (doctrine Monroe), s'estima délié de tout engagement quant au statut des possessions espagnoles en Amérique, où des gouvernements insurrectionnels venaient de prendre le pouvoir. L'Angleterre et les États-Unis reconnurent ces gouvernements, et donc l'indépendance des anciennes colonies espagnoles : ils s'assurèrent du même coup le monopole commercial dans cet immense marché ! Mieux encore, pour éliminer définitivement la France du continent sud-américain, la République d'Haïti fut également reconnue. Comme Paris n'avait pas les moyens militaires de reconquérir Haïti, il fut réduit à accepter le fait accompli, et parraina un emprunt de la jeune République pour indemniser les colons français. Mais Haïti négligera de régler capital et intérêts, en sorte que l'emprunt fut entièrement supporté par le Trésor français !

La malheureuse aventure française en Espagne fut, toutefois, bénéfique sur un seul point : elle permit, dans le moment, à la faction ultra de gagner les élections de 1824.

Le monde politique français tira deux leçons de l'affaire : une victoire militaire à l'extérieur aiderait toujours le gouvernement en place à gagner des élections ; cependant, à l'avenir, il conviendrait avant de se lancer dans une guerre avec l'étranger, de *bien balancer son compte,* selon le mot de Canning.

On a reproché à Villèle d'avoir conduit une politique étrangère de « boutiquier ». Sans doute, le chef du gouvernement manquait d'ambition. Mais c'était un homme réaliste qui ne se faisait guère d'illusion sur la puissance de la France face à l'Angleterre. Il l'exprimait amèrement dans une lettre de 1825 adressée au prince de Polignac, alors ambassadeur à Londres : « Nous ne sommes assez forts, lui écrivait-il, ni pour résister seuls sur mer à l'Angleterre, ni pour lutter sur le continent avec l'alliance formidable qui y existe. Que faire dans cette situation ? Défendre notre bonheur et notre sûreté envers et contre tous, si jamais on cherchait à y porter atteinte ; mais renoncer à la prétention d'imposer aux autres des lois que nous ne sommes pas en état de faire exécuter » [66].

Cet aveu d'impuissance montre bien les limites étroites de l'indépendance diplomatique de la France. Elle ne pouvait sortir de ces limites sans s'exposer automatiquement à des mesures de rétorsion, voire à la guerre. Le rapport des forces n'évolua pratiquement pas entre 1825 et 1830, et la rupture avec Alger doit être appréciée dans ce contexte.

Cependant, il faut nuancer quelque peu les choses dans ce domaine où le mouvement incessant des intérêts des puissances empêche les situations de se figer. Jouant habilement des rivalités nées entre les Alliés à l'occasion de l'inextricable question d'Orient et de l'affaire grecque, la diplomatie française réussira à desserrer le carcan qu'on lui avait imposé.

En mars 1826, l'affaire grecque s'aggrava. Le tsar Nicolas adressa un ultimatum au Sultan, exigeant l'évacuation des provinces roumaines. Mais il apparut très vite que les troupes russes ne se contenteraient pas d'avancer jusqu'au Danube, si la guerre était déclenchée : elles exploiteraient bien au-delà leur succès prévisible, et le tsar pourrait régler à sa convenance l'affaire grecque. L'Angleterre était résolue à l'en empêcher. Le duc de Wellington se rendit à Saint-Pétersbourg et un protocole fut signé le 4 avril 1826, aux termes duquel l'Angleterre et la Russie offraient (en fait imposaient) leur médiation entre le gouvernement turc et les insurgés grecs.

Le France, malgré l'intense activité des milieux libéraux en faveur des Hellènes, était tenue à l'écart. Elle « n'avait pas été consultée ni même avertie ; elle se voyait traitée comme quantité négligeable. Villèle éleva une protestation. Canning, tout disposé à en tenir compte - car l'appui de la France pouvait être utile pour freiner la Russie -, proposa à Villèle d'adhérer à la convention du 4 avril 1826 ; pour faire disparaître l'espèce d'inégalité humiliante que cette procédure impliquait à l'égard de la France, il fut entendu que cet acte serait remplacé par un nouveau traité, à l'élaboration duquel participeraient les représentants français » [67].

Sans doute la manière dont la France reprenait sa place dans le concert international était-elle blessante. Mais l'essentiel fut que Paris retrouva son rang de grande puissance, et de puissance méditerranéenne. L'événement eut des conséquences durables. Au nom de la « mission de médiation », elle devait participer à l'expédition navale envoyée en octobre 1827 pour obliger Istanbul à traiter avec les Grecs - expédition qui s'acheva par la fameuse bataille de Navarin. Ce fut un corps expéditionnaire français que les puissances chargèrent, en 1828, d'obtenir l'évacuation de la Morée par les troupes égyptiennes. Enfin et surtout, l'adhésion de la France au protocole de 1826 lui permit de se rapprocher de la Russie : l'axe Paris-Saint-Pétersbourg, inauguré à cette occasion, allégea considérablement le poids de la prépondérance britannique.

Cette redistribution des cartes eut bien entendu des incidences sur les rapports franco-algériens. Désormais reconnue comme partie intéressée au sort de l'Empire ottoman, dont les Régences barbaresques dépendaient en droit, la France pouvait « officialiser » ses visées sur Alger, sous couvert de la défense de ses intérêts commerciaux, sans que l'Angleterre puisse invoquer raisonnablement une menace des siens propres.

Reconsidérée dans ce vaste contexte, la rupture avec Alger était, en réalité, motivée par des raisons dont l'exposé figure dans deux documents fondamentaux, les *Mémoires* du baron de Damas et le Rapport du marquis de Clermont-Tonnerre. Devenu ministre de la Guerre, celui-ci établit un rapport en date du 14 octobre 1827, dans lequel il préconisait une expédition militaire contre Alger en lieu et place du blocus décrété en juin. Quels étaient les motifs invoqués ?

– *Les motivations idéologiques* ou, plus exactement, religieuses. Avec le recul du temps, elles peuvent nous paraître à tout le moins anachroniques. Pourtant le fait est que l'expédition contre Alger sera présentée, même en 1830, comme une croisade de la chrétienté contre l'islam. Le baron de Damas s'exprimait ainsi dans ses *Mémoires,* année 1825 : « Cette année fut celle d'un grand jubilé. C'était chose oubliée qu'un jubilé général ; il produisit cependant de l'effet, même en France. On sait qu'au commencement du jubilé, le pape fait l'ouverture de la Porte sainte : c'est une porte de Saint-Jean-de-Latran qui a été fermée avec des briques à la clôture du jubilé précédent. Ces briques sont recueillies et conservées avec respect. Le duc de Laval (ambassadeur à Rome) m'envoya une de ces briques : elle se trouve dans la chapelle d'Hautefort (une propriété de Damas). Ce fut aussi pendant cette année que le Pape m'envoya un chapelet et un reliquaire contenant les reliques de saint Pierre, de saint Paul, de saint Léon. En même temps Sa Sainteté m'accordait la permission de faire dire la messe partout en France dans la maison que j'habiterais. Nous obtînmes aussi des indulgences et des grâces spirituelles pour les paroisses de Saint-Agnan, et d'Anlezy. La même année le pape fit remettre à M. le dauphin un bonnet d'hermine et une épée à poignée d'or. *Léon XII nous témoignait une telle bienveillance parce qu'ayant sollicité notre appui contre les corsaires d'Alger, le roi avait envoyé une escadrille à laquelle le Dey avait fait de magnifiques promesses. Un traité s'en était suivi, mais dès ce moment commence à se préparer la guerre contre Alger que nous fîmes en 1830.* Tourmentés comme nous l'étions par nos Chambres, toujours embarrassés quand il fallait demander des ressources extraordinaires, nous avions peu envie de tout ce qui pouvait provoquer des discussions ; une expédition d'Alger en aurait été l'occasion. Pourtant nul de nous n'était disposé à faire des difficultés sérieuses, et *au motif religieux* s'en joignait un autre bien plus important que la crainte des débats parlementaires : le pape aurait demandé et certainement obtenu la protection de l'Angleterre » [68].

Un peu plus loin, le baron de Damas, revenant sur la question, écrivait (année 1826) : « En Algérie, malgré les vaisseaux que nous envoyions pour faire peur aux pirates, nous n'obtenions jamais que des promesses sans résultat. Dans d'autres temps, jamais on ne s'en serait contenté, mais nous éprouvions tant d'embarras, les conséquences d'une guerre faite au dey d'Alger semblaient si incertaines, pouvaient être si dangereuses, que nous ajournions. Si l'Angleterre nous avait traités, non pas comme le dey d'Alger, mais avec bien moins d'impertinence, nous n'aurions pas hésité à lui déclarer la guerre. Néanmoins, comme il fallait prévoir cette guerre, une commission présidée par M. de Clermont-Tonnerre, étudiait tout ce qui pouvait nous aider à l'entreprendre et à la bien conduire »[69].

Faisons quelques observations succinctes sur ces déclarations. On a du mal à croire qu'un chapelet, un reliquaire, des indulgences, un bonnet d'hermine, une épée même offerts par le Saint-Père... aient pu déterminer des hommes d'État à entreprendre une guerre sainte ! Pourtant, le baron de Damas est formel. D'autre part, il affirme que la guerre était résolue dès 1825... deux ans avant le coup d'éventail. Enfin, nulle part dans ses *Mémoires* le ministre des Affaires étrangères de Charles X ne fait apparaître le nom de Deval, ni ne mentionne « l'injure faite au roi » lors de la fameuse réception du 29 avril 1827. Notons encore cet aveu étrange de Damas : *Le gouvernement était unanime,* dit-il, *pour faire la guerre à Alger afin de démontrer que Sa Majesté catholique Charles X était le digne défenseur de l'Église, et pour empêcher que le pape n'aille solliciter la protection des hérétiques anglais...*

La même veine mystique inspira le marquis de Clermont-Tonnerre : « *Dieu,* écrivait-il dans son rapport, *a voulu que Votre Majesté fût brutalement provoquée dans la personne de son consul par le plus déloyal des ennemis du nom chrétien. Ce n'est peut-être pas sans des vues particulières qu'elle appelle ainsi le fils de saint Louis à venger à la fois la religion, l'humanité et ses propres injures* »... »[70]. Cet appel de la Providence pourrait déboucher, selon le ministre de la Guerre, sur une œuvre éminemment évangélisatrice : « *Peut-être avec le temps, aurons-nous le bonheur, en civilisant les indigènes, de les rendre chrétiens* »[70]. On pourrait multiplier les citations de ce style !

- *La montée des périls intérieurs :* en cette année 1827, le cabinet Villèle avait fait le plein... des oppositions ! La dernière en date de ses maladresses, et l'une des plus graves, fut la révocation de la Garde nationale. A l'automne, la dissolution de la Chambre des Députés parut inévitable. Le marquis de Clermont-Tonnerre, oubliant les déboires extérieurs, ne se souvint que du brillant succès électoral remporté par les ultras après la campagne d'Espagne : une victoire à

Alger ne pourrait-elle pas produire le même effet salutaire pour le Trône ?

« L'esprit turbulent et léger de notre nation, notait le ministre de la Guerre, a besoin que, de temps en temps, quelque circonstance hors de l'ordre commun vienne occuper les imaginations trop ardentes. Il peut, en outre, n'être pas inutile de rappeler quelquefois à la France que la gloire militaire survit à la Révolution et que la Monarchie légitime ne garantit pas seulement le pays des invasions étrangères, mais qu'elle sait aussi faire flotter nos étendards dans les contrées lointaines. La fortune pouvait-elle offrir une occasion plus heureuse, puisqu'il s'agit de délivrer l'Europe des vexations humiliantes qu'elle souffre depuis trois siècles de la part d'une poignée de brigands ? Enfin, Sire, j'ajouterai qu'il est, en général, désirable que ces événements qui donnent de nouvelles forces aux gouvernements et présentent à l'esprit des peuples un aliment parfois salutaire, coïncident avec les temps de fermentation politique. *Or l'expédition d'Alger, si Votre Majesté l'entreprend aujourd'hui, sera terminée à une époque où le Roi peut trouver convenable d'user de sa prérogative pour renouveler la chambre des députés* »[71].

- *Une volonté de grande puissance :* en 1827, on s'accordait en Europe pour considérer le démembrement de l'Empire ottoman comme inéluctable, voire imminent. Or, depuis que la France avait retrouvé voix au chapitre, (grâce à l'Angleterre qui, par calcul, l'avait invitée à adhérer au protocole anglo-russe d'avril 1826), elle pouvait renouer avec une « grande diplomatie ». C'est ce qu'exprimait le marquis de Clermont-Tonnerre dans son rapport en préconisant deux voies essentielles. La première passait par une alliance avec la Russie, « point fondamental » de la politique extérieure. Il s'agirait de laisser les mains libres au Tsar en Asie ; en échange, ce dernier appuierait la revendication majeure de la France, le retour de ses frontières « à la limite du Rhin et à celle de la cime des Alpes ». Il y aurait, en somme, « des accroissements territoriaux mutuellement consentis », contre lesquels l'Angleterre ne pourrait pas s'opposer. Quant au sort d'Alger, Clermont-Tonnerre prenait soin de le détacher de celui de l'Empire ottoman. Les anciens traités franco-turcs, argumentait-il, reconnaissent à la France le droit de déclarer la guerre à la Régence ; celle-ci est un État indépendant. Par conséquent, en s'emparant d'Alger avant que les Alliés n'entrent en guerre avec la Porte, le Roi se donnerait les moyens « soit d'être plus modéré dans ses prétentions, soit de les élever davantage ». Au surplus, ajoutait-il, l'Angleterre serait mal fondée à élever la moindre protestation en cas de conquête d'Alger par la France : Paris avait-il demandé des comptes à l'Angleterre pour « l'accroissement de puissance qu'elle s'est octroyée par la destruction de Tippoo-Sahib et qu'elle acquiert au détriment de l'empire birman » ?

Les motivations diplomatiques du projet d'expédition contre la Régence sont plus nettement exposées dans un mémoire de Deval du début de 1828. « Par le seul fait de l'émancipation des isles de l'Archipel et du continent de la Grèce, écrivait l'ancien consul, il est évident que l'Angleterre devient immédiatement la dominatrice unique de la Grèce sous le nom de Protectrice. Les iles surtout lui seront soumises d'abord par leur position insulaire ; ensuite parce qu'elle saura les diriger dans leur intérêt réciproque combiné avec ceux de l'Angleterre. Ainsi d'entrée de jeu et par ce seul dispositif, l'Angleterre acquiert une prépondérance maritime et commerciale dans la Méditerranée, telle qu'elle lui assure nécessairement la domination.

« Mais l'Angleterre peut-elle jamais empêcher la Russie de s'emparer de Constantinople, dont l'occupation la rendrait maîtresse des passages du Bosphore, de la Propontide, et des Dardanelles, si nécessaires à ses possessions dans la mer Noire ? Ces possessions ne tarderont-elles pas à être augmentées de tout le littoral asiatique qu'elle menace par Trébisonde et par Erivan ? Et l'Autriche dans cette crise imminente ne suivra-t-elle pas la même marche que celle qu'elle adopta enfin, quoique peut-être à regret, dans le partage de la Pologne ?

« Dans cet état de choses prévu depuis 50 ans (sic), la France devra-t-elle en être la simple spectatrice ? Et la Providence ne lui a-t-elle pas ménagé dans l'affaire d'Alger le moyen de prendre une honorable et ample compensation de l'agrandissement de ces trois puissances *déjà si grandes ?* Quelques personnes seront peut-être effrayées d'avance au seul nom de colonie. Mais n'a-t-on pas vu avec quelle facilité l'armée française s'empara de l'Égypte, et quelle union s'établit bientôt entre les Arabes si spirituels (sic) et tellement prévenus en faveur de la France, que dans toute la Barbarie, surtout dans le gouvernement d'Alger, ils y sont vivement désirés et même attendus »[72]. Étonnant langage de la part d'un consul qui venait de se faire souffleter par le souverain d'un pays où, prétendait-il, l'armée française était désirée...

– *Les raisons économiques et financières :* sur ce point fondamental, mais systématiquement négligé par les historiens de la colonisation, le rapport de Clermont-Tonnerre est tout à fait éloquent. Qu'on en juge : « Sur ce long développement de côtes (d'Algérie), faisait-il remarquer, il y a plusieurs rades très bonnes et dont la possession serait d'une très grande utilité. Une grande partie de son immense surface se compose de plaines d'une prodigieuse fertilité. Il y a dans les montagnes des forêts de sapins et de chênes propres aux constructions navales ; on y exploite des mines de fer et de plomb qui sont d'une grande richesse et dont les produits sont d'une excellente qualité. Il y a des montagnes de sel gemme, et le sel et le nitre sont presque partout en grande abondance, à la surface même de la terre. Les bords de la mer offrent des salines d'une richesse extrême... » Ce nouvel Eldorado compenserait la perte des colonies d'Amérique. On pourrait y exploiter tous les produits coloniaux, dont l'importation est si ruineuse pour la France. Le Roi aurait la possibilité de « donner des apanages » à ses plus fidèles serviteurs ; on fonderait des colonies militaires. Bref, la possession de la Régence assurerait au commerce français « des quantités énormes de produits d'excellente qualité, entre autres ceux que produisent seules jusqu'à présent les vieilles colonies ».

En cette année 1827, où les finances de l'État sont au plus bas, la conquête d'Alger réserverait une magnifique surprise : la capture du Trésor de l'État algérien permettrait de renflouer instantanément les caisses royales ! « Je ne parle pas, soulignait le ministre de la Guerre, des trésors qui se sont accumulés dans le château du dey d'Alger : on les estime à plus de 150 millions et il lui sera impossible de les soustraire aux chances du siège, parce qu'il ne peut les transporter par mer, à cause du blocus, parce qu'il ne pourrait les faire voyager par terre sans s'exposer à les voir piller par les habitants mêmes du pays, enfin parce qu'une révolution éclaterait immédiatement parmi la milice et que la vie du dey serait menacée si des dispositions étaient faites pour un pareil enlèvement. »

Comme on le voit, dès le principe même d'une expédition contre la Régence, le gouvernement français se fixait comme un des buts essentiels de l'opération la capture de l'immense Trésor des deys. Mais cet aspect fondamental de la conquête a été passé sous silence par la quasi-totalité des historiens.

Sur le plan strictement militaire, le ministre de la Guerre, reprenant le projet d'expédition conçu en 1808 par le commandant Boutin, indiquait qu'il faudrait réunir quatre divisions d'infanterie, une division de cavalerie légère, une batterie d'artillerie à cheval, une batterie de montagne et quatre de campagne, un parc de siège de cent cinquante bouches. Le corps expéditionnaire se monterait à 33 000 hommes.

En conclusion, écrivait-il, « une expédition par terre est indispensable ; le point de débarquement est connu (la rade de Sidi-Ferruch) ; la marche de l'opération est simple, la dépense modérée ;

le succès peut être considéré comme certain, si la tentative a lieu dans la saison favorable ; mais il n'y a pas un moment à perdre, ou bien il faut renoncer à tout projet pour l'année 1828. Les circonstances extérieures paraissent déterminantes. L'Europe est en paix : il est probable que cet état se maintiendra en 1828 ; mais peut-on espérer qu'il subsistera plus longtemps ? Il est d'une sage politique de profiter d'un moment, le dernier peut-être, pour faire une opération qui peut devenir impossible plus tard, et à laquelle cependant nous ne pouvons pas renoncer sans rester indéfiniment exposés à subir de nouvelles insultes. Aucune puissance n'est entrée dans cette querelle, qui cependant est engagée contre l'ennemi de tous les États chrétiens. L'Europe doit donc applaudir à cette détermination généreuse ; mais si quelque gouvernement jaloux osait vouloir y mettre obstacle, l'armée même qui aurait été destinée à châtier Alger pourrait être employée à le punir de sa déloyauté. Les circonstances intérieures militent en faveur de l'expédition, l'opinion publique l'appelle, et, si le gouvernement ne l'entreprend pas, il faudra qu'il rende compte des motifs qui l'auront déterminé à rester dans une situation dont l'orgueil du pays s'indigne et qui ne froisse pas moins les intérêts commerciaux que la dignité nationale. Si au contraire un résultat glorieux vient couronner cette entreprise, ce ne sera pas pour le Roi un léger avantage que de clore la session et de demander ensuite des députés à la France, les clefs d'Alger à la main. »

Clermont-Tonnerre, « croisé attardé » selon C.-A. Julien, lut son rapport au Conseil des Ministres du 14 octobre 1827. La discussion s'engagea. Le comte de Chabrol et Frayssinous appuyèrent le projet. Mais Villèle, le Dauphin, le baron de Damas et Peyronnet se prononcèrent contre l'expédition. Charles X prit la parole :

« Intérieurement, je suis de votre avis, dit-il à Clermont-Tonnerre ; mais nous sommes en minorité.

- Votre Majesté peut ordonner en toute sécurité, répondit le ministre, sa volonté sera suivie.

- C'est égal, conclut le roi, j'ajournerai » [73].

Dans ses *Mémoires*, le baron de Damas écrit, à propos de cette délibération, que « des motifs de haute politique avaient engagé à attendre » [74]. La réalité était quelque peu différente. Le prince de Polignac, ambasseur à Londres, après avoir sondé le cabinet britannique, informa son gouvernement que l'Angleterre était absolument hostile à toute expédition contre Alger. D'autre part, l'essentiel de la Marine française était indisponible pour longtemps : une partie était immobilisée devant les Dardanelles ; une autre escadre était en croisière forcée au Brésil. En outre la réunion d'un corps expéditionnaire de 33 000 hommes obligerait à évacuer l'Espagne. Enfin, le Trésor n'était pas en mesure de faire face à une dépense extraordinaire d'une quarantaine de millions. En fait de « haute politique », ce fut le manque de moyens et l'opposition anglaise qui obligèrent Clermont-Tonnerre à noter au bas de son rapport : « Lu au Conseil le 14 octobre. Le Roi a ordonné d'attendre. 16 octobre 1827. »

DEUXIÈME PARTIE

L'expédition : sa résolution, sa préparation et son exécution

Hésitations et combinaisons de Polignac

La forte opposition au cabinet de Villèle décida le roi à promulguer trois ordonnances, le 6 novembre 1827. La première désignait 76 nouveaux pairs, choisis dans le camp ultra (« le palmarès de la Congrégation », murmura-t-on) ; par la seconde ordonnance la Chambre était dissoute et les élections fixées aux 17 et 24 novembre ; la troisième suspendait la censure pendant la durée de la campagne électorale. Charles X demandait des députés à la France, mais sans les clefs d'Alger à la main, comme le souhaitait le marquis de Clermont-Tonnerre.

L'opposition libérale s'était bien préparée à l'épreuve des élections. Une société plus ou moins secrète, *Aide-toi, le ciel t'aidera*, avait mis au point un véritable manuel électoral à l'usage des candidats libéraux, où on leur révélait les méthodes permettant de déjouer les manœuvres des préfets ! Les résultats dépassèrent les espérances de l'opposition ; dans la nouvelle Chambre, les députés ministériels revenaient au nombre de 180 seulement, presque à égalité avec les libéraux (175 environ), les divers opposants de droite totalisant 75 sièges ! Un changement de ministère devint inévitable, que la composition de la Chambre rendait fort délicat.

Charles X voulait maintenir Villèle à la tête du cabinet. Cependant, malgré ses talents de manœuvrier, après plus d'un mois de tractations, le président du Conseil ne put réunir une majorité qui lui fût favorable. Vivement contrarié par le choix du corps électoral et, plus encore, par la rigidité de l'opposition de droite, perçue comme un insupportable défi, le roi se vengea en nommant un nouveau ministère composé de « techniciens » de sensibilité centre-droit. Aucun des grands ténors de la scène politique n'y figurait. Il n'y avait même plus de président du Conseil, quoique le ministre de l'Intérieur, Martignac, parût faire figure de porte-parole du Cabinet devant les Chambres. Peut-être le roi espérait-il secrètement qu'après quelques mois, il pourrait rappeler son « cher Villèle ». En tout cas, lors de la prestation de serment des nouveaux ministres, il ne manqua pas rappeler sa volonté : « Je dois vous déclarer, leur dit-il, que je me sépare à regret de M. de Villèle ; l'opinion a été trompée sur son compte ; son système était le mien, et j'espère que vous vous y conformerez de votre mieux » [1].

Les mois passèrent sans qu'un retour de Villèle au pouvoir parût possible. Dès lors Charles X retira insensiblement sa confiance au Cabinet. Il le laissa s'user dans de vaines tentatives de conciliation avec les libéraux, souhaitant de toute évidence l'échec de l'expérience, ce qui l'autoriserait à constituer, le moment venu, le cabinet d'extrême droite dont il rêvait depuis 1820.

Sous le ministère Martignac, l'affaire d'Alger fut traitée par le ministre des Affaires étrangères, le comte de La Ferronnays, mais en réalité par le roi lui-même, ainsi que le laisse entendre la comtesse de Boigne : « De tous les ministres, écrit-elle, celui des Affaires étrangères se trouve le plus directement en contact avec le souverain. Ses attributions renferment les tracasseries qui font le sujet des conversations intimes et du commérage royal. Il faut une personne qui entende, comprenne et puisse entrer dans leurs petites susceptibilités, leurs préférences et leurs répugnances. Sous ce rapport, monsieur de La Ferronnays était très bien choisi » [2]. Diplomate de carrière, le ministre avait été ambassadeur à Saint-Pétersbourg depuis 1819. Il employa l'influence qu'il sut acquérir à la cour du tsar pour consolider l'alliance franco-russe. A cet égard, on doit lui reconnaître une part importante des succès diplomatiques français dans le règlement de l'affaire grecque.

Par contre, aucune évolution ne marqua l'épineuse affaire d'Alger sous la direction de La Ferronnays, soit que le ministre ignorât la complexité de la situation en Méditerranée occidentale, soit - plus probablement - que le roi se fût réservé le dossier et attendît la formation d'un cabinet qui eût toute sa confiance pour le traiter.

L'absurde système du blocus, inefficace et ruineux (l'entretien de la flotte coûtait de deux à sept millions, selon les estimations [3]), fut continué, bien que le dey ait manifesté à plusieurs reprises son désir de régler pacifiquement l'affaire. La Ferronnays n'avait arrêté aucune doctrine à ce sujet - si tant est qu'il en eût la volonté et le pouvoir. Une lettre du commandant de l'escadre du blocus, La Bretonnière, d'octobre 1828, l'indique sans détour : « Si j'avais eu des pouvoirs pour traiter cette mauvaise affaire, se plaignit-il, elle serait terminée, sans que le gouvernement eût eu à faire la moindre concession qui pût compromettre sa dignité (...). Je pense la (réparation) facile par la négociation, et d'une assez grande difficulté par les armes, car il ne faudrait pas moins de 30 000 hommes protégés par des forces de mer imposantes pour réduire ces barbares qui sont assez forts chez eux... » [4].

La Bretonnière ne put que transmettre, par le truchement du consul de Sardaigne, les invariables exigences de Paris. Il s'ensuivit de médiocres marchandages, dans le détail desquels il serait oiseux d'entrer. Toutefois, en juin 1829, le commandant du blocus reçut de nouvelles instructions plus conciliantes ; il était autorisé à négocier directement avec le dey sur les bases suivantes : libération des prisonniers français ; signature d'un armistice ; envoi d'un officier supérieur algérien à Paris « pour donner des explications franches et satisfaisantes tant sur le passé que sur ses dispositions actuelles » ; conclusion d'un traité de paix.

Le 30 juillet 1829, le commandant de La Bretonnière entra dans le port d'Alger à bord du navire-amiral *la Provence* arborant le pavillon parlementaire. Il fut reçu pendant deux heures par Hussein à qui il exposa les offres françaises. Insistant sur son vif désir de voir la paix rétablie entre Alger et Paris, Hussein narra dans le détail le fameux incident du 29 avril 1827 et assura que son geste d'impatience ne visait nullement la dignité du roi de France. Il demanda qu'une commission mixte fît toute la lumière sur l'affaire des créances Bacri. S'il ne rejeta pas les propositions françaises, il demanda un délai pour les étudier à fond. Que se passa-t-il pendant les deux jours de réflexion ? Il semble que le dey ait consulté, outre ses ministres, les consuls d'Angleterre et de Naples. Saint-John, le consul britannique, l'aurait assuré que jamais la France ne pourrait attaquer Alger , qu'au besoin le gouvernement britannique s'y opposerait par la force... D'un autre côté, le dey, que le blocus n'avait pratiquement pas gêné, n'était pas porté à la modération et restait convaincu de son bon droit.

Quand La Bretonnière retourna à la Casbah, le 2 août, pour connaître la réponse du dey, Hussein se montra inflexible. Il ne voyait pas la nécessité de signer un armistice du fait qu'il n'existait aucun contentieux territorial entre les deux pays. Il refusa d'envoyer un plénipotentiaire à Paris, estimant, d'une part, que les explications qu'il avait lui-même fournies à l'envoyé français étaient amplement suffisantes, et que, d'autre part, si un traité de paix devait être signé, il le serait à Alger conformément à l'usage séculaire en vigueur dans les relations franco-algériennes. Quant à la libération des prisonniers (qui étaient tous des prisonniers de guerre), Hussein ne pouvait y consentir unilatéralement ; au demeurant, un tel acte de clémence serait incompréhensible au moment où les navires de guerre français bombardaient les villes algériennes. La Bretonnière, devant ce constat d'échec, n'eut plus qu'à se retirer pour rendre compte à son gouvernement.

Le 3 août, à midi, *la Provence,* arborant toujours le pavillon parlementaire, sortit d'Alger, précédée de *l'Alerte.* A la sortie du port, le navire-amiral fut poussé vers le rivage par un vent soufflant du nord-est. Ce mouvement l'amena à défiler devant les batteries de la ville. Les chefs des batteries interprétèrent-ils ce mouvement comme une manœuvre tactique en prévision d'une attaque ? Ou bien, comme l'affirmeront les officiels français sans en apporter la preuve, le parti avait-il été pris délibérément d'attaquer le navire pourtant protégé par le pavillon parlementaire ? Ou bien encore, et cette hypothèse circula peu après à Alger, des servants de pièces avaient-ils été payés (par qui ?) pour provoquer l'incident ? Toujours est-il que, en violation des usages et de la parole donnée par le dey en personne, le navire-amiral fut assailli par plusieurs bordées qui ne provoquèrent, cependant, que des dégâts matériels légers.

Ce grave incident, qui s'était déroulé en plein jour, devant tout Alger, jeta la consternation jusque dans la Casbah. Le Divan fut réuni d'urgence pour déterminer la nature des réparations indispensables que l'acte appelait. Il ne semble pas qu'il y eût unanimité. Le ministre de la Marine et les chefs des batteries furent destitués. En outre, le dey faisait parvenir au commandant de La Bretonnière un message où il lui exprimait ses regrets. Mais ces réparations ne parurent pas suffisantes à tous les dignitaires, comme en témoigne Hamdan ben Othman : « A l'occasion des malheureux coups de canon qui furent tirés sur le vaisseau *la Provence,* écrit-il, je puis certifier qu'ils l'ont été à l'insu de Hussein-Pacha ; mais nous disons en arabe que « le maître est responsable des fautes de son serviteur ». Si le dey avait nommé à la charge de ministre de la Marine un homme digne de cet emploi, le droit sacré de parlementaire n'aurait pas été violé. Ce ministre a été destitué. Pour laver cette tache, qui devait nous être imputée, il fallait que le pacha envoyât immédiatement un ambassadeur en France pour exposer les faits, avouer publiquement nos torts et faire connaître la destitution du ministre et la disgrâce du chef des canonniers. Cet envoyé aurait dû déclarer que le dey était persuadé que le gouvernement serait satisfait des réparations qu'il était chargé de lui faire, et qu'il espérait pouvoir s'entendre sur l'affaire majeure, que monsieur Deval avait compliquée en compromettant son gouvernement par ses actes de corruption, et en interceptant les dépêches du dey. Ce conseil ne fut pas suivi » [5].

L'agression contre *la Provence* eut deux conséquences majeures. D'une part, elle divisa la classe dirigeante algérienne en deux clans - le premier, conduit par Hussein (travaillé en sous-main par le consul britannique), était partisan de l'intransigeance à l'égard de Paris ; le second, plus modéré et favorable à l'ouverture de négociations, rassemblait les notables dont les intérêts commerciaux avaient été pratiquement les seuls à souffrir du blocus. D'autre part, l'agression porta à son comble l'exaspération de Charles X.

Lorsque la nouvelle de l'attaque du navire parlementaire parvint à Paris, le ministère Martignac venait de tomber. Cette chute était vivement souhaitée, et même précipitée par le roi. Depuis que Martignac et ses collègues avaient refusé l'entrée de Polignac au gouvernement, le souverain leur avait retiré toute confiance. C'était moins les ministres qu'il poursuivait de sa hargne que le parti sur lequel le cabinet s'appuyait au Parlement : « Ces gens avec lesquels vous voulez gouverner, disait-il à Hyde de Neuville, ministre de la Marine, sont impossibles et nous mèneraient plus loin que je ne veux aller ! » [6].

Charles X voulait des ministres qui partageassent son idéal politique : le rétablissement de la monarchie absolue d'avant 1789. Il fallait en finir avec la Charte parce qu'il était devenu insupportable au monarque qu'elle rognât sa royale autorité et subordonnât celle-ci à « l'anarchie » des Chambres... Un cabinet contre-révolutionnaire, un cabinet de « coup d'État », avec des hommes dévoués jusqu'à l'aveuglement et déterminés à juguler l'opposition libérale, au besoin en sortant du cadre constitutionnel : tel était le ministère dont rêvait le roi depuis dix ans.

Quand, le 9 août 1829, le *Moniteur* publia la liste des ministres nommés la veille, ce ne fut qu'un cri de consternation dans tout le pays. Même les royalistes n'en revenaient pas ! Trois noms se détachaient dans la liste ministérielle : ceux du prince Jules de Polignac, ministre des Affaires étrangères (qui deviendra président du Conseil en novembre), de La Bourdonnaye, ministre de l'Intérieur, et de Bourmont, ministre de la Guerre. Ces noms provoquèrent un véritable traumatisme politique. Dans son *Journal intime,* Cuvillier-Fleury notait à la date du 10 août 1829 :

« En arrivant au salon, j'aperçois une préoccupation générale ; Mme de Montjoie me présente le *Moniteur*... Polignac ministre, Courvoisier ministre, de Montbel ministre, Bourmont... ai-je bien lu ? Bourmont de 1815, Bourmont de Waterloo, ministre... ! *C'était à la lettre* que je n'en croyais pas mes yeux, et il m'a fallu plusieurs minutes pour revenir de l'étourdissement causé par ces nouvelles. Dans le salon, tout était rumeur ; Mme de Montjoie gémissait ; Mademoiselle, déjà malade, paraissait accablée du coup, Madame (la duchesse d'Orléans), sortant de sa quiétude habituelle, s'unissait à nous pour blâmer ; Monseigneur seul, occupé de la réception qu'il prépare à la Dauphine, semble médiocrement touché de cette cause d'émotion universelle, mais son patriotisme n'y perd rien. - Des groupes se forment, on va de l'un à l'autre, on s'interroge avec anxiété, on sourit de mépris, on s'écrie d'indignation ; chacun bâtit un système à sa manière et y soumet l'avenir ; jamais événement plus imprévu, plus étrange n'amena une pareille confusion dans les esprits, et ne sembla dérouter à ce point les prévisions des politiques : c'est à s'y perdre » [7].

Les réactions dans les journaux furent encore plus vives. Le *Journal des Débats,* pourtant organe royaliste du centre-droit, écrivait le 10 août : « Voilà encore la cour avec ses vieilles rancunes, l'émigration avec ses préjugés, le sacerdoce avec sa haine de la liberté, qui viennent se jeter entre la France et son roi. Ce qu'elle a conquis par quarante ans de travaux et de malheurs, on le lui ôte ; ce qu'elle repousse de toute la force de sa volonté, on le lui impose violemment. Quels conseils perfides ont pu égarer Charles X et le jeter (...) dans une nouvelle carrière de désordre ? Malheureuse France ! Malheureux roi ! » Cinq jours plus tard, le même journal fulmine : « Coblence, Waterloo, 1815 ! Voilà les trois principes, les trois personnages du ministère... Pressez, tordez ce ministère, il ne dégoutte qu'humiliation, malheurs et dangers. »

« Jamais l'apparition d'un nouveau ministère ne souleva une émotion plus profonde, une inquiétude plus générale, une irritation plus vive, notait l'historien Vaulabelle. Les plus implacables adversaires de la maison de Bourbon, s'imposant la tâche de précipiter sa chute, en lui infligeant des ministres impopulaires, n'auraient pu choisir, en effet, des noms plus détestés. Ces noms attachés aux souvenirs les plus tristes, les plus désastreux de nos quarante dernières années, résumaient toutes les douleurs, toutes les hontes de ce passé, l'émigration et ses complots, Waterloo et ses trahisons, la réaction de 1815 » [8].

Les choix de Charles X ne pouvaient être pires. Polignac, prince par la grâce du Vatican, était son ami le plus proche. Le prince, dont la nullité était proverbiale, quoique fortement exagérée par ses nombreux ennemis, était un curieux personnage. Il cultivait un mysticisme d'un autre âge. « Il ne doutait pas, selon la comtesse d'Agoult, de l'intervention directe de Dieu dans les affaires humaines. Le surnaturel ne l'étonnait pas... Il en vint insensiblement et quoiqu'il fût exempt de toute infatuation à sentir en lui une vocation divine. Lui aussi il entendit ses voix, il eut ses conversations intérieures avec la Vierge et les saints !!! » [9].

Le prince a laissé une œuvre des plus étranges, ses *Études historiques, politiques et morales,* où il fait montre d'un illuminisme quelque peu désordonné. Incarcéré pendant douze ans (illégalement) par Napoléon, il avait gardé de cette longue captivité, écrit Bertier de Sauvigny, « une propension à vivre dans ses rêves, une incapacité de mordre sur le réel, une puissance de dissimulation qui s'exerçait auprès de ses meilleurs amis, une mélancolie distinguée » [10]. Parce qu'il avait épousé une Anglaise et qu'il avait longtemps servi à Londres, on le tenait pour une créature du cabinet britannique. Mais il fut, en vérité, l'homme de Charles X à qui il vouait un véritable culte.

Nous reviendrons plus longuement, en raison du rôle majeur qu'il devait jouer dans l'expédition d'Alger, sur la personnalité d'un autre ministre honni, le comte de Bourmont, le « traître de Waterloo ». Son collègue La Bourdonnaye fut un des plus féroces artisans de la Terreur de 1815, et « le seul nom de cet homme suffirait pour arracher un cri d'épouvante à la France » (le *Journal des Débats).* Courvoisier, lui, était un esprit plus bizarre que dangereux : cet ancien voltairien passa du jour au lendemain au catholicisme le plus enragé et se piquait d'ésotérisme ; il en vint à interpréter les événements de son temps à la lumière de l'Apocalypse de saint Jean, son livre de chevet ! Il resta malgré tout fidèle à la Charte. Quant à Montbel, tout le monde savait - et il ne s'en cachait d'ailleurs pas - qu'il représentait Villèle, la bête noire des libéraux.

Quoique intervenue au lendemain de l'agression contre *la Provence,* la nomination du nouveau cabinet ne s'accompagna d'aucune réaction notable sur les relations franco-algériennes. C'est que le ministre des Affaires étrangères, le prince de Polignac, avait confectionné un immense projet diplomatique au regard duquel l'affaire du dey n'était qu'une misérable broutille. Il s'agissait tout bonnement d'un plan de partage de l'empire ottoman entre les puissances européennes... sans l'Angleterre. La combinaison reposait sur l'hypothèse d'un effondrement prochain de la Turquie que les récents succès militaires du tsar rendaient presque certain. Ensemble, la Russie, la Prusse et la France imposeraient à l'Autriche, isolée sur le continent, un remaniement profond de la carte géo-politique de l'Europe, remaniement qui ne léserait pas, du reste, Vienne : le prince de Polignac prévoyait de lui offrir la Bosnie et la Serbie. La Russie recevrait la plus grosse part du gâteau : les provinces roumaines et de larges lambeaux de l'Asie mineure. Mohammed Ali, présumé allié indéfectible de la France, deviendrait calife par la grâce du prince, et régnerait sur une Égypte indépendante à laquelle on rattacherait la Syrie et les Régences barbaresques. On constituerait un grand État grec avec Constantinople pour capitale, et l'on accorderait le trône de cette nouvelle Byzance... au roi Guillaume des Pays-Bas. Pourquoi le roi Guillaume ? Parce que Polignac avait décidé de démanteler le royaume des Pays-Bas : la Prusse en recevrait la Hollande et la France se contenterait de la Belgique ! Et l'Angleterre ? Eh bien ! l'ancien ambassadeur à Londres ne lui laissait d'autre choix que d'acquiescer et de se soumettre à la volonté de la coalition continentale. Le commerce méditerranéen, dont l'Angleterre s'était abusivement arrogé le monopole, serait rendu libre sous la surveillance d'une gigantesque flotte austro-russo-française...

Ce « grand projet », un des plus extravagants qui aient jamais été conçus dans les annales diplomatiques, occupa l'esprit du ministre pendant plusieurs mois, et l'on comprend aisément qu'il ait eu priorité sur la brouille avec le dey. Le duc de Mortemart, ambassadeur de France à Saint-Pétersbourg, reçut des instructions pour sonder les dispositions du tsar, sans toutefois lui dévoiler les ressorts de la ténébreuse combinaison. Le duc eut à peine le temps d'évoquer, en termes très vagues, l'éventualité d'une rectification de la frontière Nord de la France : Nicolas Ier le coupa sèchement. La Russie n'accepterait jamais une remise en question des frontières assignées au royaume des Bourbons par les Alliés. Et le « grand projet » fut aussitôt enterré, en catimini... Encore que le cabinet britannique en eût vent grâce à des indiscrétions : le crédit de Polignac, déjà passablement émoussé, fut réduit à rien.

Quelque temps après cet échec, une nouvelle combinaison chimérique germa dans le cerveau du ministre. Quoique moins audacieuse que la première, elle permettrait, néanmoins, d'atteindre trois buts : contrecarrer la suprématie anglaise en Méditerranée, contracter une alliance avec l'Égypte et vider la querelle avec Alger. Comment ?

L'idée de la nouvelle combinaison ne fut pas, à dire vrai, de Polignac lui-même. A la mi-septembre, le ministre reçut dans son bureau deux personnages, mi-aventuriers, mi-diplomates, Drovetti et Livron. Le premier était consul de France à Alexandrie depuis un quart de siècle. Devenu intime du pacha d'Égypte, Mohammed Ali, il s'était persuadé qu'une Égypte puissante favoriserait un rééquilibrage des forces en Méditerranée au profit de la France. Il travaillait donc à resserrer les liens franco-égyptiens. Le marquis de Livron partageait ces vues. Cet ancien capitaine de carabiniers, puis fournisseur des armées, chef d'un corps franc de mamelouks, négociant et banqueroutier à Livourne, agent secret de Fouché, général d'armée du pacha, représentait Mohammed Ali en France en 1829. Les deux hommes développèrent donc devant le ministre leur plan : Mohammed Ali, affirmèrent-ils, serait prêt à conquérir les trois Régences barbaresques, Tripoli, Tunis et Alger. Si la France voulait bien lui accorder un concours financier, non seulement il réglerait ainsi la querelle avec le dey, mais il signerait un traité avec Paris. Cet immense empire arabe, qui irait de la Syrie jusqu'aux confins algéro-marocains, allié à la France, damerait le pion à l'Angleterre en Méditerranée. Une vision aussi grandiose mit le prince de Polignac en effervescence. A l'insu de ses collègues, il entama aussitôt des pourparlers avec le Pacha et rédigea un rapport à l'intention de Charles X.

Dans ce rapport, Polignac indiquait tout d'abord que Sa Majesté « avait reconnu que ce n'était pas dans une circonstance accidentelle que résidait nos différents (sic) si souvent renouvelés avec Alger » - ce qui signifiait que ni le coup d'éventail ni même l'attaque de *la Provence* n'étaient considérés comme la cause de la rupture avec le dey ! - « mais dans la nature même du gouvernement qui régit cette ville, et que cette cause permanente et fondamentale devait sans cesse tendre à reproduire les mêmes effets ». Le ministre poursuivait par un historique des différentes tentatives de négociations.

« Un prince, continuait-il, qui a déjà sous la puissance souveraine de la Porte, répandu les bienfaits de la civilisation sur une partie considérable de l'Afrique n'attend que le signal que lui donnera Votre Majesté pour rendre à la paix, à la culture, à la liberté les riches contrées qui gémissent sous le commandement aveugle et brutal de la Régence barbaresque.

« Mehemet Aly ne demande à Votre Majesté que l'assistance de quelques secours pécuniers (sic) pour entreprendre et achever cette noble entreprise. Je ne dirai pas à Votre Majesté que la somme que ce visir réclame est bien inférieure à celle que coûterait à la France une expédition qu'elle ferait elle-même contre Alger : une pareille considération paraîtrait bien faible à Votre Majesté devant l'idée qui se présente à elle que le plan qui lui est proposé épargnera le sang de ses sujets (...).

« Le peuple chrétien (serait) affranchi de la crainte de l'esclavage dans les seules contrées où il consent encore à en supporter l'ignominie et les rigueurs ; toute la côte de l'Afrique depuis les confins de l'Égypte jusqu'à l'Empire du Maroc rendue aux relations habituelles et bienveillantes de la grande société du *(mot illisible) ;* le rivage qui a été sanctifié par la mort de saint Louis délivré sous le règne et par l'action de Charles X, de la piraterie, et du régime barbare qui le rendaient l'horreur et le fléau de la Méditerranée ; toutes les nations qui naviguent sur cette mer, toutes les populations qui habitent ces rivages la parcourant désormais librement dans toutes ses directions, rendant hommage à la politique élevée et généreuse de Votre Majesté et en bénissant son nom ; enfin le roi de France affranchissant par un acte glorieux de sa puissance tous les autres Rois Chrétiens du tribut, qu'à la honte de l'Europe, ils paient encore à ces chefs de pirates. Cela sont les résultats devant lesquels je propose à Votre Majesté de m'autoriser à ouvrir un crédit extraordinaire de 28 millions de francs pour décider, aider et achever cette belle et grande entreprise. Sur cette somme, 8 millions seraient donnés gratuitement, à titre de subsides à Mehemet Aly sous les considérations qui doivent être stipulées dans le traité qui se négocie en ce moment avec lui. Les 20 millions restants lui seraient prêtés sans intérêt pour le mettre en état de pourvoir aux premières dépenses qu'il aurait à faire. Il s'engagerait à la rembourser intégralement à des époques déterminées et dans un espace de temps qui ne pourrait excéder la durée de huit années »[11].

Ce document étonnant appelle quelques remarques. On observera tout d'abord qu'à aucun moment le ministre n'évoque ni l'« insulte » faite au consul Deval, ni l'agression plus caractérisée infligée à *la Provence* deux mois auparavant. Il se gardait bien de brandir la nécessité de venger l'honneur de la France et du roi : il est évidemment plus déshonorant encore de charger une tierce puissance de venger son honneur à prix d'argent ! Les arguments à l'ordre du jour étaient désormais la délivrance des esclaves chrétiens, la fin de la piraterie, la destruction d'un « gouvernement barbare » et du système de « rançonnement » dont il accablait les États chrétiens. Or la piraterie avait cessé depuis trente ans : entre 1818 et 1830, les registres des prises maritimes découverts dans la Casbah après sa chute, en juillet 1830, ne mentionnent que douze navires espagnols et deux pontificaux - mais c'étaient des prises normales puisque l'Espagne et le Vatican étaient en guerre avec la Régence et que ces deux États avaient, de leur côté, capturé plusieurs navires algériens[12]. Il n'y avait pas non plus d'esclaves chrétiens à Alger : les seuls chrétiens détenus dans les prisons étaient une dizaine de prisonniers de guerre, traités comme tels et non en esclaves. Quant aux « tributs », ils résultaient de traités et correspondaient à des compensations financières légitimes pour des privilèges consentis aux pays concernés.

Quoi qu'il en fût, le prince de Polignac s'accrocha à *son* plan, et pendant quatre mois, il orchestra un extraordinaire ballet de diplomates de toutes origines entre Paris, Alexandrie, Istanbul, Londres, Saint-Pétersbourg... Outre les réticences de certains de ses collègues lorsqu'ils apprirent l'existence du projet, le ministre devait surmonter plusieurs obstacles que son manque de réalisme n'avait pas aperçus dès l'abord.

Mohammed Ali n'avait aucun grief contre les Régences (et la France n'en avait pas davantage contre Tunis et Tripoli). Dès lors, comment justifier sur le plan international l'expédition égyptienne ? Polignac fit un calcul qu'il crut très politique : il suffirait de présenter l'expédition comme une opération de police interne à l'Empire ottoman. Mohammed Ali demanderait à son suzerain le Sultan un *firman* l'autorisant à agir en son nom « pour replacer promptement sous l'autorité de la Sublime Porte des provinces impatientes du joug odieux qui les opprime ». La France se faisait ainsi la championne de l'unité de l'Empire turc...

L'ambitieux mais habile pacha d'Égypte ne se chargea pas de cette délicate démarche. Ce fut le général Guilleminot, ambassadeur de France à Istanbul, qui demanda officiellement le fameux *firman* au Reïs Effendi, ministre des Affaires étrangères turc ! Après un moment d'hésitation, celui-ci opposa un refus catégorique. Déjà inquiet de la puissance montante de Mohammed Ali, le Sultan n'allait pas lui fournir l'occasion de l'accroître. En outre, l'ambassadeur britannique, sir Robert Gordon, informé du projet franco-égyptien, prononça des menaces : l'Angleterre ne tolérerait pas qu'un empire égyptien allié à la France troublât l'ordre des choses en Méditerranée. En fin de compte, le Reïs Effendi fit une « concession » au général Guilleminot : la Porte dépêcherait à Alger l'amiral Tahir Pacha muni de tous les pouvoirs, y compris celui de destituer le dey, pour régler pacifiquement le différend franco-algérien. Cette intervention s'inscrirait dans le cadre normal des relations entre l'Empire ottoman et une de ses provinces, ce que Paris ne pouvait nier puisque, en sollicitant le firman pour Mohammed Ali, elle avait du même coup reconnu le lien de dépendance d'Alger avec la Porte ! Pris à son propre piège, le prince de Polignac récusera cette offre de médiation : son but réel était moins la liquidation du litige avec le dey que la constitution d'un grand royaume égyptien lié à la France.

En désespoir de cause, le ministre fit de nouvelles propositions à son « allié » Mohammed Ali. Cette fois, la contribution française serait un don de 10 millions de francs et le prêt de quatre vaisseaux de ligne. Le pacha n'attaquerait que Tripoli et Tunis, la France se chargeant elle-même d'Alger. Cette offre était encore plus maladroite que les précédentes. Dès le début des négociations, Mohammed Ali avait posé comme principe que l'expédition serait opérée avec des troupes exclusivement musulmanes. Accepter d'agir de concert avec une armée chrétienne l'eût fatalement déconsidéré devant l'opinion de tout le monde islamique. D'autre part, la nouvelle disposition de Polignac comportait un revirement politique spectaculaire quant au statut de la Régence d'Alger : considérée quelques semaines plus tôt comme une province de l'Empire ottoman, la voilà subitement métamorphosée en État indépendant à qui la France pouvait faire la guerre sans que la Porte ait à s'en mêler !

La suite et la fin de cette étrange combinaison ont été racontées par le baron d'Haussez, ministre de la Marine de Polignac : « La négociation entamée avec le pacha d'Égypte pour l'entraîner dans notre querelle avec le dey d'Alger, écrit le baron dans ses *Mémoires,* n'avait heureusement pas produit ce que le ministre des Affaires étrangères s'était promis. Le bon sens de ce prince (Mohammed Ali) lui fit reconnaître l'impossibilité de faire ce qu'on lui demandait, et sa bonne foi l'engagea à ne pas accepter les dix millions que, dans son empressement irréfléchi, M. de Polignac avait déjà envoyés à Toulon. M. Drovetti et le marquis de Livron furent désavoués, et nous nous trouvâmes au point de départ, avec une perte de quatre mois, temps bien précieux dans cette circonstance. Nous nous attendions à de l'embarras chez le ministre des Affaires étrangères, lorsqu'il s'agirait d'annoncer au roi l'issue d'une négociation pour laquelle il avait épuisé toute la finesse de son esprit, toute l'étendue de sa diplomatie. Il n'en fut pas ainsi. « Sire, dit-il en prenant sa place, j'ai reçu des nouvelles d'Égypte. - Eh bien ! sont-elles bonnes ? - Excellentes, Sire. - Le Pacha accepte ? Au contraire, il refuse. - Comment ?... Et vous êtes content ? - Sans doute, Sire. Je dois même avouer à Votre Majesté, dussent mes collègues en être mécontents (il nous regardait en cherchant à donner à sa figure un air de malice), que j'ai fait ce que j'ai pu pour arriver à ce résultat. Votre Majesté peut se rappeler que j'avais combattu le projet de traiter avec Méhémet, et que c'est contre mon gré qu'elle a fait prévaloir l'opinion contraire. - Je ne me souviens pas de cela. - J'ai donc cru pouvoir me permettre de charger le négociateur que j'avais envoyé à Alexandrie de ne pas presser le pacha, et de profiter du premier prétexte qui se présenterait pour rompre la négociation. C'est ce qu'il a fait avec une adresse, un à-propos dont je me souviendrai lorsque j'aurai une mission délicate à faire remplir. »

« Nous nous disposions tous, poursuit d'Haussez, à prendre la parole pour rendre à qui de droit la responsabilité que l'on voulait faire peser sur nous, lorsque M. le Dauphin, s'en emparant avec une impatience mal dissimulée par l'air riant qu'il affectait : « Ah çà ! monsieur le ministre des Affaires étrangères, dit-il, je vous arrête là ! Que vous ayez le mérite d'avoir fait manquer la négociation, je n'en doute pas, puisque vous le dites ; mais que vos collègues aient eu le tort de l'avoir fait entamer, je le nie. Tous s'y sont opposés, notamment Bourmont et d'Haussez. Quant à mon opinion personnelle, il vous souvient du ton que j'ai pris pour l'exprimer. C'est tout au plus, j'en suis sûr, si le roi a entendu la lecture de ce que vous lui avez fait signer. L'affaire est manquée, vous en êtes content ; en ce cas il n'y a plus de divergence, car personne n'en voulait. » [13].

La discussion au Conseil s'arrêta là. Mais ce témoignage du baron d'Haussez permet de mieux saisir la tournure assez particulière du caractère de Polignac. Tout le résultat que produisit son mirifique projet fut que la France se retrouva « déconsidérée sérieusement », comme le lui écrivit sans ménagement le duc de Mortemart. Dès lors, il fallut envisager de nouvelles solutions pour en finir avec l'affaire d'Alger. Comme toujours sous la Restauration, où la diplomatie était conçue à des fins intérieures, ce furent des considérations d'ordre politique et financier qui allaient orienter le choix définitif du gouvernement.

Bloquée depuis la chute de Martignac et surtout la nomination du ministère Polignac, la situation politique intérieure alla se détériorant dangereusement au fil des mois. Le roi et son gouvernement étaient placés devant un choix difficile : ou dissoudre la Chambre et procéder à de nouvelles élections, ou élargir les bases du cabinet en appelant des hommes du centre-droit. La Bourdonnaye préconisait avec son extrémisme habituel : renoncer purement et simplement à gouverner avec l'accord de la Chambre, autrement dit sortir du cadre constitutionnel.

Dès la mi-novembre, un climat de crise régnait au sein même du cabinet. Un observateur très attentif et parfaitement informé, Thiers, s'en fit l'écho dans la *Gazette d'Augsbourg,* par le truchement du baron Cotta : « Deux avis, écrivait-il, se sont formés, dit-on, dans le conseil, l'un de dissoudre la Chambre et de tenter une réélection (...), l'autre de garder la Chambre actuelle et d'essayer de la calmer. » Bourmont, Montbel et la Bourdonnaye se prononçaient pour la dissolution, tandis que Polignac, Courvoisier et d'Haussez trouvaient « la dissolution téméraire, dangereuse, et craignaient qu'elle n'amène une Chambre ingouvernable » [14].

Divisé et incapable de prendre aucune décision, le cabinet, ajoutait Thiers, « ne projette rien et avoue au roi son impuissance ». Seul l'entêtement de Charles X maintenait encore le gouvernement en place. Mais le roi « commence à sentir la faiblesse de ce qu'il a fait et il entre en humeur. Il a des accès de fanfaronnade : par cela même qu'il se sent forcé et vaincu, il menace d'enfoncer son chapeau, de monter à cheval. Il se permet, dit-on, les plus ridicules rodomontades, tout cela à cause même de son découragement croissant. Il est donc aujourd'hui le seul en France à vouloir de son ministère car le ministère en est à ne plus vouloir de lui-même » [15].

La démission, le 17 novembre, de La Bourdonnaye, dont on attendait quelque effet bénéfique sur le centre-droit, passa presque inaperçue. Il aurait fallu associer au pouvoir des hommes comme Villèle. Mais Polignac, qui avait eu à souffrir des manœuvres dirigées contre lui par l'ancien président du Conseil, se cabrait à l'idée de le rappeler « pour sauver la monarchie ». Faute de mieux, le cabinet s'ingénia à retarder le plus longtemps possible l'inévitable confrontation avec la Chambre. Charles X et Polignac comptaient mettre à profit ce répit pour créer une circonstance favorable au gouvernement qui lui permît, du moins, d'obtenir le vote du budget. La rentrée parlementaire fut donc fixée au 2 mars 1830. Mais le gouvernement ne parviendra pas, entre-temps, à susciter un quelconque enthousiasme.

Au contraire, chaque parti, s'attendant à un choc violent avec le gouvernement et donc à la dissolution de la Chambre, s'y prépara avec vigueur. La presse d'extrême-droite poussait le roi à user de l'article 14 de la Charte qui l'autorisait, dans des circonstances exceptionnelles, à instaurer un régime dictatorial. A gauche, la société *Aide-toi, le ciel t'aidera* reconstituait ses anciens comités électoraux et en créait de nouveaux. Autour d'Armand Marrast, les étudiants parisiens se regroupaient en une association républicaine qui s'exprimait par le journal *La Jeune France*. Modeste au début de 1830, cette association jouera un rôle important lors des journées de Juillet. Un mouvement se constitua à l'échelle nationale pour le *refus de l'impôt*, si le gouvernement venait à se passer du Parlement pour le budget. Ce mouvement « informel » touchait toutes les couches de la société. Cuvilliers-Fleury notait dans son *Journal intime* : « Profession de foi du duc de Chartres au sujet du refus de l'impôt ; il refuserait, le cas échéant, et conseillerait à son père (le duc d'Orléans) de refuser l'impôt » [16].

Or le plus grand danger pour la couronne de Charles X venait précisément de la famille d'Orléans, à travers ce que l'on a parfois appelé le « complot orléaniste ». L'idée de faire appel à la branche cadette des Bourbons, plus libérale, pour remplacer l'aînée, trop réactionnaire, n'était pas nouvelle. Dès 1827, Cauchois-Lemaire la dévoila (imprudemment) dans une retentissante *Lettre au duc d'Orléans,* où il écrivait : « Allons prince, un peu de courage ! Échangez vos armoiries ducales contre la couronne civique ; il reste, dans notre monarchie, une belle place à prendre, la place que La Fayette occuperait dans une république, celle de premier citoyen de France. Votre principauté n'est qu'un chétif canonicat auprès de cette royauté morale... »[17].

Le contraste était, en effet, frappant entre la cour des Tuileries et les salons du Palais-Royal (résidence du duc d'Orléans) : dans la première, on ne croisait que des ecclésiastiques et des figures de l'émigration ; chez le duc, c'était un défilé permanent de banquiers, d'industriels, de grands négociants, d'hommes politiques libéraux, de gens de lettres, de gloires militaires de la Révolution et de l'Empire... Le redoutable Talleyrand, dont Charles X et le Dauphin se défiaient et qu'ils avaient éloigné des Tuileries, se fit l'architecte occulte de l'« alternative orléaniste ». Avec son savoir-faire cauteleux, il eut tôt fait de tisser un vaste réseau de relations favorables au renversement de la branche aînée. Pour appuyer cette idée, un nouveau journal, *le National,* fut lancé au début de 1830 sous le double parrainage de l'ancien évêque d'Autun et du banquier Laffitte, qui avança les fonds. Laffitte était l'homme d'affaires de la famille d'Orléans depuis 1815. Les principaux rédacteurs du *National,* Armand Carrel, Thiers et Mignet, déclenchèrent une offensive sans nuance contre le cabinet et même contre le roi. Ils tentaient dans leurs articles d'accréditer la thèse d'une nécessaire et salutaire abdication de la branche aînée au profit de la cadette. Si les libertés publiques étaient menacées, écrivaient-ils, ce n'était pas parce que la Charte était mauvaise, mais parce que son esprit avait été dénaturé. Pour retrouver sa liberté, le pays n'aurait pas besoin de faire une nouvelle révolution : il suffirait de remplacer Charles X par le duc d'Orléans, lequel appliquerait loyalement le texte constitutionnel. Cette idée, comme on le sait, fit son chemin.

Le gouvernement ignorait-il cette machination ? Assurément non. Longtemps Polignac reçut des informations faisant état de l'existence d'un comité directeur secret qui centralisait l'action du parti libéral. Un jour, un agent spécial du ministère de la Guerre réussit à découvrir le lieu de réunion du Comité. Ce fait, peu connu, est rapporté par le général marquis Armand d'Hautpoul, commandant de l'École d'état-major à l'époque : « A force d'argent et de ruse, (l'agent) était parvenu à découvrir « d'avance » le lieu d'une réunion, et je me trouvais au ministère de la Guerre quand il rendit compte de la curieuse découverte qu'il avait faite : la pièce où avait eu lieu cette réunion était une chambre à coucher, il s'y était introduit avant la séance, et au risque d'étouffer il s'était blotti entre deux matelas du lit ; là il avait vu arriver tous les membres du Comité et il avait assisté à leur conférence. Ce Comité se composait de douze membres dont il donna les noms. C'étaient, autant qu'il m'en souvient, MM. Laffitte, La Fayette, Dupont de l'Eure, Benjamin Constant, Casimir Périer, Bignon, d'Argenson, Dupin, Mangin, Gérard, Sébastiani et Lamarque, tous membres de la Chambre des députés. J'entendis citer aussi parmi les personnages qui devaient jouer un rôle dans les projets de ce gouvernement occulte les noms de MM. Clauzel, Lobau, Guizot, Louis, Schonen, de Puyraveau, Bérard, de la Chambre actuelle ; et MM. Odilon Barrot, Baude, Arago, Thiers, Barthe, nommés députés plus tard. La Chambre des Pairs fournissait aussi son contingent dans cette vaste conspiration ; les maréchaux Jourdan et Maison en faisaient partie, les ducs de Broglie et de Choiseul n'y étaient point étrangers, pas plus que les coteries de MM. Pasquier, Molé, Decazes et d'Agoult »[18]. La suite des événements a confirmé ces renseignements.

En plus des menées politiques clandestines, le gouvernement était confronté à une sévère détérioration de l'économie et des finances. L'année 1829 avait été catastrophique pour l'agriculture. On connut la disette. Dans la campagne et aux abords des villes, on vit reparaître des bandes de mendiants d'un genre particulier, les « sommeurs ». Tout en implorant la charité, ces individus « battaient le briquet », et les paysans n'avaient plus qu'à donner le peu dont ils disposaient encore. L'hiver 1830 fut aussi sinistre.

Ce bilan s'alourdit encore au printemps 1830 : un nouveau fléau fit son apparition. De mystérieux incendies ravageaient fermes et bâtiments agricoles en Normandie, en Bretagne et en Vendée.

Les finances publiques étaient au plus bas. En raison de la crise de l'année précédente, l'impôt produisit beaucoup moins que prévu. De nouveaux emprunts furent lancés. La dette flottante enfla dans des proportions inquiétantes. A la Bourse, on enregistrait des baisses continues sur tous les titres (il ne se négociait que des titres de rentes français ou étrangers). En outre, le budget était en déficit de plusieurs dizaines de millions.

La situation monétaire n'était pas moins préoccupante. Il faut rappeler que, jusqu'à une date relativement récente (1890), en France on n'employait que la monnaie métallique (or et argent). Les billets de banque étaient peu nombreux et émis en coupures très fortes (1 000 et 500 francs). Ils ne circulaient qu'à Paris, et seulement dans les milieux d'affaires. Or le protectionnisme forcené, pratiqué durant toute la Restauration, amena presque toujours une balance commerciale déficitaire. Ce fut le cas en 1829 et 1830. Par conséquent, du fait que les échanges commerciaux avec l'étranger s'effectuaient par paiements en monnaie métallique, il sortait plus d'or et d'argent qu'il n'en entrait dans le pays. Le stock de la Banque de France fut entamé, et il se produisit une réelle pénurie d'or et d'argent. (Nous ne faisons pas entrer en ligne de compte ici la thésaurisation, qui a toujours été très importante en France.) A ce déficit imputable aux échanges commerciaux, il faut en ajouter un autre : le coût des expéditions d'Espagne et de Morée, qui fut entièrement à la charge du Trésor français et payé en or et en argent [19].

Cet ensemble de données négatives n'était pas de nature à faciliter le débat sur le budget et le paiement de la liste civile du roi. En tout état de cause, l'opposition était déterminée à restreindre les crédits. Il ne fallait pas s'attendre non plus à ce que la Chambre accordât des crédits extraordinaires pour une éventuelle opération militaire à l'extérieur.

Résolution et buts de l'expédition

Ce fut dans ce contexte que la décision de faire la guerre au dey fut prise. Dans son discours du Trône, le 2 mars 1830, Charles X l'annonça dans les termes suivants à la Chambre : « Je ne puis laisser plus longtemps impunie l'insulte faite à mon pavillon ; la réparation éclatante que je veux obtenir en satisfaisant à l'honneur de la France tournera, avec l'aide du Tout-Puissant, au profit de la chrétienté. » Mais personne, partisans ou adversaires du roi, n'était dupe de ce langage. La guerre contre Alger ne visait pas à punir « l'insulte faite au pavillon », ni à la destruction de l'esclavage et de la piraterie : tout le monde politique français savait que le gouvernement avait tenté en vain de faire venger l'honneur du pavillon par le pacha d'Égypte, moyennant finance.

Il n'est pas nécessaire d'exhiber des témoignages d'hommes de l'opposition - parce qu'on pourrait les soupçonner de partialité - pour prouver que le calcul politique présida au choix de l'expédition. Le baron de Damas, plus que jamais proche de Charles X en cette année cruciale de 1830, l'avoue sans ambages : « Dans ces circonstances (le déchaînement de l'opposition), on songea à la conquête d'Alger, pensant qu'une expédition si importante détournerait l'attention publique et rendrait aux amis du trône force et union. » Et il précise plus loin : « Le ministère croyait évidemment que l'attention publique, distraite par l'expédition d'Alger, rendrait inefficaces les efforts de ses ennemis » [20].

Un autre partisan du parti ultra, le général d'Hautpoul (qui sera un des rares à refuser d'amener le drapeau blanc pendant l'insurrection de Juillet et qui deviendra le précepteur du duc de Bordeaux en exil à Prague), écrit dans ses *Souvenirs :* « Le ministère comptait beaucoup sur l'influence que le succès de la campagne d'Afrique pourrait avoir sur l'esprit des électeurs ; les libéraux le craignaient de leur côté, aussi faisaient-ils tous leurs efforts pour la blâmer... » [21].

Cependant, l'aveu le plus éclatant, nous l'avons découvert dans le *Journal* de Guernon-Ranville, le ministre de l'Instruction publique et des Affaires ecclésiastiques. Bien entendu, ce ministre ne fait aucune allusion au calcul politique lorsqu'il aborde la question du choix de l'expédition à la fin de janvier 1830. Mais il se trahit quand il rend compte d'une séance du Conseil en date du 10 avril : « Le président du conseil a provoqué une délibération sur l'époque à laquelle il conviendrait de prononcer la dissolution de la chambre et de faire de nouvelles élections.

« Deux propositions ont été faites :

« 1° Après la confection des listes annuelles prescrites par la loi de 1828, *ce qui nous donnerait le temps d'achever l'expédition d'Alger, dont le succès aurait sans doute une heureuse influence sur l'esprit public.*

« 2° Après le débarquement de notre armée vers le milieu de juillet.

« Sur la première on a objecté, avec grande raison, selon moi, que, si le succès de l'expédition nous était favorable, un échec nous serait extrêmement nuisible, et que par conséquent il y aurait une haute imprudence à renvoyer les élections après un événement aussi douteux que l'issue d'une campagne semée de dangers comme celle-ci.

« D'un autre côté, les listes annuelles ne seront closes que le 15 octobre ; nous n'aurions pas le temps d'obtenir le budget, et nous retomberions dans le provisoire.

« La seconde proposition n'offrirait pas les mêmes inconvénients, et les élections pourraient être heureusement entreprises sous l'influence d'un premier succès que nous devons regarder comme très probable, d'après les mesures prises... » [22].

Il n'y a donc aucun doute sur ce point : le cabinet espérait bien tirer un profit éléctoral de l'expédition contre Alger. Mais un second calcul, plus pervers, plus dangereux pour le pays, prévoyait le cas où le roi serait contraint de recourir à la force armée pour imposer ses vues à la nation. Cette stratégie du pire a été exposée par Clermont-Tonnerre, l'ancien ministre de la Guerre qui avait déjà, en 1827, conseillé au roi une guerre contre Alger pour demander ensuite, dans les meilleures conditions, des « députés à la France ». Voici comment ce « croisé » voyait les choses, dans une lettre adressée à Bourmont, son successeur à la Guerre.

« D'une part, la monarchie ne peut vivre longtemps avec une presse périodique qui dissout tous les principes et qui avilit le caractère français ; de l'autre, la réforme de la loi d'élection est une nécessité vitale pour le pays. Or comment obtenir sur ces deux points ce que réclame le salut de la France ?... La légitimité doit avoir pour principe invariable : des coups d'État, jamais ; l'emploi énergique, mais calme, des moyens réguliers, toujours.

« Vous savez combien je désirais, il y a deux ans, que l'on fît l'expédition d'Alger et vous avez connu mes motifs. Villèle fit préférer au roi la dissolution de la Chambre : ce que nous avons vu en a été la conséquence. Je sais qu'à cette époque notre position était meilleure. *Mais ces différences ne n'empêchent pas de croire que l'expédition ne soit possible, et que le succès n'en soit encore certain. Vous n'avez pas en ce moment d'autre moyen d'occuper les esprits et de détourner l'attention publique de nos luttes politiques ; en second lieu c'est une occasion, naturelle et légitime, de former et de réunir une armée dont tous les éléments soient parfaitement royalistes ; or la réunion d'une telle armée, dans l'état de fureur où est le parti révolutionnaire, et avec l'irritation qu'il cherche à soulever, peut être d'une grande influence sur les destinées futures de la France* »[23].

L'expédition d'Alger était donc conçue aussi dans le but de constituer une armée absolument dévouée au pouvoir. La confrontation électorale, devenue inévitable, serait très serrée. Qu'adviendrait-il si les électeurs s'obstinaient à voter libéral ? Le roi étant déterminé à ne pas céder au « chantage des électeurs », l'épreuve de force, au sens propre, devenait alors inéluctable. Or l'armée, mécontente et en majorité de tendance libérale, n'aurait pas suivi le pouvoir et refuserait de tirer sur le peuple. Il fallait donc former un corps d'armée « dont les éléments fussent tous parfaitement royalistes ». Le gouvernement ne pouvait lever une milice aussi importante (surtout après la dissolution de la Garde nationale) sans provoquer aussitôt une insurrection générale. L'expédition contre le dey offrait le prétexte idéal pour constituer cette milice ultra sans que l'opposition puisse crier à la préparation d'un coup d'État ! C'était exactement le calcul que faisait Clermont-Tonnerre. Il n'était pas le seul : de nombreux documents et écrits de l'époque, d'avant et d'après l'expédition, le confirment. Dans ses remarquables *Mémoires*, la comtesse de Boigne, qui n'appartenait pas au parti libéral, notait :

« Cette campagne africaine était devenue le point d'espérance des hommes les plus animés du parti ultra. Le général Bertier de Sauvigny disait, en montant en voiture : « Nous allons escarmoucher contre le Dey ; *mais la vraie et bonne guerre sera au retour.* » Il est positif qu'on espérait ramener une armée assez dévouée pour être disposée à soutenir l'absolutisme » [24]. Plus tard, lorsque la nouvelle de l'insurrection parisienne parvint à l'armée expéditionnaire, il fut question de rembarquer les troupes pour voler au secours du roi déchu : mais l'amiral Duperré, commandant la flotte et d'opinion libérale, s'y opposa fermement.

Sous le fatras des motifs officiellement invoqués pour justifier l'expédition contre le dey (vengeance de la dignité royale, cessation de la piraterie et de l'esclavage, etc.), se dissimulaient donc des intentions et des préoccupations inavouées publiquement (rallier une majorité parlementaire autour du cabinet imposé par le roi, et constituer une armée fidèle). Or pour atteindre ces deux objectifs, une campagne militaire, aussi glorieuse eût-elle été, n'eût pas suffi pour s'attacher tant de dévouements. Pour « se soutenir », la gloire et le prestige ont, de tous temps et sous les régimes, eu besoin d'un tuteur essentiel : l'argent ! Charles X et son gouvernement en disposaient-ils, et en quantité suffisante, pour s'offrir les suffrages de électeurs et le soutien des sabres ?

L'un des très rares historiens français à s'être penchés sur l'aspect financier de l'expédition de 1830, le professeur Emerit, écrit : « Le roi (au moment de l'expédition) est dans une mauvaise situation financière. Les chambres ne voteront pas le budget. Dès l'automne de 1829, l'opposition a préconisé le refus de l'impôt. Il est possible que la liste civile ne puisse être payée » [25]. Nous avons découvert un document qui permet d'être plus affirmatif.

Il s'agit du rapport de Passy, député de l'Eure, fait en 1832 au nom de la Commission de la Chambre chargée de l'examen du Projet de loi relatif au règlement définitif du budget de l'année 1830. Or que révèle ce document ? Dans les crédits « non consommés par les dépenses », figurent 13 333 338 francs au titre de la liste civile. Le montant de la liste civile s'élevait à 18 millions. Autrement dit, une bonne partie du « salaire » du roi ne lui avait pas été payée au moment de son abdication ! Si l'on tient compte, d'autre part, du système comptable compliqué qui régissait alors le compte de la liste civile (reports des dettes d'un exercice sur le suivant), on pourrait soutenir que Charles X perçut peu de chose sur sa liste civile de 1830.

La fortune personnelle du souverain était peu considérable. Lorsqu'il fut contraint de quitter le territoire français, il fut réduit à accepter un don du gouverment provisoire, comme le rapporte

Passy : « Au nombre des dépenses extraordinaires occasionnées par les journées de Juillet, se trouve une remise de six cent mille francs en or à Charles X. (...) Ce fut bien un don gratuit que le Gouvernement provisoire entendit faire à Charles X... (Il) avait siégé six ans sur le trône de France, et, quand bien même la prudence n'eût pas conseillé de faciliter et de presser sa sortie du territoire, la dignité nationale eût souffert si, en mettant le pied sur la terre étrangère, il avait été réduit à y solliciter des secours » [26].

En vérité, si le roi déchu n'emporta pour toute fortune que ces six cent mille francs, il trouva en Angleterre un capital de dix millions de francs, dont l'existence était inconnue même de ses proches collaborateurs. Ces dix millions avaient été remis, en 1814, au duc de Blacas par Louis XVIII, qui craignait alors un nouvel exil. Le duc les plaça sous son propre nom à la banque Couts de Londres. Il en rendit compte en 1825 au comte d'Artois lorsque celui-ci monta sur le trône. Ce capital demeura donc chez Couts jusqu'en 1830. Il constitua ensuite l'unique ressource de Charles X en exil [27].

Quant aux bijoux de la Couronne, le roi, après son abdication, les fit déposer entre les mains des hommes de confiance de Louis-Philippe, à Rambouillet, au début d'août 1830. Il ne manquait pas un carat de ce que Charles X avait reçu à son avènement, comme le constatèrent les commissaires du nouveau pouvoir.

Il ressort de toutes ces données que : 1°) l'honnêteté scrupuleuse de Charles X ne saurait souffrir le moindre soupçon : certes le roi avait des idées rétrogrades, mais c'était un homme trop imbu de sa dignité personnelle pour se compromettre dans quelque basse opération financière ; 2°) sa fortune personnelle modeste n'aurait pu fournir aux dépenses considérables d'une campagne pour obtenir de « bonnes élections » ; 3°) le gouvernement n'aurait pas pu non plus financer cette campagne électorale en puisant dans la liste civile puisqu'une faible partie seulement en avait été versée.

Quant au Dauphin, sa dotation annuelle suffisait à peine aux dépenses de sa maison, et il ne possédait rien en propre. Les ministres non plus n'étaient pas riches. Polignac « boursicotait » un peu avec Ouvrard ; son avarice était légendaire. Le comte d'Apponyi, attaché à l'ambassade d'Autriche en France, a même porté sur lui un sévère jugement à propos de son attitude lors des journées insurrectionnelles de juillet 1830 : « Il paraît certain, affirme Apponyi, que M. de Polignac avait eu l'idée qui n'est pas très maligne de faire entourer Paris de la presque totalité de l'armée disponible, mais que M. Ouvrard, qui faisait des affaires à la Bourse et de moitié avec le Premier ministre, l'en avait dissuadé de peut que cette mesure ne fît baisser les fonds publics ; c'est donc pour un vil intérêt d'argent qu'on a perdu la France entière »[28]. Les autres ministres ne jouissaient pas de revenus considérables. Dans la maison des Bourmont, on faisait des économies jusque sur le chauffage ; chez d'Haussez, le train de vie était si peu reluisant que ses réceptions n'attiraient pas grand monde. Montbel n'était pas mieux loti. A Vienne, où il se réfugia après la révolution de Juillet, il survécut avec de maigres subsides que Metternich lui octroya avec parcimonie... Quant aux grosses fortunes du royaume, aucune n'eût misé un franc sur le cabinet Polignac. En plus de son impopularité, le cabinet conduisait une politique économique et financière de nature à décourager les milieux d'affaires.

Ainsi, de quelque côté qu'il se tournât, le cabinet ne pouvait trouver le nerf indispensable de la guerre électorale, l'argent. Pourtant, il existait une solution au problème : s'emparer du Trésor de la Régence d'Alger. Ce fut, en effet, l'argument décisif qui emporta la décision de faire la guerre au dey.

La première question qui vient à l'esprit est de se demander si le gouvernement Polignac connaissait l'existence du fameux trésor. Il eût été bien le seul à l'ignorer, car le fait était notoire dans toute la Méditerranée, même en Angleterre et aux États-Unis : le consul Shaler l'avait fait connaître dès 1826 dans son livre, *Esquisse de l'État d'Alger.* Au surplus, Polignac avait à sa disposition au moins trois documents, dont deux confidentiels et particulièrement éloquents.

Le premier de ces documents est le rapport de Clermont-Tonnerre d'octobre 1827 où le ministre de la Guerre écrivait au roi : « Je ne parle pas des trésors qui se sont accumulés dans le château du dey d'Alger : on les estime à plus de 150 millions... » etc. (voir plus haut).

Le second document, très rarement cité par les historiens de la Colonisation, est un rapport du consul Deval où celui-ci plaidait pour une expédition en ces termes :

« Quand j'ai porté le nombre des troupes de débarquement à 20 ou 25 000 hommes, ça a été dans la pensée de dominer et même d'occuper tout le pays. Mais s'il ne s'agissait que du seul siège d'Alger, qui n'a pour enceinte du côté de la terre qu'une simple muraille, dominé de toute part, et qui indubitablement serait réduit dans moins d'une semaine, dix à douze mille hommes suffiraient certainement. *Les trésors que les pirateries des Algériens ont accumulés dans cette ville depuis 300 ans s'élèvent à trente millions de piastres fortes* en or et en argent monnayé, transporté en 1817 sous*

* La piastre forte, ou piastre d'Espagne valait 5 francs de l'époque.

les yeux de tout Alger des caves du palais de la ville à la citadelle, et à 20 millions de piastres fortes en diamants. L'exportation de ce riche trésor est reconnu impossible, et doit rester à la disposition du vainqueur, ainsi que le matériel de guerre qui est immense. Les fortifications maritimes jettées dans le pors laisseraient Alger comme un squelette décharné. De là les frais de la guerre seraient amplement remboursés, la satisfaction considérable que réclament les Concessions d'Afrique, la marine et le commerce seraient données. Le militaire de terre et de mer généreusement récompensé, la tranquillité de l'Europe à jamais assurée contre la piraterie algérienne, l'honneur de la France rétabli, et nos possessions territoriales (sic) invariablement fixées, lesquelles prépareront à notre marine et à notre commerce des moyens de prospérité que notre nullité dans la contrée depuis près de cent ans a détruite (sic), nullité qu'une trop longue condescendance envers les barbares, qui la prennent pour de la faiblesse, leur a rendue évidente.

« A Paris, on s'est exagéré faussement les difficultés d'un débarquement à Alger. On est tombé dans les incertitudes et dans le doute du succès. En conséquence, on a porté le nombre d'hommes de débarquement au taux excessif de 30 mille, et le montant des dépenses à 50 millions. (Suit une note du commandant Collet qui réduit la dépense à près de 13 millions).

« *On ne veut pas convenir non plus,* poursuit Deval, *que le trésor d'Alger est là à poste fixe et dans l'impossibilité d'être transporté. Cependant, c'est une vérité tellement évidente et reconnue à Alger, que le doute même n'est pas admissible, puisque ce trésor ne saurait être transporté qu'au milieu d'ennemis naturels, prêts à le dévorer, et que dans ce dernier cas, il serait perdu pour le gouvernement d'Alger, son unique ressource, ce à quoi il ne se résoudra jamais* » [29].

Ce rapport était déposé au ministère des Affaires étrangères, dont Polignac assumait la charge en 1830. Cette même année, avant l'expédition, parut à Paris la traduction d'un ouvrage intitulé : *Voyage dans la Régence d'Alger,* par le docteur Shaw. Ce médecin voyageur avait séjourné à Alger dans les années 1720. Cependant, le traducteur, J. Mac Carthy, membre de la Société de Géographie de Paris, pensa rendre service au corps expéditionnaire en actualisant certains passages du récit de Shaw. C'est ainsi qu'il précise : « *On assure, au reste, qu'il y a dans ce moment (1830) plus de trésors accumulés à Alger (surtout en argent) que dans toute autre ville du monde, et que les sommes qui se trouvent amassées dans les coffres du dey s'élèvent à 40 000 000 de piastres,c'est-à-dire plus de 200 0000 000 de francs* » [30].

Nous ne discuterons pas, provisoirement, du montant réel du Trésor. Ce qui est certain, c'est que les caves de la Casbah recelaient près de trois fois la valeur des stocks monétaires de la Banque de France, et que ce fait, authentifié par tant de sources, ne pouvait pas ne pas être connu du prince Jules de Polignac. D'autre part, les hommes bien informés - dont Deval - savaient que le dey n'avait aucune possibilité de faire évacuer le Trésor, ni par terre ni par mer, pour le soustraire à un éventuel envahisseur. Enfin, de l'avis général, l'investissement de la ville d'Alger ne présentait aucune difficulté militaire majeure. Par conséquent, une expédition minutieusement préparée et exécutée avec précaution, au besoin en renforçant les effectifs par rapport aux chiffres qu'avançaient les experts, aboutirait inéluctablement à la prise du Trésor.

En entreprenant l'expédition sans consulter les Chambres, le gouvernement n'aurait à rendre compte que des crédits extraordinaires qu'il aurait engagés dans l'opération. Ces crédits ne dépasseraient pas 50 millions pour un corps expéditionnaire de 30 000 hommes. Donc la capture du fabuleux magot permettrait de payer largement les frais de l'expédition. Il resterait encore un « bénéfice » d'au moins cent millions. L'aubaine était trop tentante. Dans la situation désespérée à tous égards où se trouvaient Charles X et son gouvernement, un pactole de cent millions de francs aplanirait bien des difficultés et permettrait de ranimer des allégeances tombées dans la torpeur depuis août 1829. Encore fallait-il que le roi puisse disposer des cent millions à sa guise. Pour cela, il était indispensable de les soustraire à la curiosité des Chambres et des services publics. Autrement dit, il fallait que l'énorme somme parvienne à Paris par des voies détournées, et échappe à tout contrôle. Cette opération de détournement exigeait évidemment le secret absolu. Les agents qui en seraient chargés devraient être sûrs et habiles.

Existe-il des preuves établissant que le gouvernement Polignac, en décidant l'expédition, agissait principalement dans le double but de s'emparer du Trésor de la Casbah et d'en détourner une part importante au profit de la cassette du souverain régnant ? Pour des raisons évidentes, la soustraction devait être entourée du secret le plus absolu. Il ne faut donc pas s'attendre à trouver dans les archives officielles un document établissant positivement le fait. Cependant, le sous-intendant militaire Flandin, dont nous aurons à reparler longuement, affirmait dans une lettre conservée aux Archives de la Guerre, que « *le prince de Polignac donna l'ordre à Bourmont de réserver 100 millions à la cassette de Charles X : « Le général Donnadieu,* écrivait-il, *m'a dit, en 1848, avoir lu la copie ou la minute d'une lettre écrite par le ministre Polignac à Bourmont pour lui donner cet ordre. Un médecin venu avec le général Clausel a eu de lui communication de cette lettre* » [31].

D'autres témoignages corroborent l'affirmation de Flandin. Dans sa *Biographie de Louis-Philippe,* L.-G. Michaud, qui avait eu accès à certains documents confidentiels, notait : « *Tout le monde sait que la conquête de ces trésors fut un des principaux motifs de l'expédition d'Alger, où il s'agissait beaucoup plus de s'emparer d'une aussi riche proie que de venger un coup d'éventail* » [32]. Dans un autre passage de son livre où il évoquait le départ en exil de Charles X, dont il soulignait le désintéressement, il précisait : « Il est vrai que M. de Bourmont lui avait réservé une assez belle part dans le trésor de la Casauba ; et nous pensons qu'alors (en août 1830 Charles X) en était informé ; car on a dit avec assez de vraisemblance, que ce fut le motif de plusieurs voyages que fit secrètement, de Paris à Rambouillet, le grand-veneur Girardin. C'est un fait bien important dans l'histoire, que la destinée de ce trésor du dey d'Alger, qui était beaucoup plus considérable qu'on ne l'a dit » [33].

Les événements qui marquèrent la campagne de 1830, et les premiers temps de l'occupation, confirment bien l'existence de ce plan de détournement d'une partie du Trésor de la Casbah. Comment l'expliquer ?

Le cabinet espérait désarmer l'opposition et détourner l'attention publique en décidant la guerre contre le dey. Or la révélation du projet produisit exactement des effets contraires ! Dans toute la France, on s'élevait contre la guerre, jugée injuste par les uns, dangereuse par les autres. La presse alla jusqu'à publier certaines informations secrètes relatives au plan des opérations militaires (mais le dey et son gouvernement n'en profitèrent même pas, aveuglés par leur croyance en l'invincibilité d'Alger). Bref, l'opinion publique, au lieu de rallier le pouvoir, crut discerner sous le projet africain des desseins antifrançais, et l'opposition gagnait des cercles de plus en plus larges. La menace contre le trône de Charles X se précisa.

Dès lors, le président du Conseil et ami personnel du roi ne songea plus qu'à une chose : sauver la monarchie par tous les moyens. Il est certain que, dans son idée, le détournement d'une partie du Trésor de la Casbah ne devait profiter qu'à la royauté des Bourbons. Il faut écarter dans un premier temps l'hypothèse d'un profit personnel dans le calcul de Polignac et même de Bourmont. Il s'agissait de mettre le monarque en état de rétablir son prestige par des distributions et des gratifications bien réparties. En termes plus crus, on « achèterait les consciences ». Or Polignac connaissait suffisamment le roi pour savoir qu'il ne se prêterait jamais à de telles pratiques. Nul doute qu'il eût « enfoncé son chapeau et menacé de monter à cheval », si l'on avait évoqué devant lui pareille manœuvre. Le président du Conseil ne l'informa donc pas initialement de ses intentions. Le Dauphin ne fut pas non plus mis dans le secret : son caractère versatile, capricieux et vaniteux eût compromis l'opération. Le détournement projeté par Polignac est assurément scandaleux à plus d'un titre ; mais le président du Conseil crut devoir agir ainsi par dévouement à la cause de son souverain.

Comment comptait-il procéder ? Il fallait d'abord faire entrer secrètement les cent millions dans la cassette du roi. Devant le fait accompli, celui-ci n'aurait pas été jusqu'à désavouer son ministre, du moins publiquement. En outre, Polignac avait son plan tout prêt : les cent millions ne serviraient pas à des fins privées, mais politiques. Il prévoyait ainsi de donner satisfaction à la Légion d'honneur. Les membres de cette institution créée par Napoléon avaient droit à une prime annuelle, mais la Restauration ne leur avait pas versé un centime en quinze ans : l'arriéré se montait à 42 millions. Comme les légionnaires étaient souvent des électeurs, le président du Conseil espérait que le geste du roi en rallierait un grand nombre au parti ministériel. Pour s'attacher l'armée expéditionnaire, il était prévu de distribuer aussi aux officiers et aux soldats de généreuses gratifications. Enfin, pour flatter plus directement le monarque, Polignac réservait une importante dotation pour l'Ordre de Saint-Louis. Ensemble, ces diverses libéralités absorberaient les deux tiers des cent millions. Le reste serait employé à la convenance du roi, toujours dans le but de rallier une majorité de suffrages et « sauver la monarchie ».

En prenant le problème sous un autre angle, on peut dire que le prince de Polignac estimait qu'en procédant à des manœuvres électorales (au demeurant répandues à l'époque et même plus près de nous), c'est-à-dire de judicieuses distributions d'argent, il pourrait faire de « bonnes élections ». Cela coûterait quelque soixante à soixante-dix millions. Par conséquent, si le ministre a envisagé ces manœuvres, c'est qu'il savait où prendre discrètement l'argent. Les avait-il seulement envisagées ?

Sur ce point, nous disposons de documents irréfutables. Le premier est une note rédigée par un maître des Requêtes attaché au ministère de la Guerre. Elle est datée du 17 avril 1830, c'est-à-dire la veille de la nomination officielle du comte de Bourmont comme commandant en chef du corps expéditionnaire. Le magistrat était consulté par le ministre de la Guerre (Bourmont) sur la question des captures de trésors que pourrait effectuer l'armée de terre. Voici sa réponse :

« Les recherches auxquelles nous nous sommes livrés, d'après les ordres de Votre Excellence, sur les mesures à prendre pour régulariser les distributions des prises faites sur l'ennemi, ont fourni la preuve que la législation est complètement muette sur tout ce qui concerne les captures faites par l'armée de terre.

« Si par analogie, on consulte les dispositions *(mot illisible)* relativement aux prises maritimes, on voit (loi du 1er juin an 3 et règlement du 17 juillet 1816) que le produit de ces prises doit être régulièrement versé dans les caisses de la Marine, et que la distribution des parts de prises est toujours précédée d'une liquidation.

« Ces dispositions s'accordent avec les principes qui régissent la comptabilité des dépenses publiques et qui se trouvent reproduites dans l'Instruction arrêtée le 1er mars par M. le ministre des Finances sur le service de la Trésorerie aux armées (art. 19).

« Ces instructions portent que *toutes les recettes faites aux armées, quelles qu'en soient la nature et l'origine ne doivent sans aucune déviation entrer dans les Caisses du Trésor royal.*

« *Il est enjoint aux payeurs de requérir le versement de toutes les recettes extérieures provenant de contributions saisies extraordinaires, et aux membres de l'Intendance de constater ces versements et de veiller à ce qu'ils soient réalisés**.

« La distribution de gratifications en effets ou en argent aux états-majors et armées impériales a toujours été précédée d'ordre ou de décret du chef du Gouvernement, et dès lors Votre Excellence ne pourrait que demander au Roi de déterminer les proportions dans lesquelles Sa Majesté jugerait convenable d'accorder aux capteurs une part dans le produit des prises faites sur le territoire algérien, sauf à prendre les mesures nécessaires pour éviter la spoliation des habitants paisibles et à constater la distribution de ces allocations extraordinaires dans les formes déterminées pour les prestations ordinaires.

« La responsabilité de Votre Excellence pourrait être gravement compromise, si sa perception et sa distribution des produits de prises n'étaient pas constatées avec toute la régularité que commandent les dispositions que nous venons de rappeler » [34].

Pour apprécier la portée de ce document, il faut d'abord souligner que cette question de la répartition des prises opérées par l'armée de terre n'avait jamais été soulevée, ni sous l'Empire, ni sous la Restauration. Comment, dès lors, s'explique cette démarche insolite ? La consultation auprès du maître des Requêtes prouve, en premier lieu, que Polignac et Bourmont s'attendaient bien à ce que le corps expéditionnaire fît d'importantes prises à Alger. Les deux ministres s'étaient accordés pour réserver une part du butin à la cassette du roi. Mais Bourmont, qui se méfiait de son collègue, à juste

---

* Souligné dans le document.

titre, comme l'a montré l'épisode de la rupture des négociations avec Mohammed Ali, voulait préserver son avenir. En cas de « fuites » sur le détournement projeté, le président du Conseil ne serait-il pas tenté de le sacrifier au nom des intérêts supérieurs de la Couronne ? Il fallait donc qu'il « se couvrît » pour toute éventualité. L'avis rendu par le maître des requêtes lui en fournit l'opportunité, puisqu'il subordonnait les distributions et gratifications à un ordre ou un décret préalable du chef du Gouvernement ! Fort de cet argument juridique, il n'eut alors aucune difficulté à obtenir de Polignac le fameux ordre de réserver une partie du Trésor du dey au roi, dont le général Donnadieu a révélé l'existence à Flandrin, en 1848.

A l'appui de ce premier document si explicite, on peut en citer deux autres. Au lendemain de la prise d'Alger, Bourmont expédia une lettre confidentielle au président du Conseil dans laquelle il lui rendait compte de la prise de possession du Trésor. Il lui disait : « Je n'ai voulu disposer de rien moi-même parce que, le bienfait venant directement du roi, le but que l'on doit se proposer sera plus complètement atteint » [35]. Quel était donc ce bienfait, et quel était le but que l'on se proposait d'atteindre ? Bourmont y a répondu dans une autre lettre à Polignac : « Il serait politique, lui écrivait-il le 15 juillet 1830, de payer un arriéré de traitement (les 42 millions dus aux membres de la Légion d'honneur), qui semblait avoir été garanti par le roi lors de la promulgation de la Charte et de satisfaire ainsi un grand nombre de familles sans qu'il en coûtât un denier aux contribuables » [36]. Il n'oubliait pas la dotation pour l'ordre de Saint-Louis, ni la « gratification à toute l'armée d'Afrique, gratification qu'il établissait dans les proportions suivantes : 24 000 francs pour les lieutenants-généraux, 16 000 francs pour les maréchaux-de-camp, 8 000 francs pour les colonels, 6 000 francs pour les lieutenants-colonels, 4 000 francs pour les chefs de bataillon, et tout le reste des officiers (et hommes de troupes) devait toucher trois mois de solde » [37].

Comme on le voit, tout concorde : le but essentiel de l'expédition était bien la capture du Trésor d'Alger. L'importance de celui-ci autoriserait à en faire deux parts : la première, la moins importante, servirait à couvrir les frais occasionnés par l'expédition (soit autour d'une cinquantaine de millions) ; il n'y aurait aucun inconvénient, au contraire, à faire quelque publicité autour de cette « part officielle » du Trésor puisqu'elle désarmerait l'opposition - la conquête n'aurait pas coûté un franc au contribuable ! Elle rapporterait même un « boni » de quelques millions. La seconde part, la plus considérable, servirait à des fins politiques. Encore fallait-il que cette part parvînt discrètement à sa destination, et qu'elle y parvînt à une époque donnée, celle des élections. Cet aspect de la question était connu de certains initiés. J.-T. Merle, qui fit la campagne en qualité de « secrétaire particulier du général Bourmont » (titre qui lui fut contesté plus tard), et auteur de savoureuses *Anecdotes historiques et politiques* sur l'expédition, véritable panégyrique du commandant en chef, a écrit : « J'ai su d'une manière certaine que M. de Bourmont avait les ordres les plus positifs de hâter de tous ses moyens la conquête et la prise d'Alger ; il se liait à la précision de ces ordres des combinaisons politiques qui ne m'ont été que trop expliquées plus tard. Ce qu'il y a de sûr, c'est qu'il fallait que l'expédition réussît, et réussît dans un temps donné » [38].

Si, après l'exposé des faits ci-dessus, devait subsister un doute sur les véritables intentions du gouvernement, ce doute se dissiperait en examinant les autres hypothèses traditionnellement avancées pour justifier l'expédition d'Alger : vengeance du coup d'éventail, plan de conquête coloniale.

Admettons que, après le refus opposé par Mohammed Ali à la combinaison de Polignac, le gouvernement du roi ait été déterminé, dans un sursaut d'orgueil, à venger le pavillon insulté. En ce cas, il eût suffi de réunir une flotte d'une cinquantaine d'unités. Après un siège en règle, cette flotte eût rasé la ville (dans le pire des cas), sans subir de graves dégâts. A cet égard, il faut souligner que les fameuses batteries qui défendaient Alger ne parvinrent pas à toucher une seule fois un des innombrables bâtiments de l'escadre de l'amiral Duperré. Pourtant ces navires croisèrent pendant plus de trois semaines à portée des redoutables canons du dey ! Alger détruit par un intense bombardement au prix d'une quinzaine de millions tout au plus et sans pertes majeures en vies humaines (pour les Français) et en armement : l'honneur eût été vengé, le dey enseveli sous les décombres de sa citadelle, la piraterie définitivement abolie par la destruction des vestiges de la flotte barbaresque, la chrétienté délivrée du « honteux système de tributs », etc. Nul doute qu'un tel succès, répétons-le, parfaitement possible si tel avait été l'objectif du gouvernement, n'eût valu un regain de prestige au roi, à l'intérieur et à l'extérieur. Mais le gouvernement Polignac avait des préoccupations plus sérieuses que la vengeance d'un coup d'éventail...

L'expédition avait-elle pour but la conquête du pays pour en faire une colonie française ? Il serait absurde de nier qu'il existât en France un courant favorable à la colonisation, dans le Midi notamment. Mais ce parti n'eut, à l'époque de l'expédition, aucune influence sur les décisions du cabinet. Par contre, de très nombreux documents officiels établissent qu'il n'entrait pas dans les intentions du gouvernement et du roi de former immédiatement une colonie sur les débris de la Régence, après la chute du dey.

Déjà au moment des négociations avec Mohammed Ali, l'Angleterre avait manifesté son hostilité à tout changement en Méditerranée. Lorsque la décision d'intervenir directement contre Alger fut connue, Londres demanda des explications. Une partie diplomatique très serrée s'engagea alors entre Paris et Londres. A cette occasion, le prince de Polignac fit preuve d'une grande habileté, qui s'explique par son long séjour sur les bords de la Tamise et sa connaissance du personnel politique britannique. Nous n'entrerons pas dans le détail de ces pourparlers laborieux[39], mais nous retiendrons deux éléments. En cette année 1830, l'Angleterre était secouée par une grave crise économique et financière qui devait durer jusqu'en 1832. Ces difficultés créèrent un climat politique intérieur très confus. De plus, l'état de santé du roi George IV s'aggrava dans le courant de l'hiver : le changement de règne était prévisible ; en effet, Guillaume IV monta sur le trône le 26 juin. Ce concours de circonstances défavorables fit hésiter le cabinet britannique. En dépit de son hostilité, il ne pouvait empêcher l'expédition française - il eût fallu dans ce cas entrer en guerre contre la France, ce que ne permettaient ni l'opinion publique, désireuse de maintenir la paix en Europe à tout prix, ni l'état des finances, ni même la situation de la Marine dont le gros des unités se trouvait en mer Égée. Toutefois, la pression britannique sur Paris obligea Polignac à préciser les intentions de son gouvernement dans une déclaration officielle du 12 mars 1830 : « Le but poursuivi primitivement par la France était d'obtenir satisfaction pour l'insulte faite à son représentant, une réparation convenable pour les injures souffertes et l'exécution des engagements que le Dey refusait de remplir. » Depuis la rupture, de nouveaux griefs sont venus s'ajouter aux anciens ; en outre, poursuivait la déclaration, la France n'avait plus confiance dans les éventuelles garanties que lui concéderait le dey. Le roi a donc décidé « de donner à cette guerre un développement plus étendu ». Son but est « la complète abolition de la piraterie, de l'esclavage et des tributs que les puissances chrétiennes paient à la Régence ». Si, comme le roi l'espérait, l'expédition réussissait et qu'il advenait que « le gouvernement actuel d'Alger vînt à être dissous », Charles X « ne manquerait pas de se concerter avec ses alliés pour décider du nouvel ordre des choses qu'il conviendrait de substituer à l'ancien pour le plus grand avantage de la chrétienté »[40].

Le gouvernement Polignac affirmait donc que la France n'avait aucune vue personnelle sur la destinée future de la Régence, si le dey venait à disparaître. Une conférence internationale se prononcerait, le moment venu. Londres jugea ces engagements insuffisants et demanda de nouveaux éclaircissements. Le 15 avril, une note officielle fut remise par le duc de Laval, ambassadeur de France, à lord Aberdeen. Le gouvernement français réitérait ses précédents engagements, mais ajoutait : « Le roi ne croira pas devoir laisser à la charge de ses peuples les sacrifices onéreux qu'entraîne une guerre injustement provoquée (sic) et nous chercherons à nous rembourser des frais qu'elle nous coûtera, autant du moins que nous le permettra l'état de choses que nous trouverons à Alger »[41]. Cette exigence de se faire rembourser les frais de la guerre, qui a pour nous une certaine résonance, fut interprétée à Londres comme une menace d'occuper la Régence en lui imposant un lourd tribut de guerre. Le cabinet britannique brandit à son tour la menace d'un ultimatum. Très habilement, Polignac donna les plus solennelles assurances à Lord Stuart, l'ambassadeur de Sa Majesté à Paris : la France n'aspirait à aucune conquête territoriale, ne voulait garder ni la ville ni la Régence d'Alger. Assurances verbales que le président du Conseil s'obstina à ne pas confirmer par écrit ! Cependant, une nouvelle note diplomatique du 12 mai confirmait à toutes les cours d'Europe que Charles X n'entreprendrait rien sans l'accord de ses alliés. Il les invitait à une conférence pour débattre du « nouvel ordre des choses qu'il serait convenable d'établir (dans la Régence) pour le plus grand avantage de la chrétienté. Sa Majesté croit devoir donner encore l'assurance à ses alliés qu'elle se présentera à ses conférences prête à donner toutes les explications que l'on pourrait encore désirer, disposée à prendre en considération les intérêts de toutes les parties, affranchie de tout engagement préalable, libre d'accepter toute proposition qui serait jugée propre à l'accomplissement de l'objet en question et *dégagée de tout sentiment d'intérêt personnel...* »[42].

Les documents diplomatiques montrent à l'évidence que la *doctrine officielle* du gouvernement français s'arrêtait au désir de venger l'insulte, et au remboursement des frais de guerre. Au surplus, l'ambassadeur à Istanbul, Guilleminot, continuait dans ses démarches auprès de la Porte à considérer la Régence comme une province ottomane. Toutefois, lorsque les fonds furent débloqués pour entreprendre l'expédition, Paris lui adressa des instructions secrètes, lui enjoignant de retarder aussi longtemps que possible le départ de l'amiral Tahir Pacha pour Alger. Le Sultan avait confié à l'amiral la mission de rétablir pacifiquement les relations franco-algériennes, en prenant toutes les mesures qu'il jugerait utiles. Mais un tel accord n'était plus souhaité par Polignac : dans le meilleur des cas, il aboutirait à la destitution de Hussein, au rétablissement des privilèges accordés par traités à la France et au remboursement des *frais de guerre dûment justifiés.* Or ce qui intéressait le président du Conseil, c'était la capture de la *totalité du Trésor* de la Casbah. C'est pourquoi la mission de Tahir Pacha, retardée par Guilleminot, contrariée, sur ordre de Polignac, par le commandant du blocus devant Alger, tourna court. L'amiral ne put débarquer dans la Régence, ni arrêter la marche de la flotte vers Sidi-Ferruch [43]. Il fut dirigé sur Toulon où il attendit en vain une réponse à ses ouvertures diplomatiques...

Le but principal de l'expédition avait été la colonisation de l'Algérie, selon les historiens coloniaux. Cette thèse est infirmée par d'innombrables documents et témoignages.

Ainsi, nous ne trouvons aucune trace de visée coloniale dans les Instructions de Polignac à Bourmont, commandant en chef du corps expéditionnaire. Datées du 18 avril 1830, ces Instructions traçaient le cadre et la ligne de conduite à suivre pendant l'expédition et après la chute d'Alger. (Le texte de ces Instructions occupe les folios 191 à 203 du tome 5 des *Mémoires et Documents – Algérie,* Archives du Ministère des Affaires étrangères.)

Nous ne nous attarderons pas sur les préambules ni sur les recommandations d'ordre militaire, disciplinaire et sanitaire, pour arriver à l'essentiel :

« Quelque opiniâtreté que le Dey ait montré jusqu'à ce jour, écrivait le président du Conseil, on doit prévoir le cas où effrayé du danger qui le menace, il se résoudrait à ouvrir des négociations avec le gouvernement du Roi ou bien celui où l'approche de notre armée provoquerait dans la place une révolution qui le renverserait.

« Si M. le commandant en chef de l'armée expéditionnaire reçoit pendant le cours de la traversée, des propositions de la part du Dey, de la Régence, ou de l'autorité quelconque qui gouvernerait alors, il se bornera à répondre qu'il se réserve de lui faire connaître les intentions de Sa Majesté aussitôt qu'il sera arrivé devant Alger.

« Dès que la flotte sera en vue de cette place, soit que le Dey *(barré)* gouvernement algérien choisisse ce moment pour entrer en négociation, soit qu'il ait déjà précédemment fait des ouvertures, M. le commandant en chef lui notifiera qu'il n'est autorisé à entendre aucune proposition si, préalablement, les batteries du môle ne lui sont pas livrées, de même que les autres défenses du port, et les ouvrages extérieurs de la ville, et si l'escadre n'est pas admise à mouiller en sûreté tant dans le port intérieur que dans la baie d'Alger. M. le commandant en chef donnera un délai de 3 heures au dey pour faire sa réponse.

« Si, après le débarquement, des ouvertures sont faites par la Régence, le commandant en chef déclarera qu'il ne peut suspendre les opérations de la guerre que si le Dey souscrit immédiatement aux conditions suivantes, conditions qui lui seraient également communiquées dans le cas où les préliminaires ci-dessus mentionnés auraient été acceptés et exécutés :

« Envoi de 3 personnages les plus éminents d'Alger pour porter au Roi les excuses du Dey ;

« Abolition de l'esclavage des chrétiens, et délivrance de tous les esclaves chrétiens qui pourraient encore se trouver sur le territoire algérien ;

« Abolition de la Course ; le Dey renoncera au droit de paix et de guerre : il ne pourra faire la guerre qu'aux puissances qui seront en hostilité avec la Porte ;

« Abolition des tributs, dons, présens, et redevances quelconques que les Puissances chrétiennes payent à la Régence soit annuellement, soit à l'occasion de l'installation des consuls, ou dans d'autres occasions.

« Destruction des fortifications : le port réduit à un simple port de commerce qui n'aura de défenses que celles qui seront jugées nécessaires pour assurer l'exécution des règlemens de police et de douane ; le Dey ne pourra rien ajouter sans le consentement de la France, aux moyens de défense qu'on laissera à la Place et au Port ;

« Semblable mesure pour les autres ports et villes fortifiées du territoire algérien : tous les canons et munitions de guerre nous seront remis ;

« Les bâtiments de guerre nous seront également livrés et la Régence d'Alger ne pourra plus en acquérir, construire ni posséder à l'avenir. Les troupes algériennes livreront leurs armes, les Turcs auront la liberté de rester à Alger, mais on n'en pourra augmenter le nombre, soit en faisant de nouveaux recrutements dans l'Empire ottoman, ou en en admettant d'autres d'une manière quelconque dans les milices, garnisons, ou corps d'armée de la Régence.

« Une indemnité de quatre-vingt millions *(barré et surchargé à posteriori)* quarante millions représentant les frais du blocus, ceux de la guerre et le préjudice *(barré)* montant des pertes que nous avons éprouvés (sic) par suite de la violation de nos traités de la part du Dey, nous sera payée ;

« Le Dey rentrera dans la condition d'un sujet immédiat de la Porte ; il sera confirmé par le Sultan ; ses successeurs seront nommés par la Porte.

« Le Dey reconnaîtra de nouveau la souveraineté pleine et entière (sic) de la France sur toute la côte depuis la rivière Seybus jusqu'au cap Roux ; la France pourra, comme par le passé, y réparer les forts existants, les armer, en élever de nouveaux, y tenir garnison, etc., etc. ; le Dey cèdera de plus à la France la ville et la baie de Bonne jusqu'au cap Rouge (Ras el Hamrah). Cette acquisition étant nécessaire à la sûreté des anciennes possessions françaises.

« La France continuera à nommer le cheik de la Mazoule de la manière usitée jusqu'à présent ;

« La pêche exclusive du corail nous sera confirmée depuis Bougie jusqu'à la limite de nos possessions moyennant une redevance de dix-sept mille francs que le Dey ne pourra augmenter sans notre consentement ;

« Reconnaissance de nos Capitulations avec la Porte ;

« Les droits de douanes seront les mêmes que dans le reste de l'Empire turc ;

« Le Dey reconnaîtra et déclarera qu'il n'existe plus aucune répétition ou demande d'argent à exercer par lui ou par ses sujets contre la France.

« (...) Les troupes françaises occuperont Alger jusqu'à l'entier acquittement de la contribution de guerre.

« A ces conditions, M. le commandant en chef promettra la continuation du gouvernement du Dey, le respect des propriétés particulières, la sûreté des personnes, une exacte discipline dans ses troupes, et l'évacuation du pays aussitôt que les engagements contractés auront été remplis... » [44].

Plus loin, Polignac évoquait le cas où le commandant en chef pénétrerait « de force dans Alger. Il n'écoutera plus (alors) aucune proposition de la part du Dey et ne contractera à son égard d'autre engagement que celui de lui laisser la vie sauve et de lui accorder, s'il le désire, une retraite en France » (...). « Il installera MM. Deval (le neveu de l'ancien consul) et Thierry qui prendront aussitôt l'exercice de toutes les fonctions consulaires, M. Deval représentant le consul-général, et M. Thierry remplissant l'emploi de vice-consul du Roi à Alger »...

On voit donc que, dans tous les cas de figures, le gouvernement français n'avait pas en vue de prendre possession de la Régence, et continuait à reconnaître la souveraineté algérienne sous la suzeraineté de la Porte. En réclamant une portion du territoire (la région de la Calle-Bône), il ne faisait que reproduire des prétentions (injustifiées) vieilles de douze ans au moins. Les troupes ne demeureraient dans Alger que quelques semaines ou quelques mois, le temps que le gouvernement de la Régence paie les frais de la guerre. A cet égard, on remarquera l'étrange indécision de Polignac quant à la somme à exiger du Dey : dans un premier mouvement, cette somme était fixée à quatre-vingts millions ; puis, on se ravise et l'on diminue de moitié ce montant ! Pourquoi ?...

Dans une lettre du 20 avril au comte de Rayneval, ambassadeur de France à Vienne, destinée à faire connaître au gouvernement autrichien les intentions françaises, Polignac reprenait à peu près les mêmes thèmes développés dans ses Instructions à Bourmont. Le but de l'expédition est la destruction « du triple fléau de l'esclavage des chrétiens, de la piraterie et de l'exigence pécuniaire des deys ». Une fois maître d'Alger, le gouvernement aurait à choisir entre huit systèmes possibles relativement à l'avenir de la Régence :

« 1° Nous retirer après avoir fait une paix qui oblige le dey à nous accorder les trois points indiqués plus haut, et qui de plus mette à couvert nos intérêts particuliers, par la stipulation d'*une indemnité de guerre de cinquante millions* et la cession de Bône pour garantir la sûreté de nos établissements.

2° Enlever à la capitale de cette régence les moyens de défense qui l'ont encouragée jusqu'à présent à braver l'Europe ; ainsi raser les forts, enlever les canons, mais laisser, du reste, le gouvernement tel qu'il est, en lui imposant les conditions ci-dessus.

« 3° Pour rendre plus certaine encore l'impuissance des Algériens à l'avenir, combler leur port après avoir détruit les fortifications du môle et de la ville.

« 4° Reconduire les milices turques en Asie, et établir à la place du dey un prince maure ou arabe, avec un gouvernement national.

« 5° Après avoir détruit la régence, faire d'Alger un simple pachalik, à la nomination du Sultan.

« 6° Donner Alger à l'ordre de Malte.

« 7° Garder Alger et coloniser la côte ; nous avons quelque sujet de penser que la Russie et la Prusse inclineraient vers l'adoption de ce parti.

« 8° Partager tout le pays entre les puissances de la Méditerranée, de manière qu'en partant de l'est et allant vers l'ouest, l'Autriche aurait Bône, la Sardaigne Stora, la Toscane Djidjelli, Naples Bougie, la France Alger, le Portugal Tenez, l'Angleterre Arzeu, l'Espagne Oran » [45].

Une fois de plus la manie des redécoupages géo-politiques de Polignac a inspiré ce plan. On remarquera que le président du Conseil a placé en avant-dernière position l'hypothèse d'une colonisation restreinte, et en dernière position le partage du pays entre les « puissances méditerranéennes » au nombre desquelles il comptait l'Autriche, le Portugal, l'Angleterre...

Il existe un autre document où le gouvernement français affirmait avec plus de force encore son désintéressement et l'absence de tout dessein dominateur ou colonial dans l'expédition. Il s'agit d'une proclamation aux Algériens mise au point avant le départ de l'armée. Traduite en arabe, elle fut introduite en Algérie dès le mois de mai par des agents français opérant à partir de la Tunisie (d'Aubignosc, Gérardin, Raimbert, etc.). Cette proclamation fut largement distribuée à Alger après le débarquement. Il serait sans doute naïf d'en prendre les termes au pied de la lettre et d'en nier le côté de « propagande ». Cependant, parce qu'elle confirmait les thèses développées dans les Instructions du 18 avril, elle est à tout le moins révélatrice de l'état d'esprit du gouvernement à cette époque.

« Aux Coulouglis et Arabes du gouvernement d'Alger.

« *Nos amis ! L'armée française se dirige vers Alger pour combattre et chasser de ce pays vos ennemis, les Turcs, qui vous vexent et prennent vos biens, vos récoltes, vos troupeaux, et dont le sabre est toujours suspendu sur vos têtes.*

« *L'armée française ne vient pas pour s'emparer de votre pays et s'y établir ; non, nous vous l'assurons. Elle vient pour rendre ces contrées à leurs anciens maîtres.*

« *Unissez-vous à nous pour chasser ces étrangers et redevenir ce que vous étiez autrefois, libres et possesseurs du pays dans lequel vous êtes nés.*

« Les Français agiront de concert avec vous. Ils agissent de concert avec vos frères les Égyptiens, qui ne cessent de penser à nous et de nous regretter, et qui, trente ans après que nous sommes partis de leur pays, envoient leurs enfants en France pour étudier et apprendre les arts... » Etc. [46].

A Marseille et à Toulon, cette proclamation fut rapidement connue des milieux d'affaires et provoqua une certaine émotion. Les notables se plaignirent au Dauphin, et la Chambre de Commerce de la cité phocéenne écrivit à Polignac. Partisan d'un établissement durable, sinon d'une colonisation d'Alger, le monde des affaires provençal réagit d'autant plus vigoureusement au « manque d'ambition » du gouvernement qu'il avait collaboré avec enthousiasme à la préparation de l'expédition. La renonciation à toute occupation du pays, si fortement affirmée dans la proclamation, apparut comme une trahison ! Aussitôt, Polignac adressait à Bourmont une lettre où il lui recommandait d'éviter « de prononcer la promesse d'indépendance » ; il devrait s'abstenir de faire des proclamations qui puissent engager ou gêner la liberté d'action de la France après la chute d'Alger. En outre, le président du Conseil évoquait la possibilité d'une installation permanente à Bône « et dans un rayon de dix lieues autour de la ville ».

Cependant, ces dispositions nouvelles semblent bien n'avoir été prises que pour donner satisfaction au « lobby colonialiste » à un moment où le gouvernement avait besoin de tous les concours pour gagner les élections. L'idée de coloniser l'Algérie était si peu dans les préoccupations du pouvoir, même après la Révolution de Juillet, que trois ans après la conquête de la capitale, aucune décision n'était prise dans ce sens. On dut créer en 1833 une Commission parlementaire spéciale dans le seul but d'examiner les différentes solutions possibles pour en finir avec ce « legs funeste de la Restauration », selon le mot d'un député orléaniste [47].

En résumé, il faut donc admettre que l'expédition fut décidée dans un triple but :

1°) frapper un coup à l'étranger, dans l'espoir qu'un peu de gloire militaire rallierait les électeurs, comme en 1824, après la campagne d'Espagne ;

2°) s'emparer de l'immense Trésor de la Casbah pour financer les élections et redresser la situation financière du roi ;

3°) s'attacher une « armée royaliste » qui servirait, le cas échéant, à juguler l'opposition et à établir un régime absolu.

Mais les calculs et les combinaisons du prince de Polignac allaient être déjoués par les faits. Le manque de réalisme, la maladresse, la malchance aussi du président du Conseil précipiteront la chute de la Monarchie.

L'armée expéditionnaire

Résolue au Conseil des ministres du 31 janvier 1830, la décision de faire la guerre à la Régence d'Alger fut entérinée par Charles X et le Dauphin le 7 février. Dès le lendemain, on donna des ordres à la Marine et à l'armée de terre pour hâter les préparatifs. On lança, dès la mi-janvier, un emprunt de 80 millions, destiné à couvrir les frais, sous forme de titres de rente à 4 %. La maison Rothschild emporta l'adjudication.

Sans entrer dans le détail des dispositions strictement militaires, qui ne nous intéressent pas directement dans cette étude, notons que le plan opérationnel retenu fut établi d'après le rapport de Boutin, enrichi de renseignements plus récents provenant de diverses origines. Le corps expéditionnaire compterait 37 000 hommes, dont 31 000 fantassins répartis en trois divisions, un corps d'artillerie, une unité du génie et un régiment de cavalerie. Cette armée serait transportée de Toulon sur 675 bâtiments, dont 103 de la Marine royale, le reste étant des navires de commerce nolisés. Des provisions pour quatre mois de campagne seraient embarquées. Le point de débarquement était fixé dans la presqu'île de Sidi-Ferruch. De là, l'armée de terre progresserait vers Alger, tandis que la Marine assurerait une couverture et une diversion.

Dès le début de février, se posa le problème du choix des chefs de l'expédition. Pour la Marine, il fut rapidement réglé. Il n'y avait que deux hommes qui pouvaient prétendre au commandement de la flotte : l'amiral de Rigny et l'amiral Duperré. Le premier fut écarté d'emblée. Il avait osé refuser le portefeuille de ministre de la Marine pour ne pas siéger dans le même cabinet que Bourmont [48]. Duperré était un marin compétent, au caractère tranchant et taciturne, très populaire dans la Royale. Mais il avait le tort de trop afficher ses préférences libérales : il fréquentait assidûment les salons du Palais-Royal, chaque fois que ses affaires l'attiraient dans la capitale. De plus, il ne croyait pas au succès d'un débarquement à Sidi-Ferruch, comme la quasi-totalité des marins, qui n'avaient pas oublié le désastre de Charles-Quint en 1541. Aussi, avant de prendre son commandement, il crut devoir mettre sa responsabilité à couvert et demanda audience au roi. Le maréchal de Castellane a recueilli le récit de cette visite : « L'amiral : Sire, on a commencé par dire que l'expédition d'Alger était impossible, puis on est passé d'un excès à l'autre et on la trouve maintenant trop facile. Je ne voudrais pas, si le débarquement offrait des difficultés par suite du mauvais temps, que Votre Majesté pût en attribuer la faute à sa marine. Il règne rarement dans ces parages des vents favorables aux débarquements ; depuis quatre ans celui qui est désirable n'a pas soufflé ; ce n'est pas une raison pour ne pas l'avoir, mais enfin une tempête peut survenir, et dans une flotte aussi nombreuse, beaucoup de bâtiments peuvent se perdre. J'ai cru devoir donner à Votre Majesté ces explications, pour qu'on ne s'en prenne ni au commandant de la flotte, ni à celui de l'expédition, dans le cas où de grands malheurs arriveraient. « Le Roi : Monsieur l'amiral, je porte dans mon cœur mes braves soldats de terre et de mer : vous pouvez être sûr que si les malheurs dont vous m'entretenez arrivaient, je n'oublierais pas mes sujets dans mes prières, et vous, monsieur l'amiral, en particulier. Nous nous retrouverions dans un monde meilleur.

« L'amiral, commentait de Castellane, ne s'attendait pas un *De profundis* royal ; il a été étrangement surpris » [49].

Cependant, Charles X ne se contenta pas de cette prière : il remit au commandant en chef, Bourmont, une instruction secrète l'autorisant à prendre le commandement de la flotte, si les circonstances l'exigeaient... Cette méfiance, dont il n'était pas dupe, n'empêcha pas Duperré de mener rondement les préparatifs, avec le concours remuant du ministre de la Marine, le baron d'Haussez. On peut même dire que ce fut un véritable tour de force que d'avoir réussi à rassembler en moins de trois mois une flotte de près de sept cent unités de tous gabarits, et prête à prendre la mer. Bien entendu, l'ancien préfet d'Haussez s'attribua, dans ses *Mémoires* [50], le mérite exclusif de la prouesse !

Le choix des chefs de l'armée de terre se heurta à toutes sortes d'intrigues. On savait que, sur le plan militaire, l'expédition ne comportait pas de risques, compte tenu des forces ennemies auxquelles on s'affronterait. Il y avait « de la gloire à ramasser sans trop d'effort, pour tout un chacun »[51] - et surtout pour les chefs ! Le généralissime était assuré d'obtenir le bâton de maréchal à l'issue de la campagne. Des avancements étaient prévus à tous les échelons de la hiérarchie. La répartition des commandements reflèterait, par conséquent, des choix politiques.

La désignation des généraux Valazé pour le Génie et Ducos de la Hitte pour l'Artillerie ne souleva pas d'objection dans l'armée. Valazé avait montré des capacités certaines au siège d'Astorga. Quant à la Hitte, « aide de camp de M. le Dauphin, (il) avait eu un avancement fort rapide ; il le justifia après l'avoir obtenu, chose plus difficile, peut-être, que de commencer par s'en montrer digne d'abord »[52].

Dans l'infanterie, le lieutenant-général Berthezène reçut le commandement de la Iʳᵉ division, le lieutenant-général Loverdo celui de la IIᵉ division, et le lieutenant-général duc d'Escars celui de la IIIᵉ. Des trois, Berthezène, déjà âgé, était le plus aguerri. Il avait commandé sous l'Empire une division devant l'ennemi. On lui reconnaissait non seulement des qualités de bravoure et de fermeté sur les champs de bataille, mais encore, ce qui était plus rare, une probité, une droiture intransigeantes. Le duc d'Escars « était peu connu dans l'armée, la position qu'il occupait auprès de M. le Dauphin (dont il était aide de camp) le retenant habituellement à Paris ; et peut-être cette circonstance faisait-elle naître dans l'esprit de quelques-uns certaines préventions contre lui »[53]. Autrement dit, ce général fréquentait surtout la cour et les salons. Toutefois, sur le terrain, il révélera un courage insoupçonné : « Entièrement privé des avantages extérieurs qui en imposent aux soldats, il y suppléait par un courage calme et un profond sentiment de ses devoirs. Chez lui, l'étude, une attention soutenue, un grand fonds de droiture et de bon sens suppléaient à l'expérience et aux qualités brillantes qui lui manquaient »[54].

Le général Loverdo était un « cas ». Ce Grec d'origine avait fait les campagnes napoléoniennes et conquis ses galons sur les champs de bataille. « Grande gueule », d'un tempérament emporté, voire violent, il avait une manière de rusticité qui ne déplaisait pas aux soldats mais qui exaspérait les officiers d'état-major. Son fort accent rugueux effarouchait un peu les dames des beaux quartiers ; aussi l'y croisait-on rarement... En 1828, pour des raisons demeurées mystérieuses, le ministre de la Guerre de l'époque lui découvrit soudain des connaissances sur les Régences barbaresques. On lui confia la présidence d'une commission chargée d'étudier un plan d'expédition contre Alger. Lorsque le gouvernement arrêta la décision d'entreprendre l'expédition, Bourmont et l'état-major qui conçurent le plan définitif des opérations militaires s'inspirèrent des travaux de la commission Loverdo. De ce fait, le général considéra qu'il avait acquis une espèce de priorité au commandement en chef de l'expédition. La nomination de Bourmont à ce poste si convoité lui causa une déception, une amertume telles que ses relations avec le ministre-généralissime s'en ressentirent durant toute la campagne et après. Mais Loverdo ne fut pas le seul à souffrir de l'attribution du commandement à Bourmont.

Le maréchal Marmont, duc de Raguse, rêvait aussi d'Alger, dans l'espoir qu'une glorieuse campagne redorât une carrière compromise et le guérît d'une impécuniosité chronique. L'armée n'avait pas oublié, en effet, sa trahison de 1814 : il traita directement avec les Alliés, dans le dos de l'Empereur. A l'époque, le nom du maréchal passa dans le langage commun sous la forme de néologismes : « raguser » et « ragusades », pour trahir et trahisons ! De plus, il se rendit coupable d'indélicatesses financières, non pas au détriment des trésors conquis sur l'ennemi - c'était là une pratique courante dans l'armée impériale -, mais au détriment des fonds publics français [55].

Sous la Restauration, Marmont comprit, selon son amie la comtesse de Boigne, que « la guerre n'était plus une carrière pour un maréchal de France, qu'un soldat de l'Empire ne pouvait pas être un courtisan des Tuileries et que, pourtant, il était dur à quarante ans de ne plus jouer aucun rôle dans son pays » [56]. Il se lança donc dans les « affaires », et entreprit de faire de sa terre de Châtillon-sur-Seine un « vaste atelier de toutes les industries réunies ».

Ses « spéculations industrielles » troublèrent gravement la trésorerie du maréchal. Totalement ruiné et couvert de dettes, le guerrier eût goûté l'humidité du cachot si la bonté du Roi n'avait pourvu aux premières nécessités. Mais le duc de Raguse n'était pas homme à plier devant l'adversité. Son esprit toujours en mouvement explorait toutes les possibilités pour sortir du marasme. La perspective d'une guerre contre Alger retint d'autant mieux son attention qu'il se jugeait, modestement, le seul capable de mener à bien une telle affaire :

« Depuis le commencement des hostilités avec Alger, écrit-il dans ses *Mémoires,* le rêve de ma vie avait été de commander l'expédition. (...) Les diverses administrations avaient semblé consacrer en principe que moi seul je pouvais être chargé de cette opération.

Aussi je m'étais regardé constamment comme ayant des droits acquis et comme le général désigné de cette expédition future. Effectivement, je paraissais remplir mieux qu'un autre les conditions exigées... » [57].

Vers le mois de décembre 1829, de passage à Paris, Marmont s'entretint avec Bourmont, le ministre de la Guerre. Le projet d'expédition était de nouveau à l'ordre du jour, mais le président du Conseil étudiait une autre solution pour en finir avec le Dey (la combinaison franco-égyptienne), et le Dauphin s'opposait à la guerre parce que l'idée n'était pas de lui. Qu'importe ! « Aussitôt le maréchal s'enflamme ; il se voit déjà Marmont l'africain et se promet de surmonter tous les obstacles » (comtesse de Boigne).

Marmont s'agita en tout sens, consulta mémoires, cartes et plans sur l'Afrique, s'attacha le concours de son ami l'amiral Mackau pour les questions navales, visita consciencieusement chaque ministre. Bourmont lui prodiguait encouragements et promesses. Encore fallait-il vaincre les réticences plus ou moins simulées du Dauphin. Bravement, le maréchal partit à l'assaut de cet ultime bastion. Pendant plusieurs séances, il tenta de prouver au prince, mémoires et cartes à l'appui, combien l'expédition serait aisée. Puis, ayant terminé sa démonstration, il dit en riant : « Monseigneur, si le commandement de cette expédition m'est enlevé, j'en éprouverai, je crois, un tel chagrin et un tel dégoût, qu'il ne me restera plus qu'à me faire capucin » [58]. Et il se retira. Le Dauphin déclara alors aux personnes présentes : « Va, agite-toi ; si cela réussit, au moins ce ne sera pas pour toi ! »

Et, en effet, le choix du roi, dûment influencé par le duc d'Angoulême, se porta sur le comte de Bourmont : « Je m'aperçus enfin, avoue tristement Marmont, à quel point j'étais dupe de ma crédulité et de ma bonne foi. Bourmont n'avait pas voulu se mettre en avant pour faire décider l'expédition, de peur de déplaire à M. le Dauphin. Il m'avait fait promesses sur promesses pour m'engager à faire les démarches nécessaires à son exécution. Ce but rempli, tous ses efforts tendaient à m'écarter afin de se réserver à lui-même le commandement. Après six semaines d'angoisses de ma part, il fut nommé. J'ai rarement éprouvé en ma vie une peine aussi vive ; je voyais renversée l'espérance d'entendre encore prononcer mon nom avec louange... » [59].

Marmont dut encore souffrir les sarcasmes du prince et l'humiliation de Bourmont. Quelques jours après la nomination du ministre de la Guerre comme commandant en chef, le maréchal était convié à une réception. Mais, notait-il dans ses *Mémoires,* « comme j'étais absent, le soir même, d'un grand cercle de la cour, madame la duchesse de Berry ayant demandé où j'étais, M. le Dauphin prit la parole et répondit tout haut : « Le maréchal ! il s'est retiré dans un couvent et se fait moine » [60]...

Plus cruel encore fut l'affront que le maréchal subit de la part de Bourmont. Cet épisode peu connu a été raconté par le comte Guernon-Ranville qui le tenait du prince de Polignac : « Lorsque Bourmont fut nommé commandant de l'expédition d'Afrique, Raguse, qui avait *compté* (souligné dans le texte) sur cette belle mission, fut lui porter des plaintes d'avoir été presque trompé dans des espérances que lui, Bourmont, avait excitées et nourries ; celui-ci se retrancha derrière la *volonté du Roi,* et promit à Raguse tous les dédommagements qui dépendraient de lui. Lorsque le maréchal prit congé, Bourmont s'approcha comme pour lui donner l'accolade, et lui glissa dans la main un paquet de billets de banque ; le prince (Polignac) *croit* qu'il y en avait pour une somme considérable ; il est sûr qu'il y en avait pas moins de quarante mille ou même de quatre-vingt mille francs.

« Raguse empocha ; mais, à peine sorti de l'hôtel, il disait à un ami en serrant les poings : « Faut-il que ma position soit si malheureuse, que je me sois vu forcé d'accepter de l'argent d'un homme qui me vole un si beau commandement !... » « Conçoit-on, poursuit Guernon-Ranville, que Bourmont ait osé hasarder le don !... Conçoit-on que Raguse ait pu accepter !... Quelles sont donc les ressources d'un ministre sans fortune personnelle, qui peut disposer d'une somme aussi forte en dehors de son budget ?... Y avait-il à la Guerre une caisse de fonds secrets ? [61].

Guernon-Ranville ignorait, en effet, les dispositions prises dans le budget extraordinaire accordé à Bourmont pour l'expédition. Sur 25 millions environ qui formaient l'enveloppe des dépenses présumées de l'armée de terre, un million était affecté aux « dépenses imprévues », autrement dit ce million servait de fond secrets dont l'utilisation était laissée à l'appréciation du commandant en chef.

La déception et les humiliations étaient encore bien vives dans l'esprit du maréchal Marmont en juillet, quand éclata l'insurrection parisienne, qu'il fut appelé à réprimer. La mollesse des ordres qui furent alors donnés à la troupe pourrait, peut-être, en avoir été la conséquence...

A dire vrai, la nomination de Bourmont fut quelque peu « mise en scène ». La tradition veut que le ministre de la Guerre ait confectionné une liste où figuraient les noms des maréchaux Marmont, Gouvion Saint-Cyr et Molitor, et des généraux Gérard et Clauzel. Il soumit cette liste au Dauphin pour qu'il fît son choix.

Mais le Dauphin aurait exigé que le ministre ajoutât en dernier le nom de Bourmont aux autres...

En réalité, le choix était déterminé depuis longtemps. Déjà, en 1827, quand Clermont-Tonnerre songea à une expédition contre Alger, il confia à Bourmont : « Mon cher général, il y a un bâton de maréchal sur la côte d'Afrique ; j'ai demandé au Roi qu'il veuille bien vous donner l'ordre de l'aller chercher ; le Roi est disposé à le faire » [62]. Lors de la formation du cabinet Polignac, ce fut le Dauphin qui imposa contre la volonté même de Polignac le général comme ministre de la Guerre, déclarant que Bourmont serait un des rares « à monter à cheval » avec le prince, si les circonstances l'exigeaient. Qui était donc ce personnage hors du commun que l'un de ses biographes les mieux disposés qualifie de « gentilhomme de grand chemin » ?

Né en 1773 dans le château familial de Candé, entre Nantes et Angers, le comte Louis-Auguste-Victor Ghaisnes de Bourmont était encore, en 1830, à cinquante-six ans passés un homme dans la force de l'âge. « De beaux yeux doux de couleuvre », selon Chateaubriand, ornaient une figure fine, qui en faisaient « le plus séduisant traître du monde » (d'après le journal *Le Corsaire*). Son collègue et ami, le ministre de la Marine, baron d'Haussez, nous en a tracé un portrait éloquent. « A défaut de talents militaires, M. de Bourmont apportait au moins *une habileté qui pouvait les remplacer, parce qu'elle s'appliquait à tout. Sa petite taille, son ton cauteleux, son air fin et même rusé, ses manières insinuantes,* une sorte d'hésitation dans ses démarches, l'absence apparente de toute prétention à dominer, quelque chose de caressant dans les manières, cette attitude qui semble dire : *Quoi que vous disiez* je serai de votre avis, lui donnent accès partout, aussi bien dans les affaires qu'auprès des hommes. Sa conversation est traînante et embarrassée : il paraît chercher péniblement ses idées ; les mots ne se présentent qu'avec difficulté pour les exprimer, et l'on est tout étonné de se voir ramené à son opinion après une série de phrases souvent fatigantes. Mais ces manières hésitantes couvrent un grand fonds de volonté. *Cette élocution pénible lui donne le moyen d'éviter un mot impropre, une phrase qui le compromettraient. Jamais une idée ne jaillit brusquement de sa tête.* Si elle se présente, elle est soumise à un examen réfléchi ; et ce n'est qu'après avoir été élaborée qu'elle est produite. *Le caractère de M. de Bourmont n'est pas tellement rigide qu'il ne se prête avec une sorte de complaisance aux capitulations réclamées par les circonstances* » [63].

Cette extrême réserve verbale, du moins devant des interlocuteurs qui pourraient le compromettre, est confirmée par le chancelier

Pasquier : « Pendant sept ou huit années que je l'ai vu à la Chambre des pairs, je ne me souviens pas d'avoir entendu sortir une parole de sa bouche ; il ne causait même pas avec ses voisins » [64]. Mais avec ses subalternes, le ministre-général avait une autre conduite. Il devenait d'une prolixité étrange, comme nous le raconte le capitaine Pélissier (le futur maréchal) qui fit la campagne d'Alger à ses côtés en qualité d'officier d'état-major : « Sa conversation était pleine d'agrément ; mais il se livrait trop au plaisir de causer, de raconter surtout, et ce défaut, joint à une paresse excessive, lui faisaient souvent perdre un temps précieux. Se levant tard, sortant fort peu, il était presque inabordable pour les officiers de l'armée » [65]. De son côté, le maréchal de Castellane écrit dans son *Journal :* « C'était jour de réception (vers le 23 mars 1830) de la duchesse de Maillé. M. de Bourmont avait un air contrit et tout à fait embarrassé ; je ne sais si cela tient à la manière dont il est arrangé dans les journaux. Après son whist, il a parlé longuement des préparatifs de son expédition, de la construction de bateaux plats pour le débarquement de fusées de la Congrève, de lances de six pieds destinées à former en avant du camp une haie pour défendre les bataillons contre la cavalerie des Arabes, et de la formation, après le départ de l'expédition, d'une division de réserve... » [66]. Le maréchal de Castellane, à l'époque sous l'autorité de Bourmont, lui demanda un entretien pour rendre compte d'une inspection. Le rendez-vous fut fixé pour cinq heures et demie. Castellane fut ponctuel. Mais le ministre avait dans son cabinet deux invités avec lesquels il causa longtemps. « Parvenu à Son Excellence à six heures et demie, écrit Castellane, nous avons parlé un peu inspection, puis M. de Bourmont s'est étendu longuement sur différents sujets. Cela m'a expliqué la durée de l'entretien de mes prédécesseurs : avec ce système-là, il doit expédier peu d'affaires... » [67].

Ne se livrant que devant des oreilles sûres ou incapables de lui nuire, Bourmont cultivait une autre passion : c'était *« un joueur effréné, perdu de dettes »*, dit le chancelier Pasquier, généralement très modéré dans ses jugements. Pélissier confirme ce penchant : *« Une vie aventureuse, le goût des plaisirs et du jeu l'avaient mis en relations avec une foule d'intrigans et de gens sans probité, comme sans talens. Il ne sut jamais éloigner de lui cet entourage qui, dans l'armée comme dans toute la France excitait une défiance qui rejaillissait, peut-être à tort, sur le général lui-même »*. Ce goût pour les gens douteux, l'habitude des complots et des intrigues suscitaient des commentaires indignés : « Il y a, écrit le maréchal de Castellane (février 1830), depuis quelque temps, des dîners d'officiers de la garde et de la ligne, de la garnison de Paris. Des intrigants aventuriers, quelques mauvais sujets renvoyés de l'armée et replacés par M. de Bourmont, s'y rendent aussi, et tout le monde y boit à la santé de celui-ci »[68].

Ce portrait physique et moral de Bourmont, dressé d'après les témoignages directs de ses contemporains, où entre une part d'outrance, n'est pas pour démentir une carrière formidablement aventureuse qui lui valut, selon la comtesse de Boigne et d'autres auteurs, « *l'épithète de traître que personne ne lui contestait* ». « Monsieur de Bourmont, constatait la mémorialiste, après s'être battu bravement dans la Vendée (comme chouan sous le pseudonyme de Renardin), avait fait sa paix particulière avec l'Empereur, abandonné, d'autres disent livré, ses camarades, et pris du service dans l'armée impériale si promptement qu'il n'en était guère estimé. En 1814, il s'était trouvé des plus empressés à saluer le drapeau blanc. En 1815, il avait accompagné le maréchal Ney à Dijon, avait obtenu de l'Empereur le commandement d'une brigade, puis avait déserté la veille de Waterloo et porté à l'ennemi les états de l'armée. Lors du trop fameux procès du maréchal Ney, monsieur de Bourmont témoigna contre lui, l'accusa d'avoir aidé à la rédaction de la proclamation qu'il dénonçait aujourd'hui... »[69].

Pour toutes ces raisons, le nom du ministre de la Guerre était honni à la ville et à la campagne. Dans son propre camp, rares sont les témoignages en sa faveur. Ainsi le baron de Vitrolles, ultra de longue date qui exerça une profonde influence à la cour, se contente d'écrire : « Le comte de Bourmont par la décision de son caractère, la perspicacité de son esprit, une sorte de finesse qui n'exclut pas la force, était mieux préparé que les autres pour nous comprendre »[70].

L'homme qui allait s'emparer d'Alger était-il donc aussi abominable qu'on l'a dit ? Dans le contexte de l'époque, avec quatre changements de régimes dans la violence en moins de trente ans, rares furent les hommes qui demeurèrent fidèles à des principes, aux pouvoirs successifs. Bourmont ne fut pas le seul à passer d'un camp à l'autre, de la Légitimité à l'Empire, du libéralisme à la réaction : les événements dramatiques, les soubresauts de l'Histoire « déboussolèrent » presque toute la France. Nous ne cherchons pas à disculper, mais à comprendre en toute impartialité. Si ses revirements ont paru plus condamnables que ceux d'autres acteurs de l'époque, ce fut en raison même de l'ampleur que Bourmont se plaisait à leur donner. L'homme avait un tempérament de joueur. A chacune de ses trahisons, il jouait sa tête... et il ne pouvait se permettre de perdre ! Au fond, s'il avait servi sous un régime et des institutions stables, il eût fait un remarquable Premier ministre d'Ancien Régime (Mazarin, Richelieu, Dubois). Il avait une intelligence, un sens de l'intrigue hors du commun qui le servirent pour damer le pion à des « spécialistes » comme Fouché et Savary, duc de Rovigo. De Fouché, il avait la sournoiserie, mais sans la frénésie de l'intérêt personnel. De Savary, il avait l'art de la manipulation policière et politique, sans la cruauté. Nous devons à la vérité historique de souligner sa répugnance pour le sang versé inutilement : on n'ose imaginer ce qu'eût été la capitulation d'Alger sous un Marmont ou un Clauzel. Chez Bourmont, on sent des pulsions romantiques d'une personnalité viscéralement sceptique. L'attirance irrépressible pour le jeu, qui est une forme de défi au destin et à la mort, fit de ce dilettante un homme d'action. Mais il avait une prédilection pour les « parties » où ses cartes paraissaient injouables : ainsi, quand il s'engagea corps et âme dans la folle équipée de la duchesse de Berry en 1832, ou lorsqu'il se lança dans l'aventure donquichottesque de dom Miguel du Portugal... Cependant, réaliste par la force des choses, le « gentilhomme de grand chemin » se devait de s'entourer de quelques précautions : précautions de langage qui ne trompèrent personne ; précautions d'entourage - cet entourage interlope que lui reprochèrent amis et ennemis, et d'où n'émerge que la figure d'un certain Fourmont, fidèle homme de peine et homme de main.

Ces qualités déterminèrent le choix du Dauphin, de Charles X et de Polignac. L'expédition d'Alger était la dernière carte de la Monarchie : on ne pouvait la mettre entre de meilleures mains que celles de Bourmont. Il désirait le succès au moins autant que Charles X et Polignac. « Il recherchait vivement, écrit la comtesse de Boigne, une occasion de se relever dans l'opinion publique. Il se savait brave et se croyait bon militaire. Un petit bout de guerre lui aurait convenu. »

Lorsque sa nomination fut rendue publique, les envieux et les adversaires du cabinet redoublèrent de sarcasmes. Le maréchal de Castellane, véritable miroir de l'état d'esprit de l'armée, notait dans son *Journal :* « Le *Moniteur* du 19 avril contient l'ordonnance contresignée Polignac, qui nomme le général Bourmont commandant en chef de l'armée d'Afrique ; une autre contresignée comte de Bourmont charge le prince de Polignac du portefeuille de la Guerre, vu l'absence du ministre titulaire. C'est une nouveauté de voir le même individu en même temps ministre de la Guerre et général en chef. M. de Bourmont conserve de plus sa place de commandant d'une division d'infanterie de la garde ; il est bien aise d'avoir trois ou quatre cordes à son arc.

« On prétend que les soldats, dans leur marche pour l'expédition d'Alger, chantent le couplet suivant :

Alger est loin de Waterloo.
On ne déserte pas sur l'eau.
De notre général Bourmont
Ne craignons pas la trahison » [71].

Même dans les rangs ultras, la nomination fut décriée, pour d'autres raisons. Nul n'ignorait que le ministre intérimaire à la Guerre, Polignac, ne connaissait rigoureusement rien aux choses militaires. C'était une « bien coupable imprévoyance » que de lui déléguer des fonctions si importantes dans la période critique que traversait le pays. De plus, des quatre lieutenants-généraux commandant les divisions de la Garde royale, trois étaient absents. « Au sujet de ces titulaires absents, constatait le général Armand d'Hautpoul, une observation se présente sur M. de Bourmont. En allant en Afrique conquérir son bâton de maréchal de France, il avait conservé le ministère de la Guerre et le commandement d'une division de la Garde ; et la vacance de ces deux emplois eut un résultat fatal » (lors des journées de Juillet) [72].

A dire vrai, il faudrait parler moins d'imprévoyance que de calcul erroné. Dans l'esprit de Polignac et de Bourmont, le ministre-généralissime ne s'attarderait pas à Alger. Une fois que le but essentiel de la campagne, la prise et le détournement du Trésor, aurait été atteint, le commandant en chef retournerait en France avec le gros du corps expéditionnaire, ne laissant sur la rive africaine qu'une garnison appuyée par la flotte. Pour une opération aussi délicate que l'affaire du Trésor, Bourmont, seul, réunissait les talents, les capacités et la discrétion nécessaires. N'avait-il pas fourni ses preuves au moment de l'expédition d'Espagne ? C'est lui qui, avec doigté, offrit au roi Ferdinand un million d'argent frais dans le plus grand secret et obtint par ce moyen la reconnaissance par l'Espagne d'une dette de 34 millions vis-à-vis de la France [73]. Si, en fin de compte, le programme initialement prévu par Polignac et le ministre de la Guerre échoua, ce fut par la faute du président du Conseil et aussi à cause des retards dans l'exécution de la campagne militaire.

Le général de Bourmont prit un soin tout particulier dans le choix de ses collaborateurs directs à l'état-major général de l'armée expéditionnaire. Ces hommes joueront un rôle capital au moment du détournement du Trésor. Il eut la délicatesse remarquée de ne prendre qu'un seul de ses quatre fils comme aide de camp, le capitaine Louis de Bourmont. Le premier aide de camp était le fidèle

Blouquier de Trélan, chef de bataillon, qui n'hésita pas, à Waterloo, à le suivre dans sa fuite. Depuis, le général le considérait un peu comme son fils adoptif.

La désignation du général François Desprez comme chef d'état-major général désappointa la plupart des observateurs. Desprez, « petit homme sec et pointu auquel on ne pouvait parler sans se piquer » [74], d'obédience libérale avouée et franc-maçon, avait la réputation d'un militaire au « ton tranchant et à la conversation sentencieuse et métaphysique » [74]. Il n'obéissait pas facilement et toute la hiérarchie se souvenait de ses discussions avec le maréchal Moncey, alors qu'il était chef d'état-major de la 4e armée des Pyrénées. Charles X lui-même avoua sa surprise lorsque Bourmont lui soumit son choix. En fait, le général en chef prit Desprez pour faire plaisir à son vieil ami le marquis de Clermont-Tonnerre, dont le frère avait été condisciple de Desprez à l'École polytechnique.

Desprez, qui se révéla sur le terrain un piètre militaire malgré un vaste savoir théorique, a laissé un récit de la campagne d'Afrique où il s'est efforcé de justifier la conduite des opérations critiquée en France et dont il fut le principal responsable...

Le baron Tholozé fut nommé sous-chef d'état-major général. Officier « sans histoire », paperassier en diable, sa principale contribution à l'expédition fut la rédaction d'un formidable arsenal de notes réglementaires ! Le jeune et ambitieux colonel marquis de Bartillat, commandant du quartier général, était d'une autre trempe. Nous sommes tenté de voir dans ce choix de Bourmont une espèce de coup de cœur : le marquis semblait une réplique, au moral et au tempérament, du général en chef ! Qu'on en juge :

« Au nombre des ridicules choix de M. de Bourmont pour sa maison militaire, notait le maréchal de Castellane, on place en première ligne le colonel marquis de Bartillat qui a été envoyé comme colonel, à la suite de mon 5e de housards (sic), pour y faire son instruction. Il y était sans appointements, avec défense de donner des ordres à qui que ce fût et de porter l'uniforme du régiment. Il y était resté plusieurs mois, vêtu en cuirassier et nous amusant parfaitement. (...) A l'avènement de M. de Bourmont au ministère, le marquis de Bartillat, qui était libéral, s'est fait ultra pour devenir officier d'ordonnance de M. de Bourmont.

« Le marquis de Bartillat a reçu des patentes de commandant du quartier général de l'armée d'Afrique. Je l'ai trouvé qui dînait ; il devait partir par le courrier ; il était à table, en chemise de couleur, avec des moustaches grises naissantes, en présence de Mme de Beaumont et de la comtesse de Lorges, qui étaient venues voir sa femme. Il attendait une redingote d'uniforme que son tailleur n'apportait pas. Il s'est levé pour essayer son ceinturon et pour me faire juge de la longueur de sa sabretache, en ayant soin de dire avec importance devant ces dames : « J'en ai vu beaucoup ajuster dans le régiment Castellane. » Au même ceinturon, pendait un ancien sabre droit des gardes du corps ; il était fier et content d'aller à la guerre » [75].

Ce sémillant guerrier avait, à défaut de qualités de sabreur, une habileté manœuvrière qui n'échappa pas à l'œil connaisseur de Bourmont. Après la capitulation d'Alger, il sut organiser... un désordre propice au détournement du Trésor dans la Casbah. De retour en France, il se rallia au régime de Louis-Philippe avec une rapidité qui stupéfia même le comte d'Apponyi, l'attaché d'ambassade d'Autriche à Paris, pourtant blasé par la versatilité des courtisans : « Une dame, écrit-il, que j'ai été étonné de voir (à un concert de la reine Marie-Amélie), c'est la marquise de Bartillat, femme du général (sic) qui a été à l'expédition d'Alger. Ce ménage était sous Charles X de la couleur royaliste la plus prononcée, Madame surtout qui appartenait à la coterie de la vieille duchesse d'Escars et affichait même beaucoup cette amitié » [76].

Parmi les officiers d'état-major de la suite du général en chef, le colonel Antoine Juchereau de Saint-Denys mérite une mention spéciale. Pendant vingt ans, il occupa le poste d'instructeur du génie maritime ottoman, à Istanbul. Lorsque l'insurrection grecque éclata, il se compromit dans des « combines » qui lui valurent d'être relevé de ses fonctions ; il se sauva avant que le gouvernement turc ne découvrît l'ampleur de ses trahisons. En 1828, il se trouvait en Morée, aux côtés des insurgés grecs. Les archives des Affaires étrangères nous révélent que, par suite d'un accord secret, les subsides mensuels consentis par le gouvernement français au mouvement grec étaient versés au nom de Juchereau de Saint-Denys. Ce fut ainsi que le payeur de l'armée Firino, remit chaque mois 500 000 francs au colonel [77].

Officiellement, Juchereau devait diriger le bureau politique de l'état-major du corps expéditionnaire. En réalité, il eut la haute main sur le corps des interprètes et guides de l'armée. Ce corps remplit des missions où la connaissance des langues orientales n'était pas indispensable... « Je ferai remarquer, écrit le général Berthezène dans son livre sur l'expédition, combien les interprètes français ont été peu utiles en général (...). Les seuls qui nous aient servis utilement sont des hommes illettrés, nés en Orient, ou qui y ont passé une partie de leur vie. Mais ces hommes sont tous très vicieux et peu dignes de confiance... » [78].

Ce jugement de Berthezène pourrait sembler excessif. Mais il est confirmé par de nombreux autres témoignages, dont celui de l'interprète Eusèbe de Salles, qui devait devenir secrétaire de la Commission centrale de gouvernement, après la prise d'Alger. « C'est un corps curieusement composé, écrit-il, que celui des interprètes de l'armée d'Afrique : toutes les nations étaient mêlées dans cette espèce de légion étrangère ; toutes les langues, toutes les capacités, toutes les moralités, dans cette nouvelle tour de Babel. Le tiers au moins ne savait aucun des idiomes qui se parlent à Alger ; la faveur ou l'importunité (sic) leur avait donné ces sinécures en attendant d'autres destinations, ou *pour voiler leur destination réelle...* »[79].

D'autre part, des personnages très importants, pour le rôle qu'ils devaient jouer dans le détournement du Trésor, ne figurent dans aucune liste officielle, à quelque titre que ce soit. C'était le cas, par exemple, du capitaine Huder et de d'Aubignosc. Huder avait longtemps servi à l'ambassade de France à Istanbul en qualité d'interprète et d'« agent spécial ». Au moment des négociations entre Polignac et Mohammed Ali, ce fut Huder que le président du Conseil chargea de cette mission délicate. D'Aubignosc, ancien directeur de l'Opéra, après avoir voyagé en Orient et au Sénégal, fut chargé par Bourmont d'une mission d'espionnage en Tunisie, en avril et en mai 1830, avec Gérardin - ce dernier figure sur la liste officielle des interprètes. On peut également compter comme membres des « services spéciaux » les interprètes Raimbert et Levet, et le commandant Guys. Naturellement, aucun document officiel ne fait état de l'existence d'un groupe d'agents spéciaux, et pour cause !

Un mot enfin sur deux des personnages clefs de l'affaire du Trésor. Le baron Denniée, nommé intendant en chef du corps expéditionnaire, avait rempli sous l'Empire des missions analogues. La Restauration l'ignora jusqu'en 1830. C'était une curieuse personnalité, qui tenait, selon Merle, des discours futiles et incohérents. Il se piquait de musique et emporta avec lui quatre ou cinq violons... A Paris, c'était un habitué des théâtres, et il hantait la loge de Mlle Mars sans oser lui avouer sa passion secrète... car il était ruiné ! La grosse fortune que lui légua son père s'était dissipée dans les cercles de jeux. Ce fut sans doute autour du tapis vert qu'il fit la connaissance du général de Bourmont. Une enquête approfondie du ministère de la Guerre, des recommandations venues de la Cour, la certitude enfin que l'homme savait regarder sans voir et jongler avec les chiffres sans trembler, éclairèrent la religion du commandant en chef sur la valeur du baron. Il l'engagea. Denniée saura être reconnaissant : dans son *Précis historique* sur les opérations en Afrique, petit chef-d'œuvre d'auto-justification, il se disculpe habilement et blanchit Bourmont, au passage !

Le payeur général Firino avait également acquis une grande expérience dans la manipulation des fonds des armées. Il eut sous l'Empire la charge des caisses de plusieurs armées. En 1813, alors qu'il dirigeait la Caisse centrale de l'armée impériale, il fut bloqué dans Magdebourg. Il y eut alors entre lui et certains fournisseurs des « arrangements » : il délivra des billets du Trésor, « et ces billets furent une cause d'agiotage » [80]. De plus, la Caisse centrale fut victime de prélèvements illégaux. Mais aucune accusation ne fut portée contre Firino, preuve soit d'une probité exceptionnelle, sinon unique chez les payeurs impériaux, soit d'une non moins exceptionnelle dextérité. Écarté du service lors de l'affaire d'Espagne, qui donna lieu à une série de scandales financiers célèbres (marchés Ouvrard), Firino prit une médiocre revanche avec l'expédition de Morée. Le budget de celle-ci n'excéda pas trois à quatre millions, une misère ! Néanmoins, le voyage chez les Grecs fournit au payeur l'occasion de devenir intime avec le fameux colonel Juchereau de Saint-Denys. Celui-ci suggéra certainement à Bourmont et au ministre des Finances le nom de Firino comme payeur général du corps expéditionnaire.

Les préparatifs et la campagne

Avant même que l'armée expéditionnaire fût rassemblée à Marseille et à Toulon, un premier scandale éclata à propos des fournitures. Rompant avec le système des adjudications, le ministre de la Guerre, Bourmont, traita directement avec une seule maison de commerce, la maison Seillière, dans des conditions suspectes.

Le maréchal de Castellane apprit l'affaire chez le ministre des Finances : « J'ai été à la réception du comte de Chabrol, ministre des Finances ; il y avait peu de monde. Jamais on ne vit de ministres plus délaissés que les nôtres, et encore, lorsqu'on s'y rencontre, chacun se croit obligé de s'excuser d'y être.

« On se plaint des marchés conclus pour les vivres de l'expédition d'Alger avec la maison S... Elle fera les achats pour le gouvernement ; on lui accorde 5 pour 100 de bénéfice, 2 1/2 de commission, en tout 7 1/2 pour 100 ; c'est une surcharge inutile pour le Trésor, car les intendants auraient pu faire directement ces achats.

« M. de Bourmont a conclu ce marché sur sa cheminée. Le général Clouet, directeur général de l'administration, établissait, pendant ce temps-là, le cahier des charges d'une adjudication avec concurrence. Il l'a soumis à M. de Bourmont, qui lui a répondu que les marchés étaient conclus. M. Clouet s'est fâché. Le général d'Hautpoul, ex-colonel du 3e régiment de la garde, a été nommé directeur de l'administration de la Guerre à sa place. Ce n'est pas la faute de

M. de Bourmont s'il n'a pas conclu un plus grand nombre de marchés ; il trouve une opposition diabolique dans M. de Chabrol, qui, au conseil, se refuse toujours à leur approbation »[81].

La nouvelle se répandit dans toute l'armée. Le capitaine Pélissier, pourtant officier de l'état-major de Bourmont, ne ménagea pas ses critiques : « Des approvisionnements immenses, écrit-il dans ses *Mémoires,* avaient été faits, d'autres étaient commandés. Ces approvisionnements étaient, en grande partie, achetés pour le compte de l'État, par une société qui recevait un droit de commission de 25 pour 100 (sic). Ce mode fut blâmé par beaucoup de personnes, qui crurent y voir un renouvellement des marchés de 1823, déguisés sous un autre nom. Le mariage du fils d'un homme influent avec la fille du chef de la société, celui qui, disait-on, était projeté entre une autre personne de la même famille et le fils aîné du général en chef, passaient pour les pots-de-vin de ce marché. (...) La connivence entre l'administration de l'armée et la société Sellière (sic) pouvait seule rendre un tel marché désavantageux pour le Trésor »[82].

Cette accusation fut reprise par la presse : « On dit, écrivait *Le Figaro,* qu'une espèce de pot-de-vin de deux millions, un mariage futur et une alliance faite ont déterminé le choix du fournisseur général ». Même le chef d'état-major du général de Bourmont, le général Desprez, n'hésita pas à lui reprocher cette sombre combinaison... qui fournissait un argument de plus à l'opposition !

Il y eut indiscutablement des « dessous de table » dans cette affaire. L'honnête général Clouet, écarté de ses fonctions pour avoir osé désavouer l'escroquerie, reçut en compensation... le commandement d'une brigade dans l'armée d'Afrique ! Bourmont lui choisit pour remplaçant l'homme le moins indiqué qui fût dans toute l'armée : « Le ministre, écrit le général Alphonse d'Hautpoul (l'« heureux élu »), me dit que le Roi m'avait nommé directeur général de l'administration de la Guerre. Cette nouvelle me pétrifia. Je sentais combien j'étais peu capable de remplir une pareille mission. J'avais été toute ma vie officier de troupe »[83].

Le choix était magistralement habile, car il fallut plusieurs mois au brave général de troupe pour se familiariser avec les colonnes de chiffres. Néanmoins, il prit sa tâche à cœur et parvint, écrit-il, à réduire quelque peu les énormes bénéfices réalisés par la maison Seillière. « On avait chargé, avant mon arrivée, la maison X... de Paris, de l'achat des subsistances de l'armée d'expédition. Elle devait se contenter de son droit de commission, puisqu'elle achetait pour le compte de l'État ; mais il était important que les prix portés en dépenses fussent bien ceux des achats. Pour m'en assurer, j'envoyai en mission sur les côtes d'Espagne, en Syrie et en Égypte, des agents sûrs, avec ordre de faire établir par les autorités du pays les prix courants des différentes denrées, et de faire viser ces déclarations par nos agents consulaires. Ces états m'étaient adressés ensuite. Lorsque la maison X... me présentait ses bordereaux d'achat avec les dates des marchés, je comparais les prix avec ceux que j'avais reçus de mes agents. Je parvins ainsi, en trois mois, à rabattre à la maison X... sur des achats de viande, de farine, de riz, de vin, etc., plus de 2 000 000 qui restèrent dans les coffres de l'État »[83].

Si avec cette procédure d'investigation et de contrôle longue et « artisanale » le général parvint, cependant, à « récupérer » deux millions, combien d'autres échappèrent ? On a avancé le chiffre fabuleux de dix millions de bénéfice réalisé par Seillière !

Reste l'accusation portée contre Bourmont d'avoir inclus, dans la combine avec le fournisseur, des visées matrimoniales. Nous ne croyons pas qu'un tel calcul ait pu entrer dans le marché. Cela ne correspond pas au personnage du « gentilhomme de grand chemin » - du moins tel que nous pensons le connaître à travers les témoignages de tous bords. Que des considérations financières personnelles aient joué, cela nous paraît très probable en l'occurrence. Mais la véritable raison qui détermina le choix de Bourmont et les conditions si avantageuses consenties à Seillière, est ailleurs.

Le but essentiel de l'expédition contre Alger étant la capture du Trésor et le détournement d'une partie importante au profit de la cassette de Charles X, *il fallait prévoir un acheminement sûr et discret de l'or et de l'argent.* Cela ne pouvait se faire sur les navires de la Marine royale. Duperré aurait exigé des pièces officielles qui déchargeassent sa responsabilité. Or, le roi, Polignac et Bourmont étaient si peu sûrs de l'amiral que des mesures tenues secrètes avaient été prises contre lui avant le départ de la flotte !

Bourmont reçut le 18 avril un pli cacheté qui renfermait une ordonnance, signée par Charles X et contresignée par Polignac, dont voici le texte :

« Charles, par la grâce de Dieu,
Roi de France et de Navarre,

« Voulant prévoir le cas où, dans le cours de l'expédition d'Afrique, il s'élèverait quelque conflit d'autorité entre le commandant en chef de notre armée de terre et le commandant en chef de notre armée navale, et prévenir les inconvénients graves qui pourraient en résulter pour le bien de notre service et pour l'honneur de nos armées ;

« Sur le rapport de notre Président du Conseil des ministres,

« Nous avons ordonné et ordonnons ce qui suit :

« Article premier : Si les événements de la guerre font naître entre le commandant en chef de notre armée expéditionnaire d'Afrique et le commandant en chef de l'armée navale des différends assez graves pour que le commandant en chef de l'armée expéditionnaire les juge de nature à compromettre le succès des opérations militaires, il prendra immédiatement le commandement de toutes les forces de terre et de mer employées à cette expédition.

« Article 2 : Le vice-amiral commandant et tous autres commandants de l'armée navale auront, dans ce cas, à reconnaître l'autorité du commandant en chef de l'expédition, et à exécuter ses ordres.

« Article 3 : Notre président du Conseil des ministres et notre ministre secrétaire d'État au département de la Marine, sont chargés, chacun en ce qui le concerne, de l'exécution de la présente ordonnance... »

Dans sa lettre accompagnant cette ordonnance, Polignac indiquait à Bourmont que « son exécution dépend des circonstances dont vous êtes appelé, monsieur le comte, à apprécier l'exigence ». En outre, le président du Conseil remit au commandant en chef un pli cacheté destiné à Duperré que Bourmont lui remettrait au moment qu'il jugerait opportun. Ce pli contenait une copie de l'ordonnance royale et une lettre du ministre de la Marine, datée du 19 avril et ainsi libellée :

« Monsieur l'amiral,

« Le Roi, voulant dans sa sagesse prévoir les inconvénients que, dans des circonstances graves, pourrait entraîner la division du commandement supérieur entre les généraux des armées de terre et de mer, a rendu l'ordonnance dont vous trouverez ci-joint l'ampliation.

« Sa Majesté attend de votre dévouement à son service et de votre respect pour sa volonté que vous n'hésiterez pas à vous y conformer et que vous continuerez à lui donner des preuves du zèle qui vous distingue et que Sa Majesté s'est plu à reconnaître en vous... Signé : d'Haussez » [84].

De telles précautions, et si radicales, ne dénotent pas un excès de confiance du gouvernement en son amiral et dans la Marine. On reprochera à Bourmont de n'avoir pas excipé de cette ordonnance pour obliger la flotte à rapatrier le corps expéditionnaire après les journées de Juillet, ce qui eût peut-être permis de sauver le trône de Charles X.

Quoi qu'il en soit, Bourmont savait que tous les marins feraient corps derrière leur chef. Aucun commandant de navire n'aurait accepté que son bateau servît à des transports clandestins d'or et d'argent sans en référer immédiatement à l'amiral, lequel aurait exigé des justificatifs en bonne et due forme !

D'autre part, il eût été de la dernière imprudence de noliser un navire de commerce à Alger pour effectuer secrètement le transport de la part du Trésor destinée au roi. *La seule et unique solution consistait donc à s'assurer la complicité d'un armateur dont les navires seraient présents à Alger sans éveiller de soupçon.* Les gros bénéfices qu'offrait le marché des fournitures furent le prix exigé pour cette complicité et le silence de Seillière. Il recevra d'autres « compensations » encore, à Alger même. Son principal agent, Schneider, ne sera pas oublié non plus...

La campagne militaire.

Le déroulement des opérations militaires proprement dites mériterait un nouvel examen à la lumière des documents récemment retrouvés tant à Paris, qu'à Istanbul, Stockholm, Londres, etc. Cette étude ne portant que sur les aspects politiques et financiers de l'expédition, nous nous contenterons de résumer les phases essentielles des combats.

Les troupes et la flotte rassemblées à Toulon furent passées en revue par le Dauphin, avec un grand renfort de peuple et de festivités, dans la première semaine de mai 1830. Puis l'embarquement commença le 11 pour s'achever le 18. Cependant, les vents favorables ne se levaient pas. Le 19, on apprit le remaniement ministériel qui amena au gouvernement des ultras parmi les plus durs (Peyronnet) et le départ de Courvoisier et de Chabrol, hostiles au recours à l'article 14 envisagé par Polignac. La Chambre des députés fut dissoute et les électeurs convoqués pour le 23 juin et le 3 juillet. Il n'est pas besoin de souligner la simultanéité de ces mesures avec le départ du corps expéditionnaire. Aussi certains membres du parti ultra et même Bourmont soupçonnèrent l'amiral Duperré de retarder volontairement le départ pour déjouer les calculs politiques du cabinet liés à l'expédition. Finalement la flotte leva l'ancre le 25 mai.

Le lendemain, on aperçut la *Duchesse de Berry,* un bâtiment en faction devant Alger, qui escortait une frégate turque, le *Nessin-Jaffat,* arborant le pavillon de l'amiral Tahir Pacha. Après une brève conférence à bord de la *Provence,* navire amiral de Duperré, entre Bourmont et l'amiral turc, le *Nessin-Jaffat* fut conduit à Toulon par la *Duchesse de Berry :* Tahir Pacha y attendra vainement des réponses aux ouvertures que la Porte l'avait chargé de faire à la France. Pendant ce temps, la flotte continuait sa route.

Elle parvint devant le cap Caxine le 31 mai. Duperré jugea que l'état de la mer rendait périlleuse toute tentative de débarquement. Dans ses *Notes journalières,* le général Valazé écrit à la date du 31 mai : « Depuis deux jours, je ne puis plus manger. Tout le monde de nous souffre de la mer en marchant au nord » [85]. L'amiral prit alors une décision qui souleva et soulève encore bien des interrogations : il donna l'ordre à la flotte de rallier Palma, autrement dit de faire demi-tour. Les relations entre l'amiral et le commandant en chef, déjà très aigres, se tendirent ; on frôla la rupture. La raison en est simple : l'amiral qui avait montré « tant de mauvaise volonté » depuis le début, ne cherchait-il pas à faire échouer l'expédition ? Avec sa finesse habituelle, Guernon-Ranville consigne dans son *Journal :* « Le ministre de la Marine nous a donné des nouvelles de la flotte (le 13 juin) ; elle a relâché dans la baie de Palma ; pourquoi cette relâche ? Ces retards sont inquiétants ; Duperré trahirait-il ? » [86].

Le 10 juin, à midi, la flotte quitta le mouillage de Palma et cingla vers Alger. Quatre jours plus tard, le 14 juin à 3 heures, les opérations de débarquement du corps expéditionnaire commençaient sur les plages de Sidi-Ferruch. Ainsi une quinzaine de jours avaient été perdus par rapport aux prévisions. Ce retard désorganisait les combinaisons que Polignac et Bourmont avaient conçues. On porta de nouveau de graves accusations contre Duperré. Mais rien ne prouve qu'il y eut de la part de l'amiral autre chose qu'une légitime prudence. Du reste, ses craintes ne furent pas entièrement gratuites : le 16 juin, une tempête jeta la panique parmi l'immense flotte, et si les éléments avaient continué à se déchaîner une heure de plus, la Marine eût essuyé une catastrophe comparable à celle subie par Charles-Quint...

Comment s'était-on préparé à la confrontation, du côté algérien ? Eh bien, à la lecture des récits et des documents de l'époque, on reste confondu devant l'incroyable incurie du dey et de ses ministres ! Pourtant, les plans de débarquement ennemis leur étaient connus. Dans la presqu'île de Sidi-Ferruch, on ne disposa qu'une dizaine de canons sur des points choisis comme pour les désigner à l'artillerie navale adverse. Les plages ne furent pas minées ; aucun retranchement n'avait été préparé...

L'armée algérienne était placée sous le commandement de l'agha Ibrahim, gendre de Hussein. Elle ne comprenait que 7 000 hommes véritablement formés, la milice turque. Le reste, 40 000 hommes environ, étaient des volontaires venus de Kabylie, du Constantinois et d'Oranie. Ces tirailleurs, habiles et courageux comme le reconnurent les officiers français, n'avaient aucune chance de l'emporter :

l'artillerie algérienne était pratiquement inexistante. Les batteries de campagne françaises remarquablement servies firent des ravages dans les lignes de fantassins et de cavalerie algériennes.

Le corps expéditionnaire put débarquer presque sans rencontrer de résistance. Aussitôt, les travaux de retranchements commencèrent et furent menés avec une extrême célérité. En moins de deux jours, la tête de pont était solidement établie. Mais le 19 juin, l'agha Ibrahim décida une offensive générale à partir de son camp de Staouéli. Les combats, engagés au cours de la nuit, se poursuivirent jusque vers midi avec une intensité et une sauvagerie inouïes - de part et d'autre, on n'épargna pas les blessés et on commit bien des atrocités. Une brillante manœuvre de la Ire division de Berthezène décida du sort de la bataille : le camp de l'agha fut investi, tandis que les troupes algériennes battaient en retraite.

La prise du camp de l'agha fut l'occasion du premier détournement d'argent. « Nous avons trouvé dans le camp, écrivait un correspondant anonyme, une immense quantité de tentes et des provisions de toute espèce, huit pièces de canon et deux mortiers, seule artillerie qui fût au pouvoir de l'ennemi, des marmittes (sic) pleines, caisses militaires contenant 60 000 francs en or, 200 chevaux et de 400 à 500 moutons »[87]. Cette prise est confirmée par Ault-Dumesnil, officier d'ordonnance de Bourmont : « On y trouva de la poudre, des projectiles, un exemplaire du Koran, les registres et les papiers particuliers de l'agha de la milice turque, des vivres, du tabac, du café, du sucre, de l'or et de l'argent monnayés, des troupeaux de mouton (sic), et une centaine de chameaux... »[88]. D'autres récits corroborent ces faits. Cependant, les 60 000 francs ne figurent dans aucune pièce comptable : ils ne furent sans doute pas perdus pour tout le monde.

La défaite de Staouéli marqua un tournant dans la campagne. Ibrahim fut destitué et remplacé par le bey de Tittery, Mustapha Bou-Mezrag. Celui-ci, profitant de l'indécision du commandement ennemi, rassembla l'armée et tenta quelques contre-attaques (Sidi Khalef, le 24 juin, plateau de Chapelle et Fontaine, les 26 et 28 juin). Cependant, Bourmont reprenait sa marche vers Alger, le 29 juin. Sur sa route, il n'y avait qu'une seule défense : la forteresse dite *Sultan Calassi*, ou encore le *Fort l'Empereur*.

Cette forteresse avait été construite au XVIe siècle sur le lieu même où Charles-Quint planta sa tente. Elle dominait la Casbah, dont elle n'était distante que de 1 225 mètres. Elle était pourvue d'une bonne artillerie, mais sa conception et sa construction étaient défectueuses. Il n'y avait ni fossés, ni chemins couverts. Elle était exposée en outre au feu des hauteurs voisines.

Le 3 juillet, on disposa, sous les ordres du général de la Hitte, six batteries de siège sur les collines, à 600 mètres de la forteresse. Le dimanche 4 juillet, vers 4 heures du matin, une fusée éclata au-dessus d'Alger : aussitôt toutes les batteries de siège commencèrent à tirer en même temps. Fort l'Empereur répondit à un rythme hallucinant, soutenu par les batteries des Tagarins et de Bab-Azoun. Cette formidable canonnade jeta la stupeur dans la ville, et des milliers d'habitants sortirent en hâte de chez eux pour fuir, qui par la route de Constantine, qui sur des barques. La panique se généralisa avec les premières lueurs du jour.

Sultan Calassi résista avec une incroyable énergie jusqu'à 9 heures du matin. Les obus ennemis avaient ouvert de larges brèches dans les murs. Plusieurs pièces avaient été détruites. Mais les hommes de la garnison luttaient toujours sous le déluge de boulets. Les blessés et les morts étaient promptement remplacés. Mais vers 9 h 30, le commandant de la forteresse, qui était le Khaznadji, ou ministre des Finances, ordonna la retraite. Il fit sortir ses hommes par petits groupes, emportant morts et blessés. Puis vers 10 heures, il évacua la place à son tour, laissant un serviteur noir mettre le feu aux poudres. Il y eut alors une formidable explosion que l'on entendit à trente kilomètres à la ronde.

Alger était désormais à la merci de l'armée française. Cette campagne, qui n'aura duré que trois semaines, ne fut pas un chef-d'œuvre sur le plan militaire. Sans chercher à minimiser la bravoure des soldats ou la compétence des officiers de troupes français, on ne doit pas sous-estimer la part de responsabilité des dirigeants algériens dans la défaite. La trop grande confiance en soi du dey, l'impéritie et l'imprévoyance de son gendre l'agha Ibrahim, l'inexistence d'une artillerie algérienne moderne, la mauvaise organisation du commandement sur le terrain, contribuèrent largement à la victoire de Bourmont, dont les capacités militaires furent contestées par son propre état-major !

Peu après l'explosion de Fort l'Empereur, un envoyé du dey se présenta au général en chef. C'était le *bach-kateb* Sidi Mustapha, qui remplissait les fonctions de secrétaire général du gouvernement. Il venait négocier la capitulation de la ville.

A partir de cet instant, les récits des témoins divergent sur des points essentiels. La campagne était entrée dans sa phase la plus délicate, la plus secrète...

TROISIÈME PARTIE

L'occupation d'Alger

Le microcosme politique algérien

L'explosion du Fort l'Empereur surprit les Français autant que les Algériens : tout le monde s'attendait à une résistance plus longue. En marquant d'une manière si brutale la fin du pouvoir turc à Alger, la gigantesque déflagration retentit comme le premier signe d'une période d'anarchie sans précédent, confusion que la révolution de Juillet ne fera qu'aggraver. Pris au dépourvu, les protagonistes algériens et français en furent réduits à improviser un semblant d'ordre où, en réalité, les intérêts personnels des uns et des autres prévaudront sur toute autre considération.

Bourmont avait rempli la première de ses missions, la destruction du gouvernement du dey, acquise dès la fin de la matinée du 4 juillet. Il lui restait à s'acquitter de l'autre, secrète, et donc plus délicate et incertaine. Comment allait-il s'y prendre, à un moment où les nouvelles en provenance de Paris ne présageaient rien de bon pour le trône de Charles X ? Quant au sort d'Alger, après la chute de Hussein, le cabinet Polignac hésitait toujours entre plusieurs partis. Dans l'expectative, le général en chef s'efforcera de maintenir une espèce de statu quo propice à tous les désordres, à tous les débordements...

Le dey Hussein, de son côté, avait tout prévu sauf qu'il puisse perdre la guerre et son trône en trois semaines ! Après que Sultan Calassi eut sauté, Hussein n'était plus qu'un homme en proie au plus complet désarroi. Qu'allait-il faire pour sauver la ville, sa vie et celle des siens, et sa fortune, dans ces instants où ses nombreux ennemis n'hésiteraient pas à le sacrifier ?

La reconstitution exacte des événements survenus à Alger pendant cette période anarchique se heurte à d'énormes difficultés. Nous disposons, à cet effet, de sources d'information où le manque d'objectivité semble être le seul dénominateur commun. Les documents officiels, conservés aux archives, qui émanaient des autorités militaires, ne contiennent que des informations *autorisées :* tout ce qui fut considéré comme confidentiel ou secret n'y figure pas. Quant aux récits, écrits « à chaud » par des témoins, essentiellement des membres du corps expéditionnaire, ils sont sujets à caution. Pourquoi ? Il faut se souvenir que, un mois après la chute d'Alger, la révolution de Juillet balayait le trône de Charles X et le parti ultra. Dans l'armée d'Afrique, il y avait de farouches partisans du régime déchu, des adeptes de l'orléanisme triomphant, des républicains de longue date, des bonapartistes, beaucoup de transfuges indécis et quelques illuminés, « croisés attardés » ou « anarchistes » impénitents... Chacun vécut les événements selon ses penchants, ses passions, ses ambitions. En outre, les témoins étaient plus ou moins bien informés, selon le rang et l'emploi qui étaient les leurs. Les plus au courant étaient nécessairement proches du grand quartier général : certains, poussés par l'ambition de « faire carrière », se firent violence et prêtèrent leur plume pour conforter la vérité officielle ; d'autres, soit par scrupule, soit par patriotisme, soit encore par crainte de représailles judiciaires, usèrent jusqu'à l'abus de la litote et de l'allusion indéchiffrable ; d'autres, et ils furent les plus nombreux, se turent. Les moins bien informés ne servirent pas mieux la vérité des faits : ils succombèrent, souvent, à la tentation de pallier leur ignorance par des rumeurs, des bruits qu'ils revêtirent du sceau de l'authenticité la plus absolue.

En fin de compte, sur la soixantaine de témoignages écrits par des militaires de tous grades et quelques civils, on en trouve à peine une demi-douzaine qui présentent à peu près la même version des faits. Le lecteur curieux pourra s'en convaincre en lisant ces ouvrages cités en bibliographie, encore que la plupart soient devenus rarissimes. Pour illustrer le propos, prenons un simple petit exemple : à quelle heure eut lieu l'entrée de Bourmont dans Alger, le 5 juillet ? Certains auteurs la situent et la décrivent avec force détails comme étant intervenue à 11 heures du matin ; d'autres non moins « sincères » affirment qu'ils y ont assisté, en personne, à 10 heures, et vu le général à cheval ; d'autres indiquent 1 heure de l'après-midi ; d'autres encore la reportent au lendemain matin, 6 juillet...

Les très rares témoignages d'Algériens qui ont raconté ces mêmes événements, ne se signalent pas par un plus grand souci de la vérité que ceux des Français. A les lire, on a même l'impression que l'ampleur de la secousse historique que fut pour eux la chute d'Alger, a comme anéanti tout sens critique. Chacun eut conscience de vivre des moments si incroyables que la légende s'en était déjà emparée... Quant aux rapports des consuls européens présents sur les lieux, ils ont passablement souffert de la déformation professionnelle si universellement répandue dans cette corporation : le rôle supposé (et toujours exagéré) de l'agent diplomatique importe plus que l'événement.

Est-il possible dans ces conditions, dira-t-on, de rétablir l'exacte vérité ? Certainement, si l'on choisit la bonne méthode d'investigation, en l'occurrence la méthode de l'enquête classique. Nous avons procédé par confrontation et recoupements entre les différentes dépositions (les récits des témoins) et les documents d'archives. Nous avons mis à contribution cartes et plans topographiques de manière à suivre « pas à pas » la marche des événements. Les dessins, aquarelles et portraits exécutés par les peintres attachés au corps expéditionnaire, eux non plus, n'ont pas été négligés : ils recèlent, parfois, des vérités insoupçonnables à première vue. Enfin, nous nous sommes attaché à éclairer un aspect de l'affaire jusqu'ici négligé : la « partie » algérienne. Nous connaissons les acteurs français, du moins les principaux. Mais les Algériens ? Or il y en eut pour négocier la capitulation, d'autres pour jouer les intermédiaires ou pour servir de complices.

Il ne fait aucun doute que pour (presque) tous les militaires du corps expéditionnaire, la société qu'ils étaient venus combattre formait une masse d'individus plus ou moins barbares, indiscernables les uns des autres et d'où émergeait seulement la personnalité du dey. Mais il y avait dans l'entourage occulte de Bourmont des hommes qui connaissaient le pays et ses habitants et qui guidèrent ses choix politiques. Ces hommes avertis savaient que la capitale de la Régence était le siège de rivalités, de manigances qui ne le cédaient en rien à celles des salons de Paris...

Comme nous l'avons déjà souligné, le régime algérien souffrait depuis longtemps d'un clivage politique fondé sur des considérations raciales. Le pouvoir était l'apanage exclusif des Turcs. Les « Maures », c'est-à-dire les citadins musulmans non turcs, aussi riches eussent-ils été, n'avaient pas accès à la haute administration de l'État. Paradoxalement, les grands banquiers et négociants juifs, quoique également écartés du pouvoir, pouvaient avoir une influence politique plus grande que les Maures. Il ne faut donc pas sous-estimer, sinon le désir d'émancipation, du moins la volonté de partager le pouvoir qui animait les principaux chefs maures, impatients de l'exclusivisme que s'était arrogé l'oligarchie turque. Au sein de cette dernière, et dès longtemps, les rivalités entre clans ont ponctué l'histoire du pays d'assassinats et de meurtres régicides.

Face à l'invasion française, des tendances fort complexes se sont affirmées au grand jour ; on peut schématiquement les définir ainsi :

- une tendance déterminée à lutter jusqu'au bout pour repousser l'agression. Le dey Hussein et ses amis étaient de cette opinion, croyant que l'expédition échouerait et qu'une victoire sur les Français consoliderait leur pouvoir. Pour des raisons essentiellement religieuses, les imams et les muphtis - dont Hadj Ahmed Effendi, auteur d'une relation de la prise d'Alger - adoptèrent la même détermination ;
- une tendance composée de Turcs favorables à une négociation avec les Français. A ce mouvement appartenaient principalement le ministre des Finances, le Khaznadji Mohammed, et le premier secrétaire du Gouvernement, Sidi Mustapha. Ce clan espérait prendre le pouvoir à la faveur de la négociation, en éliminant Hussein ;
- de cette opinion, mais n'entretenant pas de lien particulier avec le Khaznadji, étaient plusieurs riches négociants maures ou kouloughlis, soucieux de conserver leurs richesses et de perpétuer la suzeraineté ottomane sur la Régence ;
- un « parti autonomiste », composé de riches possédants maures, désireux d'en finir avec le régime turc, d'imposer un gouvernement « national » et de resserrer les relations commerciales avec l'Europe et surtout la France ;
- une tendance « collaborationniste », formée d'individus sans grande fortune mais avides de s'en constituer... avec l'aide de l'envahisseur dont on escomptait des récompenses pour services rendus ;
- enfin un « parti des attentistes », de loin le plus nombreux, comprenant tous ceux dont la situation ou la fortune était particulièrement précaire (petite bourgeoisie maure, négociants et banquiers juifs).

Bien entendu, le mot *parti* ne doit pas être pris ici au sens où on l'entend aujourd'hui. Il s'agissait alors de tendances, de comportements, parfois inconscients, et jamais d'individus organisés comme tels.

Parmi les principaux notables algérois qui allaient jouer un rôle important au moment de la capitulation et dans les mois qui suivirent, quatre figures se détachent : celles d'Ahmed Bouderbah, Hamdane ben Amine Es-secca dit Bourkaïb, Mustapha ben Omar et

Hamdane ben Othman Khodja.

Ahmed Bouderbah descendait d'une famille musulmane d'Andalousie, chassée d'Espagne après la Reconquista. Le nom de Bouderbah - Bou-Dharbah, le *Balafré* - venait d'un épisode curieux survenu à l'ancêtre de la famille : celui-ci eut le nez fendu (Dharbah) au cours d'un duel singulier qui le mit aux prises avec un chevalier chrétien. Agé d'une quarantaine d'années en 1830, Ahmed fut associé très jeune au commerce de son oncle Mustapha, qui lui confia la direction de l'établissement qu'il avait fondé à Marseille. Ahmed se maria avec une Provençale. Ses affaires tournèrent mal dans la cité phocéenne et il fut forcé de faire banqueroute. « Mais il eut soin, écrit l'historien de la Conquête, Pellissier de Reynaud, d'embarquer tout ce qui lui restait de marchandises. Heureusement pour ses créanciers que le navire qui les portait fut obligé de faire relâche à Fréjus où il fut saisi. Bouderbah poursuivi comme banqueroutier frauduleux aurait sans doute été condamné, si son oncle n'avait envoyé d'Alger l'argent nécessaire pour le tirer de ce mauvais pas. Ses créanciers étant satisfaits, on éloigna la criminalité de l'action, en alléguant l'ignorance où devait être un Maure à l'égard de la législation commerciale [1]. »

De retour à Alger, Bouderbah habitait rue du Vinaigre une magnifique maison, dans le meilleur style mauresque. Il possédait aussi aux environs d'Alger une ferme. « Il était à Alger, poursuit Pellissier de Reynaud qui le connut personnellement, lorsque les Français vinrent faire le siège. Il fut au nombre des parlementaires envoyés à Bourmont, lorsque la ville capitula, et *fut sur-le-champ en grand crédit auprès du général en chef qui le nomma membre de la municipalité.* Plein d'animosité contre les Turcs et de convoitises pour leurs richesses, il mit tout en œuvre pour chasser d'Alger ceux qui y étaient restés. Bouderbah, dont l'esprit est fin et délié et dont les manières sont séduisantes, se maintint dans une bonne position auprès du général Clauzel, successeur de M. de Bourmont... » [2]. Bouderbah apparaît donc comme le chef de file de la tendance « autonomiste ». Mais, trompé par les commandants en chef successifs de l'Armée d'Afrique, il finira par se rallier à l'idée d'une restauration du pouvoir ottoman dans la Régence.

Hamdane ben Amine Es-secca, dit Bourkaïb, appartenait à une famille originaire de Bagdad qui vint s'installer à Alger au XVIe siècle. Le surnom de *Bourkaïb,* « maître des chevauchées », avait été donné, en fait, à son père, Hadj Abderrahmane, grand industriel et cavalier émérite. La famille possédait une maison dans la rue qui montait de la Marine à la Casbah. Hamdane, que nous désignerons désormais par son surnom *Bourkaïb* pour le distinguer de l'autre

Hamdane, était un homme de taille moyenne, d'une santé florissante et d'un physique avenant. Il avait voyagé en Europe pour ses affaires, au début des années 1820. Il semble que, le premier, et avant l'expédition, il ait engagé Hussein à négocier avec la France dont il aurait eu l'occasion de constater la puissance militaire. Pellissier de Reynaud, qui le côtoya après la conquête, porte sur lui des appréciations peu amènes : « Il faisait, écrit-il, un petit commerce d'étoffes grossières ; mais ayant dissipé de l'argent qui lui était confié, il tomba dans le plus grand discrédit, et par la suite dans la misère, où il était plongé à l'époque de la conquête. Heureusement pour lui, il était allié d'Ahmed Bouderbah qui était fort bien auprès de M. de Bourmont. Ce fut par ce moyen qu'il obtint la charge d'agha le 8 juillet 1830. Cette nomination dut surprendre, car Hamdane ne jouissait à Alger d'aucune considération, et il n'était pas même connu des Arabes de l'extérieur (sic). Dans l'exercice de ses fonctions, Hamdane se montra cupide comme tous ceux qui passent d'une situation humiliante à un rang élevé. On l'accuse d'avoir plusieurs fois vendu ses services à ceux qui avaient affaire à lui... » [3]. Ce portrait peu flatteur a été contredit par un autre historien, Paul Eudel, selon qui Bourkaïb « était d'une intelligence supérieure, possédant une belle situation de fortune » [4]. Mais l'informateur d'Eudel était certainement partial puisqu'il s'agissait... du propre fils de Bourkaïb. Toujours est-il que notre homme fut impliqué dans plusieurs affaires louches. D'abord proche des idées de son protecteur et ami Bouderbah, il devint par la suite un des plus fervents soutiens de la présence française en Algérie. Ce qui ne lui épargna cependant pas d'être expulsé d'Alger. Il se maria en troisièmes noces avec la fille d'un consul de France, Joséphine Zabel.

Mustapha ben Omar était, lui aussi, un riche négociant qui trafiquait surtout avec l'Italie, où il vécut longtemps « Petit homme poli, aux manières assez distinguées », selon Pellissier de Reynaud, il fut l'un des premiers à reconnaître, dès la défaite de Staouéli, que toute résistance était impossible. Il prit alors résolument le parti des conquérants. Nommé membre de la municipalité par Bourmont, il occupa diverses fonctions auprès de l'administration coloniale et eut droit, à ce titre, à une pension de 6 000 francs et à la Légion d'honneur.

D'une tout autre trempe était Hamdane ben Othman Khodja. Cet homme d'une grande culture nous est mieux connu grâce aux travaux du professeur Temimi [4]. Pellissier de Reynaud, qui le détestait en raison de son activité politique antifrançaise, reconnaissait, cependant, que Hamdane était « un homme d'esprit et plus éclairé que ne le sont les Maures ; il était très avant dans la faveur d'Hussein Pacha ; il nourrit contre les Français une haine dont, plus que tout autre, il devrait reconnaître l'impuissance. Son fils, Hadj Hassan, qui a été élevé à Paris *(inexact)*, et qui ne manque pas de mérite, partage en tous points les sentiments de son père ; de sorte que cette famille, que quelques lumières devraient rapprocher de nous, se tient à l'écart et connaît assez peu ses intérêts pour bouder un ordre de choses dans lequel il n'aurait tenu qu'à elle de se créer une position. Il est vrai que celle qu'elle occupait sous la domination des Turcs était si brillante que sa perte a dû laisser de vifs regrets... »[5]. Ce que ne dit pas Pellissier de Reynaud, c'est que les autorités militaires françaises confisquèrent arbitrairement la fortune et les biens de Hamdane. Celui-ci était marié avec une des sœurs de Bourkaïb ; malgré ce lien matrimonial, les deux hommes se vouaient une animosité réciproque que l'entremise des femmes empêcha, néanmoins, de dégénérer. Hamdane possédait une des plus belles propriétés d'Alger, Dar Zarga (la *Maison bleue*) et une immense ferme dans la Mitidja. Il commerçait surtout avec l'Angleterre. Son oncle, Hadj Mohammed, remplit les fonctions d'Amine Es-secca, directeur de la Monnaie, pendant les trente-quatre dernières années de la Régence. Hamdane a laissé un remarquable ouvrage, le seul d'un Algérien sur les débuts de l'occupation et ses abus, intitulé *Le Miroir*, sur lequel Pellissier de Reynaud a porté le jugement suivant : « Il a publié contre l'administration d'Alger un ouvrage où, parmi beaucoup d'exagération et de mauvaise foi, se trouve malheureusement plus d'une vérité accusatrice. » Partisan de la négociation dès le débarquement français, membre de la municipalité, Hamdane prit ses distances vis-à-vis des autorités étrangères. Il s'acharna pendant trois ans d'une intense activité à rétablir la suzeraineté ottomane sur l'Algérie. Déçu par l'immobilisme de la Porte et l'apathie de ses concitoyens, il se retira à Istanbul où il dirigea le service de Santé du Sultan.

Il y avait à Alger de nombreuses autres « figures » de notables, toutes aussi contrastées que les quatre dont nous venons de parler, par exemple, Braham ben Mustapha, l'un des fils du dey Mustapha assassiné en 1805 : retiré des affaires publiques, il gérait l'immense fortune léguée par son père. Partisan de la négociation avec la France, plus tard il « n'hésita pas à sacrifier son repos et à épuiser sa fortune pour plaider la cause algérienne à Paris ». D'autres grandes familles jouèrent un rôle (les Ben Merabet, les Ben Guelatti, les Ben Smirli, les Ben Adelatif, les Ben Kebabti, etc.).

Prise d'Alger : La légende coloniale

Les visages des « acteurs » algériens étant un peu sortis de l'anonymat, reprenons le fil des événements dans la matinée du 4 juillet. L'explosion du Fort l'Empereur projeta dans les airs des blocs de pierre, des poutres, des morceaux de bronze, des débris de corps humains ; le ciel fut obscurci pendant plus d'une heure par la fumée, une fumée âcre : les Turcs avaient protégé leurs batteries avec d'épaisses balles de laine qui avait brûlé. Une chaleur étouffante et moite ajoutait à l'accablement général.

Que se passa-t-il dans les heures cruciales qui suivirent l'explosion ? Les historiens coloniaux ont élaboré une véritable légende, sorte de « chanson de geste » de la prise d'Alger. Pour ce faire, ils se sont fondés sur un document réputé inattaquable, selon eux : le rapport officiel adressé à Polignac, écrit par Bourmont le 5 juillet, à 3 heures de l'après-midi. Ne fût-ce que pour en montrer le caractère éminemment fallacieux, il nous paraît indispensable de reproduire les passages essentiels de ce rapport :

« A 2 heures (le 4 juillet), écrivait le général en chef, un parlementaire me fut conduit sur les ruines du château de l'Empereur : c'était le secrétaire du Dey. Il offrit d'indemniser la France pour les frais de la guerre ; je répondis qu'il fallait avant tout que la Casauba, les forts et le port fussent remis aux troupes françaises ; après avoir paru douter que cette condition fût acceptée, il convint que l'obstination du dey avait été funeste. Lorsque les Algériens, dit-il, sont en guerre avec le roi de France, ils ne doivent pas faire la prière du soir avant d'avoir obtenu la paix. Il retourna dans Alger. Peu de temps après, deux des Maures les plus riches d'Alger furent envoyés par le Dey. Ils ne dissimulèrent pas que l'effroi était à son comble parmi les militaires et parmi les habitans, et que tous faisaient des vœux pour l'on traitât sur-le-champ, en promettant que, dès lors, l'artillerie se tairait. Cette suspension d'hostilités eut lieu en effet. Le général Valazé (commandant du génie) la mit à profit pour ouvrir des communications en avant du fort de l'Empereur. A 3 heures, le secrétaire du Dey revint, accompagné du consul et du vice-consul d'Angleterre. Il demanda que les conditions de la paix fussent mises par écrit. Elles le furent, et je lui fis remettre une pièce dont votre Excellence trouvera la copie ci-jointe. A 4 heures, le secrétaire se présenta pour la troisième fois. Le Dey faisait demander qu'on lui envoyât un interprète à l'aide duquel il pût comprendre tout ce qu'on exigeait de lui. M. Bracheconti (sic) (Bracevitch), ancien premier interprète de l'armée d'Égypte, se rendit dans la Casauba. Le Dey, lorsqu'il lui eut donné connaissance du projet de convention, dit qu'il en acceptait les conditions, et que la loyauté française lui inspirait une entière confiance. J'avais signé la convention ; il la revêtit de son sceau ; mais il demanda que l'armistice fût prolongé jusqu'au 5, à midi, pour qu'il eût le temps de rassembler son conseil et de le décider à souscrire aux conditions imposées. Le feu fut suspendu jusqu'à nouvel ordre. Cependant les travaux continuèrent, et le 5, à la pointe du jour, une communication de 800 mètres liait le château de l'Empereur à l'emplacement que devait recevoir la batterie de brèche à établir contre la Casauba. Aujourd'hui les deux Maures sont revenus. Ils étaient chargés par le Dey de confirmer l'engagement qu'il avait pris en apposant son sceau sur la convention ; mais il demandait que l'occupation fût différée de 24 heures. J'exigeais que les forts, le port et la ville fussent remis aux troupes, à 11 heures du matin. Le Dey y consentit, et dans ce moment, l'étendard de France flotte sur les tours de cette cité, dont l'abaissement était depuis tant de siècles l'objet des vœux de l'Europe entière. Le Dey s'est retiré dans une maison de la ville qu'il occupait avant de s'établir dans la Casauba : l'engagement que j'ai pris de faire respecter sa personne sera tenu fidèlement.

« (...) Les scellés ont été apposés sur les propriétés publiques. On va procéder à l'inventaire. J'aurai l'honneur de faire connaître le résultat à Votre Excellence... » [6].

Cette relation des faits semble inattaquable tant elle « sonne vrai ». Pourtant que d'inexactitudes, voire de mensonges, et que de faits essentiels passés sous silence ! Avant de soumettre ce rapport à une analyse critique pour en montrer le caractère fallacieux, il nous paraît indispensable de citer le témoignage capital de Bracevitch. Cet interprète fit le récit de sa mission le 8 ou le 9 juillet, donc trois ou quatre jours après les faits, à J.-T. Merle, l'auteur des *Anecdotes* dont nous avons déjà parlé.

« En arrivant à la Porte-Neuve (Bad Djedid), qu'on n'ouvrit qu'après beaucoup de difficultés, a rapporté Bracevitch, je me trouvai au milieu d'une troupe de janissaires en fureur : ceux qui me précédaient avaient peine à faire écarter devant moi la foule de Maures, de Juifs et d'Arabes qui se pressaient à mes côtés, pendant que je montais la rampe étroite qui conduit à la Cassauba ; je n'entendais que des cris d'effroi, de menaces et d'imprécations, qui retentissaient au loin, et qui augmentaient à mesure que nous approchions de la place. Ce ne fut pas sans peine que nous parvînmes aux remparts de la citadelle. Sidi Mustapha, qui marchait devant moi, s'en fit ouvrir les portes, et elles furent, après notre entrée, aussitôt refermées sur les flots de populace qui les assiégaient. La cour du Divan où je fus conduit, était remplie de janissaires ; Hussein était assis à sa place accoutumée ; il avait debout autour de lui ses ministres et quelques consuls étrangers. L'irritation était violente. Le Dey me parut calme, mais triste. Il imposa silence de la main, et tout aussitôt me fit signe de m'approcher avec une expression très prononcée d'anxiété et d'impatience. J'avais à la main les conditions du général en chef, qui avaient été copiées par M. Denniée sur la minute du général Després, écrite sous la dictée de M. de Bourmont. Après avoir salué le dey, et lui avoir adressé quelques mots respectueux sur la mission dont j'étais chargé, je lus en arabe les articles suivants, avec un ton de voix que je m'efforçais de rendre le plus rassuré possible : *1° L'armée française prendra possession de la ville d'Alger, de la Cassauba et de tous les forts qui en dépendent, ainsi que de toutes les propriétés publiques, demain 5 juillet 1830, à neuf heures du matin (heure française).*

« Les premiers mots de cet article excitèrent une rumeur sourde qui augmenta quand je prononçai les mots *à neuf heures du matin ;* un geste du dey réprima ce mouvement d'humeur. Je continuai : *2° La religion et les coutumes des Algériens seront respectées ; aucun militaire de l'armée ne pourra entrer dans les mosquées.* Cet article excita une satisfaction générale ; le dey regarda toutes les personnes qui l'entouraient, comme pour jouir de leur approbation, et me fit signe de continuer. *3° Le Dey et les Turcs devront quitter Alger dans le plus bref délai.* A ces mots, un cri de rage retentit de toutes parts ; le dey pâlit, se leva, et jeta autour de lui des regards inquiets ; on n'entendait que ces mots, répétés avec fureur par tous les janissaires : *El-mout ! El-mout !* (la mort ! la mort !). Je me retournai au bruit des yatagans et des poignards qu'on tirait des fourreaux, et je vis leurs lames briller au-dessus de ma tête. Je m'efforçai de conserver une contenance ferme, et je regardai fixement le dey ; il comprit l'expression de mon regard ; et prévoyant les malheurs qui allaient arriver, il descendit de son divan, s'avança d'un air furieux vers cette multitude effrénée, ordonna le silence d'une voix forte, et me fit signe de continuer. Ce ne fut pas sans peine que je fis entendre la suite de l'article, qui ramena un peu de calme : *On leur garantit la conservation de leurs richesses personnelles ; ils seront libres de choisir le lieu de leur retraite.*

« Des groupes se formèrent à l'instant dans la cour du Divan ; des discussions vives et animées avaient lieu entre les officiers turcs : les plus jeunes demandaient à défendre la ville. Ce ne fut pas sans peine que l'ordre fut rétabli, et que l'aga, les membres les plus influents du divan et le dey lui-même leur persuadèrent que la défense était impossible et qu'elle ne pourrait amener que la destruction totale d'Alger et le massacre de la population. Le dey donna l'ordre que les galeries de la Cassauba fussent évacuées, et je restai seul avec lui et ses ministres. L'altération de ses traits était visible. Sidi Mustapha lui montra alors la minute de la convention que le général en chef nous avait remise, et dont presque tous les articles étaient personnels, et réglaient ses affaires particulières. Elle devait être échangée et ratifiée le lendemain matin, avant dix heures. Cette convention fut longuement discutée par le dey et ses ministres ; ils montrèrent dans la discussion des articles et dans le choix des mots, toute la défiance et la finesse qui caractérisent les Turcs dans leurs transactions. On peut apercevoir, en la lisant, les précautions qu'ils prirent pour s'assurer toutes les garanties désirables ; les mots et les choses y sont répétés à dessein et avec affectation ; et toutes ces répétitions qui ne changeaient rien au sens, étaient demandées, exigées ou sollicitées avec les plus vives instances de la part des membres du divan.

« Sidi Mustapha copia en langue arabe cette convention et la remit au dey avec le double en langue française, que j'avais apporté. Comme je n'avais pas mission de traiter, mais de traduire et d'expliquer, je demandai à retourner vers le général en chef, pour lui rendre compte de l'adhésion du dey, et de la promesse que l'échange des ratifications serait fait le lendemain de grand matin. Hussein me parut très satisfait de la conclusion de cette affaire. Pendant que ses ministres s'entretenaient entre eux, sur les moyens à prendre pour l'exécution de la capitulaiton, le dey se fit apporter par un esclave noir un grand bol en cristal, rempli de limonade à la glace : après en avoir bu, il me le présenta, et je bus après lui. Je pris congé : il m'adressa quelques paroles affectueuses, et me fit reconduire jusqu'aux portes de la Cassauba par le *bachi-chiaouch* (chef des huissiers) et par Sidi Mustapha, son secrétaire. Ce dernier m'accompagna, avec quelques janissaires, jusqu'en dehors de la Porte-Neuve, à peu de distance de nos avant-postes.

« Je revins au quartier général avec une fièvre nerveuse, suite des émotions violentes que je venais d'éprouver pendant plus de deux heures, et je ne fus pas du nombre des personnes qui se rendirent le lendemain matin, à sept heures, à la Cassauba, pour prendre les derniers arrangements sur la reddition des portes de la ville, des forts et de la citadelle. Cette mission fut confiée à M. de Trélan, premier aide-de-camp du général en chef, et à MM. Lauxerrois et Huder, interprètes. On leur adjoignit le colonel Bartillat, qui remplissait les fonctions de commandant du quartier-général » [7].

Au-delà des aspects subjectifs du récit de Bracevitch, qui doit beaucoup, sur ce plan, au talent littéraire de J.-T. Merle, son témoignage comporte des données d'une importance exceptionnelle pour la connaissance des événements survenus entre le 4 juillet vers midi et le 6 juillet. Mais on ne peut apprécier l'importance de ces données que par rapport à un document de référence, à savoir le *texte officiel et unique de la Convention* entre le comte de Bourmont, général en chef de l'Armée d'Afrique, et Hussein, dey d'Alger. Ce document, conservé aux archives des Affaires étrangères, a été publié par de nombreux auteurs [8]. Le voici :

Alger, le 5 juillet 1830.

« Le fort de la Casbah, tous les autres forts qui dépendent d'Alger et le port de cette ville seront remis aux troupes françaises ce matin à 10 heures (heure française).

« Le général en chef de l'armée française s'engage envers Son Altesse le Dey d'Alger à lui laisser sa liberté et la possession de toutes ses richesses personnelles.

« Le Dey sera libre de se retirer avec sa famille et ses richesses particulières dans le lieu qu'il fixera, et tant qu'il restera à Alger il y sera, lui et toute sa famille, sous la protection du général en chef de l'armée française. Une garde garantira la sécurité de sa personne et celle de sa famille.

« Le général en chef assure à tous les soldats de la Milice les mêmes avantages et la même protection.

« L'exercice de la religion mahométane restera libre. La liberté des habitants de toutes les classes, leur religion, leurs propriétés, leur commerce et leur industrie ne recevront aucune atteinte ; leurs femmes seront respectées. Le général en chef en prend l'engagement sur l'honneur.

« L'échange de cette convention sera fait avant dix heures ce matin, et les troupes françaises entreront aussitôt après dans la Casbah et successivement dans tous les forts de la ville et de la marine.

« Au camp devant Alger, le 5 juillet 1830. »

(Sceau du Dey) *De Bourmont.*

Une lecture même superficielle montre de grandes contradictions entre le rapport officiel de Bourmont, le témoignage de Bracevitch et le texte officiel de la convention de capitulation. Commençons d'abord par relever quelques mensonges flagrants dans le rapport du général en chef :

1°) Bourmont affirmait que Bracevitch se rendit auprès du dey, avec Sidi Mustapha, vers 16 heures. Or l'interprète a formellement déclaré qu'il quitta le quartier-général à 18 heures. Son témoignage est corroboré par de nombreux autres récits de témoins oculaires.

2°) Selon le général en chef, Sidi Mustapha se présenta pour la première fois à son Q.G. à 2 heures après midi. Là encore, Bourmont mentait. La preuve la plus accablante est le rapport que l'amiral Duperré adressa au ministre de la Marine. Dans ce rapport, daté du 6 juillet, on lit : « Une demi-heure après (l'explosion du Fort l'Empereur), je préparais un mouvement pour renouveler une attaque sur les batteries de mer, quand, retardé par des vents peu favorables, je me suis vu d'ailleurs forcé de suspendre l'exécution de mon projet par *l'arrivée d'un parlementaire qui avait à son bord l'amiral de la flotte algérienne pour me supplier, au nom du dey, de cesser les hostilités et réclamer la paix. On apercevait dans le même moment un autre parlementaire se dirigeant vers le château de l'Empereur.* (...) La soirée et la nuit se sont passées sans hostilités. *Hier matin* (5 juillet), *à cinq heures, l'envoyé est revenu renouveler ses sollicitations.* (...) » [9].

La version de l'amiral, qui fixait donc le premier contact officiel au plus tard à 11 heures, est confirmée par des collaborateurs directs de Bourmont, tels le chef d'état-major général Desprez [10], l'officier d'ordonnance du général en chef, Ault-Dumesnil [11], le capitaine d'état-major Pélissier [12], le commandant Fernel [13], etc.

3°) Bourmont écrivait à Polignac que le dey, après avoir reçu les éclaircissements de Bracevitch, déclara accepter les conditions et *apposa son sceau sur la convention apportée par l'interprète.* Or le seul texte officiel connu de la convention, celui que nous avons donné plus haut, est daté du *5 juillet,* et indique bien que « l'échange de cette convention sera fait avant dix heures *ce matin...* » Ces deux précisions excluent l'hypothèse d'une erreur matérielle dans la datation, erreur que n'eussent pas autorisée non plus la nature et l'importance du document ! D'un autre côté, il est impossible que le dey ait pu apposer son sceau le 4 juillet sur un document confectionné le 5...

Voilà donc au moins trois mensonges, en apparence gratuits, dans le rapport de Bourmont. Mais nous savons que l'ancien déserteur de Waterloo n'agissait jamais par impulsion ou au hasard. Par conséquent, ses mensonges étaient le produit d'un calcul subtil pour dissimuler un fait essentiel, et nous verrons lequel.

La phase de négociation, telle qu'elle a été rapportée par Bourmont, comporte quelques mystères de taille. Les plus importants sont les suivants :

1°) On peut s'interroger sur le choix de Bracevitch comme envoyé du général en chef auprès du dey. Bracevitch n'avait même pas le grade d'interprète de 3e classe, le plus bas dans la hiérarchie de ce corps. Il connaissait assez bien l'arabe *parlé*, mais pas le turc...

2°) Que craignait donc cet interprète pour avoir exigé, avant d'accepter la mission de porter et d'expliquer la convention, l'engagement formel du général en chef que le gouvernement prendrait en charge ses enfants ?

3°) Pourquoi accorda-t-on à cet obscur employé auxiliaire de l'armée le privilège disproportionné de rendre compte directement par écrit au chef du gouvernement, Polignac ? (Sa lettre figure dans diverses publications, notamment dans le livre de Nettement).

4°) Durant les huit jours qui suivirent la capitulation, et avant qu'il ne s'alite pour ne plus se relever, Bracevitch déclarait à qui voulait l'entendre qu'il était « *le troisième personnage de l'Armée* »... Cette surprenante déclaration ne peut être mise sur le compte d'un brusque accès de mégalomanie. Que savait-il donc de si essentiel qui l'autorisât à se prendre pour le troisième personnage de l'armée ?

5°) Bracevitch survécut à peine une douzaine de jours à sa fameuse mission. Il fut emporté par une mystérieuse « fièvre nerveuse ». Cette maladie ne pouvait être une crise de paludisme ni une dysenterie, ces deux affections s'accompagnant de symptômes très caractéristiques dont aucune des personnes qui approchèrent le malheureux n'a jamais fait état. En fait, cette « fièvre nerveuse » nous paraît relever de la pathologie imaginaire en vogue à l'époque.

Quoi qu'il en soit, le décès brutal de l'interprète semble bien suspect. Si l'on écarte l'hypothèse d'une mort consécutive à une maladie connue, il faut bien alors envisager l'hypothèse d'un assassinat, lequel n'aurait pu se faire que par un empoisonnement lent.

Dans ce cas, le poison ne pouvait avoir été administré avec le breuvage que le dey offrit à Bracevitch : de l'aveu même de ce dernier, Hussein but le premier de la limonade à la glace dans le gros bol de cristal, avant de le lui présenter - et Hussein vécut encore huit ans. Les empoisonneurs de l'interprète, si empoisonnement il y eut, seraient donc nécessairement des Français. Pourquoi l'aurait-on supprimé ? Sans doute parce qu'il en savait trop et que son bavardage inconsidéré (quand il affirmait avec des airs mystérieux être le *troisième personnage de l'armée*) devint une menace intolérable pour une affaire de la plus haute importance, une affaire d'État...

Nous en arrivons précisément au mystère le plus opaque, celui dont on entoura les circonstances qui présidèrent à la signature de la capitulaiton. Ce mystère devait concerner nécessairement un aspect de l'expédition. Mais d'abord en quoi y avait-il mystère ? Si l'on s'en tient à la version des événements fournie par Bourmont et les membres de l'état-major qui ont écrit sur la conquête, plusieurs énigmes se posent :

1°) La chronologie des faits, volontairement erronée, est tout à fait inexplicable : pourquoi Bourmont a-t-il « retardé » sa première rencontre avec l'émissaire du dey jusqu'à 14 heures, alors que tout le monde avait vu Sidi Mustapha arriver sur les ruines du fort vers 11 heures ?

2°) A propos des « deux Maures », dont il taisait les noms alors qu'il les connaissait bien, Bourmont affirmait dans son rapport qu'il leur accorda la suspension du feu... sans contrepartie ! A l'en croire, leur mission s'arrêtait là. Mais l'un des deux notables se trouvait toujours auprès de lui quand, deux heures après, Sidi Mustapha revint de la Casbah. De quoi s'entretinrent Bourmont et Bouderbah, car c'est de lui qu'il s'agit, pendant ces deux heures ? Du panorama d'Alger ?

3°) Autre impossibilité matérielle : selon Bourmont, Sidi Mustapha revint le voir à 15 heures, accompagné du consul et du vice-consul d'Angleterre, pour demander que les conditions de la capitulation soient écrites. Or le même émissaire, après avoir reçu une copie du document, retourna à la Casbah, communiqua le texte au dey et au Divan qui commencèrent à l'étudier. Et à 16 heures, Sidi Mustapha était cependant de retour au quartier général, installé beaucoup plus loin en arrière du Fort l'Empereur. Il y a là une célérité que même des moyens de transports très perfectionnés ne permettraient pas aujourd'hui...

4°) Le lecteur aura certainement remarqué que le mot *négociation* semble tout à fait inconnu de Bourmont. Fut-ce pour montrer qu'il n'y eut pas de négociation que Bourmont « compressa » le temps ?

Faire parcourir trois fois l'aller-retour entre la Casbah et le Fort (puis le quartier général) à Sidi Mustapha, en l'espace de deux heures (14 - 16 h), c'était, en effet, enlever à l'émissaire jusqu'à la possibilité de dire « ouf ! »...

5°) Les conditions de reddition de la ville évoluèrent de façon incompréhensible. A 14 heures (selon sa version), Bourmont exigeait la « reddition à discrétion ». Une heure plus tard, sans qu'il y eût eu la moindre discussion ni le moindre incident, le général en chef renonçait brusquement à cette condition pour en imposer d'autres plus clémentes...

6°) L'épisode de la dictée de la convention ne manque pas d'intriguer. Que l'on se représente la scène telle qu'elle a été rapportée par les témoins. Il est 15 heures (version Bourmont). Sidi Mustapha vient d'arriver au quartier général, accompagné des diplomates anglais. Il demande au nom du dey que les conditions de la capitulation soient couchées par écrit. Derechef Bourmont réunit tous les chefs de l'armée, sauf le général Loverdo qu'on a négligé de convier. Le chef d'état-major général Desprez s'est installé à une table, la plume à la main. Et dans cet instant solennel, le général en chef dicte, sans brouillon, sans préparation, sans discussion : le texte, les mots tombent de sa bouche dans leur perfection dernière, comme les Tables de la Loi tombèrent du Ciel... Dans un coin de la pièce, l'intendant en chef Denniée prend aussitôt une copie. Le général signe les deux documents, et l'on remet à Sidi Mustapha la copie de Denniée. Sans plus de manières, chacun retourne à ses affaires, l'émissaire et les diplomates vers la Casbah, les généraux à leurs postes...

7°) Le côté « sulpicien » de la dictée de la convention prêterait tout juste à sourire s'il n'y avait plus grave dans l'épisode. Le seul document officiel connu à ce jour où figurent les conditions de la capitulaiton est celui que nous avons cité plus haut. Comme il n'en existe pas d'autre, nous devons en conclure que c'est *ce texte* que dicta Bourmont le 4 juillet, à 15 heures, en présence des chefs de l'armée, des diplomates britanniques et du secrétaire du gouvernement algérien. Mais alors plusieurs anomalies sautent aux yeux.

La première et la moindre de ces anomalies vient de la date : le texte officiel conservé aux archives porte la date du 5 juillet 1830. Or le dey apposa son sceau sur la copie datée du 4 juillet que lui présenta Bracevitch. Comme il est impossible que le dey ait pu donner son accord pour un document post-daté, nous nous trouvons devant l'alternative suivante : ou bien le document officiel conservé aux archives est un *faux* (on aurait pu, par exemple, saisir les sceaux de la Régence et les utiliser à sa convenance) ; ou bien il a existé deux documents : l'un, anodin, qui fut rendu officiel (ce serait celui que nous connaissons et sur lequel le dey aurait très bien pu apposer son sceau le lendemain) - l'autre, secret et contenant des dispositions spéciales qui ne devaient pas être rendues publiques, qui a disparu ou qui fut détruit volontairement par les parties contractantes. Si l'on retient cette dernière hypothèse, il faut impérativement admettre qu'il y eut des négociations secrètes entre Bourmont et Hussein.

8°) Avant de nous prononcer sur ce point, revenons aux anomalies de la version officielle des faits. Le témoignage de Bracevitch, étudié de près, contient des révélations étonnantes. Si l'on compare le texte qu'il a déclaré avoir lu devant le dey et le Divan, avec le texte de la convention officielle, on constate des différences très importantes :

a) L'article premier, selon la version de Bracevitch (confirmée par d'autres témoignages [14], énonçait que « l'armée française prendra possession de la *ville d'Alger,* de la Cassauba et de tous les forts qui en dépendent, ainsi que de *toutes les propriétés publiques...* » Le texte de la Convention officielle est ainsi libellé : « Le fort de la Casbah, tous les autres forts qui dépendent d'Alger et le port de cette ville seront remis aux autorités françaises... » On remarque une différence de fond extrêmement importante : il n'est plus question, dans le texte définitif, de la prise de possession de la *ville d'Alger ni surtout des propriétés publiques.*

b) L'article 3 de la version lue par l'interprète disposait que « *le dey et les Turcs devront quitter Alger dans les meilleurs délais* ». Cette clause a disparu dans le texte officiel qui proclamait : « Le général en chef (...) s'engage envers Son Altesse le dey à lui laisser sa *liberté* et la possession de toutes ses richesses personnelles. Le dey sera *libre* de se retirer avec sa famille (...) dans le lieu qu'il fixera, et tant qu'il restera à Alger il sera, lui et sa famille, sous la protection du général en chef (...). Le général en chef assure à tous les soldats de la Milice *les mêmes avantages et la même protection* ». On constate ici encore une énorme différence entre les deux versions : dans la soirée du 4 juillet, le général en chef exigeait le départ à bref délai du dey et de tous les Turcs. Le lendemain matin, non seulement il renonçait à cette exigence violente, mais de plus, il garantit au dey et aux Turcs la pleine liberté de mouvement et la libre disposition de leurs richesses. Il y a là un retournement spectaculaire du sort réservé aux Turcs, parfaitement incompréhensible si l'on s'en tient aux récits officiels.

c) Dans son témoignage, Bracevitch racontait que, après avoir lu les trois articles « d'intérêt général » qui réglaient le sort de la ville, « Sidi Mustapha montra alors (au dey) *la minute de la convention, que le général en chef nous avait remise, et dont presque tous les articles lui étaient personnels, et réglaient ses affaires particulières* ». De toute évidence, le document mentionné dans ce passage ne pouvait être la minute de la convention officielle : d'une part, les articles de celle-ci, comme on peut s'en assurer, ne sont pas « presque tous personnels » au dey, et ne mentionnent pas « ses affaires personnelles » ; d'autre part, Sidi Mustapha avait reçu de Bourmont la copie de la convention officielle à 15 heures (selon la chronologie du général en chef). Par conséquent, le témoignage de Bracevitch indique bien *qu'il y eut deux conventions :* la première, *l'officielle,* dictée par Bourmont devant tout le monde, qui sera publiée après avoir subi les rectifications aux articles 1 et 3 dont il a été question plus haut ; la seconde, *secrète,* qui réglait sans doute les affaires personnelles de Hussein, mais réglait aussi *d'autres affaires* auxquelles le général en chef tenait tout particulièrement et qu'il se garda bien de divulguer. Aussi cette deuxième convention n'a jamais été révélée, et il est peu probable qu'on la retrouve un jour...

Nous voici très loin de la version « sulpicienne » propagée par Bourmont et les membres de l'état-major, et entretenue depuis par les historiens de la conquête. Il y eut indubitablement des tractations et des accords secrets entre le dey et le général en chef. Comment en aurait-il été autrement, si l'on considère l'importance des intérêts qui étaient en jeu ? Au demeurant, deux témoins de l'époque au moins ont fait allusion à ces négociations secrètes : Pellissier de Reynaud, qui était capitaine à l'état-major de Bourmont, écrivait : « Après *deux heures de discussion,* une capitulation fut rédigée et portée au dey... » [15].

Plus explicite encore est le témoignage d'un correspondant du journaliste Augustin Jal.

Ce correspondant signait Edouard : nous pensons pouvoir l'identifier avec l'enseigne de vaisseau d'origine suédoise, Edouard Svenson, qui servait à bord de la *Thétis.* « *Plusieurs envoyés,* écrivait Edouard à Jal, *ont été employés à divers traités secrets entre le dey et le général en chef. Cette diplomatie est couverte du voile le plus impénétrable* » [16].

La réalité de ces négociations et de ces accords secrets ne faisant plus de doute, il reste à déterminer, en l'absence des documents originaux, sur quoi portaient les accords, quels en furent les négociateurs, et comment se réalisèrent les conventions secrètes.

Négociations et accords secrets

On nous concédera que la mansuétude dont fit preuve Bourmont à l'égard du dey et des Turcs, après avoir commencé par exiger la reddition à discrétion, ne fut pas dictée par une générosité qu'on ne lui connaissait pas. En échange de la liberté accordée à Hussein et à la Milice, le général en chef obtint une contrepartie. Mais quelle contrepartie ? Pour le savoir, procédons par élimination.

Cette contrepartie ne pouvait être de nature militaire : l'armée expéditionnaire avait marqué un avantage décisif en s'emparant des ruines du Fort l'Empereur. L'ennemi était littéralement à genoux. La résistance n'eût fait qu'exposer la ville à la destruction totale. Par conséquent, Bourmont n'avait rien à négocier sur le plan militaire. A cet égard, c'était plutôt le gouvernement du dey qui était « demandeur ».

Contrepartie politique ? Certainement pas, puisque le cabinet Polignac n'avait arrêté aucune position ferme sur le statut de la régence après la chute du dey. Sur ce point, le général Desprez, prenant la défense de la capitulation, que certains officiers de l'armée attaquèrent violemment pour sa trop grande libéralité [17], écrit : « On trouverait pour justifier la capitulation, des arguments non moins décisifs dans les instructions écrites qu'avait reçues M. de Bourmont. La remise immédiate de la place et des forts devait être rigoureusement exigée ; *mais sur tous les autres points le gouvernement laissait une grande latitude. Il consentait même à ce que le dey conservât son titre et une partie de son autorité,* jusqu'à ce qu'un arrangement conclu avec le grand seigneur eût décidé du sort de la Régence... » [18].

Si la contrepartie obtenue par le général en chef n'était ni militaire, ni politique, elle devait donc être *financière :* il ne pouvait s'agir que du Trésor de la Régence. Le général Desprez y a fait ouvertement allusion dans son plaidoyer pour la capitulation :

« Ces conditions (de la capitulation officielle du 5 juillet) parurent trop douces ; on prétendit qu'il aurait fallu exiger que la place se rendît à discrétion. Dans le cas où cette condition n'aurait pas été repoussée, qu'y aurait gagné la France ? Quelques millions qu'emportèrent tant le dey que les Turcs (il s'agissait des richesses personnelles dont la capitulation garantissait la possession). Si au contraire l'ennemi, plutôt que de souscrire à des clauses humiliantes, s'était défendu jusqu'à la dernière extrémité, que le siège eût été prolongé de quelques jours, qu'il en eût coûté la vie à quelques centaines de braves ; *si enfin le trésor eût sauté avec l'immense magasin à poudre de la Cassauba, quelle responsabilité aurait pesé sur le général en chef !* (...) N'aurait-on pas entendu répéter à satiété cette expression proverbiale, « qu'il faut faire un pont d'or à son ennemi » ? (...) *Quant au danger de priver la France d'un trésor qui a payé les frais de l'expédition, il n'était point imaginaire. Des Turcs qui se trouvaient à la Cassauba pendant qu'on négociait, ont affirmé que deux fois le dey s'était élancé un pistolet à la main vers le magasin de poudre, avec l'intention d'y mettre le feu* » [19].

On remarquera que le chef d'état-major général n'évoquait pas le détournement du trésor. Cela s'explique aisément. Même s'il avait été mis dans la confidence, ce qui nous paraît douteux, il n'en aurait jamais soufflé mot, et pour cause !

Mais, dira-t-on, puisque Bourmont était militairement en mesure d'exiger tout ce qu'il voulait du dey, y compris la remise du Trésor, pourquoi aurait-il conclu des accords secrets ? C'est que le problème était beaucoup plus complexe. S'il était facile, en effet, au général en chef de saisir le Trésor dans sa totalité, il lui était extrêmement difficile, sinon impossible, d'en soustraire secrètement une partie pour la cassette du roi. Il lui fallait au moins obtenir la complicité passive, voire active, du dey. Or ce dernier cultivait une espèce de manie bureaucratique dont tous les fonctionnaires de l'État eurent à souffrir : pour la moindre dépense publique (ou privée), il exigeait des justificatifs et faisait transcrire chaque mouvement de fonds dans des registres prévus pour les différents types d'opération. En outre, Hussein traitait toujours les affaires de l'État sur la place publique, et ses adversaires les plus féroces lui reconnaissaient une intégrité à toute épreuve. Parfaitement informé sur ce plan, le général en chef ne pouvait donc espérer obtenir la coopéraiton volontaire de Hussein pour des opérations frauduleuses, comme la soustraction d'une partie du Trésor. A moins de lui imposer des contraintes morales telles qu'elles le déterminassent à composer, à faire taire sa conscience pour n'entendre que son devoir d'homme d'État, responsable de la vie et des biens de milliers d'hommes. Les termes de la première ébauche de capitulation, très durs, reflètent exactement ce calcul de la part de Bourmont. En fixant des conditions qu'il savait inacceptables, le général en chef, tout en se ménageant ainsi une position de force, obligeait le dey à accepter des négociations discrètes.

Cependant, Hussein avait un « jeu » moins démuni qu'on ne serait porté à le croire. Certes, sa défaite militaire était complète. Mais il n'ignorait pas les véritables desseins du général en chef : même si ses propres informateurs ne l'en avaient pas instruit (alors qu'une simple lecture de journaux français leur eût ouvert les yeux), le consul britannique n'aurait pas manqué, par intérêt politique, de l'informer : la capture du Trésor de la Régence était le but principal de l'expédition, le gouvernement anglais le savait. Ce qui était réservé à quelques rares initiés, c'était le projet de détournement. Nous avons la preuve que Hussein connaissait le but de l'expédition puisqu'il n'hésita pas à faire une manœuvre d'« intoxication » à ce sujet : au début d'avril 1830, il fit claironner dans tout Alger que la Milice venait de procéder au minage des approches de la Casbah du côté de la campagne. Normalement un tel dispositif aurait dû être couvert par le secret militaire ! En le dévoilant, Hussein espérait que l'un des innombrables espions français qui œuvraient en vue de l'expédition, apprît ce renseignement capital. Et en effet, le commandant Guys recueillit le renseignement dans le port d'Alicante, et en rendit compte à Polignac par une dépêche du 27 avril 1830 : « *Le château (d'Alger) où se trouve le Trésor est miné* » [20]. Lors de l'entrée des troupes françaises dans Alger, on ne découvrit aucune mine, bien entendu !

A partir du moment où il prit conscience qu'il avait militairement perdu la guerre, Hussein se raccrocha donc au Trésor comme ultime carte négociable. Dans un premier temps, ignorant le projet de Bourmont d'en détourner une partie, le dey menaça de faire sauter la Casbah, ce qui eût privé la France du butin qui l'avait déterminée à faire l'expédition. Cette menace, comme l'a souligné le général Desprez, produisit l'effet recherché sur Bourmont : il renonça derechef à la reddition à discrétion, et dicta des conditions relativement moins dures. Ce fut le projet de convention tel que rapporté par Bracevitch, qui prévoyait la remise de la ville, la prise de possession des propriétés publiques et le départ du dey et de tous les Turcs dans les plus brefs délais.

Soit que, par sa finesse politique personnelle, Hussein ait percé à jour le projet de détournement de Bourmont, soit qu'il en ait été informé par les négociateurs secrets dont nous allons parler, toujours est-il que le dey manœuvra habilement. Le transfert des propriétés publiques se ferait selon les usages de la guerre. Une commission mixte franco-algérienne constaterait chaque opération par des documents authentiques paraphés et signés par les deux parties, et auxquels chacune serait libre de donner la publicité qu'elle voudrait. On voit immédiatement le piège : une telle procédure « au grand jour » interdirait toute soustraction frauduleuse, ce qui ruinerait évidemment le projet essentiel de détournement d'une partie du Trésor pour le compte de Charles X.

Cette parade inattendue (et inespérée pour Hussein) permit de rééquilibrer quelque peu la négociation. L'objectif fondamental de Bourmont était de saisir non seulement le Trésor dans son intégralité, mais surtout *d'obtenir la remise de tous les documents comptables qui en constataient la composition et la valeur.* Une fois en possession de ces documents compromettants, le général en chef n'aurait plus qu'à les faire disparaître d'une manière ou d'une autre. Dès lors, il pourrait détourner tout ce qu'il voudrait sans que personne puisse apporter la preuve du détournement : il faudrait, pour cela, montrer une différence entre les sommes existantes dans le Trésor de la Casbah lors de sa remise aux agents français, et les sommes effectivement transférées au Trésor public français.

En se prêtant à cette manœuvre, le dey Hussein ne se rendait-il pas moralement complice d'un délit grave ?

Pour atténuer le poids de cette complicité, les négociateurs lui représentèrent que, de toute façon, il n'avait pas le choix, que le vainqueur pourrait tout aussi bien se passer de son accord pour saisir les registres de la Trésorerie mais que, dans ce cas, Bourmont « ne ferait pas de cadeaux » ; enfin, qu'importait à Hussein la manière dont le général en chef et son gouvernement disposeraient du Trésor, du moment que celui-ci était irrémédiablement perdu pour la Régence ? Cependant, le dey dut insister pour dégager sa responsabilité et celle de ses ministres. Bourmont y accéda par une mesure hypocrite : *il supprima de la convention la disposition relative à la remise des propriétés publiques.* Le ministre des Finances algérien, gardien du Trésor, se contenterait de remettre symboliquement les clefs des caves de la Casbah, sans autre forme de procès. Pour prix de la complaisance de Hussein, Bourmont s'engagea sur l'honneur à laisser libres le dey et les Turcs de rester en sûreté à Alger ou de se retirer dans le lieu de leur choix, avec la pleine possession de toutes leurs richesses personnelles. Mais le déserteur de Waterloo, l'accusateur du maréchal Ney, avait une conception particulière de l'honneur : il ne tiendra pas sa parole. Pendant son séjour à Paris en août et septembre 1831, l'ancien dey rencontrera longuement le journaliste Augustin Jal à qui il fera un récit très détaillé des journées des 4 et 5 juillet. Malheureusement, le journaliste manqua de courage : « Hussein, écrit-il, parla de sa chute d'une manière si convenable et si noble que nous en fûmes très touchés. Il raconta *les conventions* de la capitulation, la prise de la Cassaba et ce qui suivit ; *c'est cette dernière circonstance que je dois taire* » [21]. La pleutrerie de Jal, que la rigueur des tribunaux de Louis-Philippe excuse partiellement, nous aura privés d'un témoignage capital.

Malgré cette lacune irréparable et le silence des archives, il est possible de retracer concrètement les graves événements évoqués ci-dessus. Pour cela, nous devons déterminer qui furent les négociateurs secrets, comment ils travaillèrent et quelles dispositions matérielles furent prises pour l'exécution des accords. De nouveaux acteurs entraient en scène, notamment les « notables algériens ».

Et d'abord quelle était la situation à Alger ? Dès la fin avril, les consuls européens, sauf ceux d'Angleterre, Saint-John, et de Sardaigne, le comte Dattili, avaient quitté la ville : « Je ne crois pas pourtant, écrivait le consul de Suède à son gouvernement, le 1er mai 1830, que des précautions pour la sûreté personnelle doivent être négligées, et c'est pour cette raison que je me suis réuni (sic) aux agents et consuls des autres Nations Chrétiennes, pour notre défense et sûreté communes. Nous avons choisi un endroit très élevé et écarté autant que possible des plaines qui doivent probablement former le théâtre de la guerre » [22]. Cet endroit était la maison dite des Consuls Réunis, en contrebas de Bouzaréah, qui portait le nom de Djenan ben et-Taleb [23]. Les seuls Européens qui fussent demeurés dans Alger étaient donc les diplomates britanniques et sardes.

Vers le 1er juillet, ce fut au tour des familles juives les plus riches, les Bacri et les Ben Duran, notamment, de déserter la ville. Une centaine de femmes, d'enfants et d'hommes faillirent, du reste, être massacrés par les troupes françaises. Il n'y eut qu'une seule victime, une femme juive qu'un tirailleur prit, dans l'obscurité, pour un milicien turc. Emmenés au quartier général, Bacri et Ben Duran fournirent les premiers renseignements sur le trésor et les marchandises de l'État à Bourmont. Il semble, cependant, que la fuite de ces négociants ait été protégée par le dey, car il leur avait confié des intérêts considérables dont l'essentiel avait été transféré par eux à Livourne.

Quant aux notables algérois, leur attitude fut conforme à celle des notables de n'importe quel pays placés devant une situation comparable : ils cherchèrent à sauver leurs intérêts. Avant même le débarquement de Sidi-Ferruch, Hamdane, Bouderbah, Bourkaïb et d'autres firent une démarche solennelle auprès de Hussein et du divan pour prêcher la conciliation avec la France. Ils ne réussirent qu'à exaspérer l'humeur batailleuse des janissaires, qui les tenaient pour des poltrons. Redoutant quelque mauvais coup de la Milice, les notables s'enfermèrent chez eux. Lorsque la situation devint réellement préoccupante, avec le début du siège du Fort l'Empereur, le dey convoqua une réunion générale, le 3 juillet, à laquelle assistèrent les membres du Divan, les chefs des janissaires, les chefs religieux et les principaux notables. Cette réunion, tenue à la Casbah, vit s'affronter deux partis : les partisans de la résistance, formés de janissaires et des chefs religieux, et les partisans de la paix immédiate à tout prix. Ce fut le parti extrémiste qui l'emporta.

Mais dans la nuit du 3 au 4 juillet, les notables se réunirent secrètement au fort de la Marine. Ils convinrent que toute résistance était impossible et qu'il fallait empêcher un massacre de la population. Il fut décidé qu'une délégation se rendrait à l'aube chez le dey pour le décider à négocier, et qu'une autre, indépendamment des résultats que l'on obtiendrait à la Casbah, serait dépêchée auprès du général en chef de l'armée française.

Ce fut Hamdane ben Othman Khodja, en raison de ses liens personnels avec Hussein, qui conduisit la délégation vers la Casbah. Il n'eut pas besoin de forcer son éloquence : le bombardement intensif du Fort l'Empereur, puis son explosion, convainquirent, un peu tard, le dey d'engager des négociations. Hamdane insista pour que des émissaires fussent envoyés sur-le-champ au général en chef et à l'amiral Duperré. A 11 heures, comme on l'a vu, Sidi Mustapha se présentait à Bourmont, tandis que Duperré recevait à bord de la *Provence* l'amiral algérien.

Pendant ce temps, l'autre délégation de notables, composée d'Ahmed Bouderbah et de Hadj Hassan, un des fils de Hamdane, s'était mise en route. Les deux hommes furent conduits devant le général en chef, qui se trouvait alors au consulat d'Espagne, situé à quelques centaines de mètres du Fort l'Empereur. On imagine l'agréable surprise que dut ressentir Bourmont en entendant Hadj Hassan et surtout Bouderbah s'exprimer dans un français impeccable ! Il avait enfin des hommes responsables avec qui il pourrait *discuter sans interprète* d'affaires confidentielles.

Les deux délégués expliquèrent au général en chef qu'ils venaient discuter au nom des notables de la ville, désireux d'éviter un bain de sang inutile. Dans l'immédiat, ils demandaient une suspension de feu, pour éviter que la panique déjà grande dans Alger ne dégénère. Bourmont donna des ordres, et en effet, les batteries qui échangeaient des tirs avec le fort de Bab-Azoun se turent. Le feu cessa presque aussitôt du côté algérien aussi.

Puis la discussion s'engagea entre les trois hommes. Bourmont, qui ne manquait pas d'une certaine subtilité, remarqua la différence de ton entre ses deux interlocuteurs. Il se hâta de dicter verbalement, en termes assez vagues, un projet de capitulation ne comportant plus la reddition à discrétion. Hadj Hassan fut chargé de porter ces nouvelles propositions au dey et au divan.

Restés en tête-à-tête, Bourmont et Bouderbah purent enfin constater la convergence de leurs intérêts. Le riche négociant maure, comme l'a souligné Pellissier de Reynaud, rêvait de prendre sa revanche sur les arrogants janissaires. Il avait pris connaissance de la fameuse proclamation de Bourmont où il était expliqué aux « Arabes » que le but de la France n'était pas de s'emparer de leur pays, mais au contraire de le délivrer du joug turc pour le restituer à ses véritables possesseurs. L'idée était donc de substituer au gouvernement du dey un gouvernement autochtone, lié à la France par des liens à déterminer. L'ambitieux négociant se voyait déjà chef de ce gouvernement

De son côté, le général en chef ne pouvait espérer tomber sur un collaborateur, ou plutôt un complice plus compétent que Bouderbah. Face aux arcanes de l'administration deylicale, dont il ignorait absolument tout, Bourmont eût été à la merci des interprètes et des agents du dey, tous de moralité douteuse. Avec Bouderbah, qui connaissait la Casbah « comme sa poche » et qui était bien informé sur l'état du Trésor, les lieux où il était déposé, les données du problème changeaient du tout au tout. Mais ce serait « donnant donnant ». En échange des précieux renseignements qui lui permettraient de détourner la plus grande partie du Trésor, Bourmont s'engagerait à satisfaire les ambitions politiques de Bouderbah. De ce point de vue, il convient, toutefois, de nuancer les choses : en effet, si le négociant maure désirait fortement l'élimination du pouvoir turc et son remplacement par un « pouvoir national » dont il serait le chef, il refusait, cependant, l'idée d'une domination française sur l'Algérie. Bourmont pouvait-il prendre des engagements sur ce point ? Assurément, puisque les instructions de Polignac lui laissaient toute latitude en ce qui concernait l'administration à établir à Alger, une fois la chute de Hussein consommée, les forts et le port occupés ou mis hors d'usage, et le Trésor récupéré. Au demeurant, le général en chef fut sur le point de rembarquer ses troupes, fin juillet, en ne laissant à Alger qu'une faible garnison destinée à soutenir les autorités « maures » mises en place.

Entre 13 h 30 - 14 heures, heure à laquelle Hadj Hassan quitta le quartier général pour porter les nouvelles propositions de Bourmont, et 16 heures environ, heure à laquelle Sidi Mustapha et Hadj Hassan, accompagnés du consul et du vice-consul anglais, se présentèrent pour négocier au nom du dey, Bourmont et Bouderbah eurent largement le temps pour se mettre d'accord sur un plan d'action commun. Ce plan, dont on ne trouve nulle trace dans les archives, bien entendu, devait comporter trois volets principaux :

- un volet financier, prévoyant le détournement du Trésor pour lequel le concours de Bouderbah était indispensable ;
- un volet politique « à court terme » consistant en l'élimination politique, puis l'expulsion de tous les Turcs ;
- un volet politique « à long terme » où était prévue la formation d'un « gouvernement maure » d'Alger ; celui-ci serait soutenu militairement par la France pendant un certain temps ; lorsque l'autorité de ce gouvernement ne serait plus menacée à l'intérieur ou de l'extérieur, l'armée expéditionnaire se retirerait, après la conclusion d'accords franco-algériens aménageant les relations entre les deux pays.

L'existence de ce plan concerté entre Bourmont et Bouderbah n'est pas une pure vue de l'esprit. Nous disposons de preuves irrécusables établissant, d'une part, le concours de Bouderbah dans le détournement du Trésor, et, d'autre part, les engagements politiques de Bourmont, notamment pour le retrait de son armée.

Le concours de Bouderbah dans l'affaire du Trésor est formellement établi par une lettre de Savary, duc de Rovigo - l'ancien chef de la police secrète de Napoléon, un orfèvre en matière de « coups fourrés ». Savary occupa le poste de commandant en chef du corps d'occupation d'Afrique de 1831 à 1833. A ce titre, il eut à traiter avec Bouderbah des affaires du gouvernement d'Alger. Le document que nous invoquons est une lettre adressée par Savary au ministre de la Guerre, en date du 21 juin 1832. Voici le passage qui nous intéresse : « J'ai fait visiter ces papiers (ceux de Bouderbah que le commandant en chef avait décidé d'expulser d'Alger par suite d'un désaccord politique), avant son embarquement. *On y a vu les marques de l'intérêt que lui portaient MM. Denniée, Volland et Tholozé, et on y a reconnu la preuve du besoin que ces MM. avaient eu de*

Bouderbah qui parlait le français et dont les services étaient une trouvaille pour eux dans cette circonstance, que Bouderbah était trop fin pour ne pas faire tourner à son profit. Il faut entendre là-dessus les agents du Trésor de la Casbah qui sont restés ici et qui sont tous de l'opinion que cet homme n'a favorisé ses dilapidations (du Trésor) *que depuis que la nécessité l'avait fait admettre dans nos affaires* » [24].

(Le baron Denniée et le général Tholozé formaient, avec le payeur général Firino, la Commission de Finances qui prit possession du Trésor le 5 juillet - commission qui fut l'objet des accusations de détournement les plus graves. Le baron Volland succéda à Denniée, le 16 août 1830, au poste d'intendant en chef...)

L'élimination des Turcs, puis leur expulsion d'Alger, furent effectives avant la fin du mois de juillet. Bourmont établit, comme il le promit à Bouderbah, un « gouvernement municipal maure » (auquel on adjoignit deux représentants de la communauté juive). Et ce fut Bouderbah qui présida cet organisme.

Quant à la promesse d'évacuation du pays par l'armée expéditionnaire, plusieurs témoins et les documents diplomatiques cités plus haut l'ont attestée. Mais nous citerons un document plus décisif encore. Il s'agit d'un rapport écrit par Savary au ministre de la Guerre, le 28 juin 1832, soit deux ans après la chute d'Alger. Le duc de Rovigo, fidèle à ses anciennes méthodes, faisait espionner le consul anglais Saint-John, qui était resté en poste depuis 1830. Pendant les négociations sur la capitulation, le consul fut écarté en tant qu'agent diplomatique. Mais il n'ignora rien des clauses secrètes de la convention : le dey Hussein, qui lui témoignait la plus grande confiance, l'en informa personnellement ; Bourmont dut lui fournir, de son côté, des explications approfondies car le général en chef eut besoin des services de Saint-John pour le détournement du Trésor (une partie des lingots d'or soustraits de la Casbah fut déposée au consulat britannique, et les deux tiers des sommes détournées furent ensuite acheminées sur la place financière de Londres). Ajoutons enfin qu'il n'est pas impossible non plus que le consul ait reçu les confidences de Bouderbah, lorsque celui-ci s'aperçut qu'il avait été trompé par Bourmont. En tout état de cause, Saint-John était donc bien placé pour connaître les détails secrets de la capitulation. Et c'est précisément ce que confirmait le rapport du duc de Rovigo :

« On vient de me rapporter à l'instant, écrivait-il au ministre de la Guerre, quelques paroles du consul d'Angleterre ; je m'empresse de vous les adresser (...).

« *Le consul d'Angleterre est fort indiscret dans ses propos. Il disait hier à un Français qui a dîné chez lui, qu'il venait, d'après les ordres de son gouvernement, de lui envoyer tous les détails qu'il possédait de la capitulation conclue entre M. de Bourmont et le dey d'Alger, et qu'il ne doutait pas que la question de l'évacuation ne devînt le sujet de discussions très animées au parlement, où l'on mettrait les ministres au pied du mur pour les forcer à s'expliquer. Il a ajouté que, quand le moment serait venu, et cette circonstance connue des notables de ce pays-ci, on verrait bientôt tous les Arabes et les Cabaïles en mouvement et que le dey de Constantine, qui commençait à faiblir, reprenait* (sic) *courage, parce que c'était la seule chance de salut qui lui restât...* » [25].

Le style obscur de Savary a rendu presque incompréhensibles les propos du consul. En langage clair, Saint-John avait dit qu'il venait d'adresser à son gouvernement un rapport « explosif » où il révélait les clauses secrètes de la convention de capitulation, et notamment *la clause par laquelle Bourmont s'était engagé à évacuer Alger au bout de quelques semaines ou quelques mois.* Or en Angleterre, en 1832, l'opinion et surtout l'opposition parlementaire étaient exaspérées par la poursuite de l'occupation de la capitale de la Régence par les troupes françaises. Présumant que le contenu de son rapport ne tarderait pas à être connu des chefs de cette opposition, le consul déclara s'attendre, par conséquent, à l'ouverture de violents débats au Parlement britannique sur la question d'Alger. Le Cabinet serait sommé de s'expliquer sur son *attitude laxiste* à l'égard de la politique française en Afrique, contraire aux engagements contractés tant vis-à-vis du dey que de l'Angleterre. Quand les notables algériens, qui auraient ignoré l'existence de la fameuse clause d'évacuation, en seraient informés par les débats parlementaires de Londres, la résistance à l'occupation se ranimerait autour du dey de Constantine. On remarquera que Savary ne mettait pas en doute l'assertion du consul : au contraire, en qualifiant les propos du diplomate d'« indiscrets », il leur reconnaissait implicitement un caractère de vérité nuisible à la politique française.

A l'appui de ce rapport, voici un autre document émanant d'une autorité française autorisée, à savoir l'intendant civil Pichon, deuxième personnage du pouvoir français à Alger après le commandant en chef. « Si la première intention de la conquête, faisait observer Pichon en 1832, a été de nous établir en permanence à Alger, jamais conduite ne fut plus opposée à ce but que celle qui a été tenue après l'occupation. *Nous avons occupé Alger, ainsi que ses deux grandes dépendances maritimes, Bone et Oran, comme des pays qu'on veut ruiner et évacuer ; et je ne suis plus étonné, après ce que j'ai vu, de lire dans la relation du chef d'état-major de l'armée expéditionnaire, M. le général Després, que les dépêches reçues par M. le général Bourmont annonçaient l'intention de donner à la Porte, Alger et son territoire oriental et méridional. Je ne le suis point encore d'avoir ouï dire, depuis mon retour, à un officier de marine, qu'on l'avait envoyé dans l'un de ces ports voir* si les ruines des fortifications pourraient le combler. *On ne peut expliquer que par ces motifs, qu'aucune des précautions ordinairement prises, seulement dans la vue d'une occupation un peu longue, n'ait été employée ; et, je dois le dire encore, la destruction que nous y continuons, serait propre à faire douter de nos intentions* » [26].

On voit donc que, même en l'absence du texte original de la convention de capitulation, l'engagement d'évacuation ne fait aucun doute. Le général en chef eut seulement soin de réserver les « droits » de la France sur la région de Bône-La Calle où les ministres de la Restauration situaient les « possessions françaises ». Ce faisant, Bourmont n'outrepassait pas les limites d'action que lui avait assignées Polignac dans ses Instructions du 18 mars. Selon Pierre Serval, qui a eu accès aux archives de la famille Bourmont, le président du Conseil aurait fait parvenir au général en chef, la veille de l'attaque contre le Fort l'Empereur, une « lettre ultra-secrète contenant des instructions pour la négociation d'un traité de paix ». Cette missive confirme bien, elle aussi, l'existence d'un engagement d'évacuation d'Alger :

« Nous promettons ensuite, écrivait Polignac, de remettre Alger et son territoire au sultan, aussitôt qu'il enverrait des troupes régulières en nombre assez grand pour former la garnison ; nous ne demanderons aucune indemnité pécuniaire pour les frais de notre guerre ; nous savons combien sont bornées les ressources pécuniaires de la Porte, qui devra succéder à la Régence d'Alger (...).

« Mais, pour donner plus de consistance à nos anciennes possessions (sic) sur la côte septentrionale d'Afrique, et pour compenser en quelque chose les sacrifices que nous faisons pour abolir le gouvernement tyrannique du dey, nous demanderons au sultan de nous *céder,* pour être possédé par nous en toute souveraineté, une partie du territoire algérien qui s'étendrait depuis le cap Bajaroni jusqu'à la frontière de Tunis.

(...) « Nous nous réserverions un droit d'intervention et de surveillance dans le choix et sur l'administration du bey de Constantine, dont la province sera contiguë à nos possessions. Nous garantirions aux musulmans, vivant sous notre puissance, le libre exercice de leur religion et la conservation de leurs biens ; et le sultan accordera aux chrétiens dans Alger la faculté de bâtir des églises et de professer librement leur culte.

« Nous continuerions à jouir du droit exclusif de pêcher le corail depuis la limite de nos possessions jusques et y compris le golfe de

Bougie. Nous ne paierions plus de redevances pour cet objet.

« Quant à nos intérêts commerciaux dans le royaume d'Alger, nous demanderions seulement d'y être traités comme la nation la plus favorisée et de pouvoir y établir des consuls où nous le voudrons »[27].

Ce document est plus explicite encore que les précédents : la remise d'Alger et de son territoire au Sultan y est positivement indiquée ; Polignac continuait à parler de « royaume d'Alger ». Quant à ses prétentions territoriales, elles ne dépassaient pas les frontières du territoire (région de Bône - La Calle) revendiqué depuis une douzaine d'années. On notera aussi la renonciation à toute « indemnité pécuniaire pour les frais de guerre ». Cette renonciation n'était évidemment pas spontanée, ni un acte de générosité : au moment où le président du Conseil écrivait à Bourmont, la victoire de l'armée expéditionnaire sur les troupes algériennes était virtuellement acquise ; la chute d'Alger et la capture du Trésor de la Régence n'étaient plus qu'une question de jours...

Nous pouvons donc affirmer que le général en chef prit, au nom de son gouvernement, l'engagement d'évacuer Alger après un certain laps de temps. Ce qu'il est intéressant d'examiner, c'est l'usage que fit Bourmont de la promesse d'évacuation, vis-à-vis de ses partenaires lors de la négociation de la capitulation, et ce qu'il en obtint.

Le dey Hussein se savait perdu en tant que chef de l'État algérien. Mais il pouvait estimer qu'il avait sauvé l'essentiel à partir du moment, où, grâce à la promesse d'évacuation, il crut avoir obtenu que son pays ne tomberait pas sous la domination d'une puissance chrétienne. Dès lors, il modéra considérablement ses exigences personnelles, et tempéra celles de ses ministres.

Bourmont se servit de la promesse d'évacuation avec une égale duplicité vis-à-vis de Bouderbah. Il la brandit comme un gage de la volonté française de favoriser la constitution d'un *gouvernement maure,* qui serait soutenu, jusqu'à la consolidation de son pouvoir, par la troupe expéditionnaire. Là encore, Bourmont jouait sur du velours, puisque le seul argument qui pouvait lui rallier le riche négociant et ses amis était précisément celui-là. En échange, Bouderbah lui offrit une collaboration inestimable (et discrète) dans l'opération de détournement du Trésor.

Le marchandage entre le général en chef et le consul anglais Saint-John, autre partie prenante à la négociation, fut plus complexe et obscur. Le gouvernement britannique, comme nous l'avons déjà souligné, était très hostile au principe même de l'expédition. Il l'eût peut-être empêchée militairement si la situation politique et économique n'avait pas été aussi dramatique au cours du premier semestre de 1830. Les dernières instructions envoyées à Saint-John lui prescrivaient de tout tenter pour faire échouer, sur le terrain, l'opération. Vers la mi-juin, la flotte française resserra le blocus naval autour d'Alger, refoulant tout navire qui se présentait devant la baie. Par conséquent, le consul ne put recevoir de nouvelles consignes avant le mois d'août. Pourtant, Saint-John allait intervenir, à titre officieux, dans la négociation de la capitulation... dans un esprit contraire aux dernières instructions de son gouvernement ! Il y eut là un revirement énigmatique qui n'a pas assez retenu l'attention des historiens.

La solution de cette énigme passe par l'intervention d'un personnage très curieux. Il se trouve, en effet, que plusieurs gouvernements européens avaient obtenu de Paris que quelques-uns de leurs officiers fussent admis dans le corps expéditionnaire comme observateurs. Ce fut ainsi que l'Autriche délégua le prince Frédéric de Schwartzenberg, la Russie le colonel Philisolof et le lieutenant Doubensky, la Prusse le capitaine Clerc, l'Espagne les commandants Villalonga et Soria ; l'Angleterre désigna le capitaine de vaisseau Mansell et le lieutenant-colonel Mounthee. Avant son départ pour Paris, puis Toulon, le capitaine Mansell fut longuement reçu au Foreign Office. Passé presque inaperçu pendant la traversée et lors des combats, le capitaine Mansell se comporta bizarrement au moment de la capitulation et les jours suivants : il agit comme s'il était le supérieur hiérarchique du consul Saint-John. Le témoignage de J.-T. Merle est très instructif :

« Le capitaine Mansell, qui avait fait avec une grande valeur la campagne comme volontaire, et qui, dès les premiers jours, avait demandé et obtenu une place à nos avant-postes, était redevenu à Alger le commensal de M. de Bourmont. Je m'aperçus *qu'il prenait là une attitude politique qui nous expliqua beaucoup de choses ; il commença même à perdre son air de bonhomie, et à s'envelopper d'une espèce de morgue diplomatique qui ne tourna pas à son avantage ; il s'agitait dans tous les sens autour du consul anglais et du général en chef, et donna lieu à tout le monde de lui croire des vues et un crédit que nous étions loin de lui soupçonner...* » [28].

Le capitaine Mansell était à l'évidence un agent très spécial, rompu aux intrigues politiques et militaires, que le gouvernement de Sa Majesté avait chargé d'instructions nouvelles pour tous les cas de figures qui se présenteraient à l'issue de la campagne française. De ce fait, il connaissait mieux que Saint-John les intentions et les calculs de Londres. Ce fut donc sur ses instances que le consul se décida à coopérer avec Bourmont, malgré les instructions reçues précédemment. Mais cette coopération ne fut délibérée qu'à partir du moment où le principe de l'évacuation d'Alger fut formellement reconnu par le général en chef. Car, ce que redoutait par-dessus tout le gouvernement britannique, c'était l'implantation permanente de la France dans une place aussi importante stratégiquement en Méditerranée que l'était la capitale de la Régence.

Cette coopération franco-anglaise inattendue alla fort loin à ce moment-là. Tous les documents qui ont traité du détournement du Trésor s'accordent sur deux points au moins : ce fut bien au consulat d'Angleterre à Alger qu'on déposa d'importantes quantités de lingots ; c'est de Londres, véritable plaque tournante de l'affaire, que l'on achemina vers Paris les sommes détournées. La documentation fait défaut sur cet aspect si important mais secret de l'opération. On peut cependant entrevoir la vérité. Selon toute vraisemblance, le capitaine Mansell avait appris, d'une manière ou d'une autre, le projet de détournement d'une partie du Trésor. Il poussa alors le consul Saint-John à accepter de recevoir au Consulat, pour quelque temps, l'or que Bourmont aurait fait soustraire de la Casbah et qu'il voudrait bien lui confier. En outre, il assura obligeamment le général en chef que le gouvernement de Sa Majesté fermerait les yeux si, *par hasard,* les sommes détournées transitaient par Londres. Dans l'optique de Bourmont, cette offre permettait de résoudre l'un des problèmes les plus épineux de sa mission secrète. Londres, le plus grand marché mondial des métaux précieux, était la seule place où il fût possible d'effectuer de grosses transactions presque dans l'anonymat. Le général en chef y trouverait le moyen le plus sûr de faire parvenir assez rapidement à Paris, via Londres, le magot soustrait, et sans éveiller de soupçon. Cependant, la proposition de Mansell n'était pas sans arrière-pensée. Elle mettait l'Angleterre en mesure de prendre des représailles efficaces contre la France au cas où celle-ci refuserait de tenir ses engagements diplomatiques : il lui suffirait alors d'empêcher la sortie des lingots parvenus à Londres... Bourmont était trop fin politique pour être dupe de ce calcul. S'il accepta l'offre anglaise, ce fut en pleine connaissance de cause et en toute « bonne foi » : la contrepartie implicite qu'on exigeait de lui, la promesse d'évacuation d'Alger, avait déjà été concédée, en principe, par le gouvernement français.

Bien entendu, cette combinaison n'était envisageable que si la question de fond, à savoir le sort de la Régence d'Alger, devait être réglée à brève échéance. Charles X en avait exprimé le vœu, Polignac l'avait confirmé, notamment dans ses dernières instructions secrètes du début juillet. Une fois le régime du dey abattu, on prévoyait de tenir une grande concertation avec les alliés de la France et avec la Turquie pour décider du statut futur de la Régence. La révolution de Juillet allait bouleverser tous les calculs et toutes les prévisions.

L'entrée des troupes françaises dans Alger

A lire les historiens de la Conquête, l'expédition était achevée le 4 juillet dans la soirée, après le retour de Bracevitch de la Casbah. Le dey venait d'apposer son sceau sur « la convention de capitulation ». Tout était dit : Français et Algériens allèrent se coucher tranquillement... Sauf les sapeurs du génie qui travaillèrent une bonne partie de la nuit à ouvrir une tranchée en direction de la citadelle, depuis le Fort l'Empereur.

Cette vision simpliste élude évidemment les questions essentielles. Car, enfin, qui pourrait croire que les milliers d'Algérois aient pu s'endormir cette nuit-là, alors qu'ils étaient menacés d'extermination ? Comment peut-on imaginer le dey parfaitement calme et serein, alors qu'il venait de perdre son pouvoir et la liberté de son pays ? Comment Bourmont aurait-il trouvé le sommeil à un moment où il jouait non seulement son avenir, mais aussi celui de la monarchie ? Et comment pouvait-il faire confiance à la « bande de pirates », comme on qualifiait alors le gouvernement algérien, en ce qui concernait le Trésor ? Que dire des milliers d'officiers et de soldats français pressés de savourer leur victoire ? Les questions qui se présentent à l'esprit sont innombrables, et leur pertinence écarte l'invraisemblable version des historiens coloniaux.

Où en était-on le 4 juillet à la tombée de la nuit ?

Sur le plan militaire, d'abord, Alger était encerclée par l'armée expéditionnaire déployée sur les collines. Une brigade occupait les contreforts de Bouzaréah, à l'ouest ; le gros de l'armée s'étirait des

Tagarins au Fort l'Empereur et à la campagne bordant la route de Sidi-Ferruch ; une brigade tenait la campagne de l'Agha, à l'est, mais pas jusqu'à la mer : la route de Constantine resta libre, et des milliers d'Algérois fuieront par cette voie dans la soirée et la nuit du 4 et même dans la matinée du 5. La flotte de Duperré demeura en faction dans la baie, et n'intervint pas non plus pour empêcher les Algérois de s'échapper par bateaux. Certains officiers se scandalisèrent de cette liberté laissée aux citadins assiégés : « La mer était couverte de canots portant des familles entières avec leurs effets, notait le capitaine Rozet. Ces canots parvenus à une certaine distance s'échouaient sur le sable, et ceux qui les montaient se sauvaient en emportant tout ce qui était dedans. Cette manœuvre dura pendant plus de deux heures (le 5 juillet) sous les yeux de l'armée, et aucune mesure ne fut prise pour y mettre fin. Cependant, il aurait suffi d'envoyer un bataillon de ce côté pour chasser les Arabes, couper la retraite à cette masse de fuyards, et empêcher ainsi qu'une grande partie des richesses d'Alger ne fût enlevée. La flotte, qui était alors en vue, contemplait paisiblement ce spectacle » [29]. Les richesses que ces malheureux emportaient étaient tout ce qu'ils avaient pu sauver de fortunes personnelles considérables, pourtant garanties par la capitulation...

Les janissaires avaient regagné leurs casernes dès la tombée de la nuit. Hussein demeura dans la Casbah avec ses principaux ministres. Quant à l'armée algérienne, comprenant les contingents kabyles, constantinois, oranais et du Tittery, elle s'était regroupée sur la rive orientale de l'oued Al Harrach, d'où elle assista impuissante aux événements après l'explosion du Fort l'Empereur. Le bey de Constantine envoya aux nouvelles quelques soldats, auxquels se joignit Bendjelloul, secrétaire particulier, qui interrogea le khaznadji et l'amine Es-secca :

« Que dois-je dire à Hadj Ahmed bey, leur demandai-je, raconte Bendjelloul dans un mémoire.

- Répondez-lui que les Français sont maîtres d'Alger, que nous n'avons plus de pacha (dey) ; que chacun de vous peut agir maintenant comme il jugera convenable » [30].

Lorsque cette nouvelle fut connue dans le camp algérien, les contingents se séparèrent, et chacun regagna sa région. La résistance ne sera organisée qu'après la réunion des chefs de tribus tenue à Temenfous (cap Matifou), le 23 juillet.

Reste à élucider deux épisodes fort mystérieux : 1°) que se passa-t-il à la Casbah, dans la nuit du 4 au 5 juillet ? 2°) en quoi consistèrent les « pillages » survenus en son intérieur, dans la matinée du 5 juillet ?

Les témoignages dont nous citons les principaux en note[31], sont incroyablement contradictoires sur ces événements que Bourmont, pour sa part, n'a même pas mentionnés dans son rapport officiel. Il serait oiseux de reprendre chaque texte pour le passer au crible. Aussi, par souci de clarté, nous procéderons autrement pour cerner la vérité.

Faisons d'abord deux constats troublants :

a) Bourmont ne prit aucune mesure pour couper la route de Constantine ; il ne fit pas non plus appel à la flotte pour interdire la fuite par mer. En considérant la méfiance extrême et l'esprit retors du général en chef, on doit convenir qu'il avait pris des précautions sévères, mais discrètes, pour empêcher le dey et ses ministres de soustraire quoi que ce fût du Trésor. S'il a laissé partir les citadins, c'est qu'il était certain que leurs bagages contenaient seulement leurs affaires personnelles, dont la libre possession était garantie par la convention de capitulation. La question est donc de savoir quelles étaient les précautions discrètes prises par Bourmont pour s'assurer que le Trésor demeurerait intact.

b) L'existence des « pillages » dans la Casbah n'a été niée par aucun témoin, pas même par les membres de l'état-major général pourtant directement mis en cause. Or s'il est une circonstance où, depuis des siècles, la loi martiale a toujours été appliquée dans toute sa rigueur, c'est bien le pillage à la suite de la prise d'une ville ou d'émeutes : les pillards sont impitoyablement abattus sur place, sans sommation, qu'ils soient civils ou militaires. Et que nous dit-on à propos de ceux de la Casbah ? Non seulement aucun ne fut abattu, ni réprimandé, mais encore nul ne fut poursuivi pour un crime aussi grave ! Bien plus, certains témoins ont rapporté que les pillages furent tolérés, sinon provoqués, voire encouragés. Pourquoi ? Quel dessein secret ces « désordres organisés » devaient-ils dissimuler ?

Les précautions prises par Bourmont pour garantir l'intégrité du Trésor furent de deux sortes. Il fit poursuivre pendant toute la nuit du 4 au 5 juillet les travaux du génie qui creusait une tranchée depuis le Fort l'Empereur en direction de la Casbah. Le chantier, éclairé par des torches et donc visible depuis les terrasses de la citadelle, indiquait on ne peut plus clairement les intentions du général en chef. Cependant, cette mesure était insuffisante : la garantie la plus sûre supposait que des hommes du corps expéditionnaire aient été admis à l'intérieur de la Casbah et qu'ils aient pu y rester toute la nuit pour surveiller le Trésor et, éventuellement, en vérifier l'importance. C'est, en effet, ce qu'ont affirmé deux auteurs. Le capitaine d'état-major Pélissier a écrit : « M. Bracewitz (Bracevitch) passa la nuit (du 4 au 5 juillet) dans la ville » [32]. L'interprète Eusèbe de Salles a fourni une version plus détaillée dans son livre :

« Dans la soirée (du 4) les ratifications (de la convention) furent échangées, et une commission assistée de deux interprètes alla prendre à la Kasaba les arrangements nécessaires pour l'occupation du lendemain.

« Le dey reçut les commissaires avec aménité, les fit asseoir sur son divan, leur offrit du sorbet, du café et des pipes : le khaznadji ou trésorier, l'emin Sicca ou directeur de la monnaie, avaient été convoqués pour la remise du trésor, partie essentielle de la mission que les Français venaient accomplir. Ces deux officiers jurèrent que rien n'en avait été distrait, et que le dey n'y avait jamais touché qu'en leur présence ; ils n'en purent déclarer la valeur au juste car il n'était point tenu de livre de caisse (sic). Ils y introduisirent le trésorier de l'armée, le sous-chef d'état-major et l'intendant en chef, qui dressèrent procès-verbal de l'état où ils le trouvaient (...).

« Les commissaires, en sortant du trésor, mirent les scellés sur les portes et emportèrent les clefs... » [33].

Ces deux témoignages, passablement contradictoires quoique émanant de témoins parmi les mieux informés, montrent à quel point les événements furent enveloppés de secret. Cependant, Pélissier et de Salles se rejoignent sur un point capital : des Français se rendirent ou passèrent la nuit à la Casbah. Pélissier se trompait en affirmant que c'était Bracevitch qui resta dans la citadelle : en effet, cet interprète revint au quartier général, à la tombée de la nuit, après avoir donné au dey les explications sur la convention secrète, celle qui réglait les « affaires personnelles » du souverain déchu et d'autres encore. Une fois cette mission accomplie, Bracevitch ne fut plus mêlé aux tractations.

La version de de Salles est contestable, elle aussi, sur un point important. Selon notre témoin, la commission envoyée à la Casbah, le 4, se composait de l'intendant en chef Denniée, du sous-chef d'état-major Tholozé et du payeur général Firino. Ces trois hommes furent, en effet, nommés officiellement membres de la Commission de Finances, mais le 5 juillet. Ils ne pouvaient s'être rendus à la Casbah la veille, pour deux raisons : le déplacement de personnages aussi haut placés dans la hiérarchie n'aurait pu passer inaperçu de l'armée ; en outre, le payeur général Firino se trouvait encore à Sidi-Ferruch, dans l'après-midi du 4 juillet ; il ne fut appelé au quartier général que dans la soirée par un express de Bourmont [34]. Par conséquent, il lui était matériellement impossible de gagner El-Biar, où était installé le quartier général, avant le milieu de la nuit, compte tenu des distances et des difficultés de la route. Pour appuyer ces remarques, nous devons produire le témoignage du général Desprez : « Avant d'arriver à Alger, faisait observer le chef d'état-major général, les commissaires chargés de faire une enquête (en septembre 1830) sur les opérations relatives au Trésor étaient préoccupés de l'idée que *des officiers avaient accompagné M. Braschewitz (Bracevitch), et qu'ils étaient restés auprès du dey pendant toute la nuit du 4 au 5 juillet.* Un fait semblable aurait-il échappé à l'armée tout entière ? Ces officiers pouvaient-ils traverser sans être aperçus la ligne de nos avant-postes ? Ceux qui ont la connaissance des faits et des lieux n'hésiteront pas à répondre négativement... » [35].

Cette observation du général Desprez est tout à fait pertinente, *dans les termes où elle a été exprimée :* assurément, des officiers supérieurs en grand uniforme ne seraient pas passés inaperçus des soldats en faction. Au surplus, on ne voit pas l'utilité d'envoyer à la Casbah des officiers de troupes ne connaissant ni le turc ni l'arabe et ignorant tout des questions financières, puisque comme l'a suggéré Desprez, le but de leur mission eût été la prise de possession du Trésor de la Régence.

En revanche, il y avait, attachés à l'armée expéditionnaire, des civils assimilés à des officiers pour le traitement et les privilèges. Ces hommes jouissaient de la confiance du général en chef, pratiquaient les langues en usage à Alger, et certains étaient versés dans les affaires financières : c'étaient les interprètes, en fait des agents spéciaux tels que Juchereau de Saint-Denys, d'Aubignosc, Huder, Gérardin, Raimbert, l'Auxerrois, etc. Inconnus de la troupe et même des officiers subalternes, ces individus vêtus en civil pouvaient facilement passer pour des négociants ou des aventuriers (il y en eut un certain nombre qui participèrent à l'expédition à leurs risques et périls). Dans la phase très délicate de la campagne, correspondant à la prise de possession *officieuse, secrète* du Trésor, qui ne pouvait se faire que dans la nuit du 4 au 5 juillet, le rôle de ces agents devint primordial.

A partir des considérations ci-dessus et des éléments d'information les plus sûrs que nous avons recueillis, il est possible d'éclaircir quelque peu le mystère et d'esquisser le scénario probable des événements survenus dans la nuit et dans la matinée du 5 juillet.

La nuit était tombée lorsque Bracevitch revint de la Casbah avec l'accord du dey sur la convention qui « réglait ses affaires personnelles ». Bouderbah se trouvait toujours au quartier général avec Bourmont. Aussitôt après le retour de Bracevitch, le négociant maure quitta le camp français pour se rendre chez Hussein. Mais il n'était pas seul : un groupe d'*interprètes,* dont nous ignorons le nombre et les noms, l'accompagnait. La mission de ce « commando » était capitale : il s'agissait de procéder à un contrôle du Trésor, *registres en main.* Il fallait, d'autre part, vérifier que les richesses auxquelles le dey et ses ministres pouvaient prétendre étaient bien leurs possessions personnelles. Enfin, une fois le contrôle et les vérifications terminés, les agents français saisiraient les fameux registres du Trésor si compromettants : deux ou trois de ces agents resteraient dans les caves où se trouvait le Trésor pour s'assurer que rien n'en sortirait tant que le général en chef n'en aurait pas donné l'ordre.

On ne dormit donc pas, cette nuit-là, à la Casbah. Entouré de son ministre des Finances, le Khaznadji, du directeur de la Monnaie, de son gendre l'agha Ibrahim, du secrétaire du gouvernement Sidi Mustapha, et des notables (Bouderbah, Hamdane ben Othman Khodja et son fils Hadj Hassan, et d'autres encore), le dey Hussein, résigné à son destin, se soumit à toutes les opérations de contrôle et de vérification des agents de Bourmont.

Aux premières heures du 5 juillet, alors qu'il faisait encore nuit, le dey ordonna de commencer l'évacuation du palais. Sa famille et les domestiques, encadrés par des gardes, partirent les premiers s'établir dans la résidence privée de Hussein, Dar al-Hamra, fortement gardée. Dès que les femmes furent en sûreté, le personnel (esclaves et domestiques mâles) se répartit en deux groupes. L'un s'occupa de rassembler, dans les pièces formant les appartements du harem, les effets appartenant au dey ; l'autre fut employé au transport, de la Casbah à Dar al-Hamra, les objets les plus précieux ou de première nécessité (literie, matériel de cuisine, etc.). Toutes ces opérations s'effectuèrent sous la surveillance des agents de Bourmont. Les transports se poursuivirent toute la matinée, jusque vers 10 heures. La quantité d'objets de toute nature accumulés dans le palais pendant douze ans était immense : les personnes affectées au transfert, peu nombreuses en regard de l'ampleur de la tâche, ne purent en emporter qu'une petite partie. Le reste...

A 5 heures du matin, Hussein, de concert avec les agents français, dépêcha l'amiral algérien auprès de Duperré : on redoutait que le chef de la flotte, incomplètement informé des arrangements pris à terre, ne reprît les hostilités dès le lever du jour. Duperré reçut l'amiral, mais déclara que, tant que le drapeau algérien flotterait sur la citadelle et la ville, il considérerait les hostilités toujours ouvertes.

Vers 6 heures, Sidi Mustapha, accompagné d'un ou plusieurs des « interprètes » présents à la Casbah, se rendit au quartier général de Bourmont. Après le rapport verbal du ou des interprètes sur les opérations qui avaient eu lieu au palais, dans la nuit, la version définitive de la convention de capitulation fut rédigée : c'est le texte officiel, le seul connu dans son intégralité, et qui était daté du 5 juillet et portait que l'entrée des troupes françaises se ferait *ce matin-là* à 10 heures. Ce texte fut porté par Sidi Mustapha à Husein. Il était alors environ 7 heures. Dans son récit recueilli par Merle, Bracevitch avait déclaré : « ... *Je ne fus pas du nombre des personnes qui se rendirent le lendemain matin (5 juillet), à sept heures à la Cassauba, pour prendre les derniers arrangements sur la reddition des portes de la ville, des forts et de la citadelle. Cette mission fut confiée à M. de Trélan, premier aide-de-camp du général en chef, et à MM. Lauxerrois et Huder, interprètes. Il leur adjoignit le colonel Bartillat, qui remplissait les fonctions de commandant du quartier général.* » Cette information très importante, qui semble d'une véracité irréprochable, a, cependant, été démentie par des témoignages *intéressés,* il est vrai. Ainsi, le capitaine Pélissier, de l'état-major de Bourmont, a écrit : « *Vers neuf heures, le colonel Bortillat* (sic) *et le commandant de Trélan, aide-de-camp du général en chef, entrèrent dans Alger et trouvèrent le Dey prêt à abandonner la Casbah pour se retirer dans une maison qu'il possédait dans le quartier des Consuls* » [36]. Pour sa part le colonel Bartillat recule encore d'une heure le moment où il se rendit à la Casbah : « *Le 5, à dix heures, le général en chef ordonna au commandant du quartier-général* (Bartillat) *de partir pour Alger avec MM. de Trélan, Huder et l'Auxerrois, interprètes de première classe* » [37]. Ces différences dans l'horaire relatif à l'entrée des *premiers officiels* dans la Casbah ne sont pas indifférentes : elles trahissent une « mise en scène » que l'on a voulu cacher par la suite.

Il y a encore un autre *détail* essentiel dont peu de témoignages ont fait état. L'un des premiers hauts personnages du corps expéditionnaire à pénétrer dans la Casbah fut le payeur général Firino. « *M. Firino,* rapportait le général Desprez, *entra dans la Casauba en même temps que les premières troupes. Le kasnedji ou trésorier général lui remit les clefs du trésor* » [38]. Ce fait, constaté par un homme si hautement autorisé, est confirmé un officier de l'état-major de Bourmont qui s'appliqua dans une brochure intitulée *Quelques mots sur le Trésor d'Alger,* à laver de tout soupçon le commandant en chef : « *M. Firino,* écrivait cet apologiste, *était entré dans la Casauba en même temps que le détachement de troupes d'artillerie et du génie. Le Casnalgi (on appelait ainsi l'individu qui avait la surveillance du trésor) lui remit les clés. M. Firino, dès-lors, ne s'en dessaisit plus* » [39]. Que Firino soit entré dans la citadelle en même temps que le groupe de Bartillat, Trélan, Huder et Lauxerrois, à 7 heures (ou à 9 ou 10 heures selon les versions), ou bien qu'il ait franchi le seuil de la Casbah avec les premières troupes (vers 10 heures), l'essentiel n'est pas là : ce que l'on doit retenir, c'est qu'*il reçut seul les clefs du*

Trésor, en l'absence des autres membres de la Commission de Finances, et qu'il disposa de ces clefs pendant un laps de temps de quatre heures au minimum, de sept heures au maximum. En quatre heures, et mieux encore en sept heures, il est possible d'effectuer toutes sortes de manipulations...

Mais revenons au film des événements. Pendant que Sidi Mustapha se trouvait au quartier général, entre six et sept heures, le dey fit appeler les consuls d'Angleterre, Saint-John, et de Sardaigne, le comte Dattili. Ces deux diplomates étaient en conférence avec Hussein lorsque Sidi Mustapha revint, accompagné de de Bartillat, Trélan, Huder, Lauxerrois et peut-être du payeur général Firino ; il était porteur de la convention définitive de capitulation. Après quelques explications, le dey y apposa son sceau et la remit à Saint-John pour qu'il la porte à Bourmont. Ordre fut donné de libérer les prisonniers du *Sylène* et de l'*Aventure*. Ils furent confiés aux soins des deux consuls. En échange, Hussein demanda, et obtint de Bourmont, un sursis de deux heures pour évacuer la Casbah : l'armée ne ferait pas son entrée à 10 heures, comme stipulé dans la convention, mais à midi.

Ainsi le palais était occupé, à partir de 7 heures, par un groupe de Français comprenant les deux collaborateurs les plus immédiats du général en chef, à savoir le colonel de Bartillat, et le commandant de Trélan, plusieurs « interprètes », dont Huder et Lauxerrois, et certainement quelques dizaines de sous-officiers et de soldats attachés à l'état-major général. La présence de Firino à partir de 10 heures est certaine, et hypothétique à une heure plus matinale.

Toujours aux environs de 10 heures, Bouderbah et Hadj Hassan sortirent de la Casbah pour se rendre au quartier général de Bourmont. Peu après leur départ, le dey Hussein quitta précipitamment le palais : on venait de signaler l'approche de troupes françaises apparemment sans commandement. Le khaznadji voulut suivre son souverain, mais il en fut empêché : « Il (le dey) laissa le ministre des finances pour recevoir le général, a raconté Bartillat. Le ministre voulait aussi se retirer ; mais le commandant français (c'est-à-dire lui-même, Bartillat) s'y opposa positivement » [40]. Peu après, une foule d'officiers et de soldats fit irruption dans la Casbah. Paniqués, les domestiques employés au déménagement des affaires personnelles du dey lâchèrent leurs colis dans la cour et dans les couloirs et s'enfuirent. Le palais fut alors livré à un véritable pillage pendant près de quatre heures. Tous les témoins ont relaté ces scènes de vandalisme qu'aucun ordre ne vint suspendre, bien que des officiers investis de pouvoirs (notamment le colonel de Bartillat) fussent présents. Il serait trop long de reproduire tous les témoignages à ce sujet. Dans leurs écrits, les membres de l'état-major en ont accusé les « juifs, les maures et les nègres » : l'explication est un peu courte. Car, enfin, comment ces gens vaincus, sans armes auraient-ils pu braver impunément la troupe française ! D'autres officiers de l'état-major réduisirent les pillages à quelques broutilles : « Quelques paquets, que les gens du Dey n'avaient pas eu le temps d'emporter, et qui se trouvaient répandus çà et là sur les escaliers et dans les corridors, ayant été trouvés par l'avant-garde (sic), elle se distribua ce qu'ils contenaient, et ce fut ainsi que quelques vêtements assez riches tombèrent au pouvoir de quelques soldats et des gens de la suite du général en chef et de l'état-major. Les objets précieux furent portés au trésor, et la plus grande partie des vêtements fut rendue au Dey. Voilà à quoi se réduisent les spoliations tant reprochées aux chefs de l'expédition » [41].

Mais d'autres témoignages moins complaisants ont parlé de vols autrement graves. L'officier de marine Réveillé de Beauregard, qui servait à bord de l'*Alerte,* notait le lendemain de l'entrée dans Alger : « Nous sommes entrés dans la ville par la porte de la Marine. Ayant pénétré dans l'intérieur, nous remarquions que les rues sont étroites, malpropres, la construction des maisons tout à fait à l'arabe ; partout sur notre passage, on ne rencontrait que des soldats français circulant çà et là, portant dans leurs mains le butin fait la veille, pendant les quatre heures de pillage qu'on leur avait accordées. Les uns portaient des yatagans tout en argent, d'autres des pièces de toile et soie, des pistolets, des montres ; on aurait dit que c'était un bazar universel. Ils offraient ces objets à des prix bas pour boire la bouteille » [42].

Un autre témoignage, plus décisif puisqu'il émane du général Berthezène, commandant la 1re division, et donc tenu par le devoir de réserve et l'esprit de corps : « Dans leurs appartements (ceux du dey et de l'agha), écrivait le général, restèrent amoncelés des vêtements plus ou moins riches, des costumes plus ou moins bizarres, et quelques objets précieux, tels que des pièces d'orfèvrerie, quelques bijoux et même de l'or y furent oubliés.

« Les précautions les plus ordinaires auraient suffi pour tout conserver ; mais les hommes chargés de ces détails, sans expérience et sans connaissance du service, ne surent rien ordonner, rien prévoir.

« A peine la Cassaubah était-elle occupée, que des officiers sans troupe, des administrateurs, des officiers de santé, des interprètes, des Juifs, des esclaves, et cette foule d'hommes sans emploi et sans titres qui s'attachent à la suite des armées et y sont toujours des agents de désordre, s'y précipitèrent pêle-mêle, beaucoup par curiosité, quelques-uns sans doute, dans l'espoir du butin. Des portes furent enfoncées et les appartements envahis ; chacun voulait en emporter quelque chose qui eût appartenu au Dey, à ses femmes ; mais tout le monde ne s'en tenait pas à ces bagatelles, et quelques-uns s'approprièrent de riches armes, des bijoux, dit-on, et des pièces d'orfévrerie. Toutefois, la quantité en a dû être fort petite. (...) Quoiqu'il fût très difficile de saisir, au milieu de cette confusion et de cette foule d'hommes inconnus les uns aux autres, les auteurs de ces pillarderies, l'opinion publique en signala, je ne sais sur quel fondement, plusieurs à la suite de l'État-Major Général, dont les noms auraient dû rester hors de toute atteinte... » [43].

L'impassibilité des autorités chargées de faire respecter l'ordre au moment de l'entrée dans la citadelle, face au pillage, n'était sans doute pas dénuée de calcul. Plusieurs témoignages y ont fait plus ou moins ouvertement allusion. Ce fut le cas du docteur Lauvergne, médecin en chef de la Marine, qui avait embarqué sur le *Marengo :* « S'il m'est permis d'émettre une déduction vraie de tous les bruits qui ont commencé à surgir de l'intérieur du palais le jour même de son occupation, écrivait le médecin au sujet des pillages, je crois que l'on doit établir une grande différence entre ceux qui ont été tentés par la beauté originale d'un costume turc, d'un damas, d'un objet curieux, et ceux qui, oubliant la sainteté du contrat, auraient plongé leurs mains avides dans le Potose algérien. D'ailleurs ce dernier cas constitue un vrai délit, tandis qu'il n'a jamais été considéré à déshonneur la conduite du guerrier qui s'approprie une arme, une dépouille sans valeur intrinsèque, dont le vaincu se parait naguère sur le champ de bataille. *Quand on a vu de près la fureur avec laquelle on a chargé ceux qui par hasard se sont trouvés dans la Casaubah et ramassé ce que le royal fugitif (sic) y avait laissé, il semble que des intérêts autrement supérieurs à la publicité d'un pillage aient dirigé les premiers promoteurs de ces dénonciations. Aurait-on voulu confondre dans un égal conflit d'accusation, celui qui s'attache à une béniche brodée, avec ceux qui auraient pu soustraire, loin des vulgaires yeux, les trésors entassés dans les caves séculaires d'Alger ? Je ne pense pas que les lecteurs s'y laissent prendre, ni ceux qui durant les bals de carnaval les étaleront pompeusement aux regards des danseurs. On soustrait à toutes les inquisitions possibles une action déshonorante, et il est probable que si des Français, revêtus d'un caractère quelconque ont pu se souiller d'un vol d'argent, le hasard ou les suites sauront les dévoiler aux yeux des honnêtes gens.* » [44].

La position importante qu'occupait le docteur Lauvergne explique son embarras à nommer un chat un chat. Mais nous avons eu la chance de découvrir le témoignage d'un officier qui ne s'embarrassait pas de fioritures. Il s'agit du commandant Persat, qui prit part à l'expédition. Le manuscrit de ses *Mémoires* fut retrouvé par miracle par Gustave Schlumberger au début de ce siècle, et publié en 1910. C'est la raison, sans doute, pour laquelle ce document n'a jamais été signalé par les historiens de la conquête. Or le commandant Persat fut un des rares témoins qui osèrent écrire sur le pillage du Trésor de la Casbah : « J'ai cité, écrivait Persat, un bien petit nombre de nos braves de 1830 en Afrique ; j'en ai du regret, mais j'en éprouve bien davantage de ne pouvoir pas signaler tous les intrigants et les pillards de cette époque. *La condamnation du sieur Flandin, ex-sous-intendant, m'impose un sévère silence ; néanmoins, je dirai et certifierai que la Casanbah* (sic) *a été livrée au plus honteux pillage pendant huit jours consécutifs, mais je ne nommerai pas les pillards, quoique je les connaisse fort bien ; ayant en effet goûté assez souvent les prisons royales, je n'ai nulle envie d'y retourner. On a beaucoup écrit sur ce pillage ; M. le colonel Juchereau de Saint-Denys a avoué qu'il n'avait consisté qu'en bagages, guenilles, etc., et moi, je répondrai à M. Juchereau, que si l'on a toléré ce petit pillage, ce n'était que pour couvrir le grand, celui du trésor, car les grands pillards raisonnaient ainsi : « Laissons enlever le butin de la Casanbah afin de tromper et mettre en défaut nos accusateurs, etc. »* [45].

Les accusations du commandant Persat pèsent d'autant plus lourdement que leur auteur avouait sa peur de dénoncer les pillards (les grands), que cette peur était si forte que, même à titre posthume et dans un écrit confidentiel, il n'a pas osé écrire leurs noms, et qu'enfin son témoignage n'avait aucun caractère polémique puisqu'il sera publié près d'un demi-siècle après sa mort. Sommes-nous en mesure d'étayer cette thèse, défendue par le docteur Lauvergne, le commandant Persat et le sous-intendant Flandin, selon laquelle les *pillages apparents* de la Casbah furent pratiquement « organisés » par le commandement supérieur du corps expéditionnaire pour dissimuler le détournement du Trésor ? Sans que nous puissions en tirer des conclusions définitives et certaines, de nombreux faits et indices semblent bien, en effet, conforter cette version :

1°) Dans son livre sur la campagne d'Afrique, le colonel Bartillat a laissé échapper un aveu de taille : *« On ne put disposer cette nuit-là (celle du 5 au 6 juillet) et pendant les deux jours suivants que d'un tiers du palais,* écrit-il. *Le reste, encombré de mobilier et d'effets précieux qu'on avait promis de respecter, fut interdit à tout le monde, sauf aux membres de la commission* (chargée d'inventorier le Trésor) ; *et des factionnaires, placés à toutes les issues, en empêchaient rigoureusement l'entrée. Nous fûmes donc tellement resserrés, que personne n'était logé. Ce fut un pêle-mêle complet pendant les deux jour-*

nées d'inventaire, pour distinguer la propriété du dey de ce qui pouvait appartenir à la Régence. Ce travail terminé, le dey fit transporter ce qui lui avait été garanti »[46].

Première remarque : un inventaire pour distinguer la propriété du dey de ce qui appartenait à la Régence ne pouvait s'opérer que contradictoirement entre les membres de la Commission et le dey ou son représentant. Or rien de tel n'a jamais été signalé, pas même par Bartillat. En fait, cette opération se déroula dans la nuit du 4 au 5 juillet. D'autre part, Hussein se plaindra longtemps d'avoir été dépossédé de ses biens.

La deuxième remarque serait une déduction : le commandant du quartier général dit que les deux tiers du palais furent préservés du pillage. C'est donc que l'on prit des mesures. Si l'on put les prendre (pour protéger la plus grande partie de la Casbah), comment expliquer que rien n'ait été fait pour protéger le reste - c'est-à-dire le rez-de-chaussée - pourtant plus facile à surveiller (il eût suffi, à ce moment-là, de placer deux sentinelles à la porte unique de la citadelle). Or les petits pillages attribués à quelques soldats, aux juifs, aux maures et aux esclaves se produisirent précisément au rez-de-chaussée. Les pillages plus fructueux eurent lieu dans les appartements situés aux étages supérieurs où l'on admit seulement les officiers d'état-major. Par conséquent, on doit reconnaître que les larcins survenus au rez-de-chaussée furent « tolérés » par le commandement... représenté par Bartillat, notamment !

2°) Nous avons souligné combien il paraît invraisemblable que d'obscurs individus, sortis on ne sait d'où, aient pu piller la Casbah sous les yeux des membres de l'état-major réduits à une incompréhensible impuissance. Mais il existe une explication rationnelle à cette situation : les pillards n'étaient pas inconnus de l'état-major. C'est ce qui ressort, en effet, du récit du capitaine Rozet, ingénieur géographe attaché à l'état-major général :

« Malgré que nous fussions maîtres de la Casbah, constatait Rozet qui était témoin oculaire des événements, on y laissait circuler des nègres, quelques maures et principalement une immense quantité de juifs (suivent des propos racistes et injurieux). Ces hommes se fourraient partout, emportaient tout ce qui leur tombait sous la main, et donnaient pour raison que cela appartenait à des janissaires, à des employés de la maison du Dey, dont ils n'étaient que les commissionnaires : *plusieurs de ces fripons se trouvaient munis d'un laisser-passer signé par le commandant du quartier général* (Bartillat), *et au moyen duquel ils enlevaient du palais tout ce qu'ils voulaient, et allaient immédiatement le vendre sur la place publique.* Les vêtements des sultanes, de riches costumes d'officiers turcs, des draps d'or, des étoffes de soie et des tapis magnifiques étaient vendus à la criée dans les rues d'Alger, et presque tous achetés par des officiers français, qu'on a accusés plus tard de les avoir volés »[47].

L'existence de ces *laisser-passer* délivrés par le colonel Bartillat ne laisse pas d'intriguer. Il est certain que, dans cette circonstance, le commandant du quartier général ne fit qu'exécuter des ordres de Bourmont. D'autre part, les bénéficiaires de ces papiers ne pouvaient justifier d'aucun titre les qualifiant pour agir au nom du dey, de ses ministres ou des janissaires. On les laissa, néanmoins, continuer pendant deux jours les « enlèvements » de la Casbah, en plein jour et sous le regard du commandement supérieur ! Enfin, ces individus se trouvaient nécessairement dans la citadelle très tôt, le 5 juillet, puisque, après 10 heures, aucun Algérien, encore moins des groupes, ne fut admis dans l'enceinte (à part quelques notables convoqués par le général en chef dans l'après-midi). Il ressort donc de ces considérations que les *laisser-passer* furent délivrés à des individus soit pour rétribuer d'éminents services rendus, soit pour acheter leur silence sur des faits compromettants dont ils auraient été les témoins. Mais alors, quels faits et quels services ?

3°) Un autre épisode semble avoir été préparé de manière à permettre les « pillages apparents » : il s'agit de l'entrée de Bourmont dans Alger, entrée que tous les témoins ont dit « avoir manqué de solennité ». Sur ce point, le récit du capitaine Rozet est encore le plus précis et le plus détaillé :

« Le 14e jour de la lune de Mohharem, 1 246e année de l'hégire, 5 juillet, à onze heures du matin, le général en chef, suivi de son état-major et des députés algériens (Bouderbah et Hadj Hassan), partit du quartier général pour aller prendre possession d'Alger.

« La brigade Achard (1re Division) avait reçu l'ordre de quitter ses positions (sous Bouzaréah) et d'aller s'emparer de la porte de Baba-el-ouad et des forts voisins. Le général Berthier de Sauvigny (3e Division) devait occuper la Marine ; une batterie de campagne, un détachement des troupes d'artillerie et du génie et le Sixième régiment de ligne (2e Division) eurent l'ordre de se porter à la Casbah. Le général Bourmont arriva vers onze heures et demie sur un petit plateau situé à moitié chemin du château de l'Empereur à Alger. La route est encaissée et fort difficile ; l'artillerie, qui s'y trouvait alors engagée, ne marchait qu'avec beaucoup de peine.

« L'infanterie qui devait s'emparer de la Casbah n'étant point encore arrivée, le général fit arrêter son état-major pour l'attendre ; pendant ce temps, l'artillerie continuait à se porter en avant. (...)

« Il y avait plus d'une heure qu'on attendait l'infanterie, et personne n'arrivait *. Plusieurs officiers d'état-major avaient été envoyés pour ramener le 6e régiment, et pas un seul ne revenait. Enfin, le général en chef impatienté et ne comprenant rien à ce retard, dit avec aigreur : « Eh bien ! je vais aller le chercher moi-même » ; et il partit avec le seul aide-de-camp qui lui restât.

« Pendant ce temps, plusieurs officiers du quartier général suivirent l'artillerie et entrèrent dans Alger par la porte Neuve (Bab-Djedid) avec elle. En montant par une rue étroite et faite en gradins, on arriva à la Casbah. Le Dey avait abandonné cette forteresse, et s'était retiré dans une de ses maisons de la ville basse, celle qui fut depuis occupée par le général Lahitte, où il avait transporté ce qu'il possédait de plus précieux. A notre entrée dans la Casbah, une foule de Nègres, de Maures et de Juifs, chargés de fardeaux, les jetèrent pour se sauver, ce qui encombra les cours et les galeries, et arrêta un instant les soldats de l'artillerie qui arrivèrent les premiers.

« Le général en chef étant revenu à la tête du 6e régiment de ligne, marcha sur Alger avec ce qui restait de son état-major. Quand l'armée française s'approcha des portes, un assez grand nombre d'habitants, et surtout des enfants, sortirent pour la voir. Ils paraissaient tous assez tranquilles, et contemplaient avec une espèce d'admiration le 6e régiment de ligne qui entrait en ville musique en tête et enseigne déployée.

« Le plus grand désordre régnait déjà dans le palais du Dey, lorsque le général en chef y entra. Quelques officiers, des soldats et des domestiques (de l'armée) s'étaient répandus dans les différents appartements et emparés de tout ce qui leur convenait : des portes furent enfoncées, des cassettes et des coffres brisés, etc. ; mais personne ne pénétra dans le trésor. Le Hasnagz (Khaznadji), qui en avait les clefs, était resté assis devant la porte, et ne l'ouvrit qu'aux commissaires nommés par le général en chef pour en faire l'inspection. Ceux-ci, après l'avoir visité, mirent un piquet de gendarmerie pour en garder la porte, sur laquelle ils posèrent les scellés.

« Le général Valazé, voyant le palais du Dey livré au pillage, donna l'ordre à tous les officiers du génie qui s'y trouvaient d'en sortir sur-le-champ, ce qu'ils exécutèrent ponctuellement... » [48].

Les circonstances de l'entrée de Bourmont dans Alger, telles que rapportées par Rozet, sont ahurissantes. Quoi ! Le général en chef d'une armée de 35 000 hommes fut réduit à aller lui-même, à pied,

* Il paraît que le chef d'état-major avait oublié de transmettre l'ordre au 6e, car ce ne fut que par les aides de camp du ministre que ce régiment sut qu'il devait se porter à la Casbah. On fut obligé d'attendre que les soldats se fussent mis en grande tenue (note de Rozet).

chercher un régiment qui devait lui servir d'escorte ? Et il n'y eut aucune sanction contre les officiers d'état-major et les aides de camp envoyés successivement à la recherche du fameux 6e de ligne ! Que dire encore du comportement de ce général en chef, décidément débonnaire, qui assistait au pillage de la Casbah sans sourciller ? Ce fut le général Valazé qui prit l'initiative de faire sortir ses officiers afin que le nom de son arme, le Génie, ne fût pas mêlé au vandalisme...

Plus surprenant encore : l'itinéraire et l'ordre de marche adoptés par Bourmont. Il est tout à fait incompréhensible que l'itinéraire qu'allait suivre le cortège n'ait pas été reconnu préalablement. En outre, la route qui conduisait du Fort l'Empereur à la Casbah était excellente : large de dix à douze mètres et en partie pavée, elle ne se rétrécissait qu'aux abords mêmes de l'enceinte de la ville, sur une portion entre les Tagarins et la Porte-Neuve [49]. Le général en chef, bizarrement, ne fit pas prendre cette route : l'artillerie s'engagea sur un chemin creux et à travers champs. D'autre part, on peut se demander pourquoi l'ordre de marche du cortège victorieux avait désigné l'artillerie pour marcher en tête, comme si l'on allait manœuvrer sur une esplanade, ou un Champ de Mars !

En fait, si Bourmont voulait retarder le plus longtemps possible l'entrée dans Alger, il n'aurait pas pris d'autres dispositions que celles qu'il adopta. Parti du quartier général à 11 heures, il n'entra pas dans la Casbah avant 14 heures : le drapeau français ne fut hissé sur la citadelle qu'à 14 h 30, comme en ont témoigné tous les marins qui guettaient ce signal depuis leurs navires en rade. Il aura donc fallu trois longues heures au général en chef pour parcourir les deux kilomètres qui le séparaient de la ville. Cette même distance, rappelons-le, Bourmont la faisait franchir, la veille, trois fois, aller et retour, en trois heures à l'émissaire du dey, Sidi Mustapha. Le secrétaire général du gouvernement algérien devait être un athlète hors du commun !

Rapprochons maintenant ces faits : le colonel Bartillat a délibérément laissé sans protection un tiers du palais, alors qu'il sut très bien préserver le reste ; le même commandant du quartier général a délivré des *laisser-passer,* véritables « licences de pillage », à des dizaines d'individus (maures, juifs et noirs) qui furent employés à une besogne obscure ; le général en chef retarda opportunément l'heure de son entrée à la Casbah ; quoique les pillages se fussent déroulés en présence de membres du haut commandement, et les pillards connus, aucune sanction ne fut prise contre quiconque, Français ou Algérien ! De ces rapprochements jaillit une évidence : les pillages apparents furent sinon organisés, du moins souhaités et encouragés par le commandement en chef. Dès lors, les accusations du docteur Lauvergne et du commandant Persat (et de quelques autres auteurs moins bien informés), prennent une consistance indéniable : *l'état-major général a toléré, avant de les dénoncer, les pillages au grand jour pour mieux camoufler le grand pillage du Trésor.*

Les violations de la capitulation

Il serait certainement très intéressant d'étudier les suites politiques de la chute du dey Hussein, à Alger, en France et dans le reste du monde. Mais nous déborderions du cadre de notre travail. Aussi nous limiterons-nous à l'étude de certains « aspects prosaïques » de l'occupation d'Alger pendant les premiers jours et les premières semaines.

Contrairement à ce qu'ont toujours soutenu les historiens coloniaux, les actes du commandement militaire français furent on ne peut plus anarchiques et arbitraires. Cela s'explique, d'ailleurs, par les incohérences et l'indécision du gouvernement Polignac sur l'avenir de la Régence. Cette politique du « provisoire » et des expédients engendra les pires excès.

« Jamais, peut-être, constatait amèrement Pellissier de Reynaud, une occupation ne s'est faite avec autant de désordre administratif que celle d'Alger, même dans les siècles les plus barbares. Les hordes du Nord, qui s'arrachèrent les débris de l'empire romain, se conduisirent avec plus de sagesse et de raison. Les Francs dans les Gaules, les Goths en Espagne et en Italie, eurent le bon esprit de conserver ce qui existait, tant dans leur intérêt que dans celui des nations soumises. Lorsque les Arabes remplacèrent ces derniers en Espagne, ils ne se hâtèrent pas non plus de tout détruire ; il nous était réservé de donner l'exemple d'une telle extravagance » [50].

« Je ne sais, ajoutait Pellissier, si (l'autorité française) s'imagina que la population algérienne ne formait qu'une agglomération d'individus sans lien commun et sans organisation sociale ; mais elle agit exactement comme si elle en avait la conviction. Aucune disposition ne fut prise pour régler la nature des relations des diverses branches du service public avec le nouveau pouvoir. Aucun ordre ne fut donné aux fonctionnaires indigènes : on ne leur annonça ni leur conservation, ni leur destitution. On agit comme s'ils n'existaient pas : ainsi, ne sachant à qui s'adresser, ils abandonnèrent le service sans en faire la remise, emportant ou faisant disparaître (sic) presque tous les registres et les documents les plus précieux. Dans la Casbah même, sous les yeux de M. Denniée, j'ai vu des soldats allumer leurs pipes avec les papiers du Gouvernement dispersés çà et là sur le sol. »

Il est inexact que les fonctionnaires algériens aient emporté ou fait disparaître registres et archives de l'État. Ils n'avaient aucun intérêt à cela, au contraire, puisque ces documents constituaient les titres de possession des propriétés publiques et privées. C'était le devoir du vainqueur de respecter les papiers de l'État ; pourtant, le haut commandement laissa les soldats allumer leurs pipes avec les archives ! Quant aux registres du Trésor, qui existaient, ils furent remis au groupe des « interprètes » qui passèrent la nuit du 4 au 5 juillet à la Casbah : ce fait fut confirmé par Hussein au journaliste Jal, en 1831. Si les registres disparurent par la suite, ce fut à l'initiative de ceux qui les reçurent.

Pour remplir le vide laissé par l'effondrement de l'administration deylicale, Bourmont créa quelques services « provisoires ». Outre la Commission de Finances, une Commission dite de Gouvernement fut chargée d'« étudier les besoins et les ressources du pays, les institutions qu'il s'agit de modifier ou de remplacer, etc. » La composition de ce gouvernement était la suivante : président, l'intendant en chef Denniée ; membres, le payeur général Firino, le général Tholozé, par ailleurs sous-chef de l'état-major général et commandant de la place, et Alexandre Deval, consul de France à Alger. Un fonctionnaire des Affaires étrangères, Edmond de Bussière, en fut nommé secrétaire, secondé par les « interprètes » Gérardin et Eusèbe de Salles.

Un conseil municipal, baptisé « Comité central », présidé par Ahmed Bouderbah, fut constitué le 8 juillet : *« On y fit figurer,* rapporte Pellissier de Reynaud, *tous les indigènes qui s'étaient jetés à notre tête, c'est-à-dire les intrigants et quelques notables maures* ». Le sous-intendant militaire Bruguière fut nommé Commissaire du Roi auprès de ce conseil dont le rôle était de « fournir tous les renseignements nécessaires à l'établissement d'un régime administratif territorial et local, indiquer les ressources particulières de la Régence et de la ville d'Alger, et de satisfaire par tous les moyens en son pouvoir aux besoins les plus urgents de l'armée ».

Le service de la police fut confié à un autre « interprète », d'Aubignosc, promu lieutenant général de police. Il eut sous ses ordres un inspecteur et deux commissaires, et une brigade d'agents maures. « Malgré tous ces moyens, écrit Pellissier, et le concours de l'autorité militaire, la police française fut presque toujours au-dessous de sa mission, ce qui était d'autant plus choquant que, sous le gouvernement turc, la ville d'Alger était peut-être le point du globe où la police était le mieux faite. Les vols, naguère presque inconnus, se multiplièrent dans des proportions effrayantes, et les indigènes en furent encore plus souvent les victimes que les auteurs » [51].

Enfin, Hamdane Bourkaïb, protégé de Bouderbah, reçut le titre d'agha des Arabes. Cette nomination étonna tout le monde, étant donné la moralité douteuse de Bourkaïb et le mépris qu'il inspirait à la ville et dans la Mitidja. Il n'est pas impossible que cette incompréhensible élévation d'un homme sans compétence ni pouvoir politique fût une récompense : Bourkaïb aurait, peut-être, été le recruteur des individus employés à la Casbah dans la matinée du 5 juillet et auxquels Bartillat délivra les fameux *laisser-passer*.

Quoi qu'il en soit, ces embryons d'administrations se révélèrent des facteurs d'anarchie, en raison de l'incompétence de certains des dirigeants et de la cupidité des autres. Dans la réalité des faits, l'activité de la Commission de Gouvernement se réduisit aux agissements de Denniée, accaparé par son intendance - Firino avait fort à faire avec l'inventaire du Trésor, et le général Tholozé avec le commandement de la place. Quant au « conseil municipal », il devint rapidement un nid d'intrigues sordides, voire criminelles. Aussi, dès le jour même de l'entrée des Français dans Alger, la capitulation fut foulée aux pieds, dans tous les domaines, exception faite de l'exercice des religions musulmane et juive. Les violations de la convention furent très nombreuses et multiformes. Nous n'en citerons que les plus graves.

La convention de capitulation garantissait les propriétés privées et les biens appartenant aux cultes. Mais le vainqueur se parjura dès le lendemain :

« Dès le début, écrit Klein, l'armée et les services publics occupèrent dans la ville et sa banlieue, 114 maisons, 60 magasins et 4 fondouks, appartenant au Beylik. Furent occupés en outre 55 bâtiments appartenant aux villes saintes de La Mecque et de Médine,

11 propriétés de la Grande Mosquée, 29 possédées par des particuliers. En tout, 273 maisons. Dans ce nombre étaient comprises plusieurs mosquées »[52]. L'inventaire dressé par Klein des établissements religieux illégalement confisqués par l'autorité française occupe six pages pleines de son livre (pp. 15 à 20) !

Réquisitions et confiscations ne donnèrent lieu à aucune indemnisation, aucun dédommagement pour les spoliés. Pire encore, l'armée commit des déprédations et des destructions incroyables, comme en témoigne le général Berthezène dans une lettre au ministre de la Guerre : « Je dois appeler votre attention sur la misère qui accable la population d'Alger. Nos troupes occupent depuis dix mois les maisons de campagne qui entourent cette ville. C'est depuis la conquête que ces dernières ont été détruites : les arbres fruitiers coupés, les jardins abandonnés, c'était pourtant les moyens d'existence de la plupart des habitants, et tous les jours, je suis assailli d'une foule de demandes justes et fondées. Il serait équitable de leur accorder une indemnité qui pourrait leur donner le moyen de faire manger leurs familles »[53].

Le baron Pichon, intendant civil de la Régence sous le gouvernorat de Savary, donne d'autres détails : « Je n'ai pu voir qu'un ou deux jardins mauresques assez bien conservés (en 1832) grâce à ce qu'ils ont, de bonne heure, été occupés par des officiers généraux. (...) Qu'on y mette un détachement, ils seront ruinés comme les autres.

« Les détachements, en effet, dévastent tout : les menuiseries et même les solives qui soutiennent les toits. La maison tombe en ruine aux premières pluies. Les orangers, les figuiers, les oliviers - soit des vergers, soit des bordures - ont le même emploi que les boiseries. Nos bûchers sont alimentés, en grande partie, de ce bois.

« C'est un spectacle affligeant que ces monceaux de décombres, occupant la place d'habitations que tout annonce avoir été fort jolies. J'en ai compté une vingtaine dans un rayon de quatre à cinq cents pas !...

« Des lieux qui faisaient hameau : Birmandreïs, Birkadem et plusieurs autres, sont aujourd'hui des ruines, à deux ou trois maisons près.

« Il reste, de ces dévastations, des ferrements, des cuivres que le soldat, quand il vient en ville, vend aux Juifs. Ceux-ci en font collection, les vendent aux négociants d'Alger qui les enfutaillent et les envoient à Marseille ou à Livourne »[54].

Dans un style moins relevé, un « sergent de zouaves », qui fut un des plantons attachés au quartier général, a raconté ce qu'il a vu : « Toute l'armée fut concentrée autour d'Alger (après la capitulation). Il n'y avait pas de mal à nous avoir groupés autour de la capitale ; mais il y eut de l'imprévoyance à ne pas pourvoir régulièrement à nos besoins. La campagne eut à souffrir de cette fatale négligence. Pour avoir du bois, nous sabrions tout, les haies, les arbres fruitiers ; nous démolissions les habitations pour brûler les fenêtres, les portes et jusqu'aux poutres. Une fois qu'on dévaste, on ne s'arrête plus ; quand il s'agit de détruire, le soldat est bon. Les bassins, les marbres, les ornements de sculpture, tout était brisé et fracassé pour le plaisir de faire des morceaux. Il y avait des aqueducs, qui sont des conduits pour alimenter les fontaines ; croiriez-vous qu'il y eut des chenapans qui s'amusèrent à les rompre, et que, par leur faute, nous manquâmes d'eau, ce qui nous fit beaucoup souffrir ? Cette rage de dégradation s'assouvit même dans la Casbah, sous les yeux du général en chef, où des chefs-d'œuvre qui avaient coûté des monceaux d'or ne furent pas respectés. Au bout de quelques semaines, les salles décorées avec le plus d'élégance ressemblaient à des écuries. C'est bien le cas de le dire : les soldats c'est pis que la troupe. Ah ! si le Dey avait pu revoir comment on arrangeait son palais, quelle pipe de longueur il aurait fumée ... »[55]. Bourmont dut prendre des sanctions contre les auteurs de l'incroyable sabotage des aqueducs qui alimentaient la ville en eau...

Les mosquées furent profanées, à commencer par celle de la Casbah : « Avant de monter aux galeries du premier étage (du palais), nous visitâmes la mosquée particulière du dey, raconte le docteur Lauvergne ; tous les ornements en avaient été enlevés, on voyait encore quelques lampes sans valeur, naguère perdues au milieu des plus remarquables, ciselées par les premiers artistes d'Italie et dont le souverain s'était emparé comme faisant partie de sa propre fortune. Rien de remarquable n'arrêta mon attention dans ce lieu dévasté ; on nous désigna une sorte de chaire élevée comme étant le lieu d'où le derviche hurleur (sic) faisait entendre ses bruyantes psalmodies »[56].

Outre les dévastations et les occupations illégales de propriétés, le Génie rasa plusieurs quartiers d'Alger, notamment autour de la Casbah et à la Marine, pour ouvrir des voies assez larges pour le roulement ou pour créer des esplanades de défilés ! Ce qui a arraché ce cri à Klein, un amoureux du vieil Alger : « Ah ! pourquoi les conquérants de 1830 s'obstinèrent-ils à vivre en cette cité qui leur déplaisait et au sein de laquelle tant de transformations maladroites n'aboutirent qu'à des enlaidissements irréparables, alors qu'il était tout indiqué de créer une ville nouvelle à l'entour du rivage de Mustapha, création par laquelle eût été sauvé le merveilleux et unique pittoresque d'El-Djezaïr »[57].

Ces dévastations prouvent, *a contrario*, sinon l'engagement d'évacuation de la ville, du moins la certitude pour les conquérants de quitter rapidement le pays. Autrement, ils n'auraient pas commis de tels excès.

L'une des premières mesures prises par Bourmont fut le désarmement des Turcs et de tous les habitants d'Alger. L'opération commença le 6 juillet et se poursuivit pendant plusieurs jours, sans incident. Les janissaires célibataires furent désarmés dans leurs casernes, tandis que ceux qui étaient mariés et habitaient des maisons particulières devaient apporter les armes à la Casbah. Plus avisés que les Turcs, les citadins autochtones retirèrent des fourreaux les ornements qui en faisaient le prix. Avec les armes trouvées dans le palais, l'armée récupéra une immense quantité de fusils, de sabres et de pistolets.

« Ce n'étaient pas des coupe-choux ou des fusils de munition sans valeur qu'il fallait livrer, explique le peintre Gudin qui accompagnait l'état-major durant la campagne. On savait que tous ces musulmans possédaient les armes les plus précieuses tant par leur richesse que par les souvenirs qui s'y rattachaient, sortes de reliques de famille » [58]. Certaines de ces armes étaient, en effet, de véritables bijoux, dont le prix atteignait ou dépassait les 100 000 francs de l'époque (c'est-à-dire le prix d'un petit hôtel particulier à Paris !). Bourmont gratifia Gudin de quelques-uns de ces objets : « Des sabres mauresques dont la poignée en or massif avait une forme du style le plus pur byzantin, de magnifiques fusils enrichis de coraux et d'incrustations me furent gracieusement remis par le général. »

Cependant, les artistes ne furent pas les seuls bénéficiaires de la distribution : « On trouva dans la Cassauba, écrit le commandant Fernel, une quantité considérable d'armes de luxe ; elles furent distribuées aux officiers-généraux et supérieurs de l'armée, d'après l'ordre du général en chef. Les officiers-généraux eurent chacun un fusil, un sabre et une paire de pistolets ; un yatagan fut donné à chaque officier supérieur. Les armes des janissaires furent en outre données à tous ceux qui n'avaient pas pris part à cette première distribution. La marine fut oubliée, et elle en fut blessée... » [59].

Bourmont fit un choix des plus beaux objets et les envoya au Dauphin et à quelques personnages de la cour.

Quoique désarmés, les Turcs parurent, cependant, constituer un danger aux yeux du général en chef. En violation de la capitulation, il ordonna l'expulsion des janissaires célibataires. L'embarquement forcé sur les navires de guerre français, qui devaient conduire les vaincus en Asie mineure, commença le 8 juillet. Quelque 1 700 miliciens, mais aussi des femmes, des enfants et des vieillards, furent entassés dans les cales. L'appareillage n'intervint que le 19 juillet. Pendant onze jours, les malheureux restèrent enfermés dans les bateaux, dans une promiscuité atroce que la chaleur et l'humidité rendirent encore plus insupportable. Le débarquement sur la terre asiatique eut lieu le 12 août, plus d'un mois après les premiers embarquements ! C'est ce qui ressort du témoignage du capitaine de frégate Matterer, commandant en second de la *Ville de Marseille,* l'un des navires affectés à l'opération de déportation :

« Nous débarquons nos sept cent cinquante Turcs le 12 (août), à 4 heures du matin et nous faisons notre eau. (...)

« 20 août. - (...) Nous avons eu à bord sept cent cinquante Turcs passagers parmi lesquels il y a eu quarante-huit blessés par les armes à feu, six dysentériques, soixante-trois femmes toutes très laides, quarante-huit enfants en bas âge, treize aveugles, cinq fous, vingt-quatre vieillards, presque tous octogénaires, quatre perclus des membres inférieurs. Il est mort à bord et jeté à la mer, quatre vieillards : deux atteints de dysenterie chronique, un avec une gangrène par brûlure à la jambe gauche et une femme pulmonique. Cela fait cinq morts... » [60].

Avant l'embarquement, chaque janissaire reçut une somme de cinq piastres (25 francs), ce qui fut présenté comme un acte de générosité insigne. Or les armes les plus modestes des janissaires coûtaient au minimum une centaine de francs

Ces premiers déportés pouvaient s'estimer heureux, en comparaison du sort qui fut réservé aux Turcs mariés. Après le départ du dey Hussein le 10 juillet, sur lequel nous reviendrons plus loin, les Turcs les plus riches restèrent à Alger, avec l'accord et la garantie de Bourmont. Mais une machination fut ourdie contre eux, principalement par Bouderbah, Bacri et quelques officiers.

L'affaire débuta le 22 juillet. Bourmont avait décidé de se rendre à Blida. Mais cette « excursion » présentait des dangers. « On voulait, rapporte le colonel Bartillat, reconnaître la belle plaine de la Métidjah, les sources du Mazafran et de l'Aratsch, et la chaîne du Petit-Atlas. Depuis un temps immémorial, aucun Européen n'avait pénétré si avant.

« Malgré quelques avis secrets que cette expédition ne serait pas sans danger, elle plaisait tellement au général Desprez, qu'il n'écoutait que les informations rassurantes ; il parlait d'aller à Blida avec un caporal et quatre hommes » [61]. Bourmont ne se résolut pas à laisser son chef d'état-major partir dans ces conditions : il l'accompagnerait avec une escorte de 1 400 fantassins et cavaliers. Cependant, le principal chef des tribus kabyles, Ben Zammoun, ayant appris le projet du général en chef, lui écrit « pour l'en dissuader et l'engager à s'abstenir de s'avancer dans le pays, jusqu'à ce qu'un traité en bonne forme eût réglé la nature de nos relations avec les Arabes », écrit Pellissier de Reynaud. « M. de Bourmont, ajoute l'auteur, ne se rendit pas à ses remontrances » [62]. C'est que, selon le commandant Fernel, « l'opinion du général Desprez prévalut. Cet officier général jaloux de visiter des lieux peu connus, impatient d'y faire des recherches et des observations scientifiques, repoussa, dit-on, toutes les raisons qui s'opposaient à ce funeste voyage, en les traitant de puérilités, et les ordres furent donnés pour le départ » [63].

La colonne partit en direction de Blida, où elle parvint le 23 juillet à midi. Bourmont et ses troupes campèrent dans la ville pour la nuit. Le lendemain, on leva le camp de bonne heure pour rentrer à Alger. Un détachement tomba dans une embuscade tendue par un groupe de cavaliers algériens. Le commandant de Trélan, premier aide de camp du général en chef, fut tué dans le combat, ainsi que seize autres officiers et soldats. Bourmont, qui était déjà très affecté par la mort de son fils Amédée, fut vivement touché par la mort de Trélan. Le bâton de maréchal que lui apporta sur le champ de bataille l'envoyé de Polignac, Bois-le-Comte, n'adoucit pas sa peine.

De retour à Alger, le général en chef ne songea plus qu'à assouvir sa vengeance. « Son amour-propre blessé, écrit Pellissier de Reynaud, lui en fit naturellement chercher les causes (de l'embuscade) ailleurs que dans son imprudence. Les Maures de la municipalité lui firent entendre que les Turcs qui étaient restés dans cette ville pouvaient bien y avoir contribué par leurs intrigues. Il paraît même que, pour le tromper plus facilement, on mit sous ses yeux des lettres supposées, par lesquelles les Turcs auraient engagé les Arabes à prendre les armes. Le général en chef, à qui il fallait des coupables, prit ceux qu'on lui offrit, et il prononça l'expulsion de tous les Turcs, avec une brutalité qui n'était pas dans son caractère » [64].

Mais la mesure d'expulsion parut insuffisante à certains : on décida donc de frapper les proscrits d'une contribution de deux millions ! « Pleins de l'idée qu'ils (les Turcs) possédaient des richesses immenses on imagina de les soumettre, raconte le général Berthezène, avant de les exporter (sic), à une contribution de guerre de vingt-cinq millions (!). Les bannir et les dépouiller à la fois était dur ; aussi pas un ne paya la taxe dont il avait été frappé. Cependant on voulait voir leur argent, et l'on s'avisa de l'expédient de leur enlever, au moment où on les embarquait, l'argent et les bijoux dont ils étaient possesseurs. Cette mesure odieuse, contre laquelle s'éleva un cri général, ne produisit rien... » [65].

L'affaire ne donna rien, en effet, pour le trésor public, mais des intrigants, Algériens et Français, procédèrent à un racket fructueux. L'arrêt d'expulsion fut prononcé le 28 juillet. Aussitôt après, des individus avides se mirent à exploiter les malheurs des Turcs et à les pressurer : « Plusieurs Maures de la municipalité algérienne, témoigne Pellissier de Reynaud, leur arrachèrent des sommes considérables pour prix de services qu'ils ne leur avaient pas rendus, et comme rançon d'une existence qui n'était pas menacée. Le nom du général en chef fut plus d'une fois compromis dans ces sortes de négociations par des hommes sans pudeur, qu'il avait eu le tort d'appeler aux affaires, mais dont il était bien loin de connaître et encore moins de sanctionner les actes. » [66]. Au premier rang de ces rançonneurs, on trouvait l'inévitable Bouderbah et son acolyte Bourkaïb.

Les Maures de la municipalité et leurs complices du haut commandement ne furent pas les seuls à profiter de la situation. « Avant de partir, plusieurs Turcs, rapporte le capitaine Rozet peu favorable aux proscrits pourtant, laissèrent leurs richesses entre les mains des résidents européens ; mais un grand nombre se confièrent à M. Schneider, agent de la maison Seillières : ce négociant reçut près de trois millions de numéraire pour lesquels il donna des lettres de change sur les places de la Méditerranée » [67]. Or Schneider était un simple agent commercial, ne disposant d'aucun crédit dans les places méditerranéennes : les Turcs qui lui firent confiance ne revirent jamais leur argent !

De son côté, Pellissier de Reynaud a noté : « Les Turcs exilés furent soumis encore à des extorsions d'une autre nature ; le peu de temps qu'on leur laissait pour mettre ordre à leurs affaires leur rendait excessivement précieuse l'acquisition de lettres de change sur le Levant ou sur l'Italie. Ils ne purent en obtenir qu'à des taux exorbitants. Quelques agents consulaires étrangers souillèrent leur caractère dans ces marchés usuraires » [68]. Le général Desprez, peu suspect de sympathie envers les Turcs, a écrit lui aussi : « Les Turcs, craignant qu'on ne les dépouillât de ce qu'ils possédaient de plus précieux, avaient cherché à se procurer des lettres de change sur les principales villes maritimes d'Italie. Le principal agent de la compagnie Seillière en délivra pour une somme de 2 ou 3 millions. L'or reçu en échange fut transporté en partie à Marseille, en partie à Villefranche » [69].

En fin de compte, les seuls proscrits qui réussirent à sauver quelque chose de leur fortune furent ceux qui purent obtenir des banquiers juifs des lettres de change : ces banquiers, qui possédaient des affaires dans les pays du Levant, se sentirent, en quelque sorte, obligés d'honorer leurs engagements. Au contraire, les consuls et les négociants français, n'ayant pas d'intérêts susceptibles d'être menacés en Orient, ne se virent contraints à quelque loyauté que ce fût !

On imagina un stratagème pour mettre à merci les proscrits. Dès le 29 juillet, une première rafle fut opérée parmi les Turcs les plus riches. Dans son *Journal*, le capitaine de vaisseau de Villeneuve-Bargemon, commandant la frégate la *Didon*, notait à la date du 31 juillet : « Dans la journée, j'ai reçu l'ordre (...) de conduire à Mahon deux cent vingt malades. J'ai fait mes dispositions et je suis allé à bord de la *Proserpine* qui conduit à Smyrne trois cent vingt-six Turcs, Turques et enfants. La frégate la *Thétis*, les gabarres la *Bonite* et le *Rhône* ont la même destination ; le brick l'*Alcibiade* sert de dépôt à vingt-neuf otages turcs, gens riches et influents que l'on soupçonne avec beaucoup de fondement (sic) d'exciter les Bédouins à nous nuire de toutes les manières et des munitions de guerre ; on les garde jusqu'à nouvel ordre... » [70].

Le maître d'œuvre de cette opération fut le lieutenant général de police d'Aubignosc lui-même. Le 31 juillet, il adressait un rapport secret à Bourmont :

« Les affaires des Turcs, lui écrivait-il, ont occupé hier presque exclusivement tous les instants et tous les agents de la police. Elles font naître plusieurs questions d'exécution, de nature à être soumises à la décision de Votre Excellence.

« La mesure d'expulsion a été mise en mouvement à 6 heures du matin. Au moyen d'une ruse imaginée par l'aga Mazouard (le chef indigène de la police, sous les ordres de d'Aubignosc), près de deux cents Turcs sont venus se faire prendre au trébuchet, et ont été conduits à la Marine sous escorte, en quatre détachements.

« (...) Je trouvai une grande émotion, généralement partagée, produite par les plaintes des Turcs et les cris des femmes, les unes abandonnées de leurs maris, les autres expulsées de leur logement.

« Ce fut dans ce moment que je fis faire la première publication permise par Son Excellence. Elle portait que les femmes et les enfants pourraient suivre leurs maris et que, dans ce cas, les Turcs pourraient recevoir tous les effets que leurs familles pourraient leur envoyer... » [71].

Les victimes du guet-apens furent conduites sur les navires ancrés dans la rade. Dans les heures qui suivirent, les familles des Turcs, femmes et enfants, se rassemblèrent sur le rivage qui se transforma en une immense clameur de détresse : personne ne savait où était le père, le frère ou le mari. Certaines familles, faisant foi aux promesses de d'Aubignosc, apportèrent bijoux et or et argent, croyant pouvoir les faire parvenir aux otages. Ce fut à ce moment-là que les notables, les négociants et les banquiers intervinrent, leur promettant d'intercéder auprès des autorités militaires... moyennant finance, leur échangeant bijoux et numéraire contre des bouts de papier baptisés traites ! Un autre spectacle se déroulait sous les yeux de la foule hébétée : les handicapés turcs, amputés, paralytiques, etc., étaient amenés sur des cadres à travers la ville et transbordés sur les bateaux...

Le « chantage » devait durer jusqu'au 16 août, date d'embarquement de tous les Turcs. Entre-temps, les notables maures, les négociants, les banquiers, les consuls, les employés de la Police avaient extorqué, chacun sa part, pour plusieurs dizaines de millions de francs de l'époque, en numéraire et en bijoux. Il faut savoir, en effet, que la cité regorgeait de richesses, comme l'avait déjà souligné le consul américain Shaler : « Alger est une des villes du monde les plus riches en numéraire. La veuve du pacha Ahmet, (...) vient de mourir (en 1826) dans un âge très avancé ; et on prétend qu'elle a laissé une fortune de plusieurs millions de dollars. Les héritiers du pacha Mustapha, son successeur, auquel les États-Unis payent une rente pour une maison qu'occupe le consul, ont à Alger, ou dans les environs, une fortune effective de 500 000 dollars (...) On doit regarder (Alger) comme une des plus riches villes du monde en espèces et en bijoux » [72].

Dépouillés de leurs richesses mobilières, les Turcs devaient perdre aussi leurs biens immobiliers. En effet, le domaine confisqua les propriétés et les immeubles des Turcs, déclarés « biens vacants » : au moment de l'expulsion, on ne permit pas aux propriétaires de vendre - et il leur fut interdit de revenir dans la Régence...

Dès le 5 juillet, le général Bourmont s'installa dans les appartements de Hussein. Les pièces furent vidées de leur contenu, sauf des tapis, coussins, tentures, etc. Aux termes de la capitulation, le dey était, en principe, libre de demeurer à Alger aussi longtemps qu'il le souhaiterait, sous la protection de l'armée française. Mais il fut rapidement invité à quitter le pays. Juchereau de Saint-Denys, « reponsable des affaires politiques » auprès du général en chef, justifia cette décision contraire aux engagements : « Après la prise de possession d'Alger, expliqua-t-il, la présence de Husseyn-Pacha devint embarrassante. Elle n'était pas sans danger pour sa personne, parce que beaucoup de janissaires irrités avaient annoncé l'intention de plonger un poignard dans son cœur (sic). La protection de l'armée française était devenue sa seule sauvegarde. Une compagnie de grenadiers le garantissait contre le fer homicide de ses anciens sujets. On s'empressa de le faire partir » [73].

Mais il ne suffisait pas à Bourmont de chasser le vaincu : il fallait encore le soumettre, auparavant, à une ultime humiliation. Bourmont, se prenant pour un consul, exigea que Hussein vînt s'incliner devant lui, dans son ancien palais ! Mais le dey se cabra à cette idée :

« La visite d'Hussein au général en chef, rapporte Merle, fut l'objet de longues et sérieuses négociations. L'obstiné vieillard se refusait à l'entrevue qu'on sollicitait de lui ; il fallut pour le déterminer mettre en jeu son intérêt. Le dey n'avait eu que dix-huit heures pour faire enlever de la Cassauba ses effets les plus précieux et ceux de son harem. Dans ce déménagement précipité, un grand nombre d'objets de prix furent oubliés ; il les fit réclamer après l'entrée des Français ; *mais, pendant les journées du 5 et du 6, on fut occupé de trop grands intérêts* pour songer aux affaires particulières du dey. Cependant, dans la soirée de mardi, on s'aperçut qu'il était inconvenant que le dey ne vînt pas faire sa soumission au représentant du roi de France ; on l'y détermina, en lui faisant entrevoir qu'il n'obtiendrait que par ce moyen des arrangements de départ ; on lui promit aussi de l'autoriser à faire enlever les effets qu'il réclamait... » [74].

N'ayant pas d'autre choix, Hussein se soumit à ce marchandage. Il demanda à Bourmont de bien vouloir lui prêter, pour la circonstance, un de ses propres chevaux restés dans les écuries de la Casbah, et une selle ! « On se mit en recherche de tous côtés, nota le capitaine Rozet, et en moins d'une heure on parvint à lui envoyer un coursier magnifiquement harnaché. A 10 heures, le pirate détrôné (sic), accompagné de plusieurs officiers d'état-major, d'un détachement du 49e régiment de ligne, et de dix ou douze officiers de sa maison fit son entrée dans la Casbah. A son arrivée, la musique placée dans la cour du palais joua : *Ah ! quel plaisir d'être soldat...* » [75].

Hussein et Bourmont conversèrent, par le truchement des interprètes, jusque vers midi moins le quart. Pendant cette épreuve, le souverain vaincu se comporta dignement, comme en ont témoigné plusieurs officiers. Ainsi le capitaine Barchou de Penhoën, aide de camp du général Berthezène, a raconté dans son livre sur la campagne : « A cette heure fatale de l'adversité, où nous avons vu chanceler tant de courages, et démentir tant de nobles caractères, il (Hussein) sut, toutefois, conserver une dignité véritable, qui éclata dans son langage, dans ses gestes, dans tout son maintien ». [76].

Pendant cette visite, le dey remit à Bourmont des titres de rentes appartenant au Trésor algérien. En outre, il réclama la restitution de plusieurs objets précieux et d'une caisse contenant 30 000 sequins en or (environ 270 000 francs de l'époque). Son gendre, l'agha Ibrahim, avait également laissé dans le palais une cassette renfermant 7 000 sequins. Seule la caisse du dey, délestée de quelques pièces, sera restituée à son propriétaire. Quant aux autres réclamations...

Le lendemain, 8 juillet, Bourmont rendit sa visite à Hussein. Selon le général Berthezène, qui n'assistait pas, cependant, à l'entrevue, le dey « donna au général en chef des renseignements particuliers sur les hommes et sur les revenus de l'État, et lui offrit, pour ce dernier objet, les services du premier Kodgia (Sidi Mustapha), son meilleur ami. Nous n'en profitâmes pas, au grand dommage de l'État » [77].

Après de longues tractations, Bourmont agréa Naples comme lieu d'exil de l'ancien souverain. La frégate la *Jeanne d'Arc* reçut l'ordre de l'y transporter, lui et sa suite. Un officier de marine de la *Jeanne d'Arc* nous a laissé une relation de l'embarquement, de la traversée et du débarquement à Naples. Des arrangements furent pris entre le dey et le capitaine de vaisseau Lettré, commandant de la frégate : « *Ces arrangements étaient terminés le 10,* écrit notre témoin. *Au point du jour, un chebeck algérien, monté par trente hommes de corvée et un officier, fut expédié au dey, pour y embarquer ses effets. Il revint dans la journée chargé de quatre-vingt-douze paquets assez volumineux, soixante-quinze coffres fort grands, neuf malles et quelques paniers. Ces différents objets furent reçus à bord de la frégate et logés de suite (...).*

« *A sept heures du soir,* poursuit l'officier de marine, *Hussein-Pacha arriva à bord de la* Jeanne d'Arc *dans un canot que l'on avait envoyé le chercher (...). Aussitôt après son embarquement, on fit voir à Hussein les dispositions prises à bord pour lui, sa suite et ses femmes. Il en témoigna la plus grande satisfaction (...).*

« *Au commencement de la nuit, toute la suite et les femmes arrivèrent ; mais on avait eu l'attention de tenter (recouvrir d'une tente) le chebeck, pour les soustraire aux regards autant que possible. Cette suite se composait du frère du dey, de son neveu, de ses deux gendres, dont l'un était aga ou commandant des troupes, à la tête desquelles il se trouvait à Staouéli, et l'autre ministre de la Marine ; de son économe (le khaznadar), de son trésorier ou ministre des Finances (le khaznadji), d'une douzaine d'officiers et de janissaires. Au nombre des femmes était l'épouse légitime du dey et trois concubines, plus trois de ses filles...* » [78].

Après une escale de quarantaine à Mahon, la *Jeanne d'Arc* jeta l'ancre dans le port de Naples le 2 août. La cour napolitaine, avec laquelle Hussein avait entretenu de bonnes relations, fit un bon accueil aux exilés. Cependant, le dey devait se fixer à Livourne, peu de temps après.

On prétendit que l'ancien souverain emporta pour une quinzaine de millions en numéraire et en bijoux : ce chiffre, il faut le souligner, fut avancé par des membres de l'état-major de Bourmont. D'autre sources, moins partiales, réduisent considérablement le montant de la fortune sauvée par Hussein.

Déjà sur la *Jeanne d'Arc,* il laissa percer son inquiétude sur l'avenir : « A Mahon, raconte l'officier de marine, il avait donné plusieurs commissions à terre ; et quand on venait en réclamer le prix, il payait largement et plus qu'on ne lui demandait (il s'agissait d'achats de nourriture) ; mais en approchant de Naples, et quand il y fut, il devint très réservé dans sa dépense, répéta quelquefois qu'il était pauvre et que la cherté de la vie en France ne lui permettrait d'y vivre qu'autant qu'on lui en faciliterait les moyens, paraissant vouloir se mettre à prix, et, dans ce cas, s'y faire donner une pension, si le gouvernement tenait à ce qu'il y fixât sa résidence » [79].

Juchereau de Saint-Denys, dont le rôle dans l'expulsion de Hussein fut important, interrogea Jacob Bacri sur la valeur des biens emportés par le souverain : « Le juif Bacry, écrit-il, qui avait été pendant quelque temps un des agents confidentiels de ce prince, prétendait que l'ex-dey n'emportait avec lui, comme propriété particulière, qu'une somme d'environ 4 000 000 de francs en argent et en bijoux. D'autres pensent que ses ressources futures pour son entretien et pour celui de la suite si nombreuse qui l'accompagnait, étaient beaucoup plus considérables » [80].

Cependant, le même Bacri fournit à l'auteur de la brochure *Quelques mots sur le Trésor d'Alger,* un officier de l'état-major général, des indications identiques : « Pour constater exactement ce que (le dey et l'agha) emportaient d'argent et d'autres valeurs, il aurait fallu avoir recours à des mesures vexatoires. On se borna à interroger le juif Bacri, qui, au moment de leur départ, avait été chargé d'une partie de leurs affaires. S'il faut s'en rapporter à son assertion, le dey partit avec 3 millions et demi de francs » [81].

Les évaluations de Bacri, qui était bien placé à cet égard et n'avait aucun intérêt à minimiser les sommes, n'ont donc pas varié. On doit les regarder comme un constat assez fidèle. Ce que l'on peut supposer, à la rigueur, c'est que Hussein ait fait des placements privés à Livourne avant l'expédition, par l'intermédiaire de Bacri ou de Ben Duran. Mais ces placements ne devaient pas dépasser quelques centaines de miliers de francs, car le dey était un piètre spéculateur ; en outre, il avait appris à se méfier des banquiers, en particulier pour des opérations financières à l'étranger.

Le train de vie de l'ancien dey à Livourne, ses confidences au journaliste Jal et ses nombreuses réclamations auprès du gouvernement français indiquent, au surplus, qu'il n'emporta qu'une faible partie de sa fortune. Augustin Jal l'a formellement affirmé :

« J'ai lu, écrit-il, dans un livre spirituel et très agréable de mon ami M. Merle, que le dey avait dû emporter d'Alger une quinzaine de millions. Je ne sais s'il a pu vérifier ce fait ; ce que je sais, c'est que les hommes qui ont eu les confidences de Hussein ne font pas le pacha si riche, et à beaucoup près (...).

« Il faudra bien, poursuit le journaliste, qu'une enquête prononce contre les attestations du dey et la conduite du chef de l'armée qui avait l'exécution d'une capitulation sous sa responsabilité d'honneur. Je suis sûr que le dey a sauvé dans son naufrage onze yatagans garnis d'or, des tabatières, montres, etc. »

Jal interrogea positivement Hussein sur sa fortune :

« Le dey : "Voyez ce chapelet, il a cent grains ; supposez que cela représente ce qui m'appartenait en propre, maisons, bijoux, meubles, argent monnayé, étoffes, armes de prix. Eh bien ! voilà ce que j'ai maintenant". Et en disant cela, il prenait entre les deux ongles de ses pouces cinq grains du chapelet, qui matérialisaient le cinq pour cent de sa richesse. Voilà ce dont je suis sûr. Une chose aussi que je puis attester, c'est que Hussein parla des pertes qu'il a faites avec chagrin, quelquefois, quand il songe à l'avenir de tout son monde (sa famille nombreuse et sa suite), mais sans accuser personne, bien que d'Alger il ait appris entre quelles mains certains objets de sa fortune ont passé » [82].

On connut en France certains des spoliateurs de Hussein. Dès la fin de juillet, voici, par exemple, ce qu'écrivait le correspondant du journal le *National* dans le numéro du 2 août 1830, page 2 : « Un jeune officier était entré le premier dans une des salles de la Casauba (le 5 juillet) ; il avait mis la main sur un écrin contenant des diamants d'une très grande valeur ; il contemplait avec satisfaction cette riche proie, lorsque, pour lui en disputer la possession, le général L... se jette comme un furieux sur le précieux écrin, et l'arrache à l'officier, auquel il fait des reproches sur sa conduite ; survient un colonel qui veut partager les bijoux avec le général. Grande contestation entre les prétendants ; résistance formelle de la part du général, qui obtient enfin gain de cause en faisant valoir les droits du lion de la fable.

« Le dey d'Alger a depuis réclamé ce superbe écrin comme propriété particulière de son harem, réservé par un des articles de la capitulation. Le général en chef, poussé par la demande du dey, a prétendu avoir fait d'inutiles recherches pour retrouver l'écrin ; et pour faire droit aux instances de Hussein, qui exigeait une indemnité équivalente, le comte de Bourmont lui a fait payer un million cinq cent mille francs. On assure que la valeur de l'écrin s'élève au moins à 3 millions. Il est déplorable que des Français, indignes de ce nom, aient donné à l'Europe l'occasion de dire qu'ils ont volé des pirates » (sic).

De son exil italien, Hussein dépêcha plusieurs émissaires auprès de Louis-Philippe pour tenter d'obtenir la restitution de ses biens. En vain. Finalement, s'imaginant qu'il défendrait mieux, lui-même, sa propre cause, il décida de se rendre à Paris. Il y arriva au début du mois d'août 1831 et y resta jusqu'à la fin de septembre. Le 24 août, la famille royale le reçut en audience particulière. A cette occasion, le souverain déchu remit à Louis-Philippe une requête dont voici les passages importants :

« Il avait été convenu, par un traité avec le général de Bourmont, que je pourrais transporter librement dans le pays que je choisirais tout ce qui m'appartenait, de quelque nature de ce fût. Cependant, il est de notoriété publique que le gérénal de Bourmont ne m'a fait rendre que 30 000 sequins algériens et quelques bijoux. Quant au reste de mes biens particuliers, de mes effets et de l'argent comptant qui m'appartenait en propre, tout est resté à Alger et a été pillé.

« J'ai une famille et une suite nombreuse, et Votre Majesté sait parfaitement que mon séjour dans un pays étranger doit m'obliger à des dépenses considérables. Or il est clair comme le jour qu'avec les seules ressources qui me restent, si Votre Majesté ne m'accorde pas la grâce de venir à mon secours, je vais, sur une terre étrangère, me trouver dans la position la plus critique, et que dans un an ou deux je serai réduit à la misère (...).

« Votre Majesté Impériale voudra bien me regarder, ainsi que ma famille et ceux que je n'ai pu renvoyer d'auprès de moi, comme ses propres pupilles, et nous empêcher, dans quelque pays que le sort nous jette, de tomber dans la misère et le malheur. Elle nous en garantira en daignant nous accorder, par générosité et commisération, une pension alimentaire proportionnée à sa puissance » [83].

Ce langage n'était assurément pas celui d'un homme pécuniairement à l'aise. Cependant, Hussein se berçait d'illusion. Il eût eu, peut-être, quelque chance d'être entendu par Charles X ; mais avec Louis-Philippe, qui professait un culte effréné pour l'argent, c'était perdu d'avance. Le roi des Français fit la sourde oreille. A la fin de septembre, Hussein eut une courte entrevue avec Casimir Périer, président du Conseil, sans plus de résultat. La requête fut, néanmoins, renouvelée en février 1833. En vain. Pour justifier le rejet des réclamations de l'ancien dey, réclamations que le ministère des Affaires étrangères avait favorablement accueillies, le ministère de la Guerre prétexta l'implication de Hussein dans un hypothétique complot contre la présence française en Algérie ! Entre-temps, les autorités militaires à Alger avaient pris des décisions irréversibles : « Le 8 septembre, rapporte Pellissier de Reynaud, le général Clauzel, au mépris de la capitulation, signa un arrêté qui réunit au domaine les propriétés du dey, des beys et des Turcs déportés, ainsi que celles de La Mecque et de Médine. Cette violation de la foi jurée était fort condamnable... » [84].

Plus tard, les héritiers de Hussein adressèrent de nouvelles réclamations au gouvernement français pour la restitution et le paiement des revenus des propriétés restées en Algérie : celles-ci se composaient de six maisons, deux fermes et bois, un grand jardin et vingt-cinq boutiques [85].

Au total, l'ancien souverain aura perdu l'essentiel de sa fortune personnelle. Sur le peu qu'il réussit à sauver, il eut encore, ironie du sort, à souffrir de l'indélicatesse de l'un des banquiers à qui il confia ses affaires. Comme l'a révélé incidemment l'enquête sur le détournement du Trésor faite en 1852 par le préfet de police Piétri (dont nous publions en annexe le texte intégral, pour la première fois), ce banquier était un certain Blackerie : ce nom semble bien n'être qu'une déformation maladroite de Bacri ! Cet individu, lié à un autre banquier de Paris, originaire de Livourne, Haguermann, qui devait jouer un grand rôle dans la récupération des lingots détournés, dilapida des sommes considérables soutirées des capitaux du dey...

Plusieurs maisons particulières furent pillées dans les journées du 5 au 8 juillet. Mais les sommes dérobées, en argent monnayé et en bijoux, n'étaient pas considérables. La veuve de l'agha Ahmed fut, pour sa part, rançonnée par deux officiers aidés par deux interprètes juifs ; cependant, Bourmont fit restituer à la veuve les sommes extorquées et l'un des interprètes fut arrêté, tandis que les officiers français étaient déclarés innocents !

Plus grave aura été le pillage de la maison du bey Hadj Ahmed de Constantine, puisque ce délit a été officiellement et formellement établi par la Commission d'enquête créée par le général Clauzel en septembre 1830. Des personnages importants ont été mis en cause.

A lire les procès-verbaux et les récits de l'époque, on serait porté à croire que la maison du bey était située en ville ou à la campagne. Or elle se trouvait dans l'enceinte même de la Casbah ! On peut s'en assurer sur le plan de la citadelle établi d'après J.-T. Merle. En outre, Klein la situe aussi sur le même emplacement que Merle : « Près de là (en voisinage de la sortie de la Casbah sur le Sahel), s'élevaient et se voient encore, sur la gauche, les pavillons qu'occupaient les beys d'Oran et de Constantine lorsqu'ils venaient rendre compte au dey de leur administration »[86]. Le pillage fut donc opéré au vu et au su de tout l'état-major général !

Voici maintenant les conclusions de la Commission d'enquête sur cette affaire, après audition de nombreux témoins encore présents à Alger au mois de septembre 1830 :

« En ce qui concerne la prise de possession de la maison du bey de Constantine, la Commission reconnaît qu'il est certain que les portes des appartements ont été ouvertes de vive force par les ordres de M. Sermet, sous-intendant militaire, auquel cette maison avait été assignée pour logement par M. l'intendant en chef (Denniée), et qui avait été précédemment reconnue par M. Daubignosc, lieutenant général de police.

« Que des armes qui s'y trouvaient ont été distribuées à plusieurs agents de l'administration de l'armée.

« Que divers objets provenant du bey de Constantine ont été vendus par un domestique dudit M. Sermet au sieur Durand négociant israélite.

« Qu'il existait dans les appartements fermés des sommes d'argent dont il n'est pas possible de déterminer le montant sur le seul témoignage du bey qui les réclame.

« Mais que M. Sermet ayant envoyé à la Casauba sans bordereau ni procès-verbal, une somme d'argent qui a été immédiatement confondue avec les valeurs existantes dans le Trésor et dont le montant est inconnu, il peut se faire que ledit versement représente les sommes trouvées dans la maison.

« Que néanmoins, comme il résulte d'une déposition catégorique qu'un sac d'argent portant pour étiquette à M. Daubignosc, a été reconnu dans un coffre appartenant à M. Sermet, ce qui établirait la présomption que ce sac d'argent était destiné à payer le silence d'un témoin de la prise de possession de la maison du bey, il y aurait lieu à plus ample information contre ledit Sermet, dont, attendu son absence, la Commission n'a pu recevoir aucune explication. »

Ce document irréfutable, établi à partir de témoignages certains et contradictoires, va nous permettre de montrer comment certains récits de la campagne ont travesti la vérité. Plusieurs auteurs ont relaté l'affaire de la maison du bey de Constantine. Ainsi, J.-T. Merle, dont le livre si amusant parfois n'avait été écrit que pour défendre Bourmont, a consacré le plus de place à l'événement :

« Je ne passerai pas sous silence, écrivait-il, le prétendu pillage de la maison du bey de Constantine. Le bruit se répandit à Alger que dans la nuit du 5 au 6, on y avait volé environ 60 000 francs d'espèces d'or, d'argent ou de lingots ; on disait que des officiers qui étaient entrés les premiers dans cette maison se les étaient partagés. Ce qui donna lieu à ce bruit ridicule (sic), fut la réclamation faite par le bey d'une valeur de 70 000 à 80 000 francs qu'il déclarait avoir *laissés* dans sa maison. M. Jacob Bacri, qui connaissait ce bey, et à qui j'en ai parlé, le jugeait trop avisé pour avoir *laissé* dans sa maison de pareilles valeurs ; on a pu lui prendre queques armes et quelques selles de prix, mais à coup sûr il n'avait pas *laissé* dans une maison qu'il n'habitait que rarement, et quand il venait à Alger, des espèces d'or et d'argent. Ce bey est un administrateur trop fin et trop habile pour qu'on ait eu à lui reprocher une pareille imprudence ; il a pu réclamer 80 000 francs, mais ce qu'il y a de certain, c'est qu'on ne les lui a pas pris » [87].

Quel crédit accorder à de tels récits ?

Le bey Hadj Ahmed était arrivé à la fin mai, avec le contingent constantinois et le montant du tribut (environ 800 000 francs) qu'il payait au Trésor de la Régence à titre d'impôts. Il séjourna fort peu de jours dans le pavillon qui lui était affecté dans l'enceinte de la Casbah, car il se porta, avec ses troupes, sur le champ de bataille pour s'opposer à l'armée française. Bien entendu, il n'allait pas transporter avec lui des sommes destinées à pourvoir aux frais du contingent. De plus, au début des hostilités, les Algériens pensaient généralement que l'ennemi serait rapidement refoulé. Par conséquent, le dépôt laissé par le bey dans le pavillon sous la garde de janissaires à son service et sous la garde de la garnison de la citadelle, était en parfaite sécurité. Si le bey avait agi autrement, Hussein aurait pu en prendre ombrage : c'eût été un geste de méfiance à l'égard du dey.

Il existe aux Archives de Vincennes (Algérie, carton H 225) une note manuscrite intitulée *Note sur l'occupation d'une maison qui avait servi de logement militaire au Bey de Constantine, à Alger.* Ce document, non signé, est daté de *Paris, ce 10 novembre 1830.* Il est donc postérieur d'un mois et demi à l'enquête de la Commission Clauzel. L'auteur, qui semble être l'intendant Sermet lui-même, y a entrepris de démontrer qu'aucun vol ne fut commis dans la maison du bey. On trouva trois sacs d'argent sur lesquels étaient apposées des étiquettes « indiquant que ces fonds avaient été remis par M. d'Aubignosc. Un quatrième sac dans lequel il (Sermet) avait réuni des ornemens de brides qu'il croyait être d'or ou d'argent reçut la même étiquette. Les sacs d'argent furent portés à la Casauba, mais les ornemens ayant été reconnus être de fer plaqué ne furent pas versés au Trésor, et restèrent dans le coffre où on les avait trouvés. Ils y étaient encore au départ de M. de Sermet ainsi que les tentures. Les trois sacs d'argent contenant 15 000 francs furent versés au Trésor par M. Denniée, en présence de MM. Firino et Tholozé. »

Cette version est doublement mensongère : 1°) les procès-verbaux de la Commission de Finances du 5 et du 6 juillet ne mentionnent nulle part ce versement ; en outre, pour que ce versement fût effectif, il eût fallu que la Commission retirât les scellés apposés sur la porte du Trésor : or ces scellés ne furent enlevés qu'une seule fois, au moment où la Commission fit déposer la caisse appartenant au Dey contenant 30 000 sequins ; 2°) la Commission d'enquête découvrit dans le coffre appartenant à Sermet un sac contenant de l'argent, et non, comme le prétend l'auteur de la Note, des ornements de brides en fer plaqué !

Le baron de Sermet et le lieutenant général de police se partagèrent, avec quelques employés de l'administration, les 80 000 francs et les armes et autres objets trouvés dans la maison du bey : c'est un fait indéniable !

A l'inverse, le pillage de la maison de l'agha Ibrahim semble bien avoir été un « coup monté » pour discréditer le général Loverdo. Ce fut en effet, celui-ci qui occupa la maison du gendre du dey. Or Ibrahim n'a jamais réclamé qu'une cassette contenant 7 000 sequins - et cette cassette fut volée dans l'appartement réservé à la fille de Hussein dans le palais de la Casbah. La maison de l'agha était située en dehors de l'enceinte de la citadelle : « Près de la Casbah se trouvait la maison de l'Agha, écrit Klein. A celle-ci était attenante la maison du Beït-el-Mal (administration des successions vacantes). Ces constructions étaient voisines de la mosquée dénommée Djama Kasbah Berrani qui est devenue église Sainte-Croix » [88]. (Cet édifice religieux a retrouvé sa destination cultuelle originelle depuis l'indépendance.)

Ce fut la IIe division du général Loverdo, rappelons-le, qui fournit les troupes pour l'occupation de la Casbah et du haut de la ville, la Ire division de Berthezène occupant le secteur de Bab-el-Oued, et la IIIe de d'Escars le secteur de Bab-Azoun et de la Marine. Le général Loverdo se trouva donc « aux premières loges » de l'affaire du détournement du Trésor, et plus généralement des désordres survenus à la Casbah et dans les environs.

Or le chef de la IIe division, qui détestait cordialement Bourmont et son état-major (lesquels le lui rendaient bien), prit l'initiative, contre la volonté de l'état-major, de faire transporter dans la maison de l'agha tous les effets qui se trouvaient dans l'appartement de la fille de Hussein au palais. Rien de ce qui fut l'objet de ce transfert ne disparut : la presque totalité de la fortune de l'agha fut sauvée de cette manière (le vol de la cassette de 7 000 sequins intervint avant l'entrée en action de Loverdo). Ibrahim en manifesta sa reconnaissance à l'honnête général.

Les choses se fussent arrêtées là si Loverdo n'avait eu l'idée d'écrire à sa femme une lettre révélatrice, le 8 juillet : « Tu peux t'imaginer, lui disait-il, quelle a été mon indignation lorsque, croyant entrer le premier et pouvoir ainsi sauver cet immense bâtiment où des richesses provenant de plusieurs siècles de piraterie et d'extorsion (sic) étaient accumulées, j'ai trouvé les appartements du dey et ceux de sa fille unique, épouse de l'aga, généralissime du Gouvernement algérien, complètement pillés. Il n'était entré pourtant que M. le marquis de Bartillat, commandant le quartier général de M. le comte de Bourmont, M. de Trélan, son premier aide de camp, et sept ou huit officiers du quartier général en chef. Je n'ai rien vu de si hideux depuis que je sers. Aussi, après avoir mis des sentinelles partout, avec des consignes très sévères pour chasser les pillards, me suis-je retiré dans la maison de l'aga, au pied de la Cassauba. Je l'ai occupé et je l'ai totalement mise à l'abri des dévastateurs... Cet aga s'appelle Sidi Ibrahim Effendi. C'est un Turc bien élevé de Constantinople, qui a de l'humanité, beaucoup de loyauté et une belle figure extrêmement prévenante... » [89].

Le 13 juillet, le général Loverdo écrivit cette fois au ministère de la Guerre, dont l'intérim était assuré par... Polignac ! « Autrefois, les officiers du moins s'abstenaient de prendre une part directe aux désordres, mais aujourd'hui les chefs conduisent la meute à la curée et l'on voit de jeunes officiers, porteurs de noms illustres, sortir des souterrains ou des salles de la Casbah chargés d'armes, d'effets, de meubles pillés... Les pierres précieuses, l'or et l'argent, tant en monnaie qu'en lingots, ont disparu et si le trésor de France n'a plus rien à espérer de ce côté, le magot n'est pas perdu pour tout le monde » [90].

Les dénonciations de Loverdo furent bientôt connues à Paris et à Alger. Il s'attendait à des mesures de rétorsion, comme il l'avouait dans une lettre à sa femme, en date du 22 juillet : « Je ne te dissimule pas que les abominations dont je suis le témoin passif ne m'affligent (sic) et ne rendent mon séjour dans ce pays extrêmement désagréable... Je ne doute pas que les fripons qui ont terni l'éclat des opérations militaires par l'infâmie de leurs opérations administratives et financières ne cherchent à faire rester ici des gens qui se soient prononcés moins que moi contre leurs vols et leurs dilapidations, ne fut-ce que par la crainte que l'on ne fît saisir au Gouvernement le fil encore très saisissable de leurs opérations honteuses... » [91].

La réaction des gens mis en cause par le général Loverdo, la

« bande à Denniée », ne se fit pas attendre. Elle vint sous la forme de calomnies. Le capitaine Pélissier, de l'état-major de Bourmont, dont un parent, le sous-intendant militaire Evrard Saint-Jean, occupait les fonctions de secrétaire chargé de la rédaction des procès-verbaux de la Commission de Finances, adressa au ministère une lettre où il écrivait : « Le général Loverdo se fit remarquer par son ardeur pillarde. Il s'emparait de tous les objets qui lui tombaient sous la main, disant toujours : "C'est pour la petite Athénaïs" (sa fille). Ayant surpris un soldat au moment où il dérobait un objet, il lui cria : "Que fais-tu là, maraud ?" Le soldat répondit : "C'est pour la petite Athénaïs" » [92].

Cette anecdote, entièrement inventée, fut amplifiée, notamment par le thuriféraire de Bourmont, J.-T. Merle : « Il y avait, affirmait-il dans son livre, un grand nombre d'autruches dans la Cassauba : ces pauvres oiseaux furent inhumainement plumés vivants. L'amateur le plus curieux de leurs plumes était un général, qui en fit une très belle collection, et qui disait à ceux qui s'amusaient en le voyant plumer ces pauvres autruches, qui criaient à fendre l'âme : *Ceci fera plaisir à ma petite Anaïs.* Ce mot est resté proverbe à l'armée. A coup sûr, Mlle Anaïs a dû avoir de quoi fournir de marabouts toutes les dames de la société » [93].

La vérité est que les autruches découvertes dans les jardins de la Casbah étaient déjà plumées, comme tous les animaux de cette espèce élevés pour leur plumage. Loverdo ne fut donc pour rien dans la nudité des volatiles qui ornaient la volière du dey.

On accusa aussi Loverdo d'avoir accaparé divers effets de valeur : « Malgré le traité, écrivait Aubry-Bailleul à son ami Augustin Jal, les officiers généraux et surtout ceux de l'état-major ont pillé et volé impitoyablement. Le général Loverdo a tellement pillé que six mulets furent chargés de ses vols. Ce fait peut être regardé comme certain, tout le monde est d'accord » [94].

Ces calomnies exaspérèrent Loverdo. Il demanda et obtint la réunion d'une sorte de jury d'honneur comprenant six généraux (dont Berthezène, Desprez, Tholozé, Lahitte, etc.) et plusieurs officiers. Après enquête, ce jury reconnut que le général n'avait rien soustrait de la Casbah, ni de la maison de l'agha, dont il préserva l'intégrité. Berthezène devait, d'ailleurs, le souligner dans son livre sur la conquête : « Enfin, le trésor de l'aga lui fut conservé par un homme contre lequel beaucoup de clameurs s'élevèrent alors » [95].

Loverdo et les éléments de sa division furent les premiers renvoyés en France. « Il resta, note Emerit, toute sa vie sans fortune. Quand il mourut, en 1841, sa femme, devenue aveugle, dut vivre d'une pension de 1 500 francs par an et l'État dut accorder des bourses à ses quatre enfants pour qu'ils puissent poursuivre leurs études »[96]. On ne peut en dire autant de certains officiers de l'état-major général, de membres de l'intendance et des services financiers !

Si nous avons un peu insisté sur le cas du général Loverdo, c'est parce qu'il est exemplaire. Voilà un des principaux officiers généraux de l'armée française, qui, pour avoir osé dénoncer les abus dont il fut témoin, se retrouva poursuivi pour le restant de sa vie par des haines tenaces ; sa carrière fut irrémédiablement brisée, alors qu'il pouvait encore espérer accéder à de plus hautes fonctions. On comprendra que cet *exemple* ait inspiré une extrême prudence aux officiers plus jeunes et moins haut placés dans la hiérarchie : les galons, les avancements se gagnaient non plus sur les champs de bataille, ceux-ci s'étant raréfiés, mais par d'habiles courtisaneries et des silences appropriés aux circonstances...

QUATRIÈME PARTIE

Le détournement du Trésor

Les marchandises de la Régence

Les pillages de la Casbah, de la maison du bey de Constantine et de quelques maisons particulières, dont la maison de campagne du consul de Suède [1], ne furent que des broutilles à côté des détournements qui affectèrent les richesses appartenant à la Régence. Celles-ci consistaient en or, argent, pierres précieuses, etc., formant le Trésor de l'État algérien, en marchandises stockées dans les magasins de l'État, et en artillerie.

Comme l'a écrit le docteur Lauvergne, avec quelque humeur, les « canons, soit en fer, soit en bronze, sont devenus le fruit de la conquête et appartiennent à la France ; ce sera le seul butin sur lequel l'avidité expoliatrice n'aura point étendu ses insatiables mains... » [2]. Le parc d'artillerie fut le seul, de tous les biens saisis, à avoir bénéficié d'un inventaire scrupuleux et précis. On ne dissimule pas évidemment un canon aussi facilement qu'un écrin de diamants, et les acquéreurs de matériels militaires n'étaient pas légion. 1 500 pièces de canons de divers calibres, des stocks importants de boulets, de balles, de poudre (35 tonnes seront expédiées en France), entrèrent dans les comptes budgétaires pour une valeur de 4 589 624 francs [3].

En revanche, le contenu des immenses magasins de la Régence fut l'objet d'un incroyable trafic. « Le Gouvernement turc, observait le général Berthezène, aimait à amonceler les approvisionnements de toute espèce ; aussi l'armée trouva-t-elle, dans Alger, de riches magasins en sel, laines, toiles, plomb, cuivres, marbres et grains. En prenant possession de cette partie de la fortune publique, l'administration (c'est-à-dire l'intendant en chef Denniée) avait le devoir rigoureux d'en constater les quantités et les qualités avec soin ; elle l'oublia (sic), et cette négligence coupable favorisa plus tard des soustractions scandaleuses au détriment du Trésor. Personne n'éprouvera de surprise quand je dirai qu'il serait difficile, et peut-être impossible, de constater légalement les dilapidations dont je vais parler ; c'est le contraire qui étonnerait après les progrès faits, parmi nous, par l'art de *faire des affaires.* D'ailleurs le temps a fait disparaître bien des indices éloquens » [4].

Avant d'examiner en détail la composition de ces marchandises, puis de tenter de déterminer qui furent les bénéficiaires des détournements, est-il possible d'évaluer la valeur globale de ces richesses ? C'est Bourmont lui-même, sur la foi des membres de la Commission de Finances, qui en a donné une première estimation :

« Le trésor dont j'ai fait prendre possession au payeur-général de l'armée, écrivait-il à Polignac le 7 ou le 8 juillet, n'est point encore inventorié. Je ne l'ai point vu (sic), et je ne serais pas d'ailleurs en état d'évaluer moi-même les sommes qu'il peut contenir. *Mais le payeur général* (Firino), *l'intendant en chef* (Denniée) *et le général Tholozé, qui forment la Commission de Finances, assurent qu'il contient au moins quatre-vingts millions, en espèces d'or et d'argent. Nous avons en outre à la disposition du roi des denrées et marchandises de toute sorte qui appartiennent à la Régence et qu'on peut évaluer, je crois, à vingt millions. Ainsi, ce sera probablement une centaine de millions que j'aurai à faire envoyer au trésor royal* » [5].

Bourmont parlait donc de vingt millions en marchandises et denrées, à l'exclusion du matériel d'artillerie. Le baron Denniée, à qui incombait la responsabilité de faire entrer ces marchandises dans les caisses de l'État, ne prit aucune mesure pour prévenir tout détournement. On lit, en effet, dans un document d'archives intitulé « Indication du matériel conquis à Alger », daté du 25 septembre 1830 :

« La commission des crédits supplémentaires ayant manifesté le désir de connaître approximativement la valeur du matériel dont l'armée a pris possession en entrant à Alger, des renseignements ont été demandés à l'intendant en chef (Denniée) qui était en fonction à l'époque de l'occupation de cette ville.

« D'après sa réponse, les denrées trouvées se composent de bled (blé), sel, huiles, laines, cuirs salés, cire, lin, toiles, plomb, étain, cuivre et marbre.

« A l'époque à laquelle l'intendant en chef avait quitté Alger, l'inventaire de la plupart des denrées n'avait point encore été fait, ce qui ne permettait pas d'en préciser la quotité et la valeur. Cependant son opinion est qu'il y en avait pour environ cinq millions de francs.

« Le seul document que possède jusqu'à ce jour le ministère sur le matériel d'artillerie conquis à Alger est un état des bouches à feu trouvées dans la ville et les forts.

« (...) 677 canons et obusiers en bronze, 37 mortiers et 827 canons en fer (d'une valeur de) 2 934 000 » [6].

Le plus extraordinaire est que Denniée ait pu faire accepter au ministère un document, rédigé de mémoire (!), qu'il a qualifié d'État indicatif des denrées et marchandises appartenant à la Régence. Sans autre indication que des mentions aussi vagues que, par exemple, « en assez grande quantité » pour les blés, ou « quantité considérable » pour les laines, etc., il terminait ainsi son « inventaire » : « En définitive, on évalue à une somme d'environ 5 000 000 la valeur des denrées et marchandises trouvées à Alger » [7].

De l'évaluation primitive de 20 millions, on est donc tombé à 5 millions, sans aucune explication ! Mais ce n'est pas tout. Dans le même dossier des Archives de Vincennes, il existe un document détaillé : *Notes sommaires sur les denrées et marchandises trouvées dans les magasins de la Régence d'Alger et leur valeur approximative.* Nous n'en citerons (le détail est trop long) que le récapitulatif :

Denrées vendues ou à vendre	798 103,00
Denrées remises aux diverses administ.	265 898,60
Total..	1 064 001,60

Vingt millions, puis cinq, et enfin un million, c'est ce que produisirent pour le Trésor français les immenses magasins de la Régence ! (Dans son rapport sur le règlement définitif du budget de 1830, le député Passy comptait 1 832 526 francs ; mais il incluait dans cette somme les « denrées, marchandises, effets d'habillement, de campement, matières diverses, bâtiments, ancres, cordages, etc. »). Dix-neuf millions de marchandises furent donc détournées. Était-ce possible ?

On pourrait en douter si, par chance, il n'y avait d'une part les témoignages du général Berthezène et du capitaine Pellissier de Reynaud ; d'autre part, et surtout, un inventaire assez détaillé du contenu de quelques-uns des magasins de la Régence. Cet inventaire est dû à un employé de l'Intendance militaire, Thierry, auteur d'un ouvrage intitulé *Notices sur la Corse et la Grèce, suivi d'un coup d'œil rapide sur l'expédition d'Afrique,* publié en 1832, livre qui n'a jamais été signalé par les historiens de la conquête. Thierry, ancien sous-officier aux 50e et 53e de ligne, était un parent de G. Thierry, nommé vice-consul de France à Alger au moment de l'expédition. Après la chute d'Alger, il fut chargé d'inventorier les magasins de la Casbah. Nous ne citerons que quelques passages de son inventaire (qui occupe dans le livre les pages 115 à 122 !) :

« Pour mettre plus de clarté dans mes explications, écrivait-il, je numéroterai les magasins.

« Les numéros 1, 2, 3 contenaient au moins 6 000 pièces de toiles venant en grande partie d'Angleterre ; elle n'était pas fine, mais forte et de bonne qualité ; chaque pièce contenait 200 aunes et plus.

« Plusieurs milliers de toile dite d'Alexandrie, assez estimable, et plusieurs autres milliers du même pays, mais d'une qualité très médiocre.

« Une très grande quantité de chemises, de chemisettes et culottes, de cette dernière toile, et qui servaient à l'équipement des Turcs.

« Plus de 300 gros ballots remplis de mouchoirs dits d'Alexandrie, de la plus mauvaise qualité, et de barnuz (burnous) de laine blanche (...) Il y avait en outre une assez grande quantité de lin non peigné.

« Les numéros 4 et 5 (...) étaient remplis d'une immense quantité de pains de cire et de cierges dont beaucoup avaient la grosseur du bras et enveloppés de papier doré.

« Les numéros 6 et 7 (...) étaient remplis de blé de gruau, de pois concassé et d'une grande quantité de vieilles armes et d'œufs d'autruche.

« Le numéro 8 renfermait une grande quantité de cuivre travaillé, marmites, chaudrons et autres instruments de cuisine. Plusieurs centaines de saumons de plomb du poids de 3 à 400 livres, des caisses remplies d'étain, de canons de fusils et de balles.

« Le numéro 9 contenait beaucoup de sucre, de cassonade blanche, du poivre, de la canelle, des balles de café de Moka et des pots remplis de miel.

« Le numéro 10, du coton très beau et non filé, une grande quantité de superbe papier, tant à dessiner qu'à écrire, du papier gris, quelques vêtements de marabouts (sic), des vases en fer blanc et en forme de gourdes, dont plusieurs étaient remplies d'eau de la Mecque (!).

« Le numéro 11 contenait une grande quantité de poivre, de plantes médicinales, de verres de lampes, et qui le croirait ? deux grandes caisses remplies de ces petites trompettes en bois qui se vendent un ou deux sous.

« Le 12 était rempli de beurre que les Juifs et Arabes achetèrent avec empressement.

« Le numéro 13 renfermait une immense quantité d'huile, contenue dans des jarres maçonnées, de six à sept pieds de profondeur, et dans plusieurs centaines de grands pots. Cette huile était rance et ne pouvait servir qu'à l'éclairage.

« Le numéro 14, une grande quantité de blocs de marbre très beaux et travaillés, des colonnes superbes, beaucoup de cassonade et de pots de miel.

« Le numéro 15, situé à dix pieds sous terre, ressemblait à une caverne de brigands. Il contenait des blocs épars de marbre, plusieurs centaines de pots de graisse et de savon noir. On foulait aux pieds des monceaux de potasse de soude.

« Voilà pour l'intérieur de la Casauba, et je crois avoir oublié peu de chose » [8].

Cet impressionnant inventaire, que n'eût pas désavoué Prévert, ne concerne donc que la Casbah. Or il existait en ville d'immenses entrepôts : sur toute la longueur du môle, par exemple, étaient aménagés des magasins où l'on trouvait aussi bien du matériel naval que des denrées (blés, orge) et des marchandises diverses ; la maison de Mustapha-Pacha, dar Azziza-Bey et dar Ahmed-Pacha étaient bondées de laines [9]. On voit que le chiffre de 20 millions avancé par Bourmont n'était certainement pas supérieur à la valeur réelle des prises. Que devinrent ces marchandises ?

Le général Berthezène fut, de tous les officiers généraux, le seul que scandalisa le détournement des marchandises ; il en a longuement traité dans son livre. A propos des laines, il notait : « Une quantité énorme de laine, produit des contributions des quatre dernières années, était réunie dans divers locaux ; on ne saurait l'estimer à moins de 13 000 quintaux métriques.

« D'abord on eut la pensée de la vendre en entier à Alger ; mais ce mode, réprouvé par l'armée et si contraire à l'intérêt de l'État, fut abandonné. Plus tard, on forma sept mille balles, dont l'État a payé les frais d'emballage. Quatre mille d'elles, expédiées à Marseille, y furent vendues au prix moyen de 100 F le quintal, non compris les droits. *Que sont devenues les trois mille autres ?* Je l'ignore. Il en était resté encore dans les magasins ; elle fut vendue à Alger au vil prix de 36 F le quintal... » [10].

La destination des blés de la Régence fut étrange. Il y avait plusieurs énormes réserves, à la Djenina notamment, en prévision des pénuries ou des disettes. « On trouva, écrit Pellissier de Reynaud, dans les magasins de la Douane, une grande quantité de blé ; le directeur de la nouvelle administration (de la douane, qui était Frossard) le prit à compte pour 4 000 sâas (mesure d'Alger de 54 litres). On en vendit pendant deux mois, et sous le général Clauzel, on trouva qu'*il en restait* 6 000 sâas. Je laisse au lecteur le soin d'expliquer ce prodige » [11].

Ce scandale est confirmé par Berthezène : « On estima (les réserves de blé de la Djenina) à quatre mille cinq cents mesures ou sâas. Ils furent mis en vente, et l'administration s'aperçut vite combien cette évaluation était au-dessous de la réalité. Selon des calculs que la capacité des magasins paraît confirmer, elle aurait été d'à peu près quinze mille cinq cents sâas. Il semble qu'on n'a rendu compte que de sept mille huit cents. Partie de ces grains fut vendue à raison de 2 fr 79 c la mesure, et partie échangée contre du lard.

« Bientôt la situation du marché fit sentir la nécessité de les remplacer et d'imiter la sage prévoyance des Deys, en formant une réserve pour parer à tout événement. Une maison de commerce fut chargée de ce soin.

« Le sâa, ou mesure, fut payé le prix énorme de 16 ou 17 francs. Soit mauvaise qualité, soit manque de soin, ces grains se détériorèrent promptement, et l'administration se vit forcée de les revendre trois mois après, à raison de 5 fr la mesure, alors prix de la place. Cette opération, si onéreuse au Trésor, avait été enveloppée d'une sorte de mystère qui donna lieu à beaucoup de suppositions injustes peut-être, mais accueillies par la voix publique » [12].

En d'autres termes, la maison Seillière, car c'est d'elle qu'il s'agissait, acheta de grosses quantités de blé au prix de 2,79 francs la mesure ; trois mois après, elle revendit ce même blé à l'État français au prix de 16 ou 17 francs la mesure. Cette juteuse opération procura de très gros bénéfices au fournisseur principal de l'armée expéditionnaire, qui, déjà avant l'embarquement, avait obtenu le marché des fournitures dans des conditions douteuses (voir plus haut).

Mais Seillière ne fit pas des profits que sur les blés. « La maison Sellière (sic), dont le chef était fournisseur général de l'armée, écrit Thierry, eut l'adjudication des objets importants, la laine, la toile, la cire et le plomb ; le reste fut adjugé à plusieurs négociants français et étrangers » [13].

Un marchand parisien, venu à la suite de l'armée dans l'espoir de faire quelques affaires, se plaignit aussi du monopole de fait dont bénéficia Seillière : « Dégoûté de tout, écrit le marchand, et prévoyant ne rien faire dans un tel pays je me préparai à en sortir, voulant au moins me couvrir de mes frais de voyage ; je formai le projet d'acheter des peaux qui sont dans ce pays à très bon marché ; mais je fus bien surpris quand on me dit que je ne pouvais faire ce commerce, attendu que le gouvernement s'était engagé envers la maison Sellier (sic), moyennant une somme de 60 000 francs par an, de lui donner à elle seule le droit de faire dans toute l'Afrique le commerce de peaux. C'est, selon moi, un grand abus... » [14].

La même maison Seillière réussit un autre joli « coup » avec le stock de toiles découvert dans les magasins. « On a évalué à vingt-cinq mille le nombre de pièces de toile à voile, et pas une aune n'a été employée pour les vaisseaux de l'État ; pas une aune n'est entrée dans les magasins de la Marine » [15]. Or dix mille pièces de cette toile valaient, à l'époque, un million de francs ; le stock valait donc la coquette somme de deux millions et demi. Qui se l'appropria, avec d'autres articles d'armement naval ? « Les objets existant dans l'arsenal de la marine et du port, raconte Pellissier, furent abandonnés pendant plusieurs jours à qui voulut s'en emparer ; les bâtiments de commerce qui étaient nolisés pour l'expédition vinrent s'y pourvoir de chaînes, de câbles, d'ancres et d'agrès de toute espèce » [16]. Et c'était la maison Seillière qui avait nolisé le plus grand nombre de navires de commerce (plusieurs centaines) : elle eut donc la part du lion dans ce pillage en catimini.

Bourmont, l'intendant en chef Denniée et le payeur général, responsables vis-à-vis du Trésor français, n'ignorèrent bien évidemment rien de ces opérations frauduleuses. S'ils laissèrent faire, c'est qu'ils avaient une puissante raison. Cette raison est facile à deviner : les navires nolisés par Seillière allaient servir au transport secret des lingots d'or soustraits des caves de la Casbah. Le transport discret de ce magot sur des navires de la marine royale eût été impossible, à cause principalement de Duperré. Pour prix de l'inestimable service rendu, le fournisseur de l'armée reçut une confortable commission, sous la forme de l'accaparement des marchandises et denrées de la Régence, dont on négligea opportunément de faire des inventaires... Toutefois, il est douteux que les 19 millions représentant la valeur des biens détournés soient entrés en totalité dans les caisses de Seillière : celui-ci dut en rétrocéder une partie à Denniée et Firino, notamment.

Le montant du Trésor

Farouchement nié depuis un siècle et demi par les historiens coloniaux, le détournement d'une partie importante du Trésor de la Régence d'Alger est aujourd'hui un fait bien établi : le professeur Emerit a découvert aux Archives nationales de Paris, en 1954, un document capital, le rapport d'une enquête ordonnée en 1852 par le préfet de police Piétri. Cette enquête, confiée à un commissaire, membre du cabinet du préfet Piétri, qui interrogea discrètement de nombreux témoins des événements de 1830 et 1831, a révélé l'existence irréfutable du détournement (voir le rapport que nous publions intégralement en annexe). Nous avons, par ailleurs, retrouvé d'autres documents qui corroborent et précisent les conclusions de l'enquête de 1852.

Mais avant d'entrer dans le détail de l'affaire, une remarque s'impose. Dès le début, on feignit de confondre dans la même accusation de pillage et de détournement du Trésor tout le corps expéditionnaire. La manœuvre était habile, car l'armée, choquée et indignée à juste titre par l'iniquité de l'accusation, réagit avec un esprit de corps renforcé. Il est évident que les 35 000 officiers et soldats (la Marine ne fut à aucun moment impliquée dans l'affaire) ne participèrent pas aux pillages et détournements. Les seuls responsables furent des membres de l'état-major général, de l'administration et de l'intendance. Quelques officiers et soldats prirent part au pillage « autorisé » du palais du dey, mais leur nombre n'excéda pas quelques dizaines. Deux cents hommes appartenant au 6e régiment de ligne de la IIe division (général Loverdo) furent mêlés malgré eux au détournement : ils firent partie de la corvée à qui incomba le transfert matériel des caisses d'or. Si l'on excepte ces deux cents hommes (et c'est justice de les mettre hors de cause), on doit reconnaître que l'armée (officiers et hommes de troupes) fut étrangère aux opérations frauduleuses. Injustement accusée de crimes qu'elle n'avait pas commis, elle opposa un mur de silence, sinon de mépris, aux bruits et aux rumeurs. Voilà qui explique l'extrême rareté des témoignages de membres du corps expéditionnaire sur le détournement. Ajoutons que la responsabilité des désordres et des déprédations commis par les troupes incombe en grande partie à la négligence du haut commandement : trop occupés par les affaires du Trésor, Bourmont, Denniée et Firino abandonnèrent à eux-mêmes les officiers de corps et leurs soldats. Les maladies firent des ravages plus grands que la guerre ; et le désespoir gagna les rangs dès le 15 juillet.

Pour pouvoir déterminer avec précision la valeur des richesses (lingots, diamants, etc.) du Trésor algérien détournées après l'entrée de l'armée française à Alger, il faudrait disposer des registres constatant les entrées et les sorties du Trésor. Or, la Commission de Finances a prétendu qu'il n'a jamais existé de tels registres. Dans son récit si partial, pour ne pas dire plus, Denniée écrivait : « Il n'a jamais existé de registres constatant ni les recettes ni les dépenses faites par le trésor, (...) les monnaies d'or étaient entassées pêle-méle sans acceptation de valeur, de titre ni d'origine » [17]. Cette affirmation est contredite par les faits, et par les déclarations du dey à Jal. « Quand on a vu les magnifiques registres de solde des janissaires, fait remarquer Emerit, que conserve encore la Bibliothèque nationale d'Alger, où le moindre versement est consigné sur du papier luxueux, à l'encre noire semée de paillettes d'or, on est obligé de reconnaître que les Turcs tenaient une comptabilité rigoureuse. Comment est-il possible qu'ils aient mis tant de soin à noter quelques boudjoux (sous) payés aux soldats et qu'ils aient négligé de faire l'inventaire des caisses d'or du Trésor public ? » [18]. Récemment, l'historien Temimi a publié un *Sommaire des Registres arabes et turcs d'Alger* qui ne laisse aucun doute à cet égard : il existe encore plusieurs centaines de registres où sont consignées les opérations les plus diverses du gouvernement de la Régence. « La Régence d'Alger, souligne Temimi, avait donc ses registres et ses papiers officiels relatifs à la trésorerie, aux habous (biens religieux), au commerce extérieur, aux échanges intérieurs, à l'impôt et aux janissaires » [19].

Le dey Hussein donna à Augustin Jal des détails sur son gouvernement : « Le dey avait les clefs du Trésor ; mais il ne pouvait ouvrir une des portes : la constitution le lui défendait positivement. Les finances étaient une responsabilité partagée entre tous les agents de ce service. Le prince disposait de son bien particulier, et ne devait pas même emprunter au Trésor, auquel il prêtait cependant quelquefois. La surveillance de Hussein sur les finances était très grande ; il a un esprit d'ordre poussé si loin, que jamais, me disait-il un jour, il n'a pu souffrir le moindre retard dans l'établissement, la vérification et le solde des comptes. « Aussi je ne dois rien à personne, et personne ne me doit rien. Mon budget de père de famille est aussi clair que *celui dont Bourmont a dû trouver le registre à la Cassaba* » [20].

Il ne peut subsister aucun doute quant à l'existence de ces fameux registres. Ce qui se passa, c'est que, dans la nuit du 4 au 5 juillet, comme nous l'avons montré, les agents envoyés par Bourmont à la Casbah s'emparèrent de ces documents compromettants et les firent disparaître d'une manière ou d'une autre, sur ordre supérieur. Comme pour brouiller les pistes, Denniée laissa les soldats brûler les papiers du Gouvernement...

A défaut de ces pièces authentiques irremplaçables, peut-on connaître approximativement le montant des valeurs composant le Trésor ? Sans nous arrêter à aucun chiffre, nous donnons ci-dessous différentes évaluations, plus ou moins crédibles selon la qualité de leurs auteurs.

La plus ancienne évaluation émise par un auteur européen est celle de Francis Knight. Ce négociant anglais fut fait prisonnier en 1631, et resta dans le bagne d'Alger jusqu'en 1638 ; le récit de sa captivité, presque inconnu des historiens de l'Algérie, a été traduit et publié par Ternaux-Compans dans ses précieuses *Archives des Voyages.* « En somme, a raconté Knight, de leurs camps, garnisons, jardins et autres choses semblables à ma connaissance, et d'après les renseignements exacts que j'ai reçus, ils (les Turcs d'Alger) tirent un revenu assuré de 3 475 000 doublons, et chaque doublon étant réduit au schelling anglais, cela fait 34 750 000 » [21]. Plus loin, l'auteur ajoutait : « Nul ne s'étonnera de l'immensité des trésors qu'ils possèdent en or et argent, quand on pense qu'ils vivent depuis cent vingt ans des dépouilles de toute la chrétienté. (...) C'est ainsi que j'ai rempli le but que je m'étais proposé en rendant un compte véridique de cette cité florissante, dont les pierres précieuses, diamants et perles qu'elle renferme suffiraient seuls pour payer la flotte et l'armée qui seraient envoyées pour la conquérir » [22].

Le consul des États-Unis, Shaler, on s'en souvient, portait le montant du Trésor à « trente millions de piastres fortes (plus de 150 millions de francs) en or et argent monnayés, (...) et vingt millions de piastres fortes (107 millions de francs) en diamants » [23].

Ces chiffres furent confirmés par le consul de France Pierre Deval, dans son rapport du 28 février 1828 (voir ce document cité plus haut).

La veille de l'entrée de Bourmont dans Alger, il reçut de Saint-John, consul d'Angleterre, cette précision rapportée par le général Berthezène : « Le consul d'Angleterre assura M. de Bourmont qu'il trouverait au moins cent cinquante millions sous les voûtes de la Cassauba » [24].

Dans un rapport à son gouvernement, daté du 5 juillet 1830, Schultze, consul de Suède, écrivait : « *On assure que les Français trouveront une valeur d'environ quarante millions de piastres fortes d'Espagne dans le trésor public* (d'Alger), tant en or et argent que pierres précieuses et perles. Ce qui fait plus que le double de la somme qu'on prétend avoir dépensé pour la présente expédition contre Alger. » [25]. Dans un deuxième rapport du même consul, daté du 10 août, le montant du Trésor atteint des sommes peu réalistes : « Rien de remarquable, écrit le consul Schultze, est arrivé (sic) ici depuis mon dernier très humble rapport, ou du moins rien qui a pu mériter l'attention d'un observateur impartial, si ce ne soit (sic) l'avidité surprenante avec laquelle on se mit en possession des dépouilles de la Régence déchue. On dirait qu'à force de compter les trésors immenses qu'on a trouvés dans les voûtes de la Casbah, on compte tout autre chose pour rien. On prétend que la valeur de ce qu'on a déjà trouvé, tant en comptant qu'en bijoux et autres effets monte à *7 ou 8 cents millions de francs...* » [26].

Dans le corps expéditionnaire, les chiffres qui circulèrent avec insistance tournaient entre 250 et 350 millions de francs pour la totalité du Trésor. Voici, à titre d'exemples, quelques extraits des *Mémoires* et *Journaux* publiés à la suite de la campagne :

Docteur Lauvergne : « On n'a jamais eu des données certaines sur l'évaluation du trésor de la Casaubah : ces espèces d'auges comblées d'or ou d'argent, en lingots ou monoyé (sic), parurent tellement inépuisables aux chefs de l'armée, que l'exagération grossit d'elle-même ce qu'elle ignorait et l'enivrement du triomphe fit déraisonner les premiers éblouis. Cinq jours suffirent pour désenchanter le rêve, et les trois cents millions se fondirent peu à peu ne laissant pour résidu qu'une évaluation flottante infiniment au-dessous de ce qu'on attendait » [27].

Perrot, (capitaine à l'état-major de la IIe Division) : « Les trésors du Dey, 270 000 000 peut-être, occupèrent beaucoup trop ceux chargés de les inventorier et de les expédier pour la France. On a parlé de dilapidations scandaleuses, de pillages honteux, et le mystère que le gouvernement de Charles X gardait sur cette affaire importante autorisa toutes les suppositions... » [28].

Le sergent de zouaves, ancien planton de Bourmont, qui laissa traîner ses oreilles, s'est fait l'écho d'évaluations comparables : « Il se disait, raconte-t-il, qu'il n'y avait pas moins de 250 millions dans le magot de la Régence ; ceux qui l'avaient mis au plus bas l'évaluaient à 100 millions ; on prétendit n'y avoir trouvé que quarante-sept millions six cent trente mille dix francs et quatre-vingt-quatre centimes. C'était le plan de mentionner les centimes pour avoir l'air de ne rien oublier, et d'avoir fait la chose en conscience, mais nous, pas si bêtes de la gober : à qui manie le beurre, toujours il en reste aux doigts (sic) » [29].

L'interprète Eusèbe de Salles évaluait le trésor à 250 millions, non inclus les diamants et les bijoux. Quant au capitaine de frégate Matterer, rapportant la conversation entre le dey et Bourmont, il fait dire à Hussein : « Voilà les trois clefs de mon tiroir où il y a 180 millions de votre monnaie » [30].

Le commandant du génie Guy, de l'état-major du général Clauzel, donna une estimation un peu plus sûre. Appelé comme témoin, en 1833, au procès du sous-intendant Flandin, sa déposition, faite sous serment, fut enregistrée par le greffier du tribunal. « Le premier ministre du bey de Tunis a dit à cet officier, en présence de quatre autres officiers, et de M. de Lesseps, notre consul-général à Tunis, qui lui servait d'interprète, que le trésor d'Alger contenait au moins cent cinquante millions lorsqu'il fut mis à la disposition des agents français. En entendant ce ministre élever si haut l'importance de ce trésor, dit M. Guy, « je me récriai, et dis que l'on n'avait trouvé que quarante-huit millions... le ministre se mit à sourire, et ajouta : Cent cinquante millions avant les affaires... les généraux, les Français... ce qui avait l'air de dire que les Français avaient dissimulé une partie du trésor » [31].

Nous avons retrouvé dans un document quasi officiel, puisqu'il s'agissait d'un rapport adressé au commissaire général de la Marine à Toulon, daté du 6 juillet, une indication précieuse : « 1 500 pièces d'artillerie en bronze, plus de trente bâtiments, tels que frégates, corsaires, chaloupes-canonnnières, tant à flot qu'en chantiers, les arsenaux de la guerre et de la marine approvisionnés d'armes et de munitions, et *cent cinquante millions de francs,* tombent en notre pouvoir en cette journée mémorable » [32].

Dans un opuscule intitulé « Relation de la prise d'Alger par l'armée française, le 5 juillet 1830, suivant les rapports officiels de M. l'amiral Duperré (...), M. de Bourmont (...) et quelques lettres particulières », on lit aussi : « Outre les 1 500 pièces d'artillerie et les munitions de guerre dont s'est emparée l'armée française, elle a trouvé 98 millions en or » [33].

Maintenant, si l'on examine les rapports officiels de Bourmont, on constate des variations dans son évaluation de la valeur du Trésor. Dans son rapport du 7 ou 8 juillet, cité plus haut, le général en chef, sur la foi de l'intendant Denniée, du payeur général Firino et du général Tholozé, fixait à 80 millions les sommes, en or et argent, découvertes dans les caves de la Casbah, plus 20 millions en marchandises. Certains historiens ont prétendu que le général en chef fut induit en erreur par les estimations exagérées de Denniée : « Impressionné par l'amoncellement de toutes ces monnaies, écrit G. Esquer par exemple, Denniée les estima à 80 millions mais pour le payeur général Firino, à qui ses fonctions avaient donné l'expérience de ces sortes d'évaluations, il n'y avait pas là plus de 50 millions. Ce chiffre - qui se trouva à peu de chose près exact (sic) - parut trop faible à Bourmont ; il écrivit au président du Conseil que la conquête du Trésor, de l'artillerie et des magasins de la Régence représentaient pour la France un gain de près de 80 millions » [34]. Esquer, qui a eu pourtant sous les yeux la dépêche officielle de Bourmont, a pris d'étranges libertés par rapport au texte : le général en chef déclarait formellement se fier aux estimations des trois membres de la Commission de Finances, y compris Firino ; en outre, c'était une somme globale de 100 millions, et non 80 millions, que Bourmont se préparait à faire entrer dans le trésor royal ! Voilà comment on écrit l'histoire...

Cependant, la contradiction entre les deux chiffres avancés par Bourmont, 80 millions d'abord, puis 50 millions, n'est pas sans intérêt. Reportons-nous au texte des Instructions de Polignac au général en chef, du 18 avril. Dans le document d'archives, nous avons relevé que l'indemnité à exiger du dey pour les frais de guerre et les préjudices subis par la France, était fixée à quatre-vingts millions. Mais ce chiffre, écrit en toutes lettres, fut barré ; une écriture différente de celle du corps du document y a surajouté, en lettres, quarante millions. A quelle date fut portée cette « rectification » ? Nous l'ignorons. Toutefois, remarquons que la somme de 80 millions correspondait exactement à l'emprunt fait par le gouvernement Polignac auprès de Rothschild pour faire face aux frais de l'expédition. On pensait que celle-ci serait assez longue, d'où l'importance de l'emprunt. Mais la campagne fut très rapide : on ne consomma qu'une partie de l'emprunt. Que se passa-t-il alors ?

Parce qu'il avait décidé l'expédition contre Alger sans avoir obtenu l'accord du Parlement, Polignac estima sans doute que les frais occasionnés par cette campagne ne devaient pas être supportés par le contribuable. Du moins, il était certain que les Chambres ne lui accorderaient pas à cet effet de crédits extraordinaires. Il fallait, par conséquent, réserver sur les prises que l'armée ferait à Alger une somme couvrant approximativement les frais de l'expédition. Ces frais évalués à 80 millions, dans un premier temps et en prévision d'une campagne longue, ne dépassèrent pas 50 millions environ du fait de la rapidité de la conquête. Fidèle au principe énoncé plus haut - à savoir les trésors de la Régence seraient mis à contribution jusqu'à hauteur des frais *réels,* le solde devant bénéficier à la cassette de Charles X -, Polignac fit rectifier le texte de ses Instructions conservé au Ministère. mais le temps manqua au président du Conseil pour en avertir Bourmont, lequel, se fiant à la copie des Instructions en sa possession, reproduisit le chiffre initial de 80 millions conservé au Ministère. Mais le temps manqua au président du son état-major s'acharnèrent, par une série d'opérations, à faire coïncider à peu près (une coïncidence trop exacte eût attiré des soupçons) la somme totale prétendûment découverte dans les caves de la Casbah avec le montant des frais de la guerre.

Selon l'inventaire officiel de la Commission de Finances qui prit possession des Trésors (voir le document publié en annexe), le total des fonds et valeurs trouvés dans le trésor de la Régence s'élevait à 48 684 527 francs, auquel s'ajoutaient les valeurs de l'artillerie et des marchandises et denrées, soit 6 millions environ. D'autre part, les frais de l'expédition s'élevèrent, pour l'armée et la marine, à 49 107 434 francs. Le bénéfice de la conquête aurait donc été de 5 millions pour le Trésor français. Si le montant des dépenses paraît indiscutable, celui des rentrées, notamment les fonds et valeurs de la Casbah, fut déterminé a posteriori de manière à le rapprocher du premier ! Il en existe une preuve.

Après les innombrables dénonciations de détournement d'une partie du trésor, le pouvoir issu de la Révolution de Juillet ordonna une enquête à Alger. Le nouveau chef du corps expéditionnaire, le général Clauzel, qui remplaçait Bourmont, nomma une commission d'enquête le 4 septembre 1830. Cette commission se composait du général Delort, chef d'état-major de Clauzel, de l'inspecteur des Finances Fougeroux, de Cadet de Vaux, administrateur, Pillaut-Debit, magistrat, et du sous-intendant Flandin, commissaire des guerres, nommé rapporteur de la commission [35]. Avant que ses travaux ne fussent suspendus sur ordre supérieur, dans des conditions que nous évoquerons plus loin, la Commission entendit et recueillit plusieurs centaines de témoignages. Les recherches se portèrent spécialement sur le montant du Trésor. Précisément, un officier de l'ex-état-major de Bourmont, qui ne nous est pas inconnu puisqu'il s'agissait du colonel Juchereau de Saint-Denys, apporta à la Commission d'enquête un rapport établi par lui, selon lequel il n'y avait pas plus de 50 millions dans la Casbah. Dans un Mémoire, Flandin a raconté :

« Très peu de jours avant que les investigations de la commission fussent suspendues, Flandin étant allé voir M. le général Delort, président de la Commission, cet officier général lui dit : « Ah ! tenez, voici le rapport que vient de me remettre M. le colonel Juchereau de Saint-Denis. »

« M. Flandin le prit, le lut, et dit ensuite à M. le général Delort : « Général, si tout ce que j'ai appris à Paris, pendant mon voyage jusqu'à Alger, et depuis que notre commission opère, n'avait éveillé mes soupçons, la pièce que vous me remettez m'en ferait concevoir de bien graves. Et en effet qui a chargé M. le colonel Juchereau de St-Denis de faire une enquête pour arriver à connaître quelle était l'importance du trésor d'Alger ? Où est sa mission ? Quels moyens a-t-il eu de remplir celle qu'il se serait attribuée lui-même ? Il dit qu'il a interrogé plusieurs habitans d'Alger. Eh bien ! dans deux jours, je manderai à la barre de la commission les mêmes individus dont il parle et d'autres, afin que la commission juge par elle-même ce qu'il faut croire ou repousser de ce travail que vous me remettez. » Ces observations déplurent au général Delort. M. Flandin n'en exécuta pas moins ce qu'il lui avait dit, et le surlendemain, sept Maures des plus considérables d'Alger, tous ayant été agents de l'ancien dey, firent des dépositions qui donnèrent un démenti formel au résultat du travail de M. le colonel Juchereau de St-Denis, en ce qui concernait les 28 millions que cet officier disait être sortis du trésor pendant les 14 dernières années, et surtout à cette assertion qu'aucune somme n'y était entrée pendant cette période : tous déclarèrent, au contraire, que jamais dey n'avait introduit plus de richesses dans le trésor. Ces dépositions sont au dossier de la procédure, dans le registre des délibérations des actes de la commission d'enquête, sous les dates des 17 et 18 septembre.

« Mais voici une circonstance plus grave. Deux ou trois jours après, M. Flandin fit déposer par M. Firino (l'ex-payeur général sous Bourmont, destitué début septembre) la collection des procès-verbaux, au nombre de trente-quatre, de la commission de finances ; il la mit sous les yeux de M. Pillaut-Debit membre de la commission d'enquête. Celui-ci prit la collection par un de ses feuillets qui, en s'entr'ouvrant, laissèrent tomber une feuille de papier à lettre bleuâtre, pliée en quatre, saturée sur tous les bords de ses plis d'une teinte noire qui faisait connaître qu'elle avait longtemps été ailleurs que dans cette collection ; c'est-à-dire portée dans la poche d'un vêtement. Cette feuille étant ramassée fut lue ; et M. Flandin reconnut qu'elle était littéralement identique avec ce fameux travail de M. le colonel Juchereau de St-Denis, dont elle lui parut dès lors être le primata, rédigé long-temps avant la remise de ce travail à M. le général Delort. M. Flandin fit part de ses observations à M.Pillaut-Debit et à M. le général Cassan, autre membre de la commission d'enquête, chez lequel se tenaient les séances de cette commission, et avec lequel habitait M. Flandin. M. Flandin ne cacha pas ses soupçons ; il les dit à M. Fougeroux... Peu de jours après, la lettre trouvée dans la collection des procès-verbaux de la commission de finances, remises par M. Firino, disparut... Ce fait est consigné avec de longs détails dans le chapitre IV du rapport que la commission d'enquête a fait à M. le général en chef (Clauzel) » [36].

Est-il besoin de commenter ce témoignage si limpide ? On précisera seulement que le « papier à lettre bleuâtre » était du modèle dont se servait régulièrement l'intendant Denniée.

En résumé, dans l'état actuel de la documentation, et peut-être pour toujours, il est impossible de connaître le montant exact des fonds et des valeurs qui existaient à la Casbah au moment de l'entrée des Français. Ce montant a été évalué au minimum à 150 millions (en or et argent), et au maximum à 7 ou 800 millions de francs de l'époque. Cependant, il n'entra dans les caisses du Trésor public français qu'un peu plus de 48 millions. Cette somme a été déterminée a posteriori de manière que les frais de l'expédition fussent entièrement couverts et qu'il n'en coûtât rien au contribuable. Aussi l'énorme différence entre les évaluations les plus basses et les plus crédibles du Trésor algérien et les recettes versées au Trésor français, a-t-elle suscité des accusations de détournement à l'encontre de Bourmont et de la Commission de Finances, accusations dont le bien-fondé a été établi par des enquêtes officielles.

Les opérations de la Commission de Finances

Les opérations de prise de possession du Trésor algérien par la Commission de Finances ont été entachées d'irrégularités. Constituée en vertu de l'arrêté du général en chef, du 5 juillet, qui la chargeait de « procéder à la reconnaissance et à la prise de possession de tous les objets d'or et d'argent et généralement de tout ce qui compose les trésors appartenant à la Régence d'Alger », la Commission de Finances chargea officieusement le sous-intendant Evrard Saint-Jean de rédiger les procès-verbaux des actes de la Commission. Pour permettre au lecteur de juger sur pièces, nous en publions, en annexe, la collection intégrale.

Une remarque préliminaire : la Commission n'aurait découvert dans les caves de la Casbah qu'un seul lingot d'or. Cependant, tous les documents et témoignages s'accordent pour dire qu'il y avait d'énormes quantités d'or sous forme de lingots, et de pièces.

Selon la Commission, les trésors étaient composés de monnaies d'or de différents pays et de titres divers, de monnaies et de lingots d'argent et de pièces de cuivre, le tout réparti en monceaux dans deux endroits, une salle située à l'angle opposé à l'entrée de la cour du Divan, et une grande pièce voûtée divisée en trois caveaux. Au vu de ces tas de monnaies et de lingots, aucune personne au monde ne pourrait avancer une estimation sans courir le risque d'être certainement ridiculisée dans ses prévisions. Or le payeur Firino réussit la gageure de faire un pronostic qui se vérifia presque exactement ! De deux choses l'une, si l'on veut bien exclure le hasard ou des dons de divination extraordinaires : soit il existait des registres constatant la valeur exacte de chaque tas de monnaies ; soit, à défaut de ces registres, les hommes chargés de l'opération de calcul firent des soustractions (ou des additions !) afin de faire coïncider l'estimation de Firino avec le résultat final. Des deux termes de l'alternative, c'est le premier qu'il faut retenir, cela pour deux raisons au moins : d'une part, les registres existaient ; ils étaient tenus avec une rigueur « turque » ; d'autre part, les opérations de comptage et de pesage de cette *partie officielle* du Trésor s'effectuèrent au vu et au su d'un grand nombre d'officiers et de soldats pour accréditer l'idée que tout se faisait au grand jour, avec la plus rigoureuse régularité. Inversement, si l'on ne craignit pas d'associer tant le monde aux opérations de comptage et de pesage, c'était que l'on était certain, grâce aux fameux registres, que la prédiction du payeur général ne serait pas démentie par les faits.

Dès son premier procès-verbal, la Commission commit une première inexactitude. Elle affirma que Denniée, Firino et Tholozé se présentèrent à la Casbah le 5 juillet à 11 heures. Or nous avons montré, avec à l'appui de nombreux témoignages et non des moindres, que Firino entra dans la citadelle au plus tôt à 7 heures, au plus tard à 10 heures. Denniée et Tholozé arrivèrent avec Bourmont, vers 14 heures. Le khaznadji avait remis les clefs du Trésor à Firino dès que celui-ci fut dans la Casbah ; puis le ministre algérien voulut quitter les lieux, mais le colonel Bartillat, agissant sur instruction de Bourmont, l'en empêcha. Pour sauver les apparences, il fallait que le khaznadji remît solennellement les clefs à Bourmont, en présence d'une nombreuse assistance. Le général en chef remit à son tour les clefs à la Commission au complet, geste par lequel on voulait signifier qu'aucun Français n'avait pénétré dans les caves avant cet instant, et que, par conséquent, c'était le Trésor dans son intégralité que la Commission allait découvrir. Or, à 14 heures des milliers de caisses contenant exclusivement des lingots et des quadruples d'or avaient été extraites des caves, au cours de la nuit ou dans la matinée, et entreposées dans une autre partie du palais, à l'écart, fortement gardée par des hommes de confiance.

La Commission a prétendu qu'elle se fit assister de l'interprète Bracevitch pour obtenir des informations du khaznadji. Mais aucun des nombreux témoignages, y compris ceux des membres de l'état-major général, n'a signalé la présence de l'interprète à la Casbah, dans la matinée du 5 juillet. En revanche, les « interprètes » Huder, Gérardin, Lauxerrois, d'Aubignosc, Raimbert et d'autres, y étaient.

Le fait d'avoir eu recours à Bracevitch, dont la santé était déjà altérée, s'explique : le malheureux, qui devait succomber quelques jours plus tard dans des conditions suspectes, ne serait plus de ce monde pour répondre aux questions d'une éventuelle enquête...

Les procès-verbaux de la Commission sont inexacts sur un autre point important : il y est dit, dans l'acte dressé le 5 juillet, que ce document fut signé par les trois membres de la Commission et également par le khaznadji et Bracevitch. Or les paraphes de ces deux derniers n'existent sur aucun des trois exemplaires du document ! D'autre part, la Commission indiquait qu'après la reconnaissance des caves renfermant les trésors, les scellés furent apposés sur les portes avec *trois cachets,* ceux de Denniée, de Firino et de Tholozé. Ce fait est démenti par une déposition de Firino lui-même : « D'après une déposition en date du 26 septembre (pièce cotée 85) de M. Firino, écrit Flandin, *les scellés de la commission de finances se composaient,* non de trois cachets, comme cela est dit dans le seul procès-verbal du 5 juillet, mais *d'un cachet unique qu'il portait, lui* Firino, *toujours sur lui, ainsi que la clef aussi* unique *des trésors, laquelle était renfermée dans un petit sac de cuir qu'il portait toujours dans sa poche de côté* » [37].

Autre irrégularité ou anomalie inexplicable : selon les procès-verbaux, la Commission ne commença à faire manipuler les espèces renfermées dans les caves que le *7 juillet.* Mais il existe un témoignage, difficilement récusable, émanant d'un prêtre, l'aumônier Dopigez, présent à la Casbah, qui contredit formellement cette assertion : « *Immédiatement après son entrée dans la Kasaba,* écrit Dopigez, *le général en chef fit chanter le Te Deum,* pour remercier Dieu de la victoire qu'il avait donnée aux armes de la France. (...) *Pendant la cérémonie, on entendait les chiffreurs de l'armée pelletant et pesant les trésors du pactole de la Kasaba...* » [38]. En dehors même de la confiance que sa fonction pouvait conférer à sa parole, le prélat n'avait aucun intérêt à mentir...

Reste la manière dont la Commission de finances s'acquitta de sa tâche. Le fit-elle dans les règles ordinaires de la loyauté et de la légalité ? La réponse de la commission d'enquête créée par Clauzel fut accablante, sur ce point, bien que ladite commission fût disposée à se montrer libérale :

« Et d'abord, lit-on dans le rapport de la Commission, pénétrée de ce sentiment pénible que la France entière a éprouvé aux premiers soupçons d'infidélité dirigés contre des individus de l'armée, aux premières accusations de déprédations qui se sont fait entendre, la Commission s'est demandé si l'administration de l'armée avait pris toutes les mesures, observé toutes les règles qui pouvaient la mettre à l'abri des soupçons, en même temps qu'elles auraient été comme la sauvegarde des intérêts du Gouvernement.

« Il est une loi que la prudence et la loyauté ont dictée, et qui s'observe toujours dans les prises de possessions des trésors et des magasins saisis sur l'ennemi : c'est celle qui veut qu'une autorité du pays conquis, ou un agent commis par elle, fasse toujours partie des commissions instituées pour consommer cette prise de possession, assister aux inventaires, les signer, en recevoir une ampliation qui opère et régularise la décharge des comptables des pays conquis, et constitue responsable celui qui opère la recette.

« D'après ce principe, dont on essayerait en vain d'éluder l'application à l'opération dont il s'agit ici, le ministre des finances du dey d'Alger, ou un autre officier de la trésorerie commis par lui, eût dû assister non seulement à la reconnaissance et à la saisie des trésors de la Régence, mais encore à l'inventaire, de quelque manière qu'il dût être fait, de toutes les espèces et matières d'or et d'argent que ces trésors contenaient. A-t-on requis la présence de cet agent indispensable ? *Rien ne le constate, et les procès-verbaux nombreux de saisie et de pesage de ces matières et espèces établissent, au contraire, que l'un et l'autre ont été faits par les seuls agents français.*

« Cet oubli des premières règles de la responsabilité est grave. La commission considère comme un de ses devoirs de le constater.

« Ensuite les commissaires, au nombre de trois, ont-ils toujours été présents aux opérations, au nombre de trente-deux, qui sont constatées par les procès-verbaux de la Commission de Finance ? *C'est avec peine que la Commission a reçu des déclarations nombreuses qui établissent le contraire. Aussi la seconde des conditions qui pouvaient attirer sur ces actes la confiance du Gouvernement aurait été violée* » [39].

Après ce réquisitoire, il nous faut encore exposer deux faits graves dont la Commission de finances fut responsable. Le premier est la falsification du procès-verbal du 26 juillet.

Les procès-verbaux étaient faits en trois exemplaires, soit une collection complète pour chacun des membres. Comme on peut le voir dans ces documents publiés en annexe, chaque jour, un compte détaillé des espèces d'or ou d'argent pesées était établi, mentionnant le nombre de caisses ou de sacs que l'on avait fait remplir. Or dans l'acte daté du 26 juillet, une première écriture portait : « Les deux cent quatre-vingt-sept sacs (d'argent) ficelés et cachetés resteront en dépôt dans le trésor de la Régence jusqu'à leur envoi en France ». Mais on barra « quatre-vingt-sept », de sorte que le nombre de sacs se réduisit en définitive à 200. Ainsi 87 sacs, contenant 5 568 kilos d'argent, ont été purement et simplement gommés ! *La seule justifi-*

cation de cette « rectification » est une note manuscrite portée en marge, sans date, signée par le seul Denniée et ne figurant que sur son exemplaire, remis au directeur de la caisse centrale du Trésor. Il y a là manifestement un faux et une falsification caractérisée, puisque, pour être valable, la « rectification » aurait dû être datée et signée des trois membres de la Commission. « Le fait matériel des altérations, constatait le sous-intendant Flandin, existe au dossier où se trouvent les trois ampliations-minutes des procès-verbaux de la commission de finances ; la preuve matérielle de l'erreur que, prétend-on, la note tardive et suspecte du sieur Denniée aurait rectifiée, n'est pas rapportée et ne peut pas l'être. (...) La commission d'enquête avait dit, dans son rapport, que ces altérations donnaient au procès-verbal du 26 juillet *tous les caractères d'un faux acte ;* que les explications que l'un de ses membres, le sieur Fougeroux, agent du Trésor, lui avaient données, ne la satisfaisaient pas ; que les lignes ajoutées après la signature de ce procès-verbal, par les trois membres de la commission de finances, et évidemment intercalées, *n'avaient pas le caractère de vérité que l'on voulait leur prêter* » [40].

Cette falsification, constituant au regard de la loi un crime passible de la cour d'assises, ne fut pas punie ; les cinq tonnes et demie d'argent (à moins que ce fût de l'or) enrichirent impunément des agents qui avaient contribué au grand détournement du Trésor !

Le second fait grave dont fut responsable, à l'évidence, la Commission de finances, est plus étrange encore. Dans le procès-verbal du 5 juillet, il est dit que « la commission s'est transportée dans l'établissement de la Monnaie dont la clef lui a été remise, se réservant d'appeler plus tard l'Emin Socca (le directeur de la Monnaie) absent pour le présent. *Après avoir visité attentivement l'établissement, il n'y a été trouvé aucune espèce d'or ni d'argent ; toutefois la porte principale a été fermée soigneusement, et les scellés y ont été apposés et un factionnaire y a été placé* ».

Il n'y avait point d'or ni d'argent à la Monnaie, selon la commission. L'ennui, c'est que ce n'était pas vrai : dans la nuit du 5 au 6 juillet, l'atelier de la Monnaie fut cambriolé, vidé de ses valeurs et même des instruments servant à fabriquer la monnaie. La commission d'enquête l'a reconnu : « Relativement au bris des scellés qui avaient été apposés sur l'hôtel des monnaies, dit-elle dans son rapport, la Commission déclare que les auteurs de ce délit sont inconnus et ont échappé à la faveur de leur obscurité (sic), et la seule déposition du directeur turc de cet établissement a fourni quelqu'indication sur les valeurs des sommes et matières qui ont pu être enlevées ».

Une autre autorité, encore moins contestable puisqu'il s'agit de la deuxième chambre du tribunal de première instance de la Seine, déclarait dans son verdict du 3 août 1834, rendu dans le procès de Flandin contre Denniée et Firino : « Dans la nuit du cinq au six juillet, l'établissement de la Monnaie (d'Alger) a été pillé, donc la responsabilité de la commission de finances est engagée pour le montant des valeurs qui s'y trouvaient. Il résulte de l'examen des actes dressés sur les lieux à cette époque que dans la nuit indiquée la Monnaie d'Alger sur les portes de laquelle la Commission de Finances avait mis le scellé la veille fut ouverte par effraction et que tout ce qui s'y trouvait fut pillé et enlevé. Les auteurs de ces désordres sont par malheur restés inconnus... »

Dans cette affaire, ce qui importe, c'est moins la valeur des lingots, espèces et matériel volés (environ 30 000 francs), que l'évidence d'un mensonge apparemment gratuit de la Commission de finances : pourquoi a-t-elle affirmé qu'il n'y avait rien dans le local de la Monnaie, et cela après une visite attentive ?

Intrigué par cette attitude insolite, plus encore par l'absence de tout renseignement permettant de localiser l'atelier de la Monnaie (où se trouvait-il donc ?), nous avons fait des recherches dans toutes les directions. Et nous avons fini par découvrir la vérité.

A l'époque où les deys résidaient dans le palais de la Djenina, l'atelier de la Monnaie était installé dans un petit bâtiment adossé à ce palais. Mais en 1817, lors du transfert du Trésor et de la résidence du dey à la Casbah, l'atelier fut, lui aussi et tout naturellement, transféré dans la citadelle. Nous avons pu y retrouver l'emplacement précis du fameux atelier, grâce aux descriptions minutieuses du capitaine Rozet, confirmées par celles de Bavoux :

« Les appartements du prince (Hussein), écrit Rozet, étaient au second étage (du palais de la Casbah) : on y arrivait par un escalier en marbre débouchant dans une galerie ouverte qui donne sur la mer et la campagne ; il fallait traverser cette galerie pour aller chez le dey. Le prince habitait la partie est, dont il occupait quatre ou cinq chambres, dont deux extrêmement grandes, décorées dans le style oriental (...). De ce même côté se trouvaient trois salles, dont deux étaient remplies d'armes et de costumes magnifiques ; *la troisième renfermait les instruments nécessaires à la fabrication de la monnaie, et qui avaient été achetés en Europe.* Dans la galerie en face étaient les appartements des femmes... » Quelques pages plus loin, Rozet précise : « *Nous avons déjà dit que la monnaie était fabriquée dans l'intérieur même de la Kasbah avec des machines venant d'Europe...* »[41].

Par conséquent, l'atelier de la Monnaie se trouvait à quelques mètres des appartements du dey, au second étage, comme on peut

PLAN DE LA CASBAH

(d'après J.-T. Merle)

REZ-DE-CHAUSSÉE

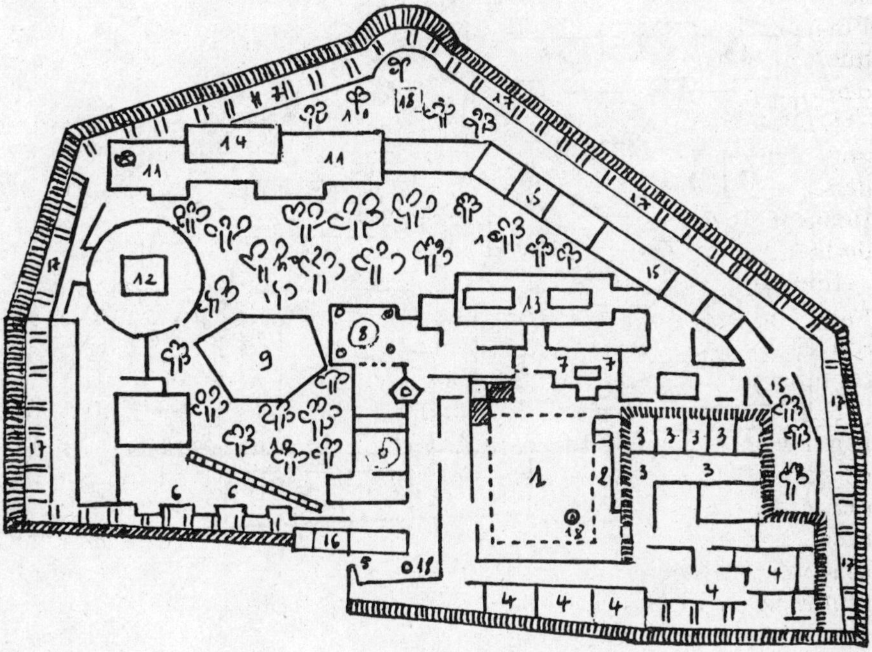

1. Cour du Divan
2. Galerie du Divan
3. Trésor du Dey
4. Magasins du Dey
5. Entrée de la Casbah
6. Écuries
7. Cuisines du Dey
8. Mosquée
9. Poudrière
10. Jardins
11. Logement des beys de Constantine et d'Oran
12. Kiosque
13. Magasins et offices
14. Salle d'armes
15. Treille à l'italiene
16. Corps de garde
17. Plate-forme à embrasures armée de canons à hauteur du 1er étage
18. Fontaines

1er et 2e ÉTAGE

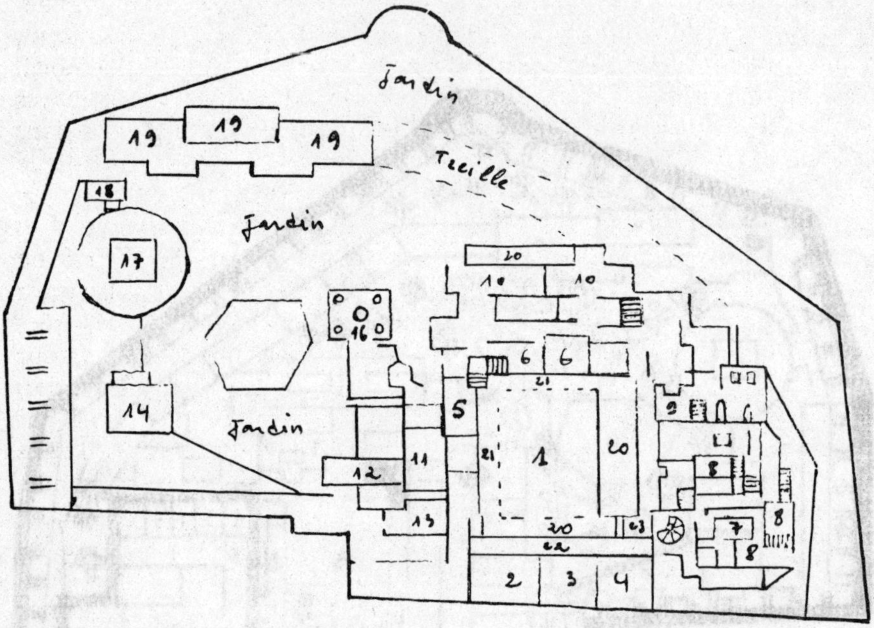

1. Cour du Divan
2. Chambre à coucher de M. de Bourmont
3. Chambres des officiers de service
4. Cabinet de M. de Bourmont

Ex-appartements du dey

5. Logement du général Lahitte
6. Logement de M. Firino
7. Logement du général Desprez
8. Logements des officiers de l'E.-M. général
9. Bains du Harem

Ex-harem

10. Magasins et garde-meubles
11. Logements des officiers d'ordonnance
12. Galerie servant de salle à manger à Bourmont
13. Corps de garde d'artillerie
14. Domestiques
15. Poudrière
16. Mosquée
17. Poste aux lettres
18. Logement de M. Denniée
19. Intendance et trésor de l'armée
20. Terrasse
21. Galerie couverte servant de salle à manger à Bourmont
22. Galerie couverte servant d'antichambre
23. Cabinet des aides de camp

le voir sur le plan ci-contre. *Or ce fut le général Bourmont qui occupa les appartements du dey dès le 5 juillet, tandis que son état-major s'installait dans le harem c'est-à-dire les appartements des femmes.* Ainsi à quelques mètres de la chambre du commandant en chef, des « inconnus » auraient maîtrisé un factionnaire, brisé des scellés, défoncé des portes, enlevé des lingots et des pièces d'or et d'argent, emporté de lourdes machines servant à la frappe de la monnaie... sans que ni lui, Bourmont, ni son état-major, dont certains membres passèrent la nuit du 5 au 6 juillet couchés sur des couvertures dans les galeries, unique accès de l'atelier, sans que personne entendît le moindre bruit suspect ! C'est absolument invraisemblable.

Il y a une explication, et une seule, à cet étrange silence. Les caisses d'or soustraites des caves au cours de la nuit du 4 au 5 ou dans la matinée du 5 juillet, caisses qui formaient la part du Trésor réservée à la cassette de Charles X, furent provisoirement déposées dans l'atelier de la Monnaie. Ce local était suffisamment vaste pour cet usage, de plus son emplacement le rendait très facile à garder. Enfin partant de cet atelier, et en suivant un chemin détourné par les terrasses du premier étage, on pouvait sortir de la Casbah sans être obligé de passer par la cour principale, encombrée de monde, où se trouvait aussi le piquet de gendarmerie, affecté à la garde de la porte des caves du Trésor. Si l'on ne pouvait pénétrer dans les caves sans se heurter aux gendarmes, par contre ceux-ci ne pouvaient rien voir, depuis leur poste, de ce qui se passait aux étages supérieurs, ni sur les terrasses, ni dans la grande galerie faisant office de sortie de la citadelle. La conclusion s'impose d'elle-même : le bris des scellés et le pillage de la Monnaie ne furent qu'un simulacre pour détourner l'attention et dissimuler des activités secrètes : l'enlèvement, pendant la nuit du 5 au 6 juillet, des caisses d'or et leur transport dans différentes maisons consulaires. Nous ne voulons pour preuve que le fait suivant : les machines servant à la frappe de la monnaie, lourdes et difficiles à cacher, ne furent pas recherchées par Bourmont, ni par son successeur, bien que leur disparition constituât un grave danger pour le système monétaire du pays (fabrication de fausse monnaie). Ce n'est qu'en 1832 que Savary, duc de Rovigo (toujours lui !), s'avisa de les faire rechercher : « Vous voudrez bien, écrivait-il le 24 juin 1832 à Roland de Bussy, chef de la police à Alger, vous occuper sans délai de faire rechercher ce que peuvent être devenus les instruments de fabrication de la monnaie turque et donner des ordres pour qu'ils soient tous réunis et déposés à la trésorerie de l'armée qui en prendra charge et en dressera procès-verbal. Je suis informé que les pièces principales ont été *détournées* (et non volées) de l'ancien hôtel des monnaies et mon intention est de prendre les précautions les plus minutieuses pour prévenir une fabrication clandestine de monnaie ; c'est dans ce sens que vous agirez » [42].

La Commission de finances eut donc une attitude plus que suspecte dans l'affaire de l'hôtel de la Monnaie : non seulement elle prétendit faussement qu'il n'y avait aucune espèce ou valeur d'or et d'argent dans ce lieu, mais encore elle passa sous silence le « cambriolage » de l'atelier, pourtant directement placé sous sa reponsabilité, et situé à quelques mètres des appartements de Bourmont et de l'état-major.

Les procès-verbaux de la Commission ne mentionnent nulle part la prise de possession des diamants et bijoux du Trésor de la Régence. Cependant, tous les auteurs qui écrivirent sur Alger avant 1830 ont fait état d'une immense fortune en diamants : l'ancien consul Pierre Deval, dans son rapport de 1828, portait la valeur de ces diamants à 107 millions de francs, et son estimation puisée à bonne source recoupait celle du consul américain Shaler. Néanmoins, Bourmont, Denniée et Firino ne trouvèrent pas le moindre carat ! Cela surprit tellement l'armée et les milieux politiques français que l'on se crut obligé de fournir des explications. Ainsi, le colonel Juchereau de Saint-Denys, décidément fort actif, a écrit dans son factum : « Les 3 500 000 fr (sic) de bijoux (appartenant au Trésor) avaient été remplacés par la suite par une valeur égale d'espèces monétaires. Husseyn-Pacha lui-même a fait cette déclaration » [43]. Nous avons déjà dit quel crédit il convient d'accorder aux affirmations et calculs de Juchereau...

Cependant, l'idée de cette déclaration du dey fut reprise au moment du procès de Flandin contre Denniée et Firino par l'avocat de ces derniers : « ... Le dey a donné à M. le général Desprez, est-il écrit dans le Mémoire en défense de l'avocat, une déclaration écrite, remise par celui-ci à M. Laffitte, alors ministre des finances, constatant qu'au moment de l'entrée des Français il n'y avait à la Casauba ni diamants, ni bijoux » [44].

Cette affirmation ne repose sur rien : la déclaration supposée du dey n'existe dans aucun service d'archives. En outre, et c'est plus important, si une telle déclaration avait été faite, elle eût dû être remise non pas au chef d'état-major général, qui n'avait pas à connaître de la situation financière, mais bien à la Commission de finances, créée à cette seule fin ! Se doutant bien qu'on l'attaquerait un jour ou l'autre sur la disparition des diamants, cette Commission aurait alors mis un soin tout particulier à préserver la précieuse déclaration ; elle l'eût obligeamment insérée dans ses procès-verbaux. De plus, pour donner au document une garantie d'authenticité inattaquable, elle ne se fût pas satisfaite de la seule signature du dey dans une affaire aussi délicate : elle eût dû exiger que le Divan tout entier paraphât la déclaration. Il n'en fut pas ainsi. Un fait est certain : plus de cent millions de francs en diamants existaient à la Casbah, lors de l'entrée des Français. Nos recherches pour en retrouver une trace sont restées vaines. Que sont-ils devenus ?

Nous avons été plus heureux, en revanche, pour d'autres valeurs détournées, et dont peu de témoins ont parlé. Le Trésor algérien avait acheté, bien avant l'expédition française, des titres de rente anglais, manière comme une autre de faire fructifier le capital de l'État sans risques financiers. Bacri connut l'existence de ces titres, et en fit part à Merle. Selon le banquier, ces valeurs s'élevaient à 8 ou 10 millions.

Dans son récit de l'expédition, le sergent de zouaves, ancien planton de Bourmont, déjà cité, écrit à propos de la visite de Hussein au général en chef : « Il (le dey) fut reçu par Bourmont comme un roi. Quand il entra, la garde lui présenta les armes, et on battit au champ. La restitution demandée (de la caisse contenant les 30 000 sequins) par le dey fut reconnue juste ; *lui-même, en preuve de bonne foi, remit au général en chef des rentes sur l'Angleterre qui appartenaient à la Régence et qu'il ne pouvait pas garder, aux termes de la capitulation* »[45].

Si nous ne possédions sur cette affaire que le témoignage du sergent de zouaves nous ne l'aurions certainement pas mentionné. Mais il en existe un autre, infiniment plus sérieux et... plus révélateur : c'est celui de Pellissier de Reynaud.

L'ouvrage de Pellissier, les *Annales algériennes* (en trois volumes), est considéré à juste titre comme la meilleure source historique sur la période de 1830 à 1848, par tous les spécialistes. Cet ouvrage eut deux éditions. Le premier volume de la première édition sortit en 1836 ; c'est là que se trouve le passage qui nous intéresse :

« Hussein-Pacha, quelques jours après la prise d'Alger alla faire visite à M. de Bourmont, et en fut reçu avec de grands honneurs. *Je tiens d'une personne qui était en position d'être bien informée, que le Dey remit au général en chef une somme considérable en inscriptions de rente sur l'Angleterre, en disant qu'elle ne lui appartenait pas en propre, qu'elle faisait partie du trésor de l'État, et qu'ainsi, il ne pouvait pas la garder aux termes de la capitulation. Cette délicatesse étonna de la part de Hussein, mais elle est dans le caractère turc* »[46].

Cette révélation si explicitement accusatrice attira des « ennuis » à Pellissier. Aussi, dans le troisième volume de ses *Annales,* paru en 1839, il apportait la rectification suivante : « Je dis, page 89, livre III, premier volume, qu'une personne, qui était en position d'être bien informée, m'a rapporté que le Dey Hussein avait fait remise à M. de Bourmont d'une somme considérable en inscriptions de rente sur l'Angleterre. Un journal a paru croire que j'admettais que M. de Bourmont se l'était appropriée. Je désavoue formellement cette interprétation. Je suis persuadé, à présent comme alors, que si cette remise a été faite, un compte fidèle en a été rendu à qui de droit »[47].

Les pressions exercées sur Pellissier furent si fortes que, dans la seconde édition de ses *Annales,* publiée en 1854, l'auteur a purement et simplement supprimé le passage si accusateur du tome 1 et la rectification du tome 3...

Comment interpréter ces revirements ? On remarquera tout d'abord que, dans sa rectification, Pellissier n'a pas démenti le fait matériel de la remise des titres de rente. Mais les journaux s'étaient saisis de l'affaire, en s'appuyant sur l'autorité du témoignage de l'historien. Dès lors, la famille de l'ancien chef du corps expéditionnaire pouvait se retourner contre lui et le poursuivre en justice pour diffamation. Dans ce cas, Pellissier aurait été dans l'impossibilité d'apporter la preuve du détournement des titres de rente par Bourmont - sous-entendu dans le passage du tome 1. En effet, les titres de rente étaient anonymes, leur encaissement de même. Il ne restait plus, par conséquent, à Pellissier qu'à « se mettre à couvert », en se déclarant persuadé que le général en chef aura sans doute rendu compte des valeurs reçues. Cette supposition éloignait l'intention de diffamer.

Mais le fait essentiel n'en demeurait pas moins vrai : Bourmont reçut de Hussein pour huit à dix millions en inscriptions de rente sur l'Angleterre. Il n'en rendit jamais compte à qui que ce fût. Aucune administration française, financière ou autre, n'a fait recette de ces sommes considérables. Charles X n'en bénéficia pas non plus, si l'on en doit croire les Mémoires des quelques fidèles qui partagèrent son exil. Tout au mieux pourrait-on imaginer que la duchesse de Berry ait perçu quelque chose pour financer sa folle équipée de 1832 : ne choisit-elle pas le maréchal de Bourmont comme généralissime de ses « armées » qui devaient reconquérir la couronne de son fils, le jeune duc de Bordeaux ?

Arrivé à ce stade de notre enquête, il est nécessaire de faire brièvement le point avant de voir comment 100 millions de francs environ, en lingots et pièces d'or, furent détournés au profit de la cassette de Charles X, et comment et par qui cette somme fut récupérée, en définitive (la disparition des diamants et des bijoux, moins encombrants, n'ayant laissé aucune trace).

En décidant l'expédition contre Alger, le gouvernement ultra de Polignac, rappelons-le, ne songeait nullement à venger le « coup d'éventail » de 1827, mais à désarmer l'opposition intérieure, à constituer une armée dévouée à la monarchie et à saisir le Trésor de la Régence, dont une partie servirait à financer les campagnes électorales du parti ultra. A cet effet, Bourmont reçut des ordres pour « hâter de tous ses moyens la conquête et la prise d'Alger », car « il se liait à la précision de ces ordres des combinaisons politiques ». Il fallait donc que l'expédition « réussît, et réussît dans un temps donné » (Merle).

Tandis que le corps expéditionnaire guerroyait en Afrique, Polignac se mettait en campagne en France. Après le discours du trône du 2 mars, une majorité de 221 députés vota une Adresse au roi où elle l'invitait à changer de gouvernement. Mais personne, bien entendu, ne s'attendait à voir Charles X obéir à l'injonction. Latente depuis la nomination du cabinet Polignac, la guerre entre le parti ultra et l'opposition éclata au grand jour. Dans un premier temps, le gouvernement réagit en décidant la prorogation de la session parlementaire jusqu'au 1er septembre (ordonnance du 19 mars). Dans cet intervalle, on choisirait le moment le plus propice, après la victoire escomptée à Alger, pour dissoudre la Chambre et appeler à de nouvelles élections. Mais la rivalité entre l'ancien président du Conseil Villèle et Polignac allait déjouer ce calcul. Villèle convainquit le roi de mettre fin au plus tôt à cette situation provisoire. Le 16 mai, une ordonnance prononçait la dissolution de la Chambre et fixait les élections aux 23 juin et 3 juillet. Par suite des retards subis par l'expédition, la chute d'Alger n'intervint que le 4 juillet, et la victoire ne fut connue à Paris que le 9. A ce moment-là, le sort des élections était déjà joué : l'incidence de la conquête sur la campagne électorale fut pratiquement nulle. De sorte que la nouvelle Chambre se trouva composée de 274 sièges à l'opposition contre 143 seulement pour le ministre (plus 11 sièges occupés par des personnalités indépendantes ou non pourvus).

La nouvelle situation politique était d'autant plus alarmante que le roi avait été poussé à s'impliquer personnellement dans la campagne électorale, en appelant à voter pour les « bons candidats ». L'échec atteignit non seulement le gouvernement, mais aussi le monarque. Pourtant, le centre-gauche se montra disposé à coopérer encore avec Charles X, pour peu qu'il acceptât une modification du ministère. « Mais l'idée de se replier en bon ordre ou de se soumettre, remarque Bertier de Sauvigny, ne fut pas considérée un moment par Charles X et Polignac. Dans leur simplicité féodale, ils ne voyaient qu'une chose : on était attaqué, il fallait se battre sans esprit de recul ; à force de courage, le bon droit triompherait » [48]. La détermination aveugle du roi et de son favori fut renforcée par la victoire contre le dey, signe, à leurs yeux, de la justesse de leur politique...

Dès le 6 juillet, sur proposition de Peyronnet, ministre de l'Intérieur, le cabinet adopta trois principes : dissolution de la nouvelle Chambre (dont quelques sièges n'étaient pas encore pourvus !) ; nouvelles élections selon un mode de scrutin et un découpage électoral à définir ; suspension de la liberté de la presse. Approuvés par le roi et le dauphin, ces principes furent exprimés dans les trois fameuses ordonnances publiées le 26 juillet. Le lendemain de cette publication, l'insurrection éclatait dans Paris.

Il serait évidemment hors de propos de faire ici l'historique de la révolution de Juillet. Retenons seulement que l'insurrection, populaire par sa forme, avait été préparée de longue main par la bourgeoisie et les milieux d'affaires. Le banquier Laffitte, entre autres, déboursa quatre millions pour soutenir la flamme révolutionnaire. La riposte du gouvernement manqua et d'habileté et de fermeté. Le maréchal Marmont, duc de Raguse, peut-être encore sous le choc de son évincement du commandement de l'armée expéditionnaire, ne se montra pas à la hauteur de l'immense responsabilité qu'on lui confia, c'est-à-dire écraser l'émeute. A sa décharge, il faut dire que Polignac fit preuve d'une incroyable insouciance : il ne prit aucune mesure pour mettre le Trésor (français) à l'abri (et à la disposition du roi), et il négligea de pourvoir à la nourriture des troupes restées loyales qui, « accablées de soif, de faim et de fatigue » ne purent se soutenir. Peut-être, suggère le comte d'Apponyi, le manque d'argent et de vivres fut-il une des causes majeures de la déroute des royalistes [49].

Le trône de Charles X aurait-il pu être sauvé par le maréchal Bourmont et son armée ? Cela eût été possible si des dispositions pratiques avaient été prévues, et si le commandant en chef avait été prévenu des intentions du gouvernement. Or il n'en fut rien : « Le 24 (juillet), notait le colonel Bartillat, M. de Bois-Lecomte (...) apporta le brevet du maréchal et des dépêches de Paris du 16. Ce furent les dernières que nous reçûmes du gouvernement que nous avions laissé en France » [50].

A cette absence d'instructions officielles, on peut opposer que Bourmont dut être informé par des voies détournées, puisque l'armée l'était : « Cependant, écrivait le capitaine Rozet, une espèce de consternation s'empara de tout le monde lorsqu'on apprit, *par des lettres particulières,* qu'une ordonnance de Charles X renversait le pacte constitutionnel et proclamait le pouvoir absolu » [51].

Quoi qu'il en fût, le 10 août, Bourmont apprit de manière certaine la chute de Charles X. Ce jour-là, à l'aube, un navire de commerce de Marseille entra à Alger. Un des passagers se présenta aussitôt chez le maréchal, à qui il était recommandé, et l'informa des événements survenus à Paris. Vingt-quatre heures après, une dépêche du nouveau ministre de la Guerre, le général Gérard, confirmait officiellement l'abdication du roi et du dauphin en faveur du duc de Bordeaux. Le duc d'Orléans était nommé régent du royaume. Le corps expéditionnaire fut, dès lors, agité par des discussions politiques, lourdes de périls, entre partisans et adversaires des Bourbons. « Tant que l'on put conserver quelque doute (sur la chute de Charles X), écrit Pellissier de Reynaud, M. de Bourmont parut accessible à des projets qui avaient pour but de conserver l'Afrique à la légitimité ; mais lorsque des communications officielles eurent donné aux événements dont la France avait été le théâtre le caractère d'un fait accompli, il se résigna à suivre la fortune, et, après quelques jours d'une hésitation bien concevable dans sa position, il fit arborer le pavillon aux trois couleurs »[52].

Cependant, quelques officiers fidèles à la dynastie déchue, démissionnèrent de l'armée. Quant à rembarquer une partie du corps expéditionnaire pour l'envoyer au secours de Charles X, il n'en fut jamais sérieusement question : tout le monde savait que Duperré et la flotte s'y opposeraient. Nous n'avons pas à juger l'attitude de Bourmont dans ces circonstances. On peut, néanmoins, remarquer que son ralliement au nouveau régime, s'il ressemble bien à une trahison vis-à-vis de Charles X, permit d'éviter une confrontation au sein du corps expéditionnaire.

Malgré ce « sacrifice », le maréchal était trop *marqué* pour espérer conserver ses fonctions. Aussi le nouveau gouvernement rompit toute communication politique avec lui et « il tomba dans un découragement dont les affaires se ressentirent »[53]. Le 20 août, tandis qu'une lettre du nouveau ministre de la Marine, Horace Sébastiani, annonçait à Duperré son élévation à la dignité d'amiral, Bourmont était avisé de son remplacement au commandement de l'armée par le général Clauzel.

« Le 2 (septembre), dans la matinée, un vaisseau français avec toutes les voiles dehors gouvernait directement sur Alger, raconte le capitaine Rozet. Bientôt, on sut que c'était *l'Algésiras*, monté par le nouveau général en chef (Clauzel) »[54].

Que se passa-t-il au cours du long tête-à-tête entre l'ancien et le nouveau chef de l'armée expéditionnaire ? Nous l'ignorons. Mais on ne dut pas échanger que des amabilités et des civilités. Selon le capitaine Rozet, qui précise n'être pas sûr de son information, « le nouveau général en chef prévint le ministre (Bourmont) que le gouvernement lui avait donné l'ordre de le faire arrêter, comme membre du ministère qui avait rompu le pacte constitutionnel et fait mitrailler les citoyens français dans les rues de Paris ; mais en même temps il dit au maréchal qu'en lui donnant cet ordre on lui avait fait comprendre qu'il pourrait ne point l'exécuter rigoureusement, et laisser le vainqueur d'Alger fuir sur une terre étrangère » [55]. Bourmont demanda à l'amiral Duperré de mettre à sa disposition un navire pour le transporter à Mahon. L'amiral répondit qu'il mettrait toute l'escadre au service du maréchal pour le conduire en *France,* mais qu'il ne pouvait lui donner un seul canot pour aller dans un autre pays !

« Après la réponse de l'amiral, poursuit Rozet, M. de Bourmont alla trouver M. Schneider, agent de la maison Sellières, et ils se rendirent ensemble sur le port pour chercher un bâtiment. Ils s'adressèrent d'abord à un capitaine napolitain, qui refusa (...). Après avoir cherché pendant quelque temps, ils ne purent trouver qu'un petit bâtiment autrichien, fort mal équipé, et qui s'engagea cependant à transporter de suite le maréchal à Mahon. Le 3 septembre à midi, suivi de ses aides de camp, qui l'accompagnèrent jusqu'à l'embarcadère, M. de Bourmont monta sur son frêle esquif avec les deux fils qui étaient restés auprès de lui » [56].

L'expédition contre Alger, qui devait assurer le salut de la monarchie, se retourna, en définitive, contre elle. La précipitation brouillonne de Polignac, l'entêtement du roi, une mauvaise coordination entre le président du Conseil et Bourmont, firent s'écrouler tous leurs plans. Sans parler de la partie du Trésor destinée à la cassette de Charles X et qui ne pouvait parvenir à Paris qu'après plusieurs mois, en raison de la complexité de son acheminement, le gouvernement Polignac ne disposa même pas des fonds officiellement découverts à Alger, c'est-à-dire les 48 millions. En effet, le premier envoi, 13 millions en or et argent embarqués sur le *Marengo,* ne parvint à Toulon que le 23 juillet. De Toulon il fallut encore transporter ces fonds à Marseille, ce qui prit une semaine. Les autres envois, faits sur le *Duquesne,* le *Scipion,* le *Nestor* et la *Vénus,* arrivèrent à destination après la chute de Charles X. La désorganisation des services administratifs, consécutive à la Révolution, retarda l'encaissement effectif des fonds par le Trésor français. En effet, ce ne fut que le 7 septembre que le nouveau ministre des Finances, le baron Louis, désigna un haut fonctionnaire pour procéder à cette opération : « Le trésor de la Casbah, écrivait le ministre à l'inspecteur des Finances Lafaurie, est arrivé à Toulon. Recevez-le, vérifiez-le, faites-le porter à la Banque et au Trésor. Vendez, changez, fondez, j'ai mis à votre disposition un délégué de la Banque, un essayeur de la Monnaie, un agent du Trésor. Je vous donne quarante à cinquante jours !!! »[57]. Ainsi le gouvernement Polignac ne profita même pas du Trésor d'Alger dont la capture l'avait pourtant décidé à faire la guerre. Ce fut le nouveau régime qui en recueillit tous les bénéfices.

L'étouffement de la Commission d'enquête

Autant Charles X fut un souverain d'un désintéressement hautain à l'égard de l'argent, autant son successeur sur le trône de France, Louis-Philippe, se montra toute sa vie avide de richesses. L'un de ses plus récents biographes n'a-t-il pas intitulé son livre *Louis-Philippe, homme d'argent* [58] ? Nous renvoyons le lecteur à cet ouvrage pour découvrir cet aspect de la personnalité du « roi bourgeois ».

Dès son accession au pouvoir, Louis-Philippe se préoccupa en priorité de la récupération du Trésor de la Régence. Il était exclu, naturellement, que le roi s'emparât des fonds officiellement expédiés en France : la machine administrative s'en était saisie. En revanche, Louis-Philippe, informé du détournement de sommes considérables au profit de Charles X, estima que ces sommes devaient faire partie de « l'héritage ». Il entreprit donc de les faire rentrer dans sa propre cassette. Mais ce n'était pas une opération facile. A la mi-août, tous les fonds soustraits de la Casbah avaient déjà quitté Alger, pour des destinations secrètes. Comment en retrouver la trace ?

Des trois principaux responsables du détournement, Bourmont, Denniée et Firino (le général Tholozé, quoique membre de la Commission de Finances, fut totalement étranger à l'affaire), seul l'intendant en chef (Denniée) avait regagné la France. Il avait été, en effet, alerté par un de ses amis, l'intendant Rey, de la VIIIe division stationnée à Marseille, dès le 9 août. Dans sa lettre, celui-ci l'informait que de graves soupçons pesaient sur lui au sujet d'enlèvements clandestins de fonds, et qu'une commission d'enquête était sur le point de partir pour Alger. Il lui conseillait de se méfier et terminait sa note par ces mots : *« Déchirez ce papier » !* [59]. Denniée se le tint pour dit, et, quelques jours après, prétextant une maladie, il embarquait pour la France. Il était, le 17 août, au lazaret de Marseille. On ne put, de ce fait, l'interroger immédiatement.

Le nouveau régime n'avait pas non plus les moyens de « faire parler » Bourmont. Il eût fallu l'arrêter et le renvoyer sous bonne escorte en France ; un tel procédé eût été lourd de conséquences, tant à Alger qu'à Paris. D'ailleurs, si le maréchal avait été contraint de parler, il eût donné inévitablement une grande publicité à ses « révélations », ce qui eût empêché Louis-Philippe de récupérer discrètement à son profit le magot détourné. Aussi, comme on l'a vu, son successeur, le général Clauzel, se contenta de le pousser à se proscrire volontairement.

Quant au payeur général Firino, il n'avait toujours pas quitté Alger lorsque Clauzel y arriva. Ce dernier lui signifia aussitôt sa destitution prononcée par le ministre des Finances, et son remplacement par le payeur principal Grillet [60]. Il ne fut pas autorisé à retourner en France, et resta donc à la disposition de la Commission d'enquête que Clauzel installa le 4 septembre.

Avant même de débarquer à Alger, le nouveau commandant en chef, qui avait reçu des instructions très pressantes, commença à s'informer : « Les renseignements que j'ai pris à Marseille et à Toulon, écrit-il le 27 août au ministre de la Guerre, me portent à croire que les sommes venues en France et qu'on doit supposer avoir été prises à la Casauba, se portent à 10 millions de francs. Quant aux bijoux, on n'en connaît pas la valeur... » [61].

Pour mener à bien l'enquête, Clauzel fit appel à un demi-solde, le sous-intendant militaire Jean-Baptiste Flandin, ancien commissaire des guerres. Celui-ci rédigea un rapport, daté du 25 août, où il indiquait à l'intention du général en chef toute une série de mesures de nature à pouvoir établir si détournement du Trésor il y eut et par qui [62]. Sans doute satisfait de ce travail, Clauzel nomma Flandin rapporteur de la Commission d'enquête qu'il institua le 4 septembre. On relève dans l'ordre du jour annonçant la création de la commission ces mots : « La France a été fière de son armée d'Afrique ; mais il faut le dire avec la même vérité, elle a été indignée des *bruits fortement accrédités de soustractions coupables.* Justice doit être faite à tous et de tous ; à l'armée, si les bruits sont faux et malveillants ; des spoliateurs, si malheureusement il y en avait de la fortune publique et de la fortune des particuliers... »

La Commission commença ses investigations le 8 septembre, mais elle dut les suspendre après une vingtaine de jours seulement, sur ordre supérieur. Cependant, la collection des procès-verbaux formait déjà un recueil de 127 pages, et il faudrait y ajouter le rapport de Flandin de 52 pages [63]. Nous ne pourrons donc signaler que quelques-uns des faits les plus importants mis en lumière.

Ainsi, le 8 septembre, la Commission au complet se transporta dans les caves de la Casbah où étaient entreposés les trésors. Elle y convoqua Firino et deux fonctionnaires algériens qui assistaient le khaznadji chaque fois qu'il pénétrait dans les caves ; ces deux hommes connaissaient parfaitement les lieux, la répartition des espèces et des lingots dans les différentes chambres. La Commission avait invité aussi le capitaine du génie Guy, aide de camp de Clauzel. Les caves étaient vides, mais on voyait très distinctement, sur les murs et sur le sol, les traces des caisses qui y avaient été entreposées, parfois depuis des décennies. Le capitaine Guy procéda alors à un premier calcul de cubage d'un caveau qui avait contenu des piastres d'Espagne, selon les deux fonctionnaires algériens :

« Les calculs faits, écrit Flandin, (Guy) nous dit que (le cubage) donnait environ quatorze millions, déduction faite des vides, des interstices, qui se trouvent toujours dans un amas de pièces monnayées.

« Ce résultat connu, j'interpellai M. Firino ; je lui dis : "Vous avez dû trouver dans ce caveau, Monsieur, environ quatorze millions...

- Eh ! oui, Monsieur, me répondit-il, on y a trouvé quatorze millions...

- *Ab uno disce omnes,* répliquai-je ; vous voyez, Monsieur, que les indications verbales et matérielles sur lesquelles je fais procéder ne sont pas trompeuses..." [64]. »

Comprenant à quoi voulait en venir Flandin, Firino refusa dès lors de répondre à ses questions. L'opération de cubage se poursuivit néanmoins. Il en résulta que le volume occupé dans les caves par l'or, en lingots et en pièces, était de 4,467 m³, celui de l'argent de 34,464 m³. Si ces volumes avaient été occupés par des masses solides de chacune des matières, cela eût représenté plus de 300 millions de francs. « Mais, souligne Flandin, il a fallu tenir compte des interstices, des vides qui existent toujours dans une réunion de pièces détachées, de corps multiples (...). En déduisant 40 % pour la différence du plein au vide, et 10 % pour l'alliage des monnaies, on ferait une large part à *l'inconnu.* Le résultat a donc été que le nombre de mètres cubes qui étaient remplis d'espèces monnayées d'or et d'argent représentait, toute compensation prise, *au-delà de 150 millions...* » [65]. Ce chiffre correspondait aux évaluations les plus sûres connues.

La Commission interrogea de nombreux témoins. « Deux hommes, les sieurs Bakri et Durand (sic), juifs algériens, avaient été désignés à la commission d'enquête comme sachant bien ce qui s'était passé lors de la prise de possession des trésors d'Alger, comme ayant eu avec les sieurs Denniée, Firino, et d'autres agents, des rapports qu'elle était en droit de suspecter. Cela reconnu, M. Flandin proposa de mander ces deux individus devant la commission, ils y parurent. (...) Des questions nettes, précises, leur furent adressées ; ils hésitaient à y répondre ; ils allaient parler, dire peut-être d'accablantes vérités... mais ils étaient placés à côté de deux membres de la commission (...) opposés à toute information. Un mouvement eut lieu... ces hommes déclarèrent ne rien savoir !... » [66].

Plusieurs témoins dignes de foi avaient déposé devant la Commission que vingt-huit grandes caisses remplies d'or avaient été expédiées sur Gibraltar. Le 17 septembre, la Commission écrivait au général Clauzel : « La commission saisit cette occasion (la dénonciation de l'envoi sur Gibraltar) pour vous dire que si, *comme on le soupçonne, des sommes considérables ont été distraites des trésors de la Casbah par divers individus appartenant à l'armée,* ces individus auront tenté de les mettre à couvert en les expédiant ou faisant expédier sur des places étrangères. En conséquence elle pense qu'il y a urgence de faire, par l'intermédiaire de la police de France, et par celle locale des ambassadeurs et consuls français, dans ces places, les recherches les plus secrètes, les informations les plus exactes. La commission pense que ces places sont : Cadix, Gibraltar, Palma, Mahon, Livourne, Gênes, Naples, Malte, Carthagène ; et, en France, Toulon, Marseille, Lyon, Paris, etc. » [67].

Dans une autre lettre, datée du même jour, adressée également au général en chef, la Commission disait « qu'elle était informée que des dépôts d'objets précieux et d'argent ont été faits chez les consuls étrangers, à Alger, notamment chez ceux d'Angleterre, de Danemark, de Sardaigne, par des individus appartenant à l'armée » [67].

Cette dernière révélation fut connue d'un haut fonctionnaire, Genty de Bussy, qui écrivait, le 18 septembre, au ministère : « (La commission) pouvait pousser plus loin ses investigations. Elle devait leur donner un éclat qui aurait peut-être déterminé quelques consuls timorés à déclarer les dépôts qu'ils ont reçus et conservent encore. Car c'est là où doit se trouver une grande partie des trésors enlevés à la Casauba. Les consuls d'Angleterre, de Danemark et de Sardaigne me paraissent ici les plus forts dépositaires... »[68]. Il faut souligner que Genty de Bussy, qui n'appartenait pas à la commission, fut informé par d'autres sources.

Une autre déposition mit en cause la maison Seillière et son agent principal à Alger, Schneider. Un navire de cette maison quitta Alger, fin juillet, avec à son bord environ vingt-cinq millions en quadruples d'Espagne. Seillière veillait personnellement au bon déroulement du voyage. Quand le navire arriva devant Marseille, où le négociant avait une succursale, on aperçut des drapeaux tricolores sur les bâtiments de la ville : la révolution de Juillet était en cours. Le bateau vira de bord et mit le cap sur Nice. Le précieux chargement y fut débarqué et réparti par fractions entre plusieurs « soustraitants », qui le rapportèrent ultérieurement à Marseille, moyennant une commission. Mais il y eut des indiscrétions, et les services du ministère des Finances intervinrent. Ce fut ainsi que le général Clauzel apprit l'existence d'un détournement de 10 millions, somme récupérée sur les 25 millions à la date du 27 août. De son côté, le ministre des Finances, le baron Louis, devait porter des accusations graves du haut de la tribune de la Chambre des députés, le 18 septembre : « L'expédition d'Alger, dit-il, a produit cinquante-cinq millions et couvrira à peu près les frais de la guerre. *On doit à l'improbité des agents, de quelques agents, que le trésor n'ait produit fort au-delà de cinquante-cinq millions...* »[69]. Les « quelques agents » visés étaient ceux qui prirent possession du Trésor, c'est-à-dire Denniée et Firino et quelques comparses.

A Alger, la Commission d'enquête fit une perquisition au domicile de Schneider : elle n'y découvrit, bien entendu, aucun document compromettant. Cependant, pressé de questions, l'agent de Seillière reconnut l'envoi de... un million et demi seulement qui, prétendit-il, provenaient des fonds à lui remis par les proscrits turcs contre des lettres de change !

Comme on le voit d'après ces quelques faits, la Commission était sur la bonne voie pour retrouver les sommes détournées et les auteurs du délit. Mais, le 22 septembre, soit cinq jours après l'envoi des lettres citées ci-dessus, coup de théâtre : un ordre impératif du général en chef suspendit les investigations de la Commission ! Il est certain que le général Clauzel ne prit pas l'initiative d'arrêter ces investigations, mais qu'il obéit à un ordre, et un tel ordre ne pouvait venir que du sommet, c'est-à-dire de Louis-Philippe lui-même. Comment expliquer ce revirement ?

Comme on pouvait s'y attendre, les archives sont muettes sur ce point. Mais il est possible d'en donner une explication plausible.

Dans un premier mouvement, pendant la période d'anarchie et d'incertitude qui va de fin juillet jusqu'à la mi-septembre, Louis-Philippe, informé des détournements et désespérant de récupérer les sommes soustraites, pensa utiliser ces vols à des fins politiques : on vilipenda l'ancien régime, accusé de corruption, d'où la publicité donnée aux rumeurs et aux dénonciations de pillages et de spoliation, et à la formation de la Commission d'enquête. Puis, au fil des semaines, tandis que le nouveau pouvoir se consolidait, des renseignements de plus en plus précis parvenaient à Louis-Philippe, notamment par la Commission d'enquête. La récupération de l'or détourné cessait d'être un rêve chimérique... De leur côté, Denniée et Firino hésitèrent longtemps avant de se décider à se soumettre au nouveau régime, redoutant un retournement de la situation politique qui pouvait balayer la branche cadette des Bourbons, après avoir écarté l'aînée, et, peut-être amener la République. Lorsqu'il apparut clairement que le parti orléaniste tenait bien les rênes du pouvoir, avec l'appui notamment de l'Angleterre, il devint urgent pour les deux hommes de se rallier et de négocier au mieux de leurs intérêts les renseignements en leur possession. Au surplus, les sommes détournées, ayant quitté Alger pour des places étrangères, ne pouvaient plus être récupérées par des particuliers : il fallait l'intervention et le poids de l'État pour les reprendre des mains des intermédiaires étrangers. Il y eut peut-être un peu de patriotisme dans la collaboration de Denniée et Firino avec Louis-Philippe. Mais ils n'oublièrent pas leurs « intérêts matériels », comme on le verra plus loin, dès lors qu'ils comprirent que le « roi des Français » ne recherchait pas le trésor pour le verser à la fortune publique, mais pour se l'approprier.

A l'appui de cette explication, qui, en l'absence de documents positifs, reste une hypothèse de travail, on peut néanmoins produire deux faits très importants. Le baron Denniée, après avoir purgé sa quarantaine au lazaret de Marseille, fut appelé à Paris où il resta jusqu'en mars 1831 pratiquement sous surveillance policière. Puis il obtint, contre toute attente, le poste d'intendant de l'armée des Alpes qu'il conservera jusqu'à sa mort ! La carrière de Firino connut un miracle similaire : destitué le 1er septembre, retenu à Alger contre son gré jusqu'en novembre, il regagna Paris. Puis, après quelques mois d'une activité mystérieuse, il fut réhabilité de la manière la plus éclatante. L'armée du Nord venait d'être constituée sous les ordres du maréchal Gérard, pour aller prendre position sur les frontières des Pays-Bas. Et ce fut le directeur du *Mouvement des Fonds,* au ministère des Finances, qui proposa au ministre de la Guerre la nomination de Firino comme payeur général de l'Armée du Nord !

Les raisons invoquées par le directeur du Mouvement des Fonds ne manquent pas d'intérêt : « A votre arrivée au Ministère, écrivait-il au ministre, des bruits fâcheux, répétés par les journaux, mais dont on ne pouvait vérifier la réalité, provoquèrent de votre part des mesures de sévérité envers les agents employés à l'armée. Vous approuverez, sans doute, que ces hommes irréprochables trouvent ici un témoignage de votre justice à leur égard... » [70]. Ces agents suspectés (il s'agissait principalement de Firino et Denniée), étaient devenus *irréprochables* soudain par la grâce d'un ordre du jour du général Clauzel qui, se fondant sur les conclusions de la Commission d'enquête, les avait « blanchis ». Or les conclusions de la Commission furent, à tout le moins, hâtives et partiales...

Après l'ordre de suspension des investigations de la Commission, Flandin rédigea un rapport sur l'ensemble des travaux. Daté du 30 septembre, ce rapport fut adopté à l'unanimité des membres de la Commission. En conclusion, Flandin estima qu'il y avait « de graves présomptions de soustractions » dans le Trésor. Dans la lettre d'envoi du rapport au général en chef, la Commission « déclare qu'elle regrette de ne pouvoir dire, vu le peu de temps (dix-huit jours) qu'il lui a été permis de donner à ses investigations : *Là sont les millions que l'on peut croire avoir été soustraits à la fortune publique, qu'elle ne peut qu'ajouter de graves présomptions, une série de preuves morales aux soupçons qui avaient fait croire à la nécessité de sa création...* » [71].

A la lecture des conclusions de Flandin, il y eut des remous au sein de la Commission, comme l'a rapporté le sous-intendant : « Mon rapport fut accepté à l'unanimité, après deux observations dont, séance tenante, et les procès-verbaux à la main, je fis bonne justice en prouvant la rigoureuse exactitude de ma rédaction.

« Cet incident vidé, je lus les conclusions du rapport : elles étaient la conséquence logique et rationnelle, mais par cela même elles étaient accusatrices.

« Alors quatre membres sur sept *, formant la majorité de la commission, refusèrent ces conclusions ; ils voulurent en présenter d'autres. Ils ne le firent pas séance tenante, et les procès-verbaux sous les yeux ; non, cela leur eût imposé la vérité, la justice. Il fut donc décidé par cette majorité que copie de mes conclusions leur serait donnée, et que *chacun de ses membres élaborerait, d'après elles, telles conclusions qu'il leur plairait d'opposer aux miennes.* Ces conclusions mentaient aux faits, aux actes, à toutes les circonstances recueillies par la commission... » [72].

---

* Aux cinq membres nommés le 4 septembre furent adjoints le général Cassan et le responsable de la Douane, Descalonne.

Les quatre membres formant majorité, le général Delort, chef de l'état-major de Clauzel, l'inspecteur général des Finances Fougeroux, Descalonne et Cadet de Vaux, adressèrent donc leurs propres conclusions, qu'ils furent les seuls à signer (le général Cassan, le magistrat Pillaut-Debbit et Flandin ne s'y associant pas). Par souci d'objectivité, nous en publions le texte en annexe. Nous ne ferons qu'une seule remarque :

Pour étayer sa thèse selon laquelle « il n'y a eu aucun détournement de fonds, aucune dilapidation du Trésor », la majorité s'appuyait sur deux faits : 1°) il n'existait aucun document authentique qui pouvait « conduire à reconnaître que le Trésor (...) dût contenir une somme plus considérable que celle dont l'existence a été constatée » par la Commission de Finances ; 2°) « il ne s'est pas trouvé un seul individu déclarant avoir vu, *pendant le transport de la Casauba à la Marine des fonds et valeurs expédiées en France,* la moindre somme déviée de sa destination ».

Sur le premier point, nous avons déjà montré que le ministre des Finances algérien faisait tenir ses registres de recettes et de dépenses avec une extrême rigueur. Seul le registre des dépenses a été conservé ; celui des recettes fut saisi dans la nuit du 4 au 5 juillet, puis détruit probablement.

Quant au second point, est-il besoin d'insister ? Les fonds qui furent transportés de la Casbah à la Marine étaient évidemment la *partie officielle,* c'est-à-dire les 48 millions (en fait 43 puisque 5 millions furent gardés à Alger pour les besoins de l'armée). Ces transports s'effectuèrent au grand jour, avec un grand concours de soldats de toutes les armes et en présence d'une foule de badauds. Les fonds soustraits furent non moins évidemment transportés dans le plus complet secret et de nuit ! Ainsi les deux arguments invoqués par la majorité de la Commission s'écroulent d'eux-mêmes. Et cette majorité passa sous silence les nombreuses dépositions faisant état d'envois clandestins à l'étranger, le recel de sommes importantes par les consuls, etc.

Ce fut donc sur la base des conclusions de la majorité de quatre membres sur sept de la Commission que le général Clauzel se hâta de publier un ordre du jour, le 22 octobre, où il affirmait : « Le général en chef éprouve une grande satisfaction en faisant part à l'armée du résultat de l'enquête faite à Alger sur le prétendu pillage des trésors de la Kasbah.

« La déclaration expresse de la Commission (sic) est que rien n'a été détourné des trésors de la Kasbah et qu'il a tourné au contraire tout entier au profit du trésor de France.

« La Commission a reconnu qu'on avait pris à la Kasbah quelques effets et quelques bijoux abandonnés par le Dey et par des officiers de sa maison et dont une partie avait déjà été prise par des Maures et des Juifs ; c'est affligeant, sans doute, mais il est consolant pour le général en chef d'avoir acquis la certitude que des soldats, des sous-officiers, des officiers de troupes et d'état-major ont remis au payeur des bijoux trouvés au milieu des hardes (sic) et des meubles en désordre.

« Il a été commis aussi des désordres dans quelques maisons particulières par des hommes déshonorés, comme il s'en glisse toujours quelques-uns dans les armées.

« En masse, l'armée n'a aucun reproche à se faire. C'est une assurance que le général en chef aime à lui donner, qu'il aime aussi à donner à la France.

« Les hommes qui ont pu s'avilir par des désordres particuliers, on les livre aux remords qui les poursuivent et les poursuivront sans cesse, et à la crainte non moins poignante d'être comme ils le seront successivement reconnus un peu plus tôt, un peu plus tard, pour les auteurs d'actions criminelles *(barré)* coupables, qui avaient donné lieu de supposer que le trésor public avait été pillé par l'armée » [73].

L'affaire du détournement était ainsi virtuellement terminée par un « non-lieu » général (ou presque). Les quatre membres de la Commission d'enquête qui avaient élaboré de si judicieuses conclusions, furent très rapidement récompensés : en effet, dans le nouveau comité de gouvernement créé par Clauzel, le 16 octobre, présidé par l'intendant Volland, Fougeroux reçut la direction des Finances, Cadet de Vaux celle de l'Intérieur, Descalonne devint lieutenant-général de police, le général Delort continuant à diriger l'état-major général. Quant aux trois « mauvais » membres, le général Cassan, déjà âgé, fut renvoyé en France et mis à la retraite ; le magistrat Pillaut-Debbit n'eut plus aucun poste sous la Monarchie de Juillet, et Flandin, dont nous reparlerons, sera expédié en Morée, avant de subir les poursuites de la justice louis-philipparde...

Que Flandin ait pu être scandalisé par l'étouffement de la Commission d'enquête, cela pourrait, à la rigueur, s'expliquer par le dépit. Mais il se trouve que d'autres personnes, dont des membres du gouvernement, ne crurent pas à la sincérité des conclusions de la majorité de la Commission, ni à l'ordre du jour de Clauzel. Nous ne citerons que trois documents pour prouver l'incrédulité d'hommes associés au pouvoir, mais qui ne furent pas mis dans le secret de l'affaire du trésor d'Alger.

Voici d'abord une lettre du maréchal Soult, duc de Dalmatie, devenu ministre de la Guerre. Ce soldat d'une probité incontestable écrivait au général Berthezène, qui avait remplacé Clauzel au commandement en chef des troupes à Alger : « Monsieur le Général, d'après des renseignements qui me sont parvenus, il paraîtrait que l'opinion serait répandue à Alger qu'une partie des trésors soustraits à la Kasbah, aurait été déposée chez les consuls étrangers et particulièrement chez ceux d'Angleterre, de Danemark et de Sardaigne. Vous voudrez bien faire en sorte de vous procurer des renseignements certains à cet égard et me les transmettre » [74]. Cette lettre est datée du 11 février 1831, c'est-à-dire à peine trois mois et demi après la clôture de l'enquête et la publication de l'ordre du jour lavant de tout soupçon l'armée. Or on donna une grande publicité à ces documents... émanant du ministère de la Guerre. Le maréchal Soult eût donc été le seul homme en France à ignorer qu'il n'y avait jamais eu de détournement à la Casbah, comme l'avait « prouvé » la commission d'enquête nommée par son prédécesseur immédiat ! Le ministre de la Guerre aggravait encore son cas : dans sa lettre, il parlait positivement « des trésors soustraits à la Kasbah » ; ce qui le tracassait, c'était simplement de savoir si l'on avait effectivement déposé une partie de ces trésors chez des consuls. Il ne doutait pas un instant de la réalité des soustractions...

Le deuxième document est encore une lettre du chef d'état-major de Berthezène, en réponse à un précédent courrier adressé par le maréchal Soult au général : « Le général en chef (Berthezène) a reçu avec la lettre que vous lui avez adressée le 21 janvier dernier, la déposition du sieur Calise relativement à une masse d'or semblable à une meule de moulin qui aurait existé à la Kasbah. Cette prétendue meule, qui a été l'objet de longues recherches lors de la prise d'Alger, dont la Commission d'enquête s'est occupée pendant plusieurs séances, est un lingot de forme circulaire d'un assez grand volume, qui a été inventorié et envoyé en France avec le reste du trésor » [75].

Passons sur le scepticisme tenace du duc de Dalmatie que révèle encore ce document. Mais le ministre de la Guerre, qui semble avoir reçu des renseignements précis, avait bien raison d'être sceptique. Contrairement à ce que lui écrivait le chef d'état-major de Berthezène, qui n'avait sans doute pas lu les procès-verbaux de la Commission de Finances, celle-ci n'expédia en France aucun « lingot d'or de forme circulaire d'un assez grand volume ». Le seul lingot qu'elle ait adressé au Trésor de France figure au procès-verbal du 14 juillet, dans le bordereau d'expédition remis au capitaine du *Marengo :* ce lingot était renfermé « dans un sac cacheté et pesait net quarante-quatre kilos ». Cette description ne correspond pas très bien à celle du lingot « semblable à une meule de moulin » dont s'inquiétait le maréchal Soult. Par contre, nous avons trouvé la trace d'un lingot qui semble mieux répondre aux caractéristiques du mystérieux morceau d'or. Cette trace figure dans le rapport d'enquête du préfet de police Piétri : un ancien technicien de la Monnaie de Paris, Angot, qui eut sous les yeux tous les procès-verbaux de la fonte des trésors provenant de la Casbah, se souvenait bien encore en 1852 d'un lingot d'or de 80 kilos (voir Rapport Piétri publié en annexe). Comme le secret de la pierre philosophale ne semble pas avoir été connu des membres de la Commission de Finances, ni de nous-même, explique qui pourra ce prodige d'un lingot de 44 kilos qui double pratiquement de poids entre les caves de la Casbah et les quais de la Seine...

Le troisième document qui montre le peu de crédit que certaines autorités gouvernementales accordèrent à l'absolution prononcée par Clauzel, émane de Savary, duc de Rovigo. Ce personnage, policier dans l'âme, nommé commandant en chef à Alger, ainsi qu'on l'a dit plus haut, écrivait au ministre de la Guerre, le 15 septembre 1832, soit près de deux ans après la clôture de l'enquête ordonnée par Clauzel : « Avant d'avoir connaissance des rapports relatifs à M. Solle, j'avais mandé cet employé pour en obtenir des renseignements sur le transport en France du Trésor de la Casbah auquel il a pris part. Je l'y attends d'un jour à l'autre. Il aurait été chargé de remettre aussi à diverses personnes que j'indiquerai à Votre Excellence des sommes qu'on porte à plusieurs millions » [76].

Solle était en effet payeur adjoint dans le corps expéditionnaire. Ce fut sous sa surveillance, comme l'indique expressément le procès-verbal de la Commission de Finances du 14 juillet, que l'on embarqua la cargaison d'or et d'argent sur le *Marengo ;* ce procédé est, à tout le moins, surprenant car, traditionnellement, les chargements sont toujours sous la responsabilité du commandant du navire transporteur. Pourquoi ce traitement de faveur ?

A la suite de sa lettre au ministre de la Guerre, qui savait désormais à quoi s'en tenir au sujet des trésors d'Alger, Savary reçut une réponse le 6 octobre « relative à M. Solle ». Nous n'avons pu la retrouver. Le fait est que le commandant en chef crut devoir disculper l'ancien payeur adjoint, dans une nouvelle missive au maréchal Soult où il proclamait : « Je l'interrogeai après lui (Solle) avoir demandé serment de dire la vérité. Il le fit avec un accent qui fit disparaître les soupçons que j'avais conçus... » [77]. Quand on connaît la méfiance maladive de Savary à l'endroit des « déclarations de vérité », on ne peut qu'admirer ce brusque accès de confiance dans la parole des hommes...

Les quelques documents produits ci-dessus (il en existe beaucoup d'autres) auront donc montré que, même dans les allées du pouvoir louis-philippard, on doutait fortement de la véracité des conclusions officielles de l'enquête sur le Trésor d'Alger. Un homme, le sous-intendant Flandin, allait s'acharner pendant plus de vingt ans pour faire éclater la vérité.

Flandin, justicier et maître chanteur

Mieux placé que quiconque pour savoir combien les soupçons de détournement étaient fondés, Flandin ne se résigna pas au silence imposé à tant d'autres. Pendant des années, il poursuivit l'enquête, un peu pour son compte personnel, recueillant témoignages et collationnant des preuves sur le détournement. Dans un premier temps, croyant que Louis-Philippe était totalement étranger à l'affaire, il se servit de ses informations pour faire chanter quelques individus, Denniée et Firino notamment. Lorsqu'il comprit que le roi avait réussi à récupérer la plus grande partie des trésors détournés grâce aux deux anciens membres de la Commission de Finances, qui, de ce fait, bénéficiaient désormais de la plus haute protection, il était trop tard. Poursuivi pour dénonciation calomnieuse, Flandin sera condamné... Ruminant sa vengeance, il attendit le renversement de la famille d'Orléans, en 1848, pour relancer l'affaire publiquement. Ce fut à son instigation que le gouvernement de Napoléon III ordonna une nouvelle enquête, en 1852. Confiée au préfet de police Piétri, cette enquête, menée sur des bases plus solides et par des enquêteurs professionnels, conclut au détournement d'au moins 80 millions de francs, dont Louis-Philippe reçut la presque totalité. Entre-temps, Flandin eut bien des démêlés avec le pouvoir.

Immédiatement après la publication de l'ordre du jour de Clauzel, le 22 octobre, Flandin écrivit aux ministres de la Guerre et des Finances pour demander que l'enquête fût reprise par les tribunaux, ajoutant qu'il avait « recueilli de nouveaux faits postérieurement à la clôture, par voie de suspension, des recherches de la commission ». Devenu trop embarrassant à Alger, on le renvoya en France, fin octobre.

A Marseille, puis à Paris, Flandin ne cessa de harceler les ministres. Ce fut alors qu'il fut contacté par deux individus : le secrétaire particulier de Bourmont, Fourmont, et Schneider jeune, frère de l'agent principal de la maison Seillière à Alger. Ils lui offrirent une somme de 300 000 francs s'il acceptait d'arrêter ses démarches pour provoquer une reprise de l'enquête. Le marché fut conclu et Flandin empocha 40 000 francs « payés par la Banque, en deux mandats de 20 000 francs crédités par la maison Seillières ». Le reste de la somme devait suivre... Mais Flandin, quoique simple sous-intendant, fut promu opportunément intendant en chef de l'armée de Morée ! Il fallut le contraindre presque manu militari pour qu'il rejoigne son affectation.

Après avoir attendu quelque temps, et constatant que le solde des 300 000 francs n'avait pas été versé par ses « débiteurs », Flandin reprit de plus belle ses attaques. Il écrivit au maréchal Soult pour lui annoncer qu'il allait faire paraître un livre retraçant l'historique de l'« affaire du détournement ». Comme le ministre de la Guerre ne lui répondait pas, il s'adressa au directeur de l'Administration au ministère. Dans sa lettre, il exigeait qu'on lui décernât le brevet d'intendant et ajoutait : « Voici donc mon ultimatum. Je publierai cela *(l'historique de l'enquête)* si l'on ne change de suite en définitif le provisoire que j'exerce. Dix-sept ans de première classe m'y donnent droit. On y ajoutera un peu d'or et une rosette à ma croix... Ceci est très sérieux, je le confie à votre amitié, à votre prudence. Je puis parler ou me taire, agir ou rester inactif... Surtout, point de délai, de promesses vagues... Il me faut du positif et de suite. » [78]. Un tel langage n'eût jamais été toléré par un gouvernement de la part d'un officier subalterne, si ce gouvernement n'avait pas à redouter des éclats. Aucune sanction ne fut donc prise contre le sous-intendant ! On imagina une sombre histoire de malversation dans les fournitures achetées pour l'armée de Morée, compromettant Flandin. Mais celui-ci n'était pas un enfant de chœur et ne se laissa pas prendre au piège. Tombé malade, il demanda un congé et revint à Paris en juin 1832. Pendant près d'un an, il ne s'occupa que de sa santé.

Au début de juin 1833, il fut reçu en audience par le maréchal Soult à qui il « narra toute cette mystérieuse et sale affaire de la prise de possession des trésors d'Alger et (lui dit) les intrigues, les offres d'argent (de Fourmont et Schneider), tout enfin... » [79]. Alors le maréchal lui répondit : « Puisque les choses se sont passées ainsi, je ne vous retiens plus, publiez votre historique de l'enquête d'Alger... tant pis pour ceux sur qui tombera le scandale... » [79]. Le maréchal ignorait, tout comme Flandin, à ce moment-là, l'implication de Louis-Philippe.

Mais avant de se lancer dans l'édition de sa brochure explosive, le sous-intendant s'adressa au ministre de l'Intérieur, le comte d'Argout : il espérait, peut-être, que ce ministre, plus proche du roi que ne l'était le duc de Dalmatie, serait plus sensible au risque de scandale, et l'aiderait, par conséquent, à obtenir le paiement du solde des 300 000 francs promis. Contre l'attente de Flandin, le comte d'Argout l'invita tout simplement à lui remettre les pièces accusatrices en sa possession ! Le sous-intendant refusa bien entendu. Muni de la lettre du ministre, il alla voir Me Péan de Saint-Gilles, notaire de Denniée : il menaça de « tout dévoiler », si on ne le « mettait pas dans l'impuissance d'agir », autrement dit, si on ne lui payait pas son silence. Une démarche similaire fut faite auprès de Firino par l'intermédiaire d'un avocat de Marseille. Mais les deux anciens membres de la Commission de Finances n'avaient plus rien à craindre : leur cause se confondait avec celle de Louis-Philippe, ce que ne savait pas encore Flandin. Ils lui opposèrent donc une fin de non-recevoir.

Le sous-intendant, ne doutant de rien, décida alors de frapper un grand coup : il sollicita une audience particulière de Louis-Philippe, le roi... la lui accorda. Un privilège aussi rare, accordé à un « sous-fifre », a de quoi étonner ! Le 8 juillet 1833, Flandin fut donc admis dans le cabinet du souverain. Voici le récit qu'il en a fait :

« Je lui fis le narré de toute cette affaire (du détournement) ; je lui dis que « j'avais dans mon portefeuille la preuve officielle que des remises considérables en lingots avaient été faites d'Angleterre à plusieurs maisons de banque de Paris ».

« Louis-Philippe me répondit (et ce sont les seules paroles qui soient sorties de sa bouche pendant cette longue audience) : « Ah ! oui, il y a ces six ou sept millions qui sont arrivés à Nice. » A quoi je répliquai : « Que sont ces six à sept millions à côté des sommes bien autrement considérables qui sont, je le répète, arrivées à Paris d'Angleterre, provenant des trésors d'Alger ? J'en ai la preuve dans mon portefeuille. »

« Cette réplique fut reçue par un silence absolu.

« Enfin, on vint avertir Louis-Philippe que le conseil des ministres était assemblé, et qu'il attendait. Il se leva et me dit :

« M. Flandin, je n'oublierai rien de tout ce que vous m'avez dit, et quand le maréchal Soult sera de retour, nous arrangerons tout cela. »

« Je lui demandai la permission de résumer dans une note tout ce que je lui avais dit sur cette affaire des trésors d'Alger, et de la lui envoyer. Il me répondit : « Vous me ferez plaisir ; envoyez-la moi. » [80].

Flandin rédigea, en effet, une *Note secrète* qui fut remise au roi. Celui-ci la transmit immédiatement au ministre de l'Intérieur, d'Argoult, qui convoqua le sous-intendant : « Monsieur, lui dit-il dans son cabinet, le roi est très mécontent de ce que, dans une lettre et une note que vous lui avez envoyées, vous avez dit que, si l'on ne vous donnait pas de l'argent, vous ne garderiez pas le silence sur les affaires d'Alger. »

Fallait-il que Flandin fût sûr de son « coup » pour avoir eu, en effet, l'incroyable audace d'exiger de Louis-Philippe : 1°) que la recette générale des Bouches-du-Rhône fût retirée à Firino et donnée à une personne que le sous-intendant désignerait lui-même ; 2°) que le brevet d'intendant lui fût délivré immédiatement ; 3°) qu'on lui attribue une place de maître des Requêtes et une place d'auditeur au Conseil d'État pour son fils ; 5°) qu'on lui verse 100 000 francs sur les fonds secrets ! Une telle insolence eût conduit n'importe qui devant les tribunaux pour outrage au chef de l'État. Mais le roi et ses conseillers intimes, qui savaient que Flandin ne parlait pas en l'air et avait mis en lieu sûr les documents accusateurs, choisirent une procédure détournée pour faire taire l'importun. Sa *Note secrète* et sa lettre furent adressées au procureur du roi : le juge d'instruction Zangiacomi entreprit aussitôt une procédure contre les « spoliateurs du trésor d'Alger » nommés par Flandin dans les documents envoyés à Louis-Philippe. Il dressa un réquisitoire, le 8 août 1833, contre Denniée, Firino, Tholozé, Seillière et les banquiers Haguermann, de Paris, et Heath, de Londres, soupçonnés d'avoir participé au détournement ou à la récupération de sommes soustraites.

La Justice, sous la Monarchie de Juillet, fut, comme on le sait, particulièrement habile pour fabriquer des procès truqués. L'affaire Flandin ne manqua pas à la règle.

Cependant, avant que le juge Zangiacomi n'entame véritablement son instruction, Flandin reçut une étrange visite : « Le 14 (août 1833), (...) un homme que j'ai nommé en justice, dont j'ai imprimé le nom, un ancien receveur général, avec lequel j'avais beaucoup parlé de l'affaire des trésors d'Alger, vint me voir et me dire, que *si je voulais ne faire aucune déposition, et ne remettre aucune pièce, on me donnerait SIX CENT MILLE FRANCS.*

« C'était le double de ce que le sieur Fourmont, ancien secrétaire de M. de Bourmont, et le sieur Schneider jeune, agent de la maison Seillières, étaient venus m'offrir en 1830, à mon retour d'Alger, *pour que je ne demandasse pas à M. le garde des sceaux la reprise de l'enquête suspendue à Alger :* Ce fait est déclaré dans la déposition de M. Caze, ancien secrétaire du gouvernement d'Alger sous M. le maréchal Clauzel.

« Je refusai cette offre qui m'eût réalisé au-delà de 30 000 de rente... en portefeuille.

« Le lendemain je fus informer M. Zangiacomi... qui sans doute, rendit compte de mon refus... de mon refus qui contrariait ceux qui ne s'y étaient pas attendus.

« Et, trois jours après, ce magistrat m'invita à me rendre dans son cabinet. Là, il me dit qu'*il avait reçu l'ordre de commencer l'information...* » [81].

Il serait fastidieux d'entrer dans le détail de l'instruction (se reporter aux ouvrages de Flandin cités en bibliographie et aux minutes de la procédure publiées en annexe). Ce qui est certain, c'est que la plupart des témoins cités par le sous-intendant ne furent pas entendus. Par contre, des dépositions « spontanées » vinrent témoigner de l'honnêteté inattaquable de Denniée et de Firino (le général Tholozé fut toujours exclu des accusations de Flandin). Une ordonnance prononcée par la cour royale, le 3 août 1834, déclara qu'« il n'y avait pas lieu à suivre sur la plainte de Flandin contre MM. Denniée et Firino ».

Ce jugement ne satisfit pas, naturellement, le sous-intendant : « Je me devais, je devais à ma famille, je devais à quarante ans de fonctions publiques (...) de repousser cette accusation de calomnie d'où on la faisait sortir. Pour cela je fis insérer dans *(la Tribune)* un article dans lequel je disais : « Une ordonnance de non-lieu rendue au profit des hommes que j'ai accusés d'avoir effectué des soustractions considérables lors de la prise de possession, par eux, des trésors d'Alger, a dit qu'aucun des faits imputés n'était prouvé par l'information, que tous étaient faux et calomnieux... Eh bien, je vais publier l'*historique de l'enquête* commencée à Alger et suspendue par ordre supérieur, et l'on verra si les faits suivants sont en effet calomnieux... » [82].

Flandin s'adressa à l'éditeur Plon pour la publication de son Historique. Cet éditeur, enthousiasmé par la lecture du manuscrit s'empressa d'annoncer dans plusieurs journaux la parution prochaine du fameux livre. Ce fut aussitôt l'alarme chez les personnes accusées par le sous-intendant.

« L'un des agents qui avaient été mis en prévention, le sieur Denniée, intendant militaire, a écrit Flandin, vint chez M. Plon ; il était accompagné du sieur Evrard Saint-Jean, qui avait rempli, à Alger, étant adjoint aux sous-intendants, les modestes fonctions de commis-rédacteur des procès-verbaux de la commission de finances qui avait pris possession des trésors d'Alger. *(Soit dit en passant, Evrard fit une ascension fulgurante dans la hiérarchie puisqu'il devint directeur de l'administration au ministère de la Guerre !).* J'étais venu chez cet imprimeur pour conférer de l'impression de mon manuscrit ; j'aperçus ces étranges visiteurs. Je lui dis : « Ils ne peuvent venir que pour savoir si vous allez effectivement imprimer mon historique de l'enquête d'Alger. Allez les recevoir ; je vous attends. »

« Il ne s'était pas trompé. Ces deux hommes lui demandèrent en effet s'il était vrai qu'il allât publier l'historique annoncé. Il répondit affirmativement, et, pour donner plus de poids à son affirmation, il leur parla du dédit convenu, mais non encore rendu obligatoire par un engagement écrit.

« Le sieur Denniée ne se trouvant pas assez à son aise dans une imprimerie pour traiter une affaire qui, pour lui et ses consorts, était *importante,* et que rendait délicate la direction qu'il avait besoin de lui donner, engagea le sieur Plon à venir le voir le lendemain à son hôtel, rue de la Ville l'Evêque.

« M. Plon s'y rendit. Que fut-il dit, que se passa-t-il dans cette réunion à laquelle assistait encore le sieur Evrard Saint-Jean ? Dieu seul le sait. Ce que j'en appris de M. Plon, qui vint me voir en en sortant, c'est que les sieurs Denniée et Evrard St-Jean lui avaient dit qu'*il y avait une ordonnance de non-lieu... qu'il se compromettrait s'il publiait mon historique... qu'ils l'attaqueraient...*

« Puis il ajouta : « Vous voyez bien qu'il m'est impossible de publier votre historique. »

« Je compris...

« M. Plon leur avait parlé du dédit ; il fallait le mettre en règle vis-à-vis de moi...

« Il fut donc convenu, les résultats l'ont prouvé, qu'on lui ferait, par acte extra-judiciaire, défense de publier cet historique, vu l'ordonnance de non-lieu.

« Et, en effet, peu de jours après, il m'apporta cet acte que j'ai retenu ; tout alors me fut expliqué » [83].

Après avoir empêché ainsi la publication du livre de Flandin, les anciens membres de la Commision de Finances d'Alger, auxquels s'associèrent Seillière et les banquiers Haguermann et Heath, se retournèrent contre le sous-intendant et l'attaquèrent en dénonciation calomnieuse. Le 14 février 1835, le tribunal correctionnel condamnait Flandin à un an de prison et 3 000 francs d'amende. Il se pourvut en appel, mais la cour de cassation le débouta. Cependant, et ce ne fut pas la moindre étrangeté de cette histoire, *la Justice négligea de lui signifier ses condamnations !* Ruiné, il fut mis à la retraite...

Mais ce « diable de Flandin » ne se tiendrait jamais tranquille. Car voilà qu'une lettre du capitaine Persat, ancien attaché à l'état-major général de l'armée expéditionnaire, vint réveiller ses « démons » dans sa retraite amère. Datée du 10 août 1836, cette missive apportait des renseignements nouveaux et explosifs :

« M'étant trouvé à la prise d'Alger, lui écrivait Persat, et surtout à la prise de cette fameuse Casbah, je vous *déclare* et j'*affirme* que je n'ai jamais vu de plus déshonorant et un plus dégoûtant pillage que celui fait à ladite Casbah pendant huit jours entiers.

« Deux pillages eurent lieu : le premier de l'or, de l'argent, des bijoux, etc., montant à cent millions au moins, puisqu'il n'est entré au trésor que quarante à cinquante millions, je crois.

« Le second pillage, qui n'a été toléré que pour masquer et couvrir le premier, n'était que de hardes, meubles, etc.

« Je vous déclare aussi, et je pourrais nommer bien des individus qui pourraient faire la même déclaration que moi, que M. de Bourmont père a dit à la Casbah : « Eh bien, Messieurs, nous avons ici de quoi payer les frais de la guerre, l'arriéré des vieux et braves légionnaires de l'empire, et une gratification de trois mois de solde à toute l'armée d'Afrique. »

« (...) Je ne nomme aucun des grands pillards de la Casbah, mais je les connais, et je leur promets ma protection si jamais nous pouvons nous donner un gouvernement réparateur.

« Je vous déclare aussi que j'ai vu sortir de la Casbah au moins *soixante caisses remplies d'or,* portées par des soldats du sixième régiment d'infanterie de ligne ; et ce n'est pas par le chemin de la marine que ces caisses ont passé, mais bien du côté opposé, car j'ai vu ces mêmes soldats prendre la rue qui conduit au Fort de l'Empereur. Je leur parlai, à ces soldats, et ils me dirent que toutes ces caisses étaient remplies d'or. » [84].

Cette déclaration écrite, réitérée par son auteur dans un nouveau document du 20 octobre 1848, a une valeur exceptionnelle. Le capitaine, puis commandant Persat tenait un journal intime dont l'existence était ignorée même de ses proches. Or il y avait noté les mêmes faits relatifs à la prise d'Alger. (Ce journal ne fut publié qu'en 1910, comme nous l'avons déjà signalé précédemment.) Mais ce qui mit l'esprit de Flandin en effervescence, c'est que le témoignage de Persat recoupait un autre témoignage, recueilli par le sous-intendant quelques jours après la suspension des investigations de la Commission d'enquête, à Alger.

« Un officier du 49e régiment d'infanterie de ligne, M. Pagès, écrit Flandin, retenu malade chez lui, ayant appris que l'enquête était suspendue me fit prier de me rendre auprès de lui. Je déférai à sa demande ; il me dit : « Je regrette que l'enquête soit terminée. J'avais à révéler à la commission un fait important. »

« Je lui répondis que l'enquête n'étant que suspendue, elle devrait être reprise plus tard, et que s'il avait, en effet, à faire une révélation quelconque, je la recevrais pour mémoire (...)

« Alors, M. Pagès me fit la délaration suivante :

« Dans la nuit du 6 au 7 juillet, des compagnies de mon bataillon furent relever un bataillon du 6e régiment d'infanterie de ligne. J'ai entendu des sous-officiers de ce régiment dire que deux compagnies (la 2e et celles des grenadiers) du... bataillon de ce régiment avaient été employées pendant toute la nuit précédente à transporter des charges d'espèces d'or de l'intérieur de la Casbah en dehors de la ville... » [85].

L'officier Pagès, appelé à la barre lors du procès de 1833, confirma cette déclaration, à quelques détails près. On comprend que Flandin, en recevant le témoignage de Persat, ait bondi. Il écrivit aussitôt au président du Conseil Molé, le 8 septembre 1836 - soit un an après sa condamnation !

« J'ai eu l'honneur de vous écrire il y a 7 jours pour vous demander une audience à l'effet de vous donner communication d'une pièce importante relative à la prise de possession des trésors d'Alger. (...) Je viens renouveler cette demande. Que si ma lettre ne vous avait pas fait comprendre l'urgence de l'audience que je vous prie de m'accorder, ou si vous n'étiez pas bien convaincu de l'importance de la communication que j'ai à vous faire, je vous engagerais, monsieur le Président, à consulter M. Martineau Deschênes, conseiller d'État, à qui j'ai communiqué la pièce dont il s'agit. Il vous dira son importance, le danger de sa publication, les graves inconvénients qu'elle aurait... même pour le gouvernement » [86].

Le président Molé consulta Martineau qui répondit le 22 décembre 1836 : « ... J'ai consulté mes souvenirs, je me rappelle, en effet, que M. Flandin m'a communiqué la copie d'une lettre sans m'en faire connaître le signataire, relative aux trésors d'Alger. Il m'a fort souvent entretenu de l'enlèvement d'une partie de ces trésors, d'infidélités commises. C'est malheureusement chez lui une idée fixe (sic).

« La lettre dont il a cru devoir vous entretenir n'aurait d'importance qu'en raison de la position dans laquelle se serait trouvé la personne de oui elle émane. Mais, ainsi que je l'ai dit plus haut, son nom m'est resté inconnu... » [87].

Flandin refusa, en effet, de dévoiler l'auteur de cette lettre (le commandant Persat)... pour le soustraire aux pressions du pouvoir et de la Justice. Il avait été échaudé par l'expérience du procès de 1833 au cours duquel plusieurs témoins se récusèrent « spontanément ».

Molé ne donna donc aucune suite à la démarche de Flandin, la dernière, à notre connaissance, sous le règne de Louis-Philippe. Immédiatement après la révolution de 1848, il s'adressa au gouvernement provisoire et à la Chambre des députés, et publia une *Notice sur la prise de possession des Trésors de la Régence d'Alger.* Une commission parlementaire était sur le point d'être constituée pour reprendre l'enquête de 1830. Mais le parti orléaniste, qui avait réussi à confisquer la révolution de février, étouffa le projet.

En désespoir de cause, Flandin, étrange personnage décidément, justicier et maître chanteur tout à la fois, renoua avec ses pires habitudes ! En janvier 1851, apprenant la nomination de Schneider comme ministre de l'Agriculture et du Commerce, il lui expédia une lettre des plus édifiantes :

« Le journal *Le Siècle* m'apporte, disait-il, avec le nouveau message de Monsieur le président de la République, la composition du nouveau ministère, dit ministère de transition. (...) J'y vois que le ministère du Commerce et de l'Agriculture est confié à un sieur Schneider.

« Ce nom, monsieur, m'a frappé d'étonnement, et en reportant un souvenir aux premiers jours du mois de novembre 1830, vous trouverez ma surprise toute naturelle. J'ai douté d'abord que ce nom désignât l'homme, l'agent qui, à cette époque de novembre 1830, vint chez moi, rue Blanche n° 3, en compagnie de M. Fourmont, alors secrétaire de M. le maréchal de Bourmont, et comme étant envoyé par la maison Sellière pour me dire que « si je consentais à ne pas envoyer à M. le garde des Sceaux la lettre que j'avais préparée et communiquée à M. Fourmont pour demander la reprise de l'enquête si brusquement, si audacieusement suspendue par ordre de Louis-Philippe, on me donnerait *trois cent mille* francs ! », dis-je, que le Schneider nommé à ce ministère fût le Schneider dont je viens de rappeler l'*obligeante* proposition, l'*honnête* démarche, qui ont vainement été constatées dans la procédure de 1833.

« Mais *le Siècle,* comme s'il eût prévu mon doute, a pris soin de le dissiper en expliquant votre individualité, en disant votre qualité d'industriel et de directeur, de propriétaire des mines du Creusot et d'ancien député.

« Ainsi, plus de doute, monsieur, il y a identité parfaite, indiscutable entre le Schneider, agent de la maison Sellière dont je viens de rappeler la venue chez moi... et son objet, et le Schneider qui est appelé à la direction du ministère de l'Agriculture et du Commerce ; enfin, vous êtes bien, monsieur le ministre, le Schneider qui est venu faire et confirmer la *généreuse proposition* faite alors (...)

« Cela étant, je crois devoir vous envoyer un exemplaire de la notice que j'ai préparée en 1848 (...) à l'appui de ma demande d'une enquête parlementaire sur la prise de possession des trésors d'Alger. (...) Lisez-la, monsieur, elle ne peut manquer de vous intéresser surtout à la page 19 ; lisez aussi la biographie de Louis-Philippe (de Michaud), pages 237 et 337 à 343. Elles sont d'un intérêt qui vous touchera en vous reportant à vos précédents et à ceux de feu M. votre frère, comme commis, comme agent de la maison Sellière.

« J'attendrai, monsieur, votre réponse à cette lettre et à la communication de cette notice, avant d'envoyer l'une et l'autre à Monsieur le Président de la République et à Monsieur le ministre des Finances... » [88].

Comme on le voit, Flandin n'hésita pas à recourir de nouveau au chantage. Mais, étrangement, Schneider ne porta pas plainte, il ne répondit pas non plus à l'ancien sous-intendant... qui mit à exécution ses menaces. Il lui faudra attendre un an et demi avant que le garde des Sceaux et le ministre de l'Intérieur n'ordonnent une enquête au préfet de police Piétri. Cette fois, les preuves du détournement allaient être établies officiellement et sur des bases très solides. Nous allons donc maintenant retracer brièvement le déroulement de l'opération si complexe du détournement des trésors, renvoyant pour les détails au rapport Piétri publié en annexe et aux brochures de Flandin.

Le « destin » du trésor : synthèse

Pour la clarté du récit, il faut revenir à la soirée du 4 juillet 1830. Après le retour de Bracevitch qui venait d'obtenir l'accord de Hussein sur les clauses secrètes de la capitulation, une équipe d'« interprètes » se présenta à la Casbah. Elle procéda, en compagnie du khaznadji et de ses adjoints, registres du Trésor à la main, à une vérification sommaire du contenu des caves. Celles-ci étaient composées de nombreuses chambres : dans certaines, les pièces de monnaies d'or, d'argent et de cuivre étaient assemblées en monceaux, car les services financiers algériens n'avaient pas pu ou voulu les mettre dans des sacs ou des caisses ; mais d'autres chambres étaient remplies de caisses, comme le constata la Commission d'enquête ; ces caisses ne renfermaient que de l'or en lingots ou en monnaies très fortes (quadruples d'Espagne). Des inscriptions indiquaient le montant des valeurs de chaque caisse. Grâce à ces indications, l'équipe d'« interprètes » put aisément choisir un certain nombre de caisses renfermant au total une centaine de millions. Traduits en poids d'or, les 100 millions pesaient à peu près 35 tonnes, au prix moyen de 3 000 francs le kilo d'or, à l'époque. Notons au passage que les « interprètes » pouvaient ignorer la destination occulte de cette fortune : ces hommes avaient l'habitude d'obéir aux ordres pourvu que ceux-ci émanassent indiscutablement des plus hautes autorités de l'État, ce qui était le cas.

L'opération d'évaluation et de contrôle terminée, les interprètes saisirent les registres qu'ils devaient remettre plus tard à Denniée et Firino, lesquels s'empresseront de les détruire ou de les faire disparaître de manière à rendre impossible tout contrôle ultérieur. (Seuls les registres de recettes subiront ce sort !).

Très tôt, dans la matinée du 5 juillet, un groupe de Maures et de Juifs arriva à la Casbah, conformément à un arrangement secret entre Bourmont et Bouderbah. Ce dernier avait chargé son ami et allié Hamdane Bourkaïb de réunir une quarantaine d'hommes sûrs. Leur mission : transporter les caisses d'or choisies depuis les caves jusqu'à l'atelier de la Monnaie, au second étage, et probablement dans d'autres pièces contiguës. Le « déménagement » ne dura pas plus de deux à trois heures. Dans la précipitation, une caisse tomba dans un couloir et se brisa : elle sera découverte après l'entrée officielle de l'armée, et rapportée au Trésor... délestée de quelques poignées de quadruples. Pour ce service, Bourkaïb sera nommé agha des Arabes ; ses affidés furent autorisés à emporter les effets abandonnés dans la cour par les domestiques du dey, qui prirent peur en voyant arriver les premiers soldats français. Pour les soustraire à d'éventuelles poursuites, ces employés reçurent les fameux *laisser-passer* de Bartillat.

Une fois les caisses contenant une centaine de millions d'or mises à l'écart, Bartillat installa des sentinelles de confiance dans les deux points conduisant au second étage, avec ordre d'interdire ces accès. Cette mesure rigoureuse fut justifiée sous le prétexte de préserver les biens personnels de Hussein, garantis par la capitulation. Lorsque Firino arriva à la Casbah, il ne lui restait plus qu'à vérifier que toutes les dispositions étaient en bon ordre. Le khaznadji, qui voulait quitter le palais après avoir remis les clefs au payeur général, fut contraint d'attendre l'arrivée de Bourmont et des deux autres membres de la Commission des Finances, le général Tholozé et Denniée. Un simulacre de remise officielle des clefs du Trésor eut lieu en présence de nombreux témoins. Pour la forme, la Commission visita les caves, mit les scellés aux portes, devant lesquelles elle installa un piquet de gendarmerie. A ce moment-là, il n'y avait plus qu'une cinquantaine de millions dans le Trésor, constitués par des monceaux de monnaies et très peu de caisses et de lingots.

Parmi les premières troupes qui entrèrent dans la Casbah, il y avait un détachement de sapeurs du Génie. Dans l'après-midi, ce détachement ouvrit une poterne dans l'enceinte de la citadelle, ouverture qui allait devenir la « Porte du Sahel ». Le commandement justifia cette percée par l'incommodité qui résultait de ce qu'il n'existait qu'une sortie : si l'unicité de l'issue pouvait se comprendre, dit-on, du temps du dey, qui avait à redouter les révoltes des janissaires, elle devenait insupportable pour une armée française victorieuse et sûre de sa force ! En outre, la citadelle renfermait une imposante poudrière : qu'adviendrait-il de la masse d'officiers d'état-major et des autres corps, toujours présents dans l'enceinte, en cas d'accident ?

A la tombée de la nuit du 5 juillet, un couvre-feu rigoureux fut établi sur la ville et les campements de l'armée. Puis, lorsque tout fut désert, commença une mystérieuse opération. Deux compagnies du 6e régiment d'infanterie de ligne, comme l'ont révélé l'officier Pagès du 49e et le commandant Persat, furent désignées pour une corvée spéciale, dont on ne leur révéla pas la nature, sur le moment. Toute la nuit, 160 hommes, auxquels il faut ajouter une vingtaine de bêtes de somme (chevaux et mulets) qui se trouvaient dans les écuries du dey, à l'intérieur de la Casbah, furent employés au transport des caisses renfermant les 100 millions en or, entreposées au second étage, notamment dans l'atelier de la Monnaie. (Le général Bourmont et son état-major étaient les seuls occupants de ce deuxième étage.) De cet endroit, l'itinéraire suivi par les « déménageurs » fut certainement le suivant : du deuxième on accédait au premier par un long couloir et un escalier aboutissant au niveau de la mosquée ; de là, un autre escalier conduisait au rez-de-chaussée formé par le jardin entre les écuries et la poudrière (voir plan) ; on traversait ce jardin pour arriver à la poterne ouverte dans l'après-midi ; une fois franchie l'enceinte, par cette poterne, on débouchait sur la route qui conduit au Fort l'Empereur, à environ deux cents mètres en amont de l'entrée normale de la citadelle. Ainsi, ni les gendarmes installés dans la cour du Divan, ni les sentinelles placées à l'entrée de la Casbah ne purent rien voir du manège qui dura toute la nuit.

Était-il matériellement possible de transporter 35 tonnes environ d'or de la Casbah aux consulats de Danemark, de Sardaigne et d'Angleterre (par prudence, les responsables du détournement avaient, en effet, décidé de répartir les caisses dans trois endroits) ? Les distances étaient de 2,5 km pour le consulat de Danemark, et de 3,5 km pour les consulats d'Angleterre et de Sardaigne, voisins. En comptant pour chaque bête de somme une charge de 3 quintaux, et pour chaque homme une charge d'une trentaine de kilos, correspondant à peu près au poids de l'équipement d'un soldat en campagne (fusil et munitions compris), on arrive au résultat suivant : il aurait fallu que les 160 hommes et la vingtaine de mulets et chevaux fissent quatre voyages au moins entre la Casbah et les trois consulats. Si l'on tient compte du fait que la route, à part une portion de cinq cents mètres, était plate ou en pente descendante, on voit que, entre 9 heures du soir et 6 heures du matin, l'on pouvait faire cinq voyages aller et retour, peut-être six.

Lors de son procès, Flandin demanda à l'instruction d'entendre les officiers, sous-officiers et soldats du 6e régiment. Mais le juge ne convoqua que deux officiers, lesquels apportèrent un démenti à la déposition de Pagès, le témoignage de Persat n'étant pas connu à ce moment-là. Cependant, nous pouvons apporter des preuves complémentaires pour établir que ce furent bien des hommes du 6e régiment qui s'occupèrent du transfert des caisses soustraites au Trésor.

Dans les jours qui suivirent, des soldats de ce régiment commencèrent à parler de leur fameuse corvée. Aussi, le 26 juillet, tout le 6e de ligne fut embarqué pour aller conquérir Bône ! Plus étrange encore, le commandant de ce régiment, le colonel Nouail de la Villegille, n'accompagna pas son unité : « *M. le commandant du vaisseau le Nestor,* écrivait Aubry-Bailleul à Jal, le 27 juillet, *recevra à son bord comme passager à sa table M. de la Villegille, colonel au 6e de ligne, qui se rend en France en vertu d'une autorisation du général en chef...* » [89]. Nous ajouterons, enfin, un dernier fait troublant. Lors de l'enquête de Piétri, un ancien banquier de Paris, nommé Chauvière, déclara avoir acheté des lingots d'or « provenant des pillages des trésors d'Alger [90] », à un certain général Noisel ou Loisel, qui avait pris part à l'expédition. Après avoir longuement consulté les listes des officiers de l'armée d'Afrique, nous avons trouvé un Mathurin Loisel, chirurgien major au régiment des chasseurs d'Afrique, et un Henri Voisel, capitaine-adjudant au même régiment. Ces deux officiers ne pouvaient avoir participé, de quelque manière que ce fût, aux pillages, leur régiment ayant été absent du périmètre d'Alger pendant la première semaine d'occupation. Mais si l'on veut admettre que la mémoire de Chauvière a pu être abusée sur l'orthographe d'un nom propre, qui dut lui être seulement murmuré en raison de la nature de l'opération (achat de lingots d'or de provenance douteuse), alors le Noisel ou Loisel pourrait bien être la même personne que le colonel, puis général, Nouail de la Villegille ; celui-ci n'aurait alors dit que le premier de ses noms, Nouail, prononcé Nouel...

Quoi qu'il en soit, le 6 juillet au matin, cent millions étaient déposés chez les trois consuls cités. Il s'agissait, dès lors, de les faire sortir discrètement d'Alger pour les faire acheminer vers Paris, par des voies détournées.

Le premier obstacle se trouvait à Alger même, à savoir la douane. Mais Bourmont avait tout prévu : il installa un homme de confiance à la tête de ce « service » : « M. Frossard, écrivait l'inspecteur des

Finances Fougeroux à l'intendant Volland, venu avec M. de Bourmont et très protégé de lui, s'empare, dès le 8 juillet, des douanes et des octrois. Les perceptions se faisaient en nature. On vendait de gré à gré. Nulle trace n'a été conservée des recettes qui ont eu lieu depuis cette époque jusqu'au 22 juillet que la douane, définitivement constituée, a commencé à décrire ses opérations. Les bâtiments entraient alors et sortaient sans contrôle et sans déclarations de marchandises... » Ce fait est confirmé par le général Clauzel : « Dès le lendemain de l'occupation d'Alger, quelques spéculateurs à la suite de l'armée songèrent à exploiter la douane ; ils opèrent des recettes sans écriture et sans contrôle... » [91]. Pellissier de Reynaud a également rapporté cette étonnante anomalie dans le service public [92]. La réalité qui se cachait derrière est facile à deviner : pendant cette période de désordre toléré de la douane, les caisses d'or soustraites de la Casbah purent être embarquées sans aucun contrôle sur des navires de commerce, principalement ceux de la maison Seillière ! Le nommé Frossard accepta de remplir les fonctions de chef de la douane dans ces circonstances, avec le risque de s'attirer de graves ennuis avec l'administration « normale » de France ; en compensation, il obtint d'exploiter le service comme sa propre entreprise commerciale. Bizarrement, il ne fut jamais poursuivi, bien qu'il ait été dénoncé par Fougeroux, Volland, Clauzel et, avant eux par... Firino ! En effet, lorsque les expéditions clandestines de fonds furent achevées, vers le 20 ou le 21 juillet, Frossard aurait dû cesser ses activités coupables ; mais il ne voulut pas obtempérer. Craignant alors des dénonciations au gouvernement qui pouvaient déboucher sur une enquête, Firino et Denniée se mirent à couvert en envoyant une lettre au ministre des Finances, puis en intervenant énergiquement auprès de Bourmont pour qu'il mît fin aux fonctions de Frossard...

On peut donc tenir pour certain que la plus grosse partie des fonds soustraits avait quitté Alger vers le 21 juillet. Début août, il en restait encore quelques caisses, comme l'écrivait Aubry-Bailleul à Jal : « Le général en chef est embarrassé d'un certain nombre de caisses qu'il a encore et qu'il destinait pour Mahon ; mais les nouvelles arrivées, quoiqu'elles ne lui soient pas parvenues officiellement, puisque depuis 21 jours il n'a rien reçu du ministère, l'ont mis dans l'embarras. Il fait provisoirement *rabotter* les adresses » (lettre du 12 août).

Vers quelles destinations expédia-t-on les caisses d'or ? Les journaux de l'époque se firent l'écho d'une saisie à Marseille : « M. de Bourmont a fait disparaître de la Casbah différentes sommes qu'il a fait embarquer en ballots avec l'inscription suivante : *linge sale du général en chef...* » (*Le Corsaire,* 17/8). « On a saisi à Marseille une partie du *linge sale* de M. de Bourmont : c'étaient plusieurs caisses remplies d'or et d'objets précieux » (*Le Figaro,* 18/9).

Ces saisies furent bien réelles, car la douane de Toulon, alertée, alla jusqu'à ouvrir le cercueil d'Amédée de Bourmont, décédé des suites de blessures reçues à Sidi-Ferruch. On croyait qu'« on » avait dissimulé des diamants dans la bière...

La Commission d'enquête indiqua, pour sa part, et d'après les dépositions de témoins, que les caisses avaient été dirigées sur plusieurs ports étrangers. Elle fut plus formelle au sujet de vingt-huit grandes caisses d'or envoyées à Gibraltar. Cependant, les plus grosses expéditions arrivèrent dans des ports du Royaume de Sardaigne, Nice et Gênes notamment. C'est qu'en effet, de tous les consuls européens à Alger, celui de Sardaigne, le comte Dattili, fut le plus proche des Français : de 1827 à 1830, c'est lui qui représenta les intérêts français dans la Régence. La confiance qu'il inspira à Bourmont, Denniée et Firino s'est traduite de la manière la plus inattendue dans un rapport qu'il adressa à son gouvernement le 12 juillet. A cette date, à part l'intendant en chef et le payeur général, nul ne savait le « montant officiel » des fonds trouvés dans la Casbah. Or le comte Dattili écrivait à son gouvernement : « Les dépenses de la guerre (contre Alger) sont largement payées, car on a trouvé un immense trésor évalué à 50 millions en argent, artillerie, munitions et quantité d'autres objets de valeur » [93]. Stupéfiante exactitude *officielle,* pendant que d'autres consuls et des officiers généraux jonglaient avec des centaines de millions pour évaluer le Trésor algérien !

Les fonds restèrent bloqués dans les différentes destinations où on les avait envoyés, tant que la situation intérieure en France ne se clarifia pas. Au début d'octobre 1830, reconnu par l'Angleterre où Talleyrand était arrivé le 25 septembre comme ambassadeur, le régime de Louis-Philippe sembla bien installé au pouvoir. Ce fut à peu près au même moment que Firino et Denniée décidaient de coopérer avec le nouveau roi. Presque aussitôt après, les fonds bloqués commencèrent à être acheminés d'abord vers Londres, puis vers Paris ; des fonds moins importants, déposés à Gênes et Nice, parvinrent à Marseille.

A Londres, le « collecteur » des trésors fut le banquier Heath *qui était, comme Dattili, consul général de Sardaigne en Angleterre !* Or Heath était associé avec un autre banquier de Paris, Haguermann : les deux maisons possédaient en commun un établissement de fonderie de métaux précieux dans la capitale anglaise. Haguermann faisait le commerce de l'or et de la soie avec l'Italie : il brassait donc de grandes quantités de métal jaune, et sa maison constituait, de ce fait, une « couverture » idéale pour faire rentrer discrètement les fonds soustraits des caves de la Casbah, et que son associé Heath recueillait à Londres.

A partir de la fin octobre, un trafic s'établit entre les deux maisons ainsi qu'entre Heath et d'autres banques de Paris. Les caisses d'or arrivaient par bateau jusqu'à Calais. De là elles étaient transportées à Paris par les Messageries Caillard et Laffitte. Flandin apprit par un employé de ces Messageries, un nommé Bourlon, l'existence de ces envois clandestins. Il écrivit au préfet de police de l'époque, le comte de Treilhard, en le priant de faire une enquête sur l'origine de ces fonds. Mais avant que le préfet de police ait pu aboutir à un résultat, Flandin dut gagner son poste d'intendant en chef en Morée (ce qui explique son extrême réticence, soulignée plus haut, à partir pour Modon).

Cependant, d'autres gens s'intéressaient à ces envois. Nous versons ici un document qui ne pouvait avoir été connu ni par Flandin, ni par le préfet de police Piétri. Il s'agit d'un passage d'une lettre de Talleyrand, ambassadeur à Londres, au ministre des Affaires étrangères, Horace Sébastiani. La missive est datée du 13 avril 1831 : « Je joins à cette dépêche, écrivait l'ambassadeur, *un relevé des exportations d'or et d'argent qui se sont effectuées par les ports de Grande-Bretagne en 1830 et dans les trois premiers mois de cette année. Si ce genre d'information a de l'intérêt pour le Gouvernement, je pourrai continuer à lui adresser de semblables tableaux à la fin de chaque trimestre* » [94].

Le contexte ne laisse aucun doute : c'est à la demande du ministre que Talleyrand a envoyé le relevé. Cette demande ne fut plus renouvelée. Or l'enquête Piétri a montré que tous les envois de fonds provenant des soustractions faites à Alger eurent lieu dans les *trois derniers mois de 1830 et les trois premiers mois de 1831.* Par conséquent, Sébastiani était, lui aussi, à la recherche de ces fonds ! Malheureusement, nous n'avons pas réussi à retrouver le relevé des exportations d'or et d'argent annoncé par Talleyrand... De son côté Flandin relança le comte Treilhard dès son retour de Morée. La réponse du préfet de police fut la suivante : « *Les recherches* (au sujet des fonds signalés par Bourlon) *n'ont pas constaté l'identité des remises qui furent faites à peu près dans le même temps à la maison Haguermann et à quelques autres maisons de Paris avec les fonds soustraits à Alger* ». On voit que le comte de Treilhard ne niait pas la réalité des remises de fonds, ni que ces fonds provenaient des soustractions faites à Alger. Tout ce qu'il dit, c'est que l'enquête n'a pas permis d'identifier les expéditeurs et les destinataires, à part

Haguermann. Toutefois, lors du procès contre Flandin, le préfet de police, qui ne pouvait nier sa signature, se retrancha derrière le « caractère équivoque » de ce qu'il avait écrit...

Mais le sous-intendant, qui ne reculait devant rien, s'adressa, en 1833, à Lord Melbourne, ministre de l'Intérieur anglais, pour le prier de prendre des renseignements sur l'origine des caisses d'or envoyées par Heath à Haguermann. Le banquier londonien fut convoqué à la direction de la Police. Mais à Londres on ne plaisantait pas avec les puissances bancaires et le secret de leurs opérations ! Heath débarqua à Paris, furieux, et se joignit à Denniée, Firino et Haguermann pour attaquer en justice Flandin ! Ce dernier eut, du moins, la satisfaction d'apprendre de la bouche même de Haguermann, longtemps après le procès, en 1844 précisément, qu'il avait bien reçut 865 caisses d'or, provenant des soustractions d'Alger, qu'il les entreposa pendant trois jours dans les salons de son hôtel particulier rue de Londres (!) numéros 17-19, et qu'une commission de 300 000 francs lui fut versée pour ce service.

Quoi qu'il en soit, l'enquête Piétri a établi, d'après les témoignages de techniciens, d'employés et d'anciens banquiers et affineurs, d'autres faits indiscutables. Les fonds clandestins furent remis à la Monnaie de Paris. Un ancien employé de cet établissement déclara, pour avoir eu sous les yeux tous les procès-verbaux de fonte et de transformation des matières, qu'il y entra environ 100 millions. Une fois les matières fondues en lingots, le directeur de la Monnaie les transmettait, après essais, au caissier central Kessner, « homme de confiance de la maison d'Orléans ». Ce fut Kessner qui fut chargé de vendre pour le compte de Louis-Philippe les lingots à des maisons de commerce. Or les livres de la Caisse centrale indiquent qu'en 1831 elle reçut 42 millions et quelque cent mille, puis 39 millions, soit environ 82 millions. Il faut ajouter à cette somme un déficit découvert dans les comptes de Kessner [95], qui s'élevait à 12 millions. Le déficit, plus les sommes indiquées par les registres portent déjà à 94 millions le montant des fonds provenant de la Casbah. Mais dans ce total ne sont pas compris les versements qui furent effectués à d'autres receveurs généraux. Il est donc impossible de déterminer le montant exact des fonds. Pour arriver à une approximation à peu près acceptable, procédons autrement.

Sur les 94 millions qui passèrent entre les mains de Kessner, le Trésor public français bénéficia de 42 millions. Quelque 52 millions furent donc détournés, leur trace existe cependant : le banquier Chauvière reconnut devant l'enquêteur désigné par le préfet de Police Piétri avoir acheté pour une trentaine de millions en lingots d'or, et Haguermann pour une vingtaine de millions également en lingots. Cependant, ce dernier banquier acheta directement, en monnaies d'or non transformée en lingots, pour trente autres millions. Nous arrivons ainsi au chiffre de 82 millions. Mais il y eut une autre vente que ni Flandin, ni Piétri ne furent à même de connaître : elle fut révélée, en effet, par l'acheteur, Nathan de Rothschild, de Londres, lors d'une déposition devant une commission parlementaire anglaise sur les questions de banque. Les travaux de cette commission étaient secrets ; ils ne furent connus en France qu'en 1865. Or voici ce qu'a déclaré Rothschild au mois de mai 1832 : « *Nous avons acheté dernièrement à Paris 800 000* (livres) *d'or qui provenaient du trésor du dey d'Alger* » [96]. La livre anglaise valait à cette époque entre 25,40 et 25,60 francs. Nathan de Rothschild acheta donc pour environ 20 millions d'or, lesquels, additionnés aux 82 millions déjà mentionnés, forment un total de 102 millions de francs. Ce chiffre correspond parfaitement à la somme initialement prévue pour entrer dans la cassette de Charles X...

En définitive, ce fut Louis-Philippe qui se l'appropria. Pour cela, il eut recours aux formes les plus tortueuses, de manière à dérouter n'importe quel enquêteur. En effet, cette appropriation se présente comme un édifice à trois étages. Au premier, nous trouvons la Monnaie et la Caisse centrale (et quelques receveurs généraux non identifiés). Après transformation des matières, la Monnaie versait au caissier Kessner. Celui-ci vendait ensuite à des maisons de commerce : c'est le deuxième étage, formé essentiellement par les maisons Chauvière et Haguermann. Mais pour brouiller les pistes, Louis-Philippe ne traitait pas avec ces maisons : il faisait intervenir ses banquiers personnels, James de Rothschild et les frères Achille et Benoît Fould. Rothschild et Fould étaient liés par des affaires entre eux et avec Haguermann et Chauvière. En « bout de circuit », les ventes de matières précieuses faites par Kessner s'étaient métamorphosées en biens divers, immeubles, actions boursières, etc., au nom de Louis-Philippe, de sa famille ou de prête-noms ! Nous sortirions évidemment du cadre de notre enquête si nous nous lancions dans une tentative de reconstitution de la toile d'araignée financière dressée par le roi - à supposer que quelqu'un puisse jamais démêler l'inextricable réseau ! Nous montrerons, toutefois, chiffres à l'appui, que ce fut bien la famille d'Orléans qui profita de l'immense fortune détournée à Alger. Elle ne fut pas la seule, néanmoins, à bénéficier, directement ou indirectement du pactole.

Il serait intéressant de suivre la carrière et la fortune de chacun des agents qui trempèrent dans l'opération de détournement. Nous ne nous y attarderons pas. Relevons cependant, que parmi les agents subalternes :

- D'Aubignosc, après avoir fait « la pluie et le beau temps » à Alger comme lieutenant général de Police, dut céder la place dès l'arrivée du général Clauzel ; ensuite, on le perd de vue.
- Huder était assurément destiné à une brillante carrière dans la « diplomatie parallèle » ; mais il fut tué au combat quelques mois après l'entrée à Alger.
- L'interprète Lauxerrois fut promu... commissaire de police !
- Gérardin, qui, de tous les « interprètes », était le plus doué, devint directeur du service des Domaines en Algérie. A ce titre, il rassembla de nombreux documents et archives d'État algériens... qu'il rapporta en France et versa partiellement aux services compétents. Le fameux registre des recettes du Trésor passa peut-être par ses mains.
- Evrard de Saint-Jean fut appelé à la direction de l'Administration au ministère de la Guerre. Maître des dossiers personnels, il orienta les promotions au gré de ses amitiés, et son parent, le capitaine Pélissier, deviendra maréchal.

Le colonel Bartillat rentra en France avant l'arrivée de Clauzel. D'abord libéral, puis ultra au moment où se préparait l'expédition, il embrassa le parti orléaniste avec fougue dès que celui-ci fut maître du pouvoir. Ni lui, ni sa femme, ancienne protégée de la duchesse d'Escars, ne possédaient de fortune personnelle. Pourtant, la jolie marquise de Bartillat devait ouvrir un « salon » qui eut ses heures de gloire sous la Monarchie de Juillet. Le traitement de son mari, nommé général, ne pouvait y suffire... Il est vrai, comme l'a raconté longuement le comte d'Apponyi, que Mme la Marquise accepta avec grâce la cour assidue du duc d'Orléans (le fils de Louis-Philippe), redoutable séducteur...

Le cas de l'ancien payeur général Firino est plus instructif. Complètement ruiné avant son départ pour Alger, il avait accumulé des dettes considérables, dont une de 300 000 francs contractée avec la maison Hardouin de Marseille. « Eh bien, lit-on dans un document des Archives de Vincennes, le sieur Firino a payé tout son passif (au retour d'Alger). Nommé receveur général des Bouches du Rhône, il a fourni un cautionnement de 750 000 francs, formé, pour être à la disposition du Trésor, un fonds libre de cette somme au moins ; acheté un hôtel et une maison de campagne à Marseille ; il s'est fait, en outre, le principal fondateur de la banque de cette ville » [97].

A Marseille, en effet, Firino devint une des notabilités les plus en vue, tenant le « rôle d'animateur dans l'économie marseillaise (...) jusqu'à sa retraite en 1853, à l'âge de 70 ans » [98]. D'après une lettre du préfet Thomas à Thiers, « M. Firino jouit de la confiance la plus illimitée parmi nos banquiers et est consulté par eux dans nos affaires les plus importantes. Il a calculé l'avenir que peut avoir Marseille et il nourrit la noble ambition de concourir à son développement » [98]. En 1834, une Compagnie algérienne de Colonisation fut créée dans la cité phocéenne : Firino en devint l'un des principaux actionnaires, en compagnie du comte Clauzel. L'année suivante, toujours à Marseille, une Compagnie marseillaise de la Méditerranée pour la Navigation à vapeur fut fondée avec un capital de 6 millions, ce qui était énorme. Firino fut « tout naturellement » un des principaux détenteurs des actions de cette compagnie [99]... avec le banquier Seillière.

« A quelles sources, s'interrogeait le rédacteur de la note des Archives de Vincennes, Firino a-t-il puisé les énormes capitaux dont il disposa ? » Un fait est certain : lors du procès Flandin, en 1833, le magistrat Pillaut-Debbit, ancien membre de la Commission d'enquête, déclara devant le tribunal qu'il avait reçu une déposition établissant de manière positive « que M. Firino fut surpris, un jour, dans les caves de la Casbah en train de se remplir littéralement les poches de pièces d'or ». L'accusation, proférée en pleine séance judiciaire, était très grave. Mais l'accusé ne crut pas devoir se défendre, ni démentir, ni poursuivre son accusateur pour calomnie...

Le baron Denniée, l'ancien intendant en chef, eut, lui aussi, une retraite dorée. « Il avait, lit-on dans la même note des Archives de Vincennes (confirmée par l'enquête Piétri), dévoré en luxe et en folles dépenses, car cet homme est comme M. Salvandi, *magnifique*, le patrimoine à lui laissé par son très respectable père, et la dot de sa première femme. Il était sous le coup de l'exécution de nombreux jugements pour le paiement de plus de 500 000 francs de dettes contractées sur engagements chirographiques, et se voyait obligé de se réfugier à l'étranger pour s'y soustraire, lorsque M. de Bourmont le nomma intendant en chef de l'armée expéditionnaire. Il avait en outre emprunté 150 000 francs sur l'hôtel patrimonial.

« Eh bien, à son retour d'Alger, il a immédiatement payé ses dettes chirographiques ; redimé l'hôtel patrimonial ; fait réparer cet hôtel, redorer ses salons, les garnir (sic) d'un mobilier princier, remplir ses remises en écuries des plus beaux équipages et des plus beaux chevaux ; acheté une belle propriété à une jeune cantatrice, sa maîtresse, et l'a fait meubler somptueusement ; repris ses habitudes dans le salon (de jeux) de la rue de Richelieu nº 104, où il perdait communément des sommes considérables, et qu'il n'a cessé de fréquenter que lorsque l'information contre lui et son consort Firino a commencé, en vertu du réquisitoire du 8 août 1833.

« Il est vrai que, interrogé sur tout cela, sur la source où il avait puisé les richesses qui avaient fourni à toutes ces dépenses, il a répondu qu'elles lui provenaient d'une succession échue à sa femme, la seconde, une nièce d'un monsieur Caylus, décédé en Belgique. Or il faut savoir que ce M. Caylus avait laissé une succession de trois millions environ, partageable entre quatre enfants, ce qui donne 750 000 francs pour chacun. Il faut savoir encore que cette succession consistait, moins 50 à 60 mille francs en numéraire, en immeubles qui étaient encore indivis en 1833. D'où la conséquence que cette part de succession, qui d'ailleurs appartenait à la dame Denniée, n'a pas pu servir à acquitter les dettes, à payer le luxe du sieur Denniée. A ce propos, je rapporte une anecdote que m'apprit défunt M. le comte Daure, directeur de l'administration au ministère de la Guerre. La voici. Le sieur Denniée qui fréquentait beaucoup le théâtre des Italiens, et connaissait beaucoup le grand maëstro Rossini, fut complimenté par celui-ci sur l'heureux changement qui s'était opéré dans sa situation, sur l'état de sa fortune... compliment auquel le sieur Denniée répondit : « Oui, je suis heureux et riche maintenant ; ma femme avait hérité de cinq ou six millions d'un oncle mort en Belgique. » A quoi Rossini lui répliqua fort plaisamment : « Bah ! je ne savais pas que le Dey d'Alger fût l'oncle de votre femme... » [100].

Le baron Denniée mourut à Grenoble en 1848, laissant encore une coquette fortune à ses héritiers.

Quant au maréchal de Bourmont, il poursuivit sa carrière hasardeuse de « gentilhomme de grand chemin ». Talleyrand signalait, dans une dépêche de Londres datée du 23 novembre 1830, son arrivée dans la capitale anglaise : « M. le maréchal de Bourmont s'est fait inscrire à l'hôtel de l'ambassade de France ; son projet, à ce que l'on m'a dit, était d'aller en Allemagne. Il n'a dit à personne vers quelle partie de l'Allemagne il se dirigeait » [101]. En fait, le maréchal allait se mettre au service de la duchesse de Berry, qui rêvait de rétablir sur le trône de France son fils, désigné comme héritier par Charles X et le Dauphin. Mais la duchesse n'avait aucune fortune personnelle, et l'on sait qu'elle n'obtint pas de subsides malgré ses démarches auprès des cours européennes. Le projet de « nouvelle Vendée » fut, néanmoins, entrepris avec Bourmont. Une telle aventure coûtait cher : avec quel argent fut-elle financée ?

L'équipée royaliste de 1832 tourna au drame ; le maréchal parvint, cependant, à s'en sortir. Il se présenta alors à don Miguel de Portugal, qui voulait, lui aussi, se coiffer d'une couronne. Ce fut un nouveau désastre pour le prétendant et son généralissime.

En 1834, Bourmont, âgé de soixante et un ans, prit ses dispositions pour la retraite : il acheta le superbe domaine de Farnèse, à Bagnaja, près de Viterbe, en Italie. Le domaine possédait un magnifique château, le palais des Farnèse et des Chigi. L'ancien chouan se reconvertit en « gentleman farmer », s'occupant de chasse et d'excursions touristiques, le fidèle, l'inséparable Fourmont remplissant les fonctions d'intendant, avec le titre de « colonel de Lorme » ! Du moins Bourmont eut la sagesse de ne pas imiter le duc de Raguse, son vieil adversaire, dans le domaine des innovations industrielles : il se limita à deux essais infructueux, l'installation d'une raffinerie de sucre de betterave dans le château de Farnèse, et l'élevage ovin. Selon son biographe Gautherot, « jamais la terre de Farnèse ne rapporta ce qu'elle coûtait chaque année » [102].

Or le maréchal, au moment de son départ d'Alger, le 3 septembre 1830, n'était toujours pas payé par l'État qui lui devait un arriéré de traitement de plusieurs mois. Pourtant, non seulement Bourmont finança au moins en partie l'expédition de la duchese de Berry, non seulement il acquit le vaste domaine de Farnèse qui se révéla un gouffre de dépenses, mais le vainqueur d'Alger eut encore les moyens de doter richement ses deux filles et d'installer fort convenablement ses trois fils. Quand il fut autorisé à rentrer en France, en 1840, il vécut sur ses terres de Bourmont jusqu'en 1846. S'il souffrit d'avoir été déchu (ainsi que ses fils) de la qualité de Français, il ne connut pas de souci pécuniaire...

Bourmont, Denniée, Firino et les autres comparses du détournement du Trésor recueillirent chacun une part, plus ou moins importante, du magot. Cependant, le principal bénéficiaire, à titre personnel, en fut Louis-Philippe : comme l'a établi expressément l'enquête Piétri, la quasi-totalité des 100 millions initialement destinés à la cassette de Charles X, entra dans ses caisses. Il n'eût pas protégé Denniée et Firino s'il n'avait eu d'impérieuses raisons de le faire. En outre, un examen même très sommaire de sa situation financière entre le moment où il monta sur le trône et le moment où il en fut chassé par l'émeute populaire, révèle l'encaissement d'énormes sommes que rien ne justifiait.

Après l'insurrection, le Gouvernement provisoire, en mars 1848, puis l'Exécutif, en novembre, prirent une série de décrets prononçant la mise sous séquestre des biens de la famille d'Orléans, puis la liquidation de la liste civile et du domaine privé de Louis-Philippe. Nommé liquidateur général, le député Vavin remit au ministre des Finances, en décembre 1851, un épais rapport de 269 pages [103], où sont décrites les principales *opérations financières officielles,* se rattachant à la liste civile et au domaine privé pendant le règne. On concevra qu'il soit hors de propos de rapporter ici le détail de ces opérations parfois très complexes.

En nous en tenant aux chiffres globaux, *et pour le seul compte des recettes et des dépenses relatives à la dotation immobilière de la Couronne, de 1830 à 1848,* nous voyons que le roi :

- perçut 113 719 206 francs à titre de revenus et produits des biens composant la dotation immobilière ;
- dépensa 168 753 818 francs pour la conservation et l'entretien des biens de ladite dotation.

Ce compte, à lui seul, se soldait donc par un déficit de 53 millions. Mais à sa chute, en février 1848, le roi laissait 30 millions de dettes actives (23 millions relevant du domaine privé, 7 millions de la liste civile). Par conséquent, le déficit total s'élevait à 83 millions pour le trésorerie personnelle du roi. La dotation de sa liste civile avait été fixée à 13 millions par an : on pourrait penser que ce « salaire » suffisait pour équilibrer le compte. Ce ne pouvait être le cas pour une raison bien simple : outre les dépenses de la dotation immobilière, le roi eut à faire face à d'autres dépenses qui ne figurent pas dans le compte ci-dessus :

- la décoration des palais, les encouragements aux arts et lettres, à l'industrie et au commerce, lui coûtèrent 29 millions environ [104] ;
- la « magnificence royale et la charité » (dont l'achat du domaine de Breteuil à Laffitte), absorbèrent 43 millions [104] ;
- les dépenses « domestiques » courantes (le roi menait un grand train de vie) sont impossibles à évaluer ; de même, les frais de réception des hôtes de marque étrangers en France, et les frais de représentation de la famille royale à l'étranger ;
- les dotations des princes et princesses (notamment celle de Sophie lorsqu'elle devint reine des Belges), se chiffrèrent par dizaines de millions ;
- les « dépenses politiques » grevèrent le budget royal durant tout le règne. Ces dépenses consistèrent, par exemple en 1843, à faire acheter discrètement des milliers d'actions de chemins de fer à la maison Rothschild, puis à les distribuer gracieusement à des députés et à des journaux d'opposition...

On peut, à la rigueur, imaginer que les 13 millions de la liste civile suffirent à couvrir les dépenses domestiques, les dotations des princes, la « magnificence royale », les dépenses politiques (encore que Charles X ait connu des difficultés financières, bien que sa liste civile s'élevât à 18 millions, qu'il n'eût pas d'enfants à doter et qu'il menât un train de vie relativement modeste). Il demeure que la gestion de la dotation immobilière de la Couronne présenta un « trou » de 82 millions (53 millions pour la conservation et l'entretien et 29 millions pour les embellissements et décorations). En bonne logique comptable, le roi aurait dû laisser des dettes pour une somme équivalente. Or, à la date de février 1848, Louis-

Philippe ne devait que 30 millions, dont seulement 7 au titre de la liste civile. Par conséquent, il a payé de « sa poche » au moins 75 millions pour conserver et entretenir des biens ne lui appartenant pas en propre ! D'où a-t-il pu tirer une pareille somme ?

La famille d'Orléans, il est vrai, possédait la plus grosse fortune de France, bien avant l'avènement de Louis-Philippe. Le roi aurait donc pu y puiser pour soutenir son rang. Mais il ne le fit pas : l'immense patrimoine ne subit aucune aliénation durant tout le règne. Bien mieux, le roi l'augmenta dans des proportions considérables... De toute évidence, Louis-Philippe a « découvert un trésor » : ce ne pouvait être que la partie du Trésor de la Casbah détournée initialement au profit de Charles X, et qu'il réussit à récupérer.

Au lendemain du coup d'État du 2 décembre, les comptes présentés par le liquidateur Vavin parurent si incomplets voire partiaux à Louis-Napoléon que celui-ci édicta des mesures radicales, excessives et même spoliatrices, à l'égard de la famille d'Orléans. Ces mesures furent énoncées dans les deux décrets du 22 janvier 1852. Le premier de ces décrets faisait obligation, parce que « de hautes considérations politiques commandent impérieusement de diminuer l'influence que donne à la famille d'Orléans *la possession de près de trois cents millions d'immeubles en France* », aux membres de cette famille de ne posséder aucuns meubles ou immeubles sur le sol français, et de vendre ceux qu'ils possédaient dans un délai d'un an. Trois cents millions ! Même si ce chiffre est quelque peu forcé, il reste que le patrimoine des d'Orléans avait prodigieusement augmenté entre 1830 et 1848... Par une ironie sans doute voulue, le texte du décret qui frappait Louis-Philippe et sa famille reproduisait presque exactement celui de la loi du 10 août 1832 par laquelle la Monarchie de Juillet avait dépossédé la branche aînée des Bourbons !

Le second décret prononçait une véritable confiscation des biens de l'ancienne famille régnante. Comment ? Depuis Henri IV, il était de règle, en France, que les biens du prince appelé à régner soient incorporés au domaine de l'État, irrévocablement. Lorsque Louis-Philippe accéda au pouvoir, il se hâta, pour soustraire ses biens à la règle ci-dessus, de procéder à une donation au profit de ses enfants (acte du 7 août 1830). Ce procédé manquait sans doute de sincérité, mais il ne justifiait pas à lui seul les mesures extrêmes contenues dans le décret du 22 janvier 1852. Il faut donc croire que d'autres considérations entrèrent en ligne de compte, et parmi celles-ci l'appropriation par Louis-Philippe des sommes détournées à la Casbah au détriment du Trésor français. En frappant sans nuance les intérêts des d'Orléans, Louis-Napoléon entendait reprendre au profit de l'État les sommes que l'ancien souverain avait indûment captées.

Dans ses considérants, le décret indiquait qu'une fois les biens qui ont fait l'objet de la donation du 7 août 1830 intégrés au domaine de l'État, « il reste encore à la famille d'Orléans *plus de cent millions* avec lesquels elle peut soutenir son rang à l'étranger ». Louis-Philippe avait eu la précaution de placer à l'étranger (notamment en actions américaines) d'importantes sommes... Quant aux biens « faisant retour à l'État, ils seront vendus en partie à la diligence de l'administration des domaines ». Outre le règlement des dettes de l'ancienne liste civile, le produit de ces ventes servirait à financer... des dépenses politiques décidées par Louis-Napoléon ! Ainsi 10 millions étaient alloués aux sociétés de secours mutuels, 10 autres millions pour l'amélioration des logements des ouvriers dans les grandes villes, 10 millions encore étaient affectés à l'établissement d'instituts de crédit foncier et 5 millions à la création d'une caisse de retraite au profit des desservants les plus pauvres... Le surplus alimenterait la dotation de la Légion d'honneur. Il se trouva ainsi, par un curieux retour des choses, que les gratifications promises à la Légion d'honneur par Polignac et Bourmont sur la prise du trésor d'Alger furent en définitive versées, non par Charles X ni par Louis-Philippe, mais par Napoléon III !

Dès que les deux décrets parurent au Journal officiel, quatre ministres démissionnèrent du gouvernement du prince Napoléon. Parmi eux, le ministre des Finances, Achille Fould. Ce banquier, très lié à Louis-Philippe, avait joué un rôle important dans la récupération et le « blanchissement » des sommes détournées de la Casbah. Louis-Napoléon redoutait que la défection du ministre ne renforçât l'opposition, à ce moment crucial pour son pouvoir. Ce fut pour cette raison qu'il donna l'ordre au ministre de la Justice de reprendre l'enquête sur l'affaire des Trésors d'Alger. Le prince savait, bien entendu, le rôle joué par Achille Fould. Aussi les conclusions attendues, parce que les faits étaient connus depuis longtemps, de l'enquête Piétri étaient destinées essentiellement à des fins politique. Grâce à elles, le prince pouvait amener le banquier à résipiscence. Ce fut, en effet, ce qui se produisit. Quelques jours seulement après le dépôt du rapport Piétri, Fould acceptait de reprendre sa place au conseil des ministres. La fidélité pour Louis-Philippe n'allait pas jusqu'au suicide politique et financier.

Le sous-intendant Flandin ignorait, évidemment, le calcul de Louis-Napoléon. Il crut qu'on traduirait en justice les responsables et les complices du détournement, ce qui eût été pour lui une sorte de revanche. Dans une de ses dernières attaques et encore plein d'illusions, il écrivait au prince-président :

« Je lis que vous avez donné pour successeur à M. Casabianca, homme honnête et dévoué, sinon grand homme d'État, M. Fould !

« Je pense que Votre Altesse n'aurait pas accordé encore une fois sa confiance à ce banquier pour une fonction gouvernementale aussi élevée si elle eût été informée sur le compte que lui rendra incessamment M. le Garde des Sceaux, du résultat des recherches que par suite de mes communications et, en quelque sorte sous ma direction, ce ministre qui vous est si dévoué, Prince, a fait faire par M. le Préfet de Police sur le fait si grave révélé par moi de spoliation des trésors d'Alger ; car ce résultat révélera des circonstances qui prouveront, peut-être, que rien de ce qui se rattache au double fait de cette spoliation, et de la part considérable que Louis-Philippe sut s'en attribuer, ne fut ignoré de M. Fould, dont le dévouement à la famille d'Orléans s'est en quelque sorte implicitement révélé par sa retraite lorsque parurent vos décrets du 22 janvier » [105].

Dans une note jointe à cette lettre, note destinée à un intermédiaire, Flandin ajoutait : « Il est à présumer que cette affaire venant au conseil des Ministres, pour y délibérer sur l'ouverture d'une action judiciaire, rencontrera M. Fould pour opposant. Je ne crois pas et j'ai des raisons pour cela, que M. Maupas soit bien disposé à l'endroit de cette grave affaire. Les bureaux de la Guerre ont toujours été opposés à mes révélations, et certaine correspondance que j'ai eue avec le ministre actuel m'autorise à penser qu'il ne les voit pas comme un homme dévoué au prince devrait les voir » [105].

En effet, l'enquête, si accablante dans ses conclusions, fut étouffée, et l'affaire du Trésor définitivement enterrée. Napoléon III avait sans doute estimé que la confiscation des biens de la famille d'Orléans avait fait rentrer dans les caisses du Trésor public la valeur des sommes détournées, et même plus peut-être.

Présentée comme un acte hautement moral de la « Civilisation » contre la « Barbarie », l'expédition d'Alger s'avéra donc une entreprise militaro-financière. Les 150 millions, au moins, en or et argent, c'est-à-dire en capital pur, saisis à la Casbah et dans la ville, et « injectés » dans les circuits financiers français, expliquent en partie l'essor économique enregistré sous la Monarchie de Juillet. Cela représentait plus du double de l'aide perçue par la France au titre du plan Marshall, après la Seconde Guerre mondiale, avec un avantage supplémentaire : elle n'eut pas à souscrire des engagements politiques contraignants. Bien souvent, derrière le masque de la « grandeur » des États, se dissimule, hier comme aujourd'hui, des calculs bassement matériels...

ANNEXES ET DOCUMENTS

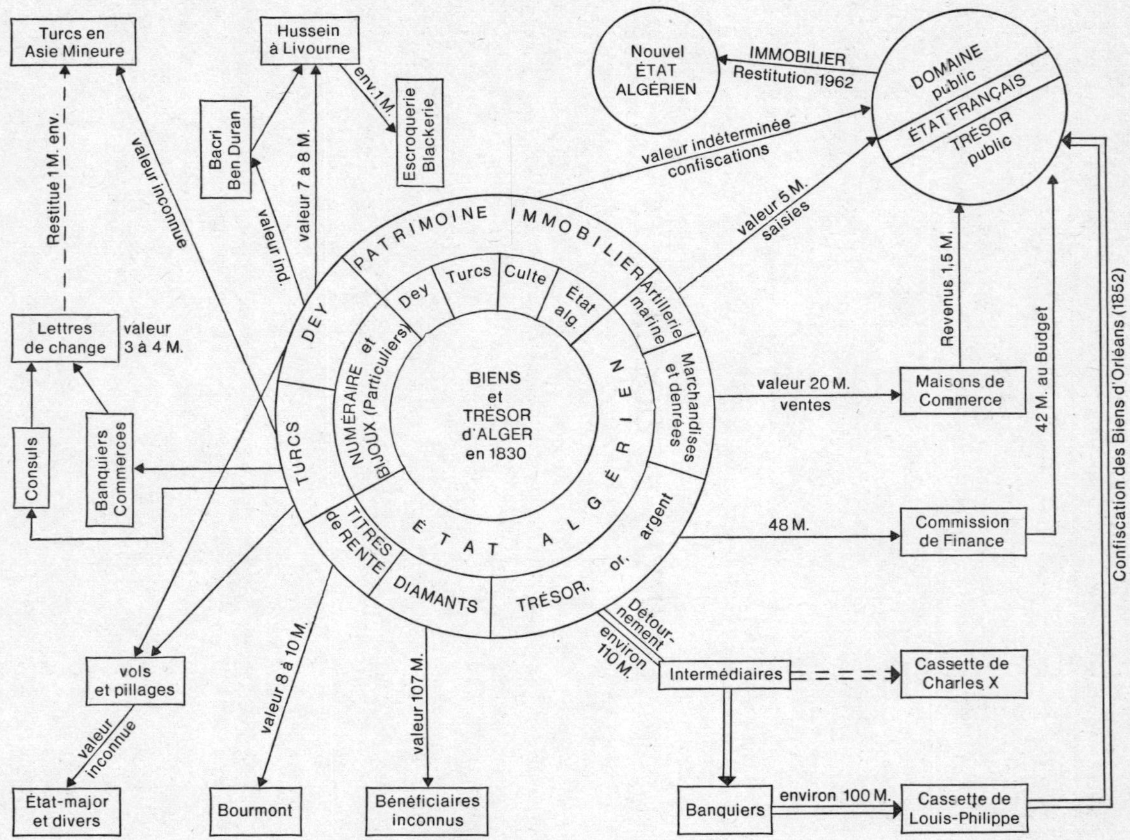

SCHÉMA GÉNÉRAL DES "AFFAIRES" D'ALGER

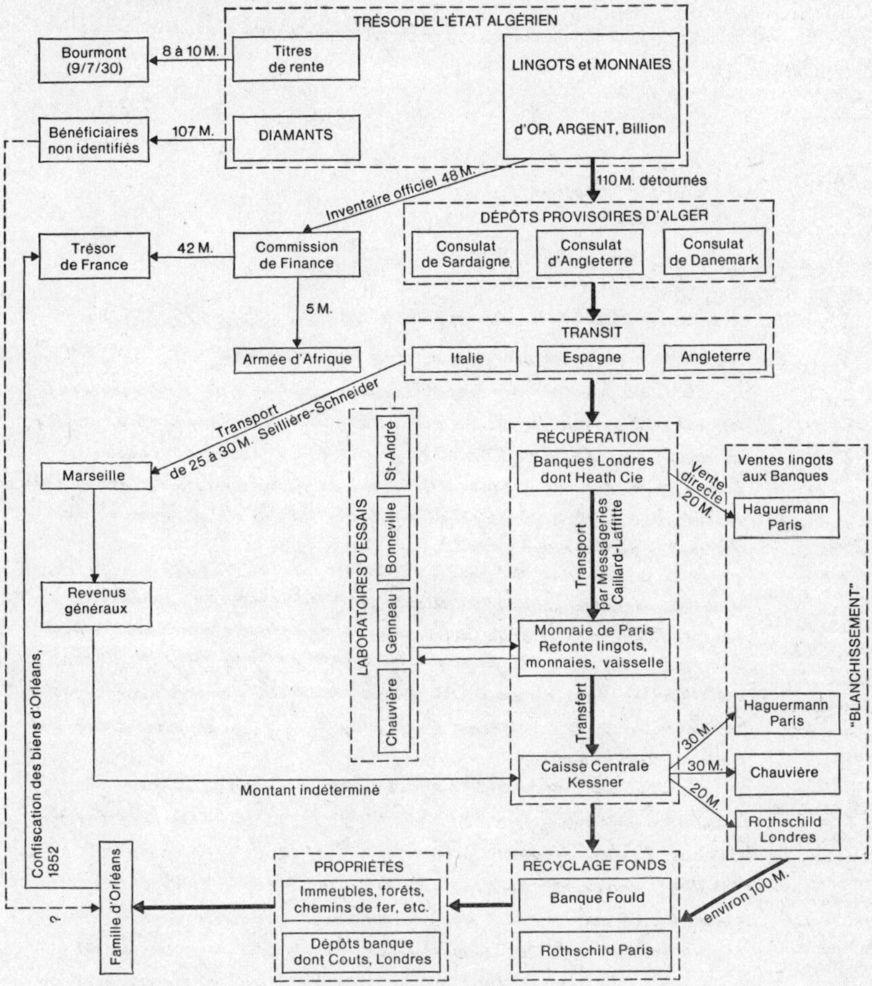

SCHÉMA DU DÉTOURNEMENT

Consulat gal de france à Alger

Affaires étrangères

Division commerciale

N° 333.

6053.

Alger le 30 avril 1827.

N° 21 -

Monseigneur,

Le consul gal adresse à S. E. les details d'une scene deplorable qui eut lieu le 29 avril entre le Day & lui - demande un congé.

prétention du Day de correspondre directement et immédiatement avec le ministère de france.

demande d'un nouveau payement de sept millions réclamé par Bacri à Livourne, ou remise du solde de 250000 f au detriment des créanciers français.

défense de mettre des canons au fort la calle.

opinion du consul gal sur les relations de la france avec alger.

Je m'empresse de rendre compte à votre Excellence d'une scene deplorable qui eut lieu hier entre le Day d'alger et moi.

Le Privilège accordé aux consuls de france en cette ville de complimenter en audience particulière, le Day, la veille des fetes mahométanes, me fit demander au chateau l'heure où son Altesse vouloit me recevoir. Le Day me fit dire qu'il me recevroit à une heure après midy, mais qu'il vouloit voir la dernière dépêche, que la Goelette du roi destinée à la Station de pêche m'avoit aporté.

Je fis répondre aussitot par le drogman turc du consulat que je n'avois reçu aucune lettre de votre Excellence par cette occasion, mais une seule de S. E. M. le ministre de la marine & des colonies qui avoit raport à la Station de pêche. Je ne fus cependant pas peu surpris de la prétention du Day, de connoitre par lui meme les depeches que votre Excellence me fait l'honneur de m'adresser, je ne pouvois concevoir quel en étoit le but.

Je me rendis néanmoins au chateau à l'heure indiquée; introduit à l'audience, le Day me demanda s'il etoit vrai que l'angleterre eut déclaré la guerre à la france. Je lui dis que ce n'étoit qu'un faux bruit, provenant des troubles du Portugal, dans lesquels le Gouvernement du roi n'avoit pas voulu s'immiscer. ainsi donc, dit le Day, le Gouvernement de france accorde à l'angleterre tout ce qu'elle veut, et à moi rien du tout. il me semble, Seigneur, que le Gouvernement de Sa Majesté, vous a toujours accordé tout ce qu'il a pu. Pourquoi votre ministre n'a-t-il pas répondu à la lettre que je lui ai écrite? J'ai eu l'honneur de vous en porter la réponse aussitot qu'elle m'est parvenue. Pourquoi ne m'a-t-il pas répondu directement? suis-je un manant, un homme de boue, un va nu pieds? mais c'est vous qui êtes cause que je n'ai point reçu de lettre de votre ministre; c'est vous qui lui avez

À Son Excellence
Monsieur le Baron de Damas
ministre & Sécrétaire d'État des affaires étr.

insinué de ne pas m'écrire ; vous êtes un méchant, un infidèle, un idolâtre ! Se levant alors de son siège il me porte avec le manche de son chasse-mouche trois coups violents sur le corps et me dit de me retirer. Je repartis vivement : Je vous prie, Seigneur, d'être bien convaincu que je crains Dieu et non les hommes, & je puis affirmer à votre altesse que j'ai transmis fidèlement à Son Excellence le ministre de Sa Majesté la lettre de votre altesse, sans aucune intimation quelconque de ne point écrire à votre Altesse. Son Excellence vous a répondu par mon entremise, suivant les formes adoptées. Au reste, me dit-il, sachez que je n'entends nullement qu'il y ait des canons au fort la Calle ; si les français veulent y rester, comme de simples négociants, à la bonne heure ; autrement qu'ils s'en aillent. Je ne veux pas qu'il y ait un seul canon des infidèles sur le territoire d'Alger ; je voulus répliquer, mais il m'ordonna de me retirer.

Au sortir de cette audience, je me rendis auprès du Khasnadji premier ministre dans la grande salle du château ; je lui fis le narré de cette scène violente, et de l'injustice du procédé du Day à mon égard. Le ministre me dit : il faut prévenir que les vitres ne se cassent, mais quand elles sont cassées, quel remède y a-t-il ? celui, lui dis-je, d'en remettre de neuves à la place.

Le premier ministre n'a donné aucune satisfaction

De là je fus chez l'aga ministre de la guerre qui prêta beaucoup d'attention à tout ce qui venait de se passer. Ce ministre me parut très peiné de cette scène scandaleuse. Il me dit que dans sa place il ne pouvait se mêler de cette affaire, qu'elle regardait plus particulièrement le ministre de la marine & des affaires étrangères.

Celui [illegible]

Je me rendis en conséquence chez ce ministre, avec lequel j'entrai dans tous les détails de cette affaire. Il me demanda pourquoi votre Excellence n'avait pas écrit directement au Day en réponse à sa lettre du 10 sept.bre 1826. Je répondis que le Gouvernement de France n'était pas dans l'usage de correspondre directement avec aucun Prince, ni avec aucun gouvernement étranger, vu sans doute les conséquences fâcheuses qui pourraient résulter de communications directes et sans intermédiaire ; que d'ailleurs votre Excellence avait répondu en détail à la communication du Day par sa dépêche du 7 janvier subséquent ; que les demandes du Day ne paraissaient pas susceptibles d'être prises en considération, pour l'intervention du S.r Bacri dans la transaction ratifiée par le Gouvernement du roi, à laquelle il n'avait pas été principe ; que les délais qu'éprouvait la remise des fonds

celui-ci [illegible] réponse [illegible] objets [illegible]

étant

étant la conséquence de cet acte qui défère aux tribunaux de France toute question de droit, ne sauroient donner lieu aux plaintes du Gouvernement d'Alger ; qu'au surplus Votre Excellence n'avoit rien négligé pour que ces délais fussent abrégés, autant que le permettoit la marche de la justice devant laquelle le Sr. Baci avoit dû se pourvoir pour faire vuider les oppositions.

Le ministre me demanda pourquoi Votre Excellence n'avoit pas répondu à la communication qu'il m'avoit chargé de lui faire le 18 8bre. dr. et si Votre Excellence n'avoit pas reçu ma depêche ? Je repondis que Votre Excellence m'avoit accusé réception le 12 décembre de ma depêche et que sans doute elle avoit cru inutile de reporter les mêmes argumens qu'elle avoit déja allégué dans sa précédente depêche du 7 Janvier.

Le ministre me dit qu'il devient necessaire que le Gouvernement de France envoie à Alger les sept millions stipulés par la transaction, afin que si les créanciers de Baci y avoient droit, ils fussent remboursés ici. Je lui fis l'objection que la transaction stipulée par Busnach & Baci consentie et ratifiée par le Day, remettoit entre les mains des tribunaux français la discussion & la liquidation de toutes les oppositions de leurs créanciers. qu'[illegible] les français ne pouvoient être justiciables des tribunaux algériens pour des affaires contractées en France ; que d'ailleurs il ne faisoit pas attention que sur les sept millions Busnach en avoit touché deux millions vingt cent mille francs, et Baci deux millions plus quinze cent mille francs de délégations à divers créanciers, qu'ainsi il ne restoit vraiment de disponible, et encor en litige qu'un million réclamé et débattu par d'autres créanciers, lesquels même ne pourroient être satisfaits qu'en partie, attendu que les 2500 mille francs ne suffiroient pas pour payer intégralement les anciens & les nouveaux créanciers, et que dans cette hypothèse, bien loin qu'il y ait un solde en faveur de Baci, il restera un vuide qu'il devra combler ; c'est pour cela même qu'il importe, me dit le ministre, que tout ce solde de 2500 mille francs soit envoyé à Alger, pour qu'il en soit disposé suivant les droits d'un chacun.

Le but de l'envahissement de ce solde étant connu toute discussion ultérieure à ce sujet me parut oiseuse.

Je parlai au ministre de la prétention du Day de ne pas permettre de canons au fort la Calle ; il me dit que le Day étoit déterminé à ne pas les souffrir, et me demanda vivement, si le traité du Bastion portoit qu'il y auroit du canon dans les concessions d'Afrique. Je repondis que de tems immémorial, il y avoit eu du canon, non seulement au fort

Le consul a [illegible] le [illegible] concernant les réclamations de Baci [illegible] extrait [illegible] nom [illegible] au nom de [illegible]

[illegible] canons [illegible] la Calle

fort la calle, mais même dans les cinq forts qui appartiennent à la france; que la régence d'alger en reconnaissant le fort la calle, comme forteresse, il s'en suit qu'il ne peut y avoir une forteresse sans canons que d'ailleurs, si nous étions privés de ce moyen de deffense au fort la calle, nous serions à la merci des arabes qui nous égorgeroient impunément. le ministre dit : eh bien abandonnez le fort la calle & venez vous établir uniquement à bône. je repartis, que le gouvernement du Roi n'étoit pas disposé à abandonner les propriétés de la france sur cette cote, qu'au reste je rendrai compte à votre Excellence de cette prétention du Day.

Votre Excellence me permettra de n'ajouter aucune réflexion au détail de cette affaire qui est devenue une veritable esclandre. Je la prie de se faire representer ma dépêche du 18 oct.bre d.er n.o 326 (affaires comerciales) elle est uniquement la conséquence de ce que j'avois dès lors prévu. Votre Excellence jugera sans doute que, dans le respect des convenances, il ne m'est pas permis de continuer pour le moment ma résidence à alger. Si votre Excellence ne veut pas donner à cette affaire, la suite sévère, et tout l'éclat qu'elle mérite, elle voudra bien m'accorder la permission de me retirer par congé, et elle pourroit charger M. Jobert, en qualité de deputé de la nation, de l'agence du consulat g.al pendant mon absence.

Sur la suite que le Day donnera à la marche de nos affaires qui se compliquent tous les jours davantage, votre Excellence jugera le parti le plus convenable à prendre, dans la dignité de la couronne, l'honneur du Gouvernement du roi, & les interêts du commerce françois et de notre marine qui sont attaqués dans leur source. dans tous les cas je prie votre Excellence de m'adresser une lettre ostensible dont l'original me sera certainement demandé par le Day.

Dans cette circonstance je ne dois pas laisser ignorer à votre excellence, l'opinion que M. Shaler consul général des états unis à alger a émis sur les relations de la france avec ce pays, & qu'il a consigné dans un livre nouvellement imprimé à Boston, et qui a paru depuis peu à alger. je remets cy joint à votre Excellence la traduction françaisе des deux paragraphes qui concernent le gouvernement du Roi ayant eu ici quelque publicité, j'ai pensé qu'il étoit nécessaire de les porter à la connoissance de votre Excellence.

Je suis —

Je suis avec un profond respect

Monseigneur

de votre Excellence

Le très humble & très obéissant serviteur

le chevr. Deval

P. S. du 12 mai d.r

Les difficultés que l'on éprouve à alger de correspondre directement avec la france, n'offrent d'autre ressource que la voie de Livourne. mais dans cette ville les lettres sont ouvertes au parfum, mal recachetées & sont souvent connues du public. quelquefois même elles n'arrivent pas à destination. Je prends le parti en conséquence de profiter du départ d'un navire sarde capne. Jean Baptiste Lupi, avec lequel j'ai contracté pour la somme de cinquante piastres fortes sous la condition de porter directement & immédiatement mes dépêches au premier port de la côte de provence, en le dispensant des frais de port ce dont j'informe MM. les Intendants de la santé publique à qui je les adresse. J'espère que votre Excellence voudra bien approuver cette disposition qui m'a paru nécessaire et dans l'intérêt du service

pour l'école de la correspondance le consul fait passer ses dépêches par mer ..

le chevr. Deval

Traduction littérale de deux paragraphes extraits d'un livre intitulé coup d'œil sur alger, par M. William Shaler consul gal des Etats unis à alger.

Page 109.

Le commerce maritime de Marseille avec toutes les contrées accessibles de la méditerranée, étoit immense et les hostilités des algériens contre les Etats d'italie

laissoient

laissoient son pavillon sans rival dans la mediterranée, excepté ceux de la grande bretagne et des puissances du nord. sa politique étoit basée sur ces circonstances ; elle étoit raffinée, insinuante, persuasive, et perseverante. ses agens etoient généralement des hommes habiles et qui connoissoient les interets de leur pays, considérés sous ce point de vue ; et se concilioient par des présents la faveur des individus composant le gouvernement algérien et leurs employés, ayant toujours en vue, comme une considération supérieure les interets du commerce français, à quelque sacrifice d'argent et même de dignité que ce fut. les algériens bien pénétrés de leur politique, ont fréquemment pris les libertés les plus insolentes avec le pavillon français, en connoissant fort bien que les discussions qui pourroient en résulter devroient necessairement terminer à leur avantage, quoiqu'il soit probable que les agens français leur ont dans l'occasion rappellé et avec effet le danger d'abuser trop longtems de la patience d'un gouvernement grand et puissant. la france n'a jamais condescendu à l'infamie de payer un tribut à alger, mais les présents étoient toujours faits avec munificence et à propos. il est même probable qu'indirectement elle paye ici en totalité plus que tout autre, et qu'elle a toujours été prete à lui rendre tout service d'obligeance, quelque fois même en violation directe des loix des nations.

Page 162.

Pendant le période de l'histoire d'alger qui est ici traitée, la france ayant cédé l'empire des mers à sa rivale, ses relations avec la régence devinrent purement défensives. vers la fin de 1815 un agent du monarque rétabli fut envoyé ici, et depuis cette époque, il a été suivi un système de concessions les plus absurdes et les plus dispendieuses, et de condescendance envers ces pirates ; ce qui a en conséquence rabaissé le caractère et le crédit politique de la france à alger. il seroit odieux de rapporter ici les détails de ces transactions dégoutantes.

Pr traduction littérale

le consul gal chargé d'affaires du roi

le chevr Deval

FAC-SIMILÉS DU RAPPORT DE DEVAL
SUR LE COUP D'ÉVENTAIL

(A.M.G. H 225)

ARMÉE D'AFRIQUE

(FINANCES)

Inventaire des trésors de la Régence d'Alger

L'an mil huit cent trente le cinquième jour du mois de juillet, en exécution de l'arrêté, en date de ce jour, de S.E. le général en chef, qui crée une commission de finances, chargée de procéder à la reconnaissance et à la prise de possession de tous les objets d'or ou d'argent et généralement de tout ce qui compose les trésors appartenant à la Régence d'Alger ; sur la lettre d'avis adressée à chacun des membres de ladite commission ledit jour cinq juillet par M. le chef de l'état-major général.

Nous, Pierre Paul Bon Denniée, intendant en chef de l'armée d'expédition d'Afrique, Henri Alexis de Tholozé, maréchal de camp, sous-chef de l'état-major général, commandant de la ville d'Alger et dépendances, Jean Baptiste Firino, payeur général de l'armée d'Afrique.

Régulièrement convoqués par M. le lieutenant général chef de l'état-major général, nous sommes rendus dans le Palais dit la Casauba, ledit jour cinq juillet à onze heures du matin, à l'effet de reconnaître et de constater la nature, l'importance et la situation du trésor de la Régence d'Alger.

Après avoir parcouru les cours ou passages qui conduisent au lieu que l'on pourrait nommer chancellerie du Dey, nous sommes parvenus dans la cour principale, laquelle est environnée d'une galerie circulaire : là nous avons trouvé le Cadji Nadji ou ministre des Finances du Dey.

La commission étant assistée du premier interprête de l'armée, le sieur Brachewitz, elle a adressé différentes questions au Cadji Nadji desquelles il résulte comme renseignement sur l'administration du trésor :

1° qu'il n'a jamais existé de registres ni des recettes ni des dépenses faites par le trésor ;

2° que les versements s'effectuaient au fur et à mesure des recouvrements sans qu'aucun acte en constatât l'objet et l'importance ;

3° que les monnaies d'or étaient généralement réunies, mais sans acception de valeur ni d'origine ;

4° que les sorties de fonds n'étaient pas plus constatées que les recettes ;

5° enfin que la seule garantie d'une espèce d'ordre était l'obligation imposée au Dey de ne jamais entrer dans le trésor qu'accompagné du Cadji Nadji qui ne pouvait l'ouvrir qu'en exécution d'une décision du Divan, laquelle déterminait les sommes à livrer. Ces renseignements ayant été obtenus nous avons invité le Cadji Nadji à nous conduire dans le lieu où devaient être renfermés les trésors de la Régence, ce qu'il a fait.

La commission a suivi le Cadji Nadji dans une première salle basse située dans l'angle opposé à l'entrée de la cour principale ; elle y a reconnu plusieurs grandes caisses à compartiments renfermant de la monnaie d'Alger, et quelques petites caisses d'or dont elle n'a pas vérifié le contenu. La commission s'est retirée, la porte a été fermée et les scellés ont été apposés sur ladite porte au moyen de trois cachets, et la clef remise entre les mains de M. Firino, payeur général.

La commission a ensuite suivi le Cadji Nadji dans une seconde salle basse voutée, et après avoir traversé trois salles qui se commandent, la commission est parvenue devant une porte principale que le Cadji Nadji a ouverte. Cette porte conduit dans une salle transversale où viennent aboutir trois caveaux qui s'ouvrent au moyen d'une même clef. La salle transversale renferme trois coffres d'une assez grande dimension renfermant des boudjous et de la monnaie de Billion ; les deux caveaux latéraux renferment de l'argent monnayé (Piastres d'Espagne, ancienne pièce du Mexique et Monnaie d'Alger). Le caveau du centre renferme de l'or de toute espèce de titres, de pays et d'origine. Les portes des caveaux ayant été refermées, la commission y a apposé les scellés et s'est assurée que la première salle transversale n'avait d'autre issue que la porte par laquelle la commission était entrée. Cette porte ayant été soigneusement refermée et les scellés y apposés, les clefs ont été remises entre les mains de M. Firino. Enfin un poste de gendarmerie a été installé sur la galerie pour veiller aux deux portes du trésor.

Le Cadji Nadji ayant déclaré à la commission qu'il n'existait aucun autre lieu destiné à renfermer les trésors de la Régence, la commission lui a fait adressé quelques questions relatives à l'établissement de la Monnaie. Il est résulté des renseignements obtenus, que la Monnaie était sous la direction spéciale de l'Emin Socca, lequel recevait du trésor les lingots d'or ou d'argent pour être frappés, mais qu'il ne devait exister que fort peu de choses à la Monnaie.

La commission s'est transportée dans l'établissement de la Monnaie dont la clef lui a été remise, se réservant d'appeller plus tard l'Emin Socca absent pour le présent.

Après avoir visité attentivement l'établissement, il n'y a été trouvé aucune espèce d'or ou d'argent ; toutefois la porte principale a été fermée soigneusement, les scellés y ont été apposés et un factionnaire y a été placé.

De tout quoi le présent procès-verbal a été dressé et signé par le Cadji Nadji, par le sieur Brachewitz et par les membres de la commission des finances, qui se sont ajournés à demain six juillet, à cinq heures du matin.

Signés : Tholozé, Bon Denniée, Brachewitz, Firino. Et empreinte le sceau du Cadji Nadji, représentant sa... (mot illisible)

Aujourd'hui six juillet à cinq heures du matin et par continuation, les membres de la commission de finances, dénommés dans le procès-verbal d'ouverture de ses opérations, se sont réunis à l'effet de procéder à la recherche des objets d'or ou d'argent existants dans les appartements ouverts de la Casauba et particulièrement une caisse qui avait été signalée comme devant renfermer de l'or monnayé. Après des recherches assez prolongées, la commission a, en effet, trouvé une caisse en acajou de la dimension de quatre-vingts centimètres de long sur trente-trois centimètres de largeur et de hauteur renfermant des bourses d'or, ornées de brocards à la mode orientale, dont le contenu n'a point été compté. Ladite caisse a été déposée dans le caveau central dont il a été parlé dans la précédente séance, après avoir, toutefois, vérifié et reconnu le bon état des scellés, lesquels scellés ont été apposés de nouveau après cette opération.

De tout quoi, nous avons dressé le présent procès-verbal et nous sommes ajournés ledit jour, six de juillet de l'an mil huit cent trente et ont signé avec nous, après lecture MM. Tholozé et Firino.

Signés : Tholozé, Firino, baron Denniée.

Le sept du mois de juillet et par continuation la commission des finances, composée comme à la précédente séance s'est réunie à l'effet de procéder à la reconnaissance des sommes existantes en or monnayé dans le caveau central.

Après avoir reconnu le bon état des scellés, les portes ont été ouvertes et la commission a pénétré dans le caveau central. Là elle a reconnu que toutes les monnaies d'or étaient confondues : elle a en conséquence fait procéder au triage de ces monnayes par un de ses membres aidé d'un officier d'état-major, d'un employé du trésor et de deux sous-officiers d'artillerie et fait compter en sa présence jusqu'à la somme de neuf cent quatre-vingt-onze mille neuf cent quatre-vingt-dix-huit francs, en quadruples d'Espagne au taux de 84 francs l'un ci*.

Laquelle somme a été placée sous la surveillance de M. Firino, l'un des membres de la commission, pour être comprise dans le premier envoi à faire au trésor royal de France.

Après quoi les portes ont été fermées de nouveau, les scellés apposés et la commission s'est ajournée à demain, cinq heures du matin, et ont signé avec nous MM. Firino et Tholozé, les jours, mois et an que dessus.

Signés : Tholozé, Firino, baron Denniée.

Le huit juillet, à cinq heures du matin et toujours par continuation de l'opération commencée le cinq juillet, la commission s'est réunie, composée de MM. Denniée, Tholozé et Firino, déjà qualifiés et après avoir effectué la levée des scellés, elle a fait compter, en sa présence, en monnaie d'argent d'Alger une somme de quatre-vingt-onze mille cinq cent quatre-vingt-six francs quarante centimes, ci*.

pour les besoins des divisions de l'armée, laquelle somme a été remise à M. Grillet, payeur principal au quartier général, sur son récépissé et dont

* *Les montants sont portés en marge, en chiffres arabes, dans l'original.*

le sieur Firino demeure comptable envers le Trésor de France.

Ces opérations terminées, les portes ont été fermées, les scellés réapposés et le présent procès-verbal signé par toutes les parties après lecture ; la commission s'ajournant à demain neuf juillet pour la continuation de son travail.

Cazauba, les jours, mois et an que dessus.

Signés : Tholozé, Firino, baron Denniée.

Le neuf juillet à cinq heures du matin, la commission de finances, composée ainsi qu'il est dit d'autre part, s'est rendue dans les salles du trésor et à décidé, en exécution des dispositions arrêtées à Marseille, dans la commission chargée de l'évaluation des monnaies, lesquelles dispositions ont eu la sanction de Son Excellence le Ministre des Finances, qu'il serait procédé à la pesée des monnaies d'or, composées de sequins Soltani, de sequins de Tunis, de Venise, etc., et autres pièces d'or de tous pays dont le triage serait trop long et trop minutieux en raison du grand nombre et de la diversité de ces monnaies.

En conséquence, il a été pris sur le champ des mesures pour procéder à la pesée de l'or. La commission, après avoir examiné et vérifié l'exactitude du jeu de poids, qui lui a été remis par le payeur général, a fait opérer des pesées de soixante kilogrammes d'or, lesquels évalués à raison de trois mille francs le kilogramme (terme moyen) feraient ressortir une somme totale de onze millions cent soixante mille francs, ci.

L'opération étant terminée, les soixante deux pesées ont été mises sous la responsabilité de M. le Payeur général qui en demeure comptable.

Pendant la séance, le général en chef a fait connaître à la commission par l'organe de M. le Général chef de l'état-major général, que son intention était de restituer au Dey la caisse d'or en acajou dont il a été question dans la séance du 6 juillet, attendu que cette caisse est sa propriété personnelle et qu'aux termes de la condition d'entrée dans la Cazauba, les propriétés particulières sont reconnues et remises à qui de droit. En conséquence, ladite caisse a été portée et remise chez le Dey par les soins de M. le chef de l'état-major général.

De tout quoi nous avons dressé le présent procès-verbal que MM. Tholozé et Firino ont signé avec nous après lecture, ainsi que M. le chef de l'état-major général, les jour, mois et an que dessus.

Signés : Tholozé, Firino, baron Denniée.

Le dix juillet à cinq heures du matin, la commission de finances composée de MM. baron Denniée, baron Tholozé et Firino, déjà qualifiés, s'est de nouveau réunie pour continuer l'inventaire auquel elle procède depuis le cinq juillet.

Après avoir reconnu le bon état des scellés, elle a fait ouvrir les portes et après en avoir délibéré, elle a décidé qu'elle procéderait à la pesée des lingots d'argent.

Cette opération faite avec soin a donné pour résultat quatre mille six cent soixante treize kilogrammes d'argent qui, évalués au taux moyen de 200 F le kilogramme, représente une somme de neuf cent trente quatre mille six cent francs, destinée à être comprise dans le premier envoi de fonds à faire au trésor royal de France.

La commission a ensuite remis en monnaie d'argent d'Alger à M. le

Payeur général de l'armée, pour être répartie entre les payeurs divisionnaires et être affectée au paiement des dépenses de l'armée, une somme de cinquante neuf mille six cent soixante huit francs quatre vingts centimes, ci

De laquelle somme M. le Payeur général demeure comptable ainsi que de la valeur des 4673 kilogrammes, 25 grammes d'argent en lingots.

Ces opérations terminées, la commission s'est ajournée à demain onze juillet et après avoir réapposé les scellés elle a signé le présent procès-verbal.

A la Casauba les jour, mois et an que dessus.

Signés : Tholozé, Firino, baron Denniée.

Le onze juillet, la commission réunie et composée comme dans ses précédentes séances, après avoir opéré la levée des scellés dont elle a reconnu le bon état, a continué la série de ses observations.

Elle a fait procéder au pesage d'un bloc d'or ; son poids a été reconnu être de quarante quatre kilogrammes, lesquels évalués à raison de trois mille francs le kilogramme, terme moyen, représentent une somme de cent trente deux mille francs. La commission a été d'avis que ce bloc d'or devait être compris dans le premier envoi à faire au trésor royal de France et jusque-là elle en a constitué M. le Payeur général comptable.

Elle a ensuite fait compter une somme de cent trente quatre mille deux cent cinquante quatre francs quatre vingts centimes en monnaie d'argent d'Alger, laquelle somme a été remise à M. le Payeur général pour être réparties entre les payeurs divisionnaires et être affectée aux dépenses de l'armée, à charge pour M. Firino d'en compter envers le trésor.

Après avoir réapposé les scellés, la commission a décidé qu'elle se réunirait demain à 5 heures du matin pour la continuation de l'inventaire, elle a signé le présent procès-verbal après lecture faite.

Signés : Tholozé, Firino, baron Denniée.

Le douze juillet, la commission réunie conformément à la délibération d'hier et toujours composée de MM. Denniée, Tholozé et Firino, déjà qualifiés, a repris ses opérations, après avoir reconnu le bon état des scellés qu'elle avait apposé hier.

Elle a d'abord fait compter une somme de quatre vingt seize mille neuf cent soixante un francs quatre vingts centimes en monnaie d'argent d'Alger, ci

qui a été remise à M. le Payeur général qui en demeure comptable envers le trésor, laquelle somme est destinée à pourvoir aux dépenses courantes de l'armée.

La commission s'est ensuite occupée de faire procéder à l'emballage de l'or déjà inventorié, qu'elle a fait placer dans des caisses et tonneaux, lesquels resteront déposés dans le caveau du trésor de la Régence jusqu'à l'expédition en France. Ces caisses et tonneaux ont été exactement fermés et scellés, ils portent des numéros d'ordre.

Vu l'heure avancée la commission s'est ajournée à demain matin treize juillet, les scellés ont été apposés de nouveau et les membres de la commission ont signé le présent procès-verbal, après lecture.

A la Cazauba, les jour, mois et an que dessus.

Signés : Tholozé, Firino, baron Denniée.

Le treize juillet la commission s'est de nouveau réunie et après avoir effectué la levée des scellés trouvés en bon état, elle a fait compter et mis à la disposition de M. le Payeur général la somme de vingt deux mille trois cent soixante quinze francs quatre vingts centimes, ci
consistant en monnaie d'argent d'Alger, laquelle somme est destinée à l'acquittement des dépenses de l'armée.

La commission a fait ensuite continuer l'opération de l'emballage de l'or et des lingots destinés pour France et arrêté que lors de l'envoi à bord du *Marengo* vaisseau de la Marine royale il serait établi un bordereau détaillé de cette expédition. Il a été décidé qu'elle aurait lieu demain à 5 heures du matin.

L'emballage terminé, la commission s'est retirée après avoir apposé les scellés et elle a signé le présent procès-verbal avec nous après lecture.

Signés : Tholozé, Firino, baron Denniée.

Le quatorze juillet à cinq heures du matin, la commission réunie et composée comme il est exprimé aux précédentes séances, après avoir levé de nouveau les scellés reconnus intacts et après avoir obtenu de l'autorité militaire un bataillon de corvée pour transporter et escorter à bord du vaisseau le *Marengo,* les fonds et lingots d'or et d'argent expédiés pour France, après les avoir fait enlever du trésor de la Régence et les avoir fait déposer sous la galerie du Divan, en a établi comme suit le bordereau :

Bordereau des fonds provenant des caisses saisies à Alger, envoyées le 14 juillet 1830 au Trésor royal de France par la commission des finances, lesquels fonds sont chargés sur le vaisseau du Roi le *Marengo,* sous la surveillance de M. Solle, payeur adjoint :

206 sacs en toile grise renfermant des lingots d'argent de divers poids ;

57 saumons à nud d'argent ;

Le tout pesant ensemble quatre mille six cent soixante treize kilogrammes lesquels évalués à 200 F forment la somme de....................934 600

1 lingot d'or renfermé dans un sac cacheté et pesant net quarante quatre kilogrammes évalués à raison de 3 000 F le kilogramme formant la somme total de cent trente deux mille francs 132 000

20 caisses fermées à clef et portant les numéros 1, 2, 3, 4, 5, 6, 7, 8, 9, 10 et 24 (série rouge) et 4, 5, 6, 7, 8, 9, 10, 23 et 24 (série noire) renfermant chacune cent vingt kilogrammes d'or en monnaie d'Alger, de Tunis, d'Espagne et de Portugal, etc., lesquels 120 kilos évalués à raison de 3 000 F l'un donnent pour chaque caisse une somme de trois cent soixante mille francs, soit pour vingt caisses une somme totale de sept millions deux cents mille francs 7 200 000

22 caisses clouées et scellées renfermant chacune soixante kilogrammes d'or en monnaie d'Alger, de Tunis, de Venise, de Portugal et d'Espagne, lesquels évalués à raison de 3 000 F le kilogramme représentent la somme de cent quatre vingt mille francs par caisse, soit pour 22 caisses ...3 960 000

6 barils du n° 1 - 6 renfermant chacun deux sacs de mille quadruples ou onces en or d'Espagne ou de Portugal (sauf un sac d'appoint renfermé dans le sac n° 1 évalués à raison de 84 F l'une taux fixé par le tarif de l'armée, donnant une somme totale de neuf cent quatre vingt onze mille neuf cent quatre vingt dix huit francs...991 998

Total général ....= 13 218 598

Arrêté le présent bordereau à la somme de treize millions deux cent dix huit mille cinq cent quatre vingt dix huit francs que la commission prescrit au sieur Sollé de tenir à la disposition de S.E. le Ministre des Finances dont il réclamera les ordres par dépêche télégraphique à son arrivée à Toulon.

L'envoi de 13 218 598 F étant effectué, la commission après avoir réapposé les scellés sur le trésor de la Régence, a signé le présent procès-verbal après lecture.

A la Casauba les jour, mois et an que dessus.
Signés : Tholozé, Firino, baron Denniée.

Le quinze juillet à cinq heures du matin, la commission de finances, composée de MM. Denniée, Tholozé et Firino, déjà qualifiés, s'est réunie à la Casauba, après avoir reconnus intacts les scellés qu'elle avait apposée hier, elle s'est occupée du pesage des monnaies d'or existant dans le trésor de la Régence et qui doivent être embarqués pour France. La commission a reconnu deux mille quarante kilogrammes d'or en diverses monnaies représentant à raison de 3 000 F le kilo une somme de six millions cent vingt mille francs.

Cette somme a été immédiatement placée dans trente quatre caisses contenant chacune 60 kilogrammes d'or.

Cette opération terminée, la commission a remis à M. le Payeur général pour être employée aux besoins de l'armée une somme de quatorze mille neuf cent dix sept francs vingt centimes, ci
consistant en monnaie d'argent d'Alger, de laquelle somme M. Firino demeure comptable envers le trésor.

La commission, vu l'heure avancée, s'est ajournée à demain 16 juillet à cinq heures du matin. Elle a de nouveau apposé les scellés sur la porte du trésor de la Régence, et elle a signé le présent procès-verbal, après lecture.

Signés : Tholozé, Firino, baron Denniée.

Le seize juillet à cinq heures du matin, la commission réunie de nouveau dans le local du trésor de la Régence dont les scellés ont été reconus intacts, a continué la reconnaissance, le pesage et encaissage des monnaies d'or destinées à être embarquées pour la France.

Successivement elle a reconnu et fait peser :

1° quinze cent soixante kilogrammes d'or, monnaies de divers types d'Alger, lesquels calculés à raison de 3 000 f le kilogramme donnent une somme totale de quatre millions six cent quatre vingts mille francs qui ont été immédiatement placés dans vingt six caisses contenant chacune soixante kilogrammes.

2° deux cent cinquante kilogrammes d'or d'Espagne et de Portugal qui ont été placés dans cinq barils fermés et cachetés, à raison de cinquante kilogrammes par barril lesquels 250 kilos d'or représentent une somme de sept cent cinquante mille francs.

L'opération de l'encaissage des fonds terminée, la commission a fait remettre à la disposition de M. le Payeur général

en quadruples d'Espagne	28 560, 00 f
en monnaie d'argent d'Alger	44 751, 60 f
	73 311, 60 f

laquelle somme est destinée à être répartie entre MM. les préposés du payeur général pour l'acquittement des dépenses courantes de l'armée. M.

le Payeur général demeure comptable envers le trésor, de ladite somme de soixante treize mille trois cent onze francs soixante centimes.

La commission après cette opération a réapposé les scellés sur la porte du trésor de la Régence, elle s'est ajournée à demain dix sept juillet cinq heures du matin pour la remise à faire à la Marine des fonds à envoyer en France.

De tout quoi nous avons rapporté le présent procès-verbal que les membres de la commission ont signé avec nous après lecture.

Signés : Tholozé, Firino, baron Denniée.

Le dix sept juillet, la commission réunie, après avoir reconnu le bon état des scellés, s'est occupée de l'envoi à bord du vaisseau le Duquesne des fonds destinés pour le trésor de France, et elle a établi comme suit le bordereau d'envoi :

Bordereau des fonds provenant des caisses saisies à Alger, envoyées le 17 juillet 1830 au trésor royal de France par la commission de finances, lesquels fonds sont chargés sur le vaisseau du Roi le *Duquesne* commandé par M. le capitaine Bazoche : savoir :

3 600 kilogrammes d'or d'Alger renfermés dans des caisses fermées et scellées dont l'empreinte fait à raison de 60 kilogrammes par caisse, lesquelles évaluées à trois mille francs le kilogramme, représentent la somme totale de dix millions huit cent mille francs 10 800 000

250 kilogrammes d'or d'Espagne et de Portugal renfermés dans 5 barils fermés et cachetés à raison de cinquante kilogrammes par baril lesquels évalués à raison de trois mille francs le kilogramme représentent la somme totale de sept cent cinquante mille francs 750 000

Arrêté le présent bordereau à la somme totale de onze millions cinq cent cinquante mille francs, dont la remise a été faite à M. Bazoche, capitaine de vaisseau, commandant le v. le *Duquesne* pour être transportés au port de Toulon, ci 11 550 000
à la disposition de S.E. le Ministre des Finances qui sera informé par dépêche télégraphique de l'arrivée des fonds.

Avant de clore sa séance, la commission a fait remettre à M. le Payeur général une somme de vingt neuf mille huit cent trente quatre francs quarante centimes en monnaie d'argent d'Alger, dont M. Firino demeure comptable ; cette somme est destinée à l'acquittement des dépenses courantes de l'armée (29 834 F).

La commission a ensuite apposé les scellés sur la porte du trésor et elle s'est ajournée à demain 18 juillet cinq heures du matin et ont signé avec nous après lecture MM. Tholozé et Firino.

Signés : Tholozé, Firino, baron Denniée.

Le dix huit juillet la commission s'est réunie à la Casauba, tous les membres présents, l'état des scellés ayant été reconnu intact, le trésor de la Régence a été ouvert et la commission s'est occupée de faire peser et mettre en baril les fonds (monnaie d'argent) destinés à être envoyés en France.

Successivement la commission a vu remplir soixante deux barils dont la tare moyenne a été reconnue de trois kilogrammes pour chaque baril, au moment où chaque baril a été fermé la commission en a vérifié le poids comme suit :

Savoir :

N°	Poids	N°	Poids	N°	Poids	N°	Poids
1	46,60	17	51	33	53,20	49	42,60
2	47,60	18	54,40	34	45,40	50	41,20
3	48,20	19	48,60	35	44,80	51	47,60
4	51,40	20	49,60	36	42,40	52	45
5	50,20	21	43	37	52,60	53	46,40
6	60,20	22	47,60	38	47	54	46,40
7	50,40	23	50	39	45,60	55	42,40
8	48	24	49	40	46,20	56	47,40
9	51	25	53	41	51,60	57	47
10	56,60	26	48	42	47	58	47
11	52,60	27	53	43	52	59	40
12	46	28	49	44	46,60	60	47
13	53,80	29	56,20	45	50	61	46,20
14	50,40	30	56	46	47,60	62	46
15	50,80	31	47,40	47	43	63	46
16	52,40	32	52,80	48	45,60	64	46
	816,20		808,60		760,60		632,20

Total général : 3 017 kilos poids brut à déduire pour tarre à raison de 3 kilos par baril 186 kilos. Total général poids net : 2 831 kil. 60, deux mille huit cent trente un kilogrammes, soixante grammes d'argent, lesquels évalués à raison de deux cents francs le kilogramme donnent une somme de cinq cent soixante six mille trois cent vingt francs, les soixante deux barils d'argent cordés et cachetés sont restés déposés dans le trésor de la Régence.

La commission a fait ensuite compter et a remis à M. le Payeur général une somme de quarante quatre mille sept cent cinquante un francs soixante centimes, ci
destinés au paiement des dépenses courantes de l'armée, et dont il demeure comptable envers le trésor.

La commission a décidé qu'elle se réunirait demain à 5 heures du matin pour la suite à donner à ses opérations. Elle a de nouveau apposé les scellés, et a signé le présent procès-verbal après lecture.

Signés : Tholozé, Firino, baron Denniée.

Le dix neuf juillet, la commission de finances s'est de nouveau réunie au trésor de la Régence dont les scellés étaient intacts. Elle a fait comme à sa précédente séance, peser jusqu'à concurrence de six mille quatre cents kilogrammes d'argent monnayé, lesquels ont été placés dans cent sacs du poids *net* de soixante quatre kilogrammes l'un ; lesquels à raison de deux cents francs le kilogramme, donnent une somme de un million deux cent quatre vingt mille francs, laquelle somme contenue en sacs cordés et cachetés restera déposée dans le trésor de la Régence, jusqu'à son envoi en France.

La commission a ensuite fait compter et remettre à M. le Payeur général une somme totale de quatre vingt neuf mille cinq cent trois francs, vingt centimes, ci
en monnaie d'argent d'Alger destinée à l'acquittement des dépenses courantes de l'armée, et dont M. Firino demeure comptable envers le trésor.

Ces opérations terminées, les scellés ont été placés de nouveau et la commission a signé le procès-verbal après lecture, s'ajournant à demain vingt juillet, cinq heures du matin.

Signés : Tholozé, Firino, baron Denniée.

Le vingt juillet, la commission réunie au trésor de la Régence, après qu'elle a eu reconnu le bon état des scellés apposés hier, a fait successivement compter de l'argent monnayé et jusqu'à concurrence de huit mille quatre vingts kilogrammes poids net, par chaque caisse, lesquels 8 080 kilos d'argent à raison de deux cents francs le kilogramme représentent une somme de un million six cent seize mille francs qui restera déposée dans le trésor de la Régence jusqu'à son envoi en France.

La commission a ensuite fait compter et remettre à M. le Payeur général une somme de cinquante neuf mille six cent soixante huit francs quatre vingts centimes destinée au paiement des dépenses courantes de l'armée et dont M. Firino demeure comptable envers le trésor.

La commission a ensuite replacé les scellés sur la porte du trésor de la Régence et elle s'est séparée après avoir signé avec nous le présent procès-verbal dont il lui a été donné lecture.

A la Casauba les jour, mois et an que dessus.

Signés : Tholozé, Firino, baron Denniée.

Le vingt et un juillet la commission des finances s'est de nouveau réunie au trésor de la Régence. Les scellés reconnus intacts ont été levés et immédiatement il a été procédé au pesage et à l'encaissement des fonds à être envoyés en France.

On a constaté 1° la mise en sacs à raison de soixante kilogrammes par sac poids net de cinq mille six cent trente deux kilos d'argent en fragment de pièces d'Espagne dit *Mocos ;* ce poids a été réparti en quatre vingt huit sacs et représente à raison de deux cents francs par kilogrammes une somme de un million cent vingt six mille quatre cents francs.

2° La mise en cent sacs à raison de soixante quatre kilogrammes par sac de deux mille cinq cent soixante kilos d'argent en piastres fortes d'Espagnes dites Colomates, lesquels à raison de 200 francs le kilogramme représentent une somme de cinq cent douze mille francs.

La somme totale de 1 638 400 F contenue ainsi qu'il a été dit plus haut en cent quatre vingt huit sacs ficelés et cachetés restera déposée dans le trésor de la Régence jusqu'à son envoi en France.

La commission a ensuite fait compter une somme de trente sept mille deux cent quatre vingt treize francs, en monnaie d'argent d'Alger, qu'elle a mise à la disposition de M. le Payeur général, pour les dépenses courantes de l'armée et dont il demeure comptable envers le trésor.

Cette opération terminée, les portes ont été fermées, les scellés apposés et les membres de la commission ont signé le présent procès-verbal après lecture.

Signés : Tholozé, Firino, baron Denniée.

Le vingt deux juillet la commission de finances réunie, les scellés ont été levés et les portes du trésor ont été ouvertes. La commission s'est immédiatement occupée de l'envoi à bord du vaisseau le *Scipion,* des fonds destinés pour le trésor de France et elle en a établi comme suit le bordereau :

Bordereau des fonds provenant des caisses saisies à Alger, envoyées le 22 juillet 1830, au trésor royal de France par la commission des finances, lesquels fonds accompagnés par M. de St Sens payeur adjoint seront remis par lui à bord du vaisseau du Roi le *Scipion* à M. capitaine de vaisseau, qui le commande pour être transportés à Toulon conformément aux ordres de M. l'amiral Duperré, commandant en chef l'armée navale.

Savoir :

62 (soixante-deux) barils renfermant des fragments de monnaie d'argent d'Espagne dit Mocos dont le poids total s'élève net à deux mille huit cent trente et un kilogrammes, soixante grammes, ci .... 2 831, 60 k

101 (cent une) caisses renfermant chacune en mêmes fragments de monnaie d'argent, quatre vingts kilogrammes d'argent, ce qui élève le poids net des cent une caisses à huit mille quatre vingts kilogrammes, ci 8 080

188 (cent quatre vingt-huit) sacs de toile triples, renfermant chacun en même fragments de monnaie d'argent, soixante quatre kilogrammes (poids net) ce qui porte le poids total à douze mille trente deux kilogrammes, ci 12 032

40 sacs de toile grise triple, renfermant chacun en piastres fortes d'Espagne (Colomates) le poids net de soixante quatre kilogrammes d'argent et pour la totalité, deux mille cinq cent soixante kilogrammes, ci.. 2 560

Total : vingt cinq mille cinq cent trois kilos soixante grammes.. 25 503, 60 k

Lesquels évalués à raison de 200 francs le kilogramme représentent une somme totale de cinq millions cent mille sept cent vingt francs, ci.. 5 100 720 F

Nota : Les caisses et barils ont été ficelés et cachetés à deux des empreintes rapportées ici en marge ainsi que les second sacs intermédiaires.

Arrêté le présent bordereau à la somme de cinq millions cent mille sept cent vingt francs, dans les valeurs mentionnées ci-dessus qui doivent être tenus à la disposition du Ministre des Finances dont les ordres seront réclamés par voie télégraphique à l'arrivée du vaisseau à Toulon par l'entremise de M. le contre-amiral Martinenq, préfet maritime.

Cet envoi terminé, la commission a fait mettre en quatre vingt sept sacs et à raison de soixante quatre kilogrammes par sac, cinq mille cinq cent soixante huit kilos d'argent piastres fortes d'Espagne dites Colomates lesquels à raison de 200 francs le kilogramme donnent la somme de un million cent treize mille six cents francs destinée à être envoyée en France, laquelle somme restera provisoirement déposée dans le trésor de la Régence.

La commission s'est ensuite retirée, les portes ont été fermées et les scellés réapposés comme à l'issue des précédentes séances et ont signé avec nous les membres de la commission après lecture.

Signés : Tholozé, Firino, baron Denniée.

Le vingt trois juillet, les scellés ayant été levés et la commission réunie au trésor de la Régence, elle a fait peser et placer dans deux cent treize sacs du poids de soixante quatre kilogrammes la quantité de treize mille six cent trente deux kilogrammes d'argent en piastres fortes d'Espagne

(Colomatas), lesquels 13 632 kilos à raison de 200 F par kilogramme donnent une somme de deux millions sept cent vingt six mille quatre cents francs qui resteront déposés dans le trésor de la Régence, jusqu'à l'envoi de ces fonds en France.

Cette opération terminée, la commission s'est retirée elle a placé les scellés et elle a signé le présent procès-verbal après lecture.

A la Casauba, les jours, mois et an que dessus.

Signés : baron Denniée, Firino, Tholozé.

Le vingt quatre juillet, la commission étant réunie, les portes du trésor de la Régence ont été ouvertes après que le bon état des scellés a été reconnu.

La commission a fait successivement peser douze mille huit cents kilogrammes d'argent monnayé.

Lesquels à raison de 200 francs par kilogramme représentent une somme de deux millions cinq cent soixante mille francs. Les 12 800 kilos d'argent ont été répartis entre deux cents sacs, ficelés et cachetés à raison de soixante quatre kilogrammes par sac, soit douze mille huit cents francs.

Cette somme restera déposée dans le trésor de la Régence, jusqu'à son envoi en France.

Cette opération terminée, les scellés ont été apposés après que les portes ont été fermées et la commission a signé le présent procès-verbal après lecture.

Signés : Tholozé, Firino, baron Denniée.

Le vingt cinq juillet, après la levée des scellés, la commission réunie a fait peser six mille quatre cents kilogrammes d'argent monnayé.

Lesquels à raison de 200 f le kilogramme représentent une somme de un million deux cent quatre vingt mille francs. Les 6 400 kilos d'argent ont été répartis en cent sacs ficelés et cachetés à raison de 64 kilogrammes par sac, soit douze mille huit cents francs.

Cette somme restera déposée dans le trésor de la Régence jusqu'à son envoi en France. La commission s'est ajournée à demain et après avoir apposé les scellés, elle a signée le présent procès-verbal.

A la Casauba, les jours, mois et an que dessus.

Signés : baron Tholozé, Firino, baron Denniée.

Le vingt six juillet, après la levée des scellés, la commission réunie a fait continuer le pesage des fonds destinés à être envoyés en France. Successivement douze mille huit cents kilos d'argent d'Espagne (piastres Colomatas) ont été pesés et renfermés dans deux cents sacs contenant chacun soixante quatre kilos d'argent représentant une somme de deux millions cinq cent soixante mille francs. Les deux cent quatre-vingts sacs ficelés et cachetés resteront en dépôt dans le trésor de la Régence jusqu'à leur envoi en France.

Après cette opération les portes ont été fermées, les scellés ont été apposés de nouveau et la commission s'est retirée après avoir signé le présent procès-verbal.

Signés : Tholozé, Firino, baron Denniée.

Le vingt sept juillet à cinq heures du matin, la commission de finances composée de MM. baron Denniée, baron Tholozé et Firino déjà qualifiés, s'est réunie au trésor de la Régence dont les scellés ont été reconnus intacts et elle s'est immédiatement occupée de l'envoi à bord du vaisseau le *Nestor* des fonds destinés pour le trésor de France et elle en a établi comme suit le bordereau.

Bordereau de fonds provenant des caisses saisies à Alger envoyées le 27 juillet 1830 au trésor royal de France par la commission des finances et remis à bord du vaisseau du Roi le *Nestor* entre les mains et sous la surveillance de M. le capitaine de vaisseau Latreyte qui le commande pour être transportés à Toulon, conformément aux ordres de M. l'amiral Duperré commandant en chef l'armée navale.

Savoir :

800 (huit cents) sacs de toile grise triple, dont le second intermédiaire est scellé de deux cachets portant l'empreinte ci-contre, renfermant chacun en piastres fortes d'Espagne en argent (Colomatas) soixante quatre kilogrammes (poids net) ou pour la totalité des huit cents sacs, cinquante et un mille deux cents kilogrammes d'argent qui évalués à raison de deux cents francs le kilogramme représentent une somme de dix millions deux cent quarante mille francs, ci .... 10 240 000 F

Arrêté le présent bordereau à la somme de dix millions deux cent quarante mille francs dans les valeurs mentionnées ci-dessus, qui doivent être tenus à la disposition du Ministre des Finances dont les ordres sont réclamés par voie télégraphique à l'arrivée du vaisseau à Toulon et par l'entremise de M. le contre-amiral Martinenq, préfet maritime, ou de l'administration des Finances.

M. Latreyte est invité par la commission à maintenir en bon état les huit cents sacs triples d'argent, en évitant les chocs trop violens dans chargemens et déchargemens, en les soustrayant, autant que possible, à la dent des rats et à l'humidité. Pour réparer les avaries qui pourraient survenir dans le trajet, la commission prie M. le capitaine de vaisseau Latreyte à surensacher les sacs qui se trouveraient troués et à apposer son cachet sur ses nouveaux sacs. La commission lui fait remettre cent sacs vides à cet effet.

Cette opération terminée la commission a fait fermer les portes du trésor de la Régence. Les scellés ont été apposés de nouveau, et elle a signé le présent procès-verbal après lecture.

Signés : Tholozé, Firino, baron Denniée.

Le vingt huit juillet la commission des finances réunie, les scellés ont encore une fois été levés et elle a fait compter devant elle, une somme de quatre vingt un mille francs en monnaie d'argent d'Alger, laquelle somme a été immédiatement remise à M. le Payeur général de l'armée, de laquelle somme de 81 000 francs il demeure comptable envers le trésor.

La commission a ensuite fait peser seize mille quatre cent quarante huit kilogrammes d'argent d'Espagne, piastres Colomatas, lesquels à raison de 200 F par kilogramme, représentent une somme de trois millions deux cent quatre vingt neuf mille six cent francs. Cette somme a été répartie dans deux cent cinquante sept sacs contenant chacun soixante quatre kilogrammes d'argent, poids net, lesquels resteront déposés dans le trésor du Dey jusqu'à leur expédition en France.

Cette opération terminée, la commission s'est retirée après avoir de nouveau apposé les scellés et elle a signé le présent procès-verbal après lecture.

Signés : Tholozé, Firino, baron Denniée.

Le vingt neuf juillet, la commission réunie après avoir levé les scellés reconnus intacts, a fait successivement peser cinq mille six cent kilogrammes d'argent monnaies algériennes. Savoir : 3 600 kilos de hondj-boudjou ; 1 200 kilos de rial Boudjou et 80 kilos de Rebia et Temen boudjou, lesquels ont été répartis en cent douze sacs de cinquante kilogrammes, lesquels 5 600 kilogrammes d'argent, à raison de cent quatre vingt francs le kilogramme, représentent une somme de un million huit cent mille francs. La commission a encore fait peser devant elle trois mille kilogrammes d'argent monnaie dite Rebia et Temen boudjou, lesquels à raison de cent quatre vingt francs le kilogramme représentent une somme de cinq cent quarante mille francs, lesquels ont été répartis en soixante sacs de cinquante kilogrammes leur poids net.

Enfin la commission a fait peser quatre cent kilogrammes de monnaie de cuivre, lesquels à raison de cinq francs le kilogramme représentent une somme de deux mille francs. Ces diverses sommes resteront déposées dans le trésor de la Régence, jusqu'à leur envoi en France.

La commission après cette reconnaissance s'est retirée ; les portes du trésor ont été fermées, les scellés apposés et le présent procès-verbal a été signé par M. Firino, Tholozé et par nous après lecture.

Signés : Tholozé, Firino, baron Denniée.

Le trente juillet, la commission étant de nouveau réunie, elle a fait lever les scellés qui ont été reconnus intacts et de suite elle s'est occupée de la remise à M. le Payeur général de l'armée d'une somme de quarante cinq mille francs qui a été comptée en monnaie d'argent d'Alger et qui est destinée à l'acquittement des dépenses courantes de l'armée, de laquelle somme M. Firino demeure comptable envers le trésor.

La commission a fait ensuite compter une somme de un million cent vingt cinq mille francs en zoudj boudjou de 3 F 72 l'un, laquelle somme a été répartie en cent vingt cinq sacs, contenant chacun une somme de neuf mille francs, qui resteront déposés dans le trésor de la Régence, jusqu'à leur envoi en France.

La commission après cette opération, a fermé les portes du trésor de la Régence. Elle a apposé les scellés et signé le présent procès-verbal après lecture.

Signés : Tholozé, Firino, baron Denniée.

Le trente et un juillet, la commission étant réunie, après avoir effectué la levée des scellés qui ont été reconnus intacts, a fait successivement compter une somme de un million six cent soixante quatorze mille francs, en monnaies algériennes d'argent, laquelle somme a été déposée et répartie en cent quatre vingt six sacs de la contenance de neuf mille francs l'un.

Successivement la commission a fait emballer divers ustensiles en argent et en vermeil dont le détail suit :

Savoir :

1° Dans une grande caisse en noyer
Une soupière et son couvercle pesant .... 3 kg 280
Quatorze plats .... 7 kg 930
Neuf cloches ou couvercles .... 5 kg 080
Sept cafetières dont 4 petites .... 6 kg 600
Trois thurifères .... 4 kg 200
Cinq compotiers et six couvercles .... 5 kg 550
Six plateaux .... 4 kg 110
Deux bassins et un morceau ciselé à jour .... 3 kg 600
Huit aspersoirs dont trois en vermeil .... 4 kg 000
Sept chandeliers .... 5 kg 830
Cinq bougeoirs .... 1 kg 530
Quatre pieds de chandeliers en vermeil .... 1 kg 110
Total .... 52 kg 810

Les vingt quatre derniers objets ont été emballés dans une petite caisse en sapin.

Enfin la commission a fait peser et emballer devant elle,
1° deux petits lingots d'or pesant ensemble .... - kg 880
2° débris pesant ensemble .... 15 kg 790
3° poussière d'or .... 7 kg 280
Total .... 23 kg 950
4° Enfin quatre lingots d'argent dont un petit pesant ensemble 4 kg 931

Lesquels vingt trois kilogrammes neuf cent cinquante grammes d'argent ont été emballés dans une caisse.

Les 186 sacs et les trois caisses contenant les pièces d'argent resteront déposés dans le trésor de la Régence jusqu'à leur expédition en France.

Nous constatons ici que la commission a terminée l'inventaire de reprise de tous les fonds et valeurs qui constituaient le trésor de la Régence au moment de l'arrivée des troupes françaises dans Alger.

La commission après avoir terminé l'opération que nous venons de constater a fait refermer la porte du trésor sur laquelle les scellés ont de nouveau été apposés et elle s'est retirée après avoir signé avec nous le présent procès-verbal.

Signé : baron Denniée.

Le deux août sur la demande de M. le Payeur général la commission s'est rendue au trésor de la Régence dont les scellés ont été reconnus intacts, et il a été prélevé sur les fonds inventoriés le trente et un juillet une somme de soixante douze mille francs, laquelle somme est destinée à l'acquittement des dépenses courantes de l'armée. M. le Payeur général en demeure comptable envers le trésor, la somme de 72 000 F dont nous constatons la sortie est entièrement composée de monnaies algériennes d'argent.

Après réapposition des scellés la commission s'est retirée et elle a signé le présent procès-verbal dont nous lui avons donné lecture.

Signés : Tholozé, Firino, baron Denniée.

Le trois août la commission s'est encore réunie sur l'invitation de M. le Payeur général, et après avoir opéré la levée des scellés, elle a fait compter à M. Firino qui en demeure comptable envers le trésor, une somme de cinquante quatre mille francs en monnaies algériennes d'argent. Cette somme destinée à l'acquittement des dépenses courantes de l'armée, est prélevée sur les fonds déjà inventoriés le 31 juillet dernier.

De tout quoi nous avons rapporté le présent procès-verbal que MM. Tholozé et Firino ont signé avec nous après lecture et après que les scellés ont été réapposés.

Signés : Tholozé, Firino, baron Denniée.

Le cinq août, la commission s'est de nouveau réunie au trésor de la Régence, sur l'invitation de M. le Payeur général, à l'effet de prélever sur les fonds en caisse reconnus et inventoriés suivant procès-verbal du 31 juilet dernier, la somme nécessaire à l'acquittement des dépenses courantes de l'armée.

La commission a fait compter devant elle la somme de quatre vingt dix mille francs en monnaies algériennes d'argent dont elle a fait la remise à M. Firino qui en demeure comptable envers le trésor.

De tout quoi nous avons rapporté le présent procès-verbal qui a été signé par la commission après qu'elle a eu réapposé les scellés sur la porte du trésor de la Régence.

A Alger, les jour, mois et an que dessus.

Signés : Tholozé, Firino, baron Denniée.

Le sept août la commission s'est de nouveau réunie. Elle a fait ouvrir les portes du trésor de la Régence après avoir reconnu que les scellés étaient intacts et s'est occupée immédiatement de l'expédition sur France d'une somme de 3 289 600 F et de diverses pièces d'argenterie qui doivent être chargés sur la Frégate la *Vénus* et qui sont destinés pour le trésor de France, et elle a établi comme suit le bordereau d'envoi.

Bordereau des fonds provenant des caisses saisies à Alger envoyés le 7 août 1830 au trésor royal de France par la commission de finances et remis à bord de la frégate la *Vénus* entre les mains et sous la surveillance de M. le capitaine de vaisseau qui la commande, pour être transportés à Toulon, conformément aux ordres de M. l'amiral Duperré, commandant en chef l'armée navale.

Savoir :

257 (deux cent cinquante-sept) sacs de toile grise triple, dont le second intermédiaire est scellé de deux cachets portant l'empreinte ci-contre, renfermant chacun cent piastres fortes d'Espagne en argent Colomatas, soixante quatre kilos poids net et pour la totalité des 257 sacs, seize mille quatre cent quarante huit kilogrammes d'argent, qui évalués à deux cents francs le kilogramme représentent une somme de trois millions deux cent quatre vingt neuf mille soixante francs, ci 3 289 600

2° deux caisses renfermant cinquante deux kilogrammes huit cent dix grammes en diverses pièces d'argenterie dont le détail suit :

Savoir :

		k	g
	une soupière et son couvercle	3	280
	14 plats	7	930
Caisse en noyer n° 1	9 cloches ou couvercles	5	080
	7 cafetières dont 4 petites	6	600
	3 thurifières	4	200

	5 compotiers et six couvercles	5 550
	6 plateaux	4 110
	2 bassins et un morceau ciselé à jour	3 600
Caisse en sapin n° 2	Huit aspersoirs dont 3 en vermeil	4 600
	Sept chandeliers	5 830
	Cinq bougeoirs	1 520
	Quatre pieds de chandeliers en vermeil	1 110
		52 810

Caisse n° 3 renfermant trois kilogrammes neuf cent cinquante grammes d'or et quatre kilogrammes neuf cent trente grammes d'argent, savoir :

	Deux petits lingots	0 880
OR	Débris	15 790
	Poussière d'or	7 280
		23 950

Argent : quatre lingots dont un petit .... 4 k 930 g

Quatre caisses (n° 4, 5, 6 et 7) renfermant chacune une pendule.

Nota : Les pendules et les matières d'or et d'argent ne peuvent être évaluées attendu qu'on n'en connaît ni le prix ni le titre.

Arrêté le présent bordereau à la somme de trois millions deux cent quatre vingt neuf mille six cent francs, dans les valeurs mentionnées ci-dessus, qui doivent être tenu à la disposition du Ministre des Finances dont les ordres seront réclamés par la voie télégraphique à l'arrivée de la frégate à Toulon, par l'entremise de M. le contre-amiral Martinenq, préfet maritime.

M. Roussel capitaine de vaisseau commandant la frégate la *Vénus* est invité par la commission à maintenir en bon état les 257 sacs triples d'argent en évitant les chocs trop violens dans les chargemens et déchargemens, en les soustrayant autant que possible à la dent du rat et à l'humidité.

Pour réparer les avaries qui pourraient survenir dans le trajet, la commission des finances prie M. le capitaine Russel commandant la *Vénus* de surensacher les sacs qui se trouveraient troués et décousus et d'apposer son cachet sur ces nouveaux sacs. La commission lui fait remettre à cet effet cent sacs vides.

Alger le sept août mil huit cent trente.

Les membres de la commission de finances après avoir terminé cette opération, ont arrêté que les fonds restant au dépôt dans le trésor de la Régence, seraient remis à la disposition du payeur général pour être affectés aux dépenses de l'armée. En conséquence, il sera procédé immédiatement au classement des monnaies qui seront comptées et mises en sacs. L'opération aura lieu sous la direction de M. payeur général membre délégué à cet effet par la commission et en présence de M. Pélissier, capitaine au corps royal d'état-major. Cette double opération sera exécutée par les sous employés des trésors assistés au besoin par des sous-officiers pris dans le corps. La commission s'ajourne au 15 août pour effectuer la remise des fonds. La commission après avoir réapposé les scellés s'est retirée et elle a signé le présent procès-verbal après lecture.

Signés ; Tholozé, Firino, baron Denniée.

Le dix août, la commission de finances composée de MM. Tholozé, Firino et de nous, réunie dans le trésor de la Régence dont les portes ont été ouvertes après que les scellés ont été reconnus intacts, il a été procédé à la reconnaissance des fonds existants et dont dans sa précédente séance, la commission avait arrêté que remise serait faite à M. le Payeur général pour les dépenses courantes de l'armée.

La commission après s'être assurée que le tri et le classement des diverses monnaies, s'est fait conformément à ses intentions, avoir reconnu qu'un grand nombre de pièces de cuivre s'était introduit parmi les pièces d'argent que déduction faite de ces pièces et de celles reconnues fausses ou altérées par suite du comptage, l'existant en espèces s'élève à la somme de quatre millions cent quarante quatre mille cinq cent vingt un francs, c'est-à-dire à onze mille cinq cent vingt un francs soixante centimes de plus qu'il n'avait été constaté d'après les évaluations du pesage qui a eu lieu dans les séances des 29, 30 et 31 juillet dernier. Cet excédant résultant de l'exacte vérification qui a eu lieu par comptage d'espèces, doit bonifier au trésor, et M. le Payeur général en sera chargé en recette en fournissant un récépissé intégral de la dite somme de 4 144 521 F 60 c.

La commission a séance tenante arrêté le compte des dépenses relatives à l'encaissement, à l'emballage, au transport et à la garde des fonds du trésor de la Régence, dépenses qu'elle avait fixées pendant le cours de ses opérations, au taux auquel elles portées au bordereau qu'en a présenté M. le Payeur général.

Elle a reconnu que ce bordereau est appuyé de reçus et de quittances aussi régulières que les circonstances ont permis de les établir. Le bordereau s'élève à la somme de dix huit cent quatre vingt huit francs quatre vingt quatorze centimes, mais dans cette somme est comprise celle de onze cent trente neuf francs quatre quatorze centimes qui a été prélevée sur les fonds de la Régence et non inventoriés. M. le Payeur général devra donc s'en charger en recette par un récépissé spécial, comme remise à lui faite. La somme de sept cent quarante neuf francs formant le complément de celle de l'armée, M. le Payeur général pourra au moyen de l'opération indiquée, se porter en dépense de la somme de 1 888 F 94 c au compte de ses frais du service du trésor.

La commission a cru devoir constater en outre, que d'après un arrêté de M. le général en chef en date du 8 juillet dernier M. le Payeur général a reçu l'ordre de payer à raison de cinq piastres fortes d'Espagne, à chacun des Turcs (homme, femme ou enfant) qui serait déporté et ce au moment de leur embarquement.

Conformément à l'état établi et certifié par M. le gal Tholozé chargé de faire effectuer ce paiement, la dépense qui en est résultée s'est élevée à la somme de quarante trois mille huit cent vingt un francs. Elle sera régularisée par un mandat de M. l'Intendant en chef de l'armée acquittable sur le chapitre des dépenses diverses et imprévues du budget de la Guerre ; mais attendu que cette somme a été prélevée sur la masse des fonds existants au trésor de la Régence, M. le Payeur général devra se charger en recette par un récépissé spécial de la somme de quarante trois mille huit cent vingt un francs ; comme à lui remise pour les dépenses courantes de l'armée, à charge d'en compter envers le trésor.

De ce qui précède, il résulte que le total des fonds et valeurs trouvés dans le trésor de la Régence d'Alger, s'élève à la somme de quarante huit millions, six cent quatre vingt quatre mille cinq cent vingt sept francs quatorze centimes, ci.. 48 684 527 F

que les fonds envoyés en France en cinq envois successifs, s'élèvent à la somme de quarante trois millions trois cent quatre vingt dix huit mille neuf cent dix huit francs, ci .... 43 398 918 F
que les fonds remis au payeur général pour les dépenses courantes de l'armée s'élèvent à la somme de cinq millions deux cent quatre vingt cinq mille six cent neuf francs quatre vingt quatorze centimes, ci
.... 5 285 609 F 94
portant balance .... 48 684 527 F
que la commission a inventorié diverses d'argenterie et débris d'or et d'argent qui ont été expédiés sur France tels qu'ils ont été repris d'après le présent acte.

La commission arrête, qu'ampliation du présent procès-verbal sera adressé à S.E. le Ministre des Finances avec les récépissés comptables des fonds remis aux préposés du payeur général, appuyé des bordereaux originaux d'envoi de fonds en France bien qu'ils aient déjà été transmis à S.E. par M. le Payeur général de l'armée.

Fait et clos en triple ampliation originale que MM. Tholozé et Firino ont signé avec nous après lecture.

A Alger les jours, mois et an que dessus.

Signés ; Tholozé, Firino, baron Denniée.

Pour copie conforme
l'Intendant en chef
(signature) Denniée

(A.M.G. H 225)

Ministère de la Guerre

La commission déclarant, à la majorité de six contre un, qu'elle est suffisamment éclairée, la discussion s'est ouverte sur ces différents projets. La Commission a déclaré, à la majorité de quatre contre deux, qu'elle adoptait les conclusions ci-après :

CONCLUSIONS

Après avoir épuisé tous les moyens mis à sa disposition ou qui lui ont été suggérés par son zèle, pour constater l'existence des désordres et des dilapidations qui, selon la rumeur publique, auraient accompagnés la prise de possession de la Casauba et du Trésor de la Régence d'Alger, la Commission d'enquête, parvenue au terme de ses travaux, déclare :

1°) que dans un premier moment de trouble et de confusion inséparables du départ précipité du Dey, des officiers de sa maison, de ses femmes, de sa milice et de sa suite, et de l'entrée dans son palais des troupes françaises, il y a eu quelques désordres, des distributions d'armes, prix incontestable de la victoire, des enlèvements d'effets et de vêtements de femme excitant plus la curiosité par leur forme étrangère, que la cupidité par leur valeur ; qu'enfin quelques mains plus avides ont puisé dans des caisses d'argent abandonnées par les vaincus dans leur fuite ; mais qu'il n'y a pas lieu d'accuser en particulier aucun individu de ces désordres contre lesquels un cri d'indignation s'est élevé de tous les rangs de l'armée, où dans ces mêmes circonstances, une foule d'hommes généreux et de braves soldats donnèrent l'exemple du désintéressement et d'une admirable discipline, en rapportant au Trésor public le numéraire et les objets de prix trouvés épars dans les appartements du palais et quelques maisons particulières.

2°) La Commission reconnaît :

Que d'après les explications déposées dans son sein, les recherches les plus minutieuses au dehors, et l'inspection des lieux, il résulte pour elle la conviction intime qu'aucun individu appartenant à l'armée n'a pénétré dans le Trésor de la Régence avant que la Commission de finances, nommée pour en prendre possession, n'ait reçu les clefs du Kasni adji qui l'attendait à la porte des caveaux de la Casauba ; que depuis nulle somme n'a pu être détournée sans le concours des trois personnes composant ladite commission, MM. Denniée, Tholozé et Firino ; que tout enlèvement clandestin pendant le cours de leurs opérations a été matériellement impossible ; qu'au surplus, indépendamment de la garantie morale présentée par les trois hommes honorables remplissant une mission toute de confiance, il ne s'est pas trouvé un seul individu déclarant avoir vu, dans le transport de la Casauba à la Marine des fonds et valeurs expédiées en France, le moindre somme dévier de sa destination.

Que nul document authentique n'a pu conduire à reconnaître que le Trésor, dont l'importance a été si fort exagérée sur la foi de récits populaires, dût contenir une somme plus considérable que celle dont l'existence a été constatée par le procès-verbal de ladite commission.

Qu'ainsi, il n'y a eu aucun détournement de fonds, aucune dilapidation du Trésor, et sans s'arrêter à quelques vices de forme dans la relation des faits, la Commission proclame hautement que tous les bruits de soustraction et d'infidélité qui ont circulé dans le public, sont autant de fables dénuées de fondement, et dans le sentiment profond de son devoir, elle se fait une loi de la démentir de tout le poids de l'autorité de sa mission.

3°) Relativement au bris des scellés qui avaient été apposés sur l'hôtel des monnaies, la Commission déclare que les auteurs de ce délit sont inconnus et ont échappé à la faveur de leur obscurité, et que la seule déposition du Directeur turc de cet établissement a fourni quelqu'indication sur la valeur des sommes et matières qui ont pu être enlevées.

4°) En ce qui concerne la prise de possession de la maison du bey de Constantine, la Commission reconnaît qu'il est certain que les portes des appartements ont été ouvertes de vive force par les ordres de M. Sermet, sous-intendant militaire, auquel cette maison avait été assignée pour logement par M. l'intendant en chef, et qui avait été précédemment reconnue par M. Daubignosc, lieutenant général de police.

Que des armes qui s'y trouvaient ont été distribuées à plusieurs agents de l'administration de l'armée.

Que divers objets provenant du Bey de Constantine ont été vendus par un domestique dudit M. Sermet au sieur Durand négociant israélite.

Qu'il existait dans les appartements fermés des sommes d'argent dont il n'est pas possible de déterminer le montant sur le seul témoignage du Bey qui les réclame.

Mais que M. Sermet ayant envoyé à la Casauba sans bordereau ni procès-verbal, une somme d'argent qui a été immédiatement confondue avec les valeurs existantes dans le Trésor, et dont le montant est inconnu, il peut se faire que ledit versement représente les sommes trouvées dans la maison.

Que néanmoins, comme il résulte d'une déposition catégorique qu'un sac d'argent portant pour étiquette à M. Daubignosc, a été reconnu dans un coffre appartenant à M. Sermet, ce qui établirait la présomption que ce sac d'argent était destiné à payer le silence d'un témoin de la prise de possession de la maison du Bey, il y aurait lieu à plus ample information contre ledit Sermet, dont, attendu son absence, la Commission n'a pu percevoir aucune explication.

5°) En ce qui concerne les agents de la maison Seillières et autres maisons de commerce que le bruit public a signalés comme ayant facilité à quelques individus de l'armée les moyens de convertir des sommes considérables en traites et papiers sur France et diverses places étrangères, la Commission déclare :

Que ces bruits sont entièrement fabuleux ; que ce qui paraît y avoir donné lieu, c'est que des relations de cette nature ont dû nécessairement exister entre les négociants établis à Alger et les Turcs, auxquels la capitulation permettait d'enlever leurs trésors en s'expatriant.

(A.N. - BB 18/1353 I (1))

du 3 août 1834
n° 293
Ordonnance qui déclare n'y avoir lieu à suivre sur la plainte de Flandin contre MM. Denniée et Firino

Extraits des minutes du Greffe de la cour royale de Paris

au dossier de la procédure suivie contre Jean-Baptiste Flandin, âgé de 57 ans, sous-intendant militaire demeurant à Paris, rue Lafitte n° 20, condamné à une année d'emprisonnement et à trois mille francs d'amende comme coupable de dénonciation calomnieuse par arrêt de la cour royale de Paris, chambre des appels de Police correctionnelle en date du 14 février mil huit cent trente cinq,

se trouve jointe l'ordonnance dont la teneur suit :

Nous, juges composant la deuxième chambre du tribunal de première instance du département de la Seine, réunis en la chambre du Conseil conformément à l'article 127 du code d'instruction criminelle,

vu les pièces du procès et l'instruction faite par M. Zangiacomi ancien juge d'instruction près ce tribunal contre les sieurs Pierre-Paul baron Denniée, Jean-Baptiste Firino et Alexis de Tholosé, ensemble les conclusions de M. Poinsot, substitut de M ; le procureur du Roi, du vingt août présent tendantes à ce qu'il soit déclaré n'y avoir lieu à suivre contre les susnommés,

ouï le rapport de M. Geoffroy, l'un des juges d'instruction près de ce Tribunal, duquel les faits suivants :

Un fonctionnaire public a signalé des faits graves à l'autorité, ces faits remontraient au mois de juillet mil huit cent trente à l'époque de la conquête d'Alger. Ils auraient eu lieu au moment de la prise de possession des trésors de la Régence. Ce fonctionnaire annonce que ces trésors ont été l'objet d'audacieuses et d'immenses soustractions et il va même jusqu'à en nommer les auteurs. Le caractère dont été revêtu le révélateur, la nature des services qu'il avait été appelé à remplir à Alger en mil huit cent trente, l'absence d'intérêt personnel qu'on pouvait et qu'on devait lui supposer, tout donna dans le principe à ces communications un degré particulier d'importance. La Justice en fut frappée. Une fois saisie elle dût pousser aussi loin que possible ses investigations ; elle recueillit sur les faits dénoncés des renseignements de toute nature et de toutes les sources, elle réunit tous documents résultant de correspondances militaires et administratives ; elle entendit tous témoins qui pouvaient jeter quelque lumière sur ces étranges événements. Aujourd'hui on a prononcé sur le résultat de ces longues informations ; on le fera après avoir retracé ce qui en fit précisément l'objet.

A l'époque de la conquête d'Alger, des bruits plus ou moins répandus mais que propagea bientôt l'ardeur des passions politiques du moment, accréditèrent l'opinion que de grandes soustractions avaient été commises par des Français et au préjudice de la France dans les trésors de cette Régence. Le nouveau Gouvernement fidèle à sa mission dut rechercher et remonter à leur source pour en connaître et punir les auteurs. Ainsi lorsque le maréchal Clausel partit dans les premiers jours d'août pour prendre le commandement de l'Armée, il reçut entr'autres instructions celle de nommer une commission d'enquête pour diriger de sévères investigations sur les spoliations signalées par l'opinion.

La nomination des membres de cette commission eut lieu à Alger le quatre septembre. Elle fut faite dans l'esprit qui l'avait provoquée. Non seulement on n'y comprit aucun des officiers ou administrateurs ayant fait partie de l'armée expéditionnaire, mais elle fut exclusivement composée de personnes venues à la suite du nouveau général pour occuper des emplois dans l'armée ou dans l'administration. C'étaient le général Delort, et les sieurs Fougeroux, inspecteur des Finances Cadet Devaux administrateur, Pillaut-Debit, magistrat, Flandin sous-intendant militaire - plus tard on y adjoignit le général Cassan et le sieur Descalonne, lieutenant général de police.

L'un des futurs commissaires, le sieur Flandin, qui va jouer ici un grand rôle, se trouvait à la fin d'août à Toulon en même temps que le maréchal Clausel. Soit qu'il connut alors le choix de sa personne, soit qu'il voulut donner une preuve de zèle, il remit au général une note par laquelle il proposait l'institution d'une commission d'enquête avec l'indication des pouvoirs à lui donner et celle des mesures à prendre par elle ; il demandait au général d'ordonner à tous les généraux et officiers de retourner à Alger, de faire mettre les scellés sur les effets de tous ceux qui avaient quitté l'Afrique ; de nommer un seul grand inquisiteur qui frapperait de séquestre, de saisie et d'arrestation quiconque serait désigné comme suspect par le général en chef ; de placer tous les habitants compromis en état de détention et enfin d'appeler l'entremise des consuls et des ambassadeurs français pour éclairer les rapports que les généraux et les employés de l'Armée d'Afrique avaient pu entretenir avec les consuls étrangers.

Sans doute il n'entrait pas dans l'esprit élevé du général Clausel de se prêter à de pareilles combinaisons ni surtout d'en ordonner l'exécution. Néanmoins ces projets annonçaient dans quel esprit agirait le sieur Flandin. Ils étaient un titre à la confiance du général qui ne voulait que la punition des coupables et dix jours après, le sieur Flandin était nommé rapporteur de la Commission d'enquête.

Aussitôt en fonction, cette commission procéda à des perquisitions chez l'agent de la maison Seillières et chez un banquier d'Alger, le sieur Durand, tous deux signalés comme expéditeurs d'envois de fonds. Le résultat de ces mesures n'éleva absolument aucunes charges contre ces individus et on dut abandonner ce mode d'investigation. La commission resta dans son rôle. Elle se borna à entendre des témoins, à recueillir des renseignements. Elle le fit toutefois avec zèle et on peut dire même qu'un de ses membres, le sieur Flandin, y apporta une sorte de rigueur, car un témoin entendu dans l'Instruction, le sieur Pélissier, chef d'escadron d'état-major, taxant sans doute avec trop de sévérité sa conduite, a dit que le sieur Flandin faisait ses recherches en homme qui regrette de ne pas trouver des coupables pour pouvoir transiger avec eux. Quoi qu'il en soit, le général en chef, la majorité de la commission ne tardèrent pas à acquérir la conviction que les bruits relatifs aux prétendues spoliations du trésor était le résultat de la malveillance ou de l'ignorance des faits. Aussi sans attendre la fin des opérations désormais inutiles de l'enquête, la commission fut invitée à faire son rapport. La majorité acquiesça à ce désir et sur sept membres qui la composaient, l'un, le sieur Pillaut-Debit, déclara qu'il n'était pas suffisamment éclairé, cinq furent d'avis qu'aucunes sommes n'avaient été détournées du trésor, que tout enlèvement avait été matériellement impossible et que tous les bruits répandus dans le public étaient autant de fables dénuées de fondement. Enfin, un dernier membre, le sieur Flandin, opina dans un sens opposé. Toutefois, sans accuser directement de soustractions les fonctionnaires chargés de la prise de possession du trésor, il pensa 1° que par suite d'une irrégularité d'écritures dont il sera parlé plus loin, il y avait lieu d'engager leur responsabilité pour un million cent treize mille six cents francs ; 2° que ces officiers et l'intendant en chef auraient dû se faire assister par un membre de l'Administration algérienne et enfin de faire rechercher s'il n'avait pas été expédié à Gibraltar vingt-huit caisses remplies d'or.

Cette opinion, quoique contraire aux conclusions du rapport, fut par la demande du sieur Flandin et le consentement de la commission annexé à son travail et le tout fut soumis au général en chef. Dans sa haute impartialité, il se hâta de mettre à l'ordre du jour l'avis de la commission et s'exprima en ces termes : Le général en chef éprouve une « grande satisfaction en faisant part à l'armée du résultat de l'enquête faite à Alger sur le prétendu pillage de la Casauba. La déclaration expresse de la commission est que rien n'a été détourné du trésor de la Casauba et qu'il a tourné au contraire tout entier au profit du Trésor de la France ».

Là finissait la mission du comité d'enquête, et partant du sieur Flandin quoiqu'il prétendit que la commission n'était que suspendue : néanmoins il dut revenir en France d'où il écrivit au Ministre de la Guerre d'abord de Marseille, pour protester contre le travail de la commission qu'il taxait d'absurdité et de déraison, ensuite de Paris pour demander du service, c'est-à-dire la réintégration dans son grade de sous-intendant militaire dont il avait été privé sous la Restauration.

Le ministre ne vit apparemment dans les itératives protestations contre l'enquête que la preuve d'une espèce de zèle apporté par le sieur Flandin dans sa mission car dans les premiers mois de mil huit cent trente un il fut nommé quoique sous-intendant, à l'intendance en chef de l'armée de Morée au traitement de vingt quatre mille francs. C'était assurément une belle récompense. Elle fut loin d'être acceptée comme telle aux yeux de celui qui en était honoré. Ce ne fut qu'une disgrâce déguisée. Il fallut même un ordre du ministre accompagné de menace de destitution pour faire partir le nouvel intendant.

De Modon, nouvelles lettres sur l'enquête d'Alger. Le sieur Flandin annonce au ministre qu'il va faire paraître un historique des circonstances qui ont précédé, accompagné et suivi l'action de la commission d'enquête d'Alger. Il lui adresse même les titres des chapitres.

Le vingt deux juin il fit un pareil envoi à un fonctionnaire supérieur de l'administration de la Guerre, en lui demandant qu'on lui donne le brevet d'intendant dont il remplissait les fonctions et il termine par ces mots : « Voici donc mon ultimatum. Je publierai cela bientôt si l'on ne change de suite en définitif le provisoire que j'exerce. Dix-sept ans de première classe m'y donnent droit. On y ajoutera un peu d'or et une rosette à ma croix... Ceci est très sérieux, je le confie à votre amitié, à votre prudence. Je puis parler ou me taire, agir ou rester inactif... Surtout point de délai, de promesses vagues... Il me faut du positif et de suite. »

On ne peut s'empêcher de regretter qu'un fonctionnaire élevé, que le supérieur dans la hiérarchie militaire et administrative ait pu autoriser chez le sieur Flandin son inférieur une familiarité qui va jusqu'à d'aussi indécentes confidences.

Cette dernière démarche quoique fort nette ne fut pas plus heureuse que les autres. Le sieur Flandin fut laissé à son service de Morée, libre d'agir ; mais le service ne fut pas de longue durée. Il dut le quitter pour des motifs que la correspondance ministérielle ne fait que trop connaître mais que rien ne force à dévoiler ici.

La décision portant son rappel est du vingt juillet mil huit cent trente deux. Il ne fut à Paris qu'à la fin d'août et les soins d'une santé délabrée l'occupèrent seuls jusqu'en juin de l'année suivante.

Vers cette époque expirait le congé de convalescence qui lui avait été accordé. De nouveaux besoins allaient surgir. Le sieur Flandin est sans fortune ; il a une famille nombreuse et quinze années de réforme ont plus que compromis son avenir. Cette position difficile, mais qui n'a rien que d'honorable, puisqu'elle est la suite de disgrâces antérieures à mil huit cent trente, explique peut-être bien des circonstances dont autrement on aurait peine à se rendre compte. Bientôt on aura à décider si d'impérieuses nécessités ou si le seul sentiment du devoir ont inspiré les démarches dont a déjà parlé, à celui qu'il reste à faire connaître.

En juin mil huit cent trente trois, le sieur Flandin soit qu'il ne comptât plus sur le Ministre de la Guerre auquel il n'avait plus rien à écrire de nouveau, soit qu'il espérât plus du Ministre de l'Intérieur qui dispose des fonds secrets, s'adressa de préférence à ce dernier et se mit en communication avec son secrétaire général.

L'instruction n'a pas dû rechercher les confidences que ce fonctionnaire avait reçues dans l'exercice de ses fonctions, mais une lettre signée du Ministre fait suffisamment connaître duquel sujet il l'avait entretenu.

Voici cette lettre : « Monsieur, Vous avez fait connaître au secrétaire général de mon ministère que vous aviez des pièces qui prouvent l'existence de délits commis lors de la reconnaissance des trésors de la Casauba à Alger ; je vous invite, Monsieur, à me donner une copie par vous certifiée de ces pièces. S'il y a des coupables, il faut qu'ils soient poursuivis et punis. Agréez etc. Signé le Cte d'Argout. »

La réponse du sieur Flandin ne se fit pas attendre. Elle consiste dans l'annonce d'un travail sur la matière prêt à être livré à l'impression, travail, disait l'auteur de la lettre, appuyé de *tout ce qui peut provoquer la confiance et produire la conviction.* Il terminait en déclarant qu'il *n'avait à envoyer la copie d'aucunes des pièces* de la nature de celles demandées par le ministre.

Là finit sa correspondance avec le ministre de l'Intérieur. Assurément il n'avait pas été plus heureux dans ses tentatives auprès de lui que jadis auprès du ministre de la Guerre, mais au moins il en avait une lettre laconique, il est vrai, mais présentant toutefois un côté utile, pouvant offrir une chance à des combinaisons. Cette lettre contenait une question, elle demandait des pièces annoncées. Des tiers ne sauraient pas si elle avait été répondue, ils ignoreraient surtout si on n'avait pas les preuves qu'on disait avoir. Cette lettre pouvait donc être une arme dans des mains habiles. Ce qui suit va faire connaître le parti qu'en sut tirer le sieur Flandin.

Le trois juillet, il se rend muni de cette lettre chez Maître Péan de Saint-Gilles, l'un des notaires les plus honorablement connus de Paris et qui a la confiance du sieur baron Denniée, ancien intendant général de l'armée d'Afrique. Après s'être nommé, il entre en matière. Il apprend au notaire qu'il a été membre de la commission d'enquête établie en mil huit cent trente à Alger, que dans le cours de ses investigations il a recueilli des documents nombreux compromettant à un haut degré son client ainsi que le sieur Firino, alors payeur général de l'armée, et le général Tholosé, maréchal de camp et alors gouverneur de la Casauba. Il dit posséder des preuves officielles de leur culpabilité, faisant sentir qu'il y a grand intérêt notamment pour le baron Denniée d'acheter son silence. Maître Péan de Saint-Gilles, auprès duquel de pareilles manœuvres ne sont pas nouvelles, comprit bien vite de quoi il s'agissait et en homme exercé il tendit à son tour un piège fort innocent. Il lui demanda de lui transmettre par écrits ses propositions pour pouvoir les communiquer à son client. Le sieur Flandin n'y vit aucune difficulté et le lendemain il apporta une longue lettre, non plus peut-être aussi précise que celle que nous avons citée de lui sous la date du 22 juin 1831, mais qui finit par ces mots : « J'aurai l'honneur de vous voir demain. Puissiez-vous avoir à me demander un fatal dossier et me mettre ainsi dans l'impuissance d'agir de la manière que je suis résolu à le faire immédiatement si l'on ne vous avait donné tout pouvoir pour prévenir l'action à laquelle je suis provoqué par le gouvernement lui-même. »

Le sieur Denniée fut instruit de tout. Sa réponse fut : *qu'il agisse, le plutôt sera le mieux.*

Au jour indiqué le sieur Flandin vint chercher cette réponse. Quand il la connut, il réclama sa lettre. On conçoit qu'elle lui fut refusée. Depuis elle est devenue un des éléments de l'instruction.

A peu près à la même époque, les sieurs Denniée et Firino recevaient chacun une lettre anonyme accompagnée de la copie de la lettre du Ministre de l'Intérieur au sieur Flandin. On leur disait qu'ils devaient savoir ce qu'ils avaient à faire à la vue de la demande adressée par le Ministre au sieur Flandin. On y faisait des vœux pour qu'ils profitassent de l'avis. Quant au sieur Firino, outre pareille missive, on lui adressait par un tiers la demande de deux cent cinquante à trois cent mille francs, chiffre auquel on fixait le prix du silence du sieur Flandin.

Assurément la preuve complète, positive que ces vils moyens aient été employés par le sieur Flandin, elle manque à l'instruction, car son aveu seul aurait pu la donner ; mais si l'on considère non seulement le contexte, la phraséologie, le papier et jusqu'à un certain point l'écriture, mais plus encore les circonstances qui ont précédé et accompagné ces lettres, c'est-à-dire les manœuvres employées auprès des Ministres de la Guerre et de l'Intérieur et de Me Péan de Saint-Gilles, il résulte reste peu de doutes sinon sur l'écrivain, au moins sur l'auteur véritable de ces missives.

Enfin à quelque distance, le général Tholosé eut sa lettre anonyme, et Me Péan de St-Gilles se vit encore sollicité par un entremetteur qui fut éconduit comme l'avait été le principal intéressé.

Voyant ainsi que tout lui échappait et que ses propositions et ses menaces étaient dédaignées par les personnes qu'il inculpait, comme ses insinuations l'avaient été par l'autorité, le sieur Flandin tenta d'une dernière ressource. Elle était plus téméraire que toutes les autres, mais elle a permis à la Justice de mettre à nu tous les actes de cette longue machination. Ce fut au Roi qu'il résolut de s'adresser. Sa Majesté daigna l'entendre et lui accorda une audience. Sans doute le respect du Trône n'eut pas permis de soulever le voile qui devait couvrir les rapports qu'il avait eus avec le Souverain et cet entretien fut resté dans le mystère si une lettre du sieur Flandin en date du vingt huit juillet ne fut venue révéler l'objet dont il avait entretenu le monarque. Cette lettre, première pièce et base de toute l'instruction, est trop importante pour n'être pas rapportée en totalité. En voici les termes :

« J'apprends à l'instant que M. le maréchal duc de Dalmatie ne reviendra des eaux que dans la première quinzaine du mois prochain. Ce retard qui ajourne la décision à prendre dans mes intérêts en considération des graves circonstances dont j'ai entretenu Votre Majesté le huit de ce mois, me laisse dans une situation qui n'est plus supportable et prolonge en faveur de certains individus et contre les bienséances gouvernementales un état de choses qui a déjà duré trop longtemps. Cependant, je comprends que plus l'affaire est grave et délicate, et plus il convient que M. le maréchal Soult partage seul avec Votre Majesté la connaissance des détails que j'ai donnés à Votre Majesté. J'attendrai donc jusqu'à son retour l'accomplissement des promesses que Votre Majesté a bien voulu me faire et dont je rappelle l'objet dans les notes ci-jointes que Votre Majesté aura la bonté de conserver jusque-là pour leur donner alors la suite qu'elles doivent avoir, à moins que Votre Majesté ne juge à propos de lui communiquer ces notes pour avoir son avis et faire donner des ordres d'exécution. Mais comme il y a pour moi péril en la demeure, je prie très instamment Votre Majesté de donner de suite à M. le Ministre de l'Intérieur l'ordre de me faire payer de suite aussi, sur les fonds secrets la somme de dix mille francs à valoir sur celle plus élevée qui devra m'être accordée pour me mettre à même d'arranger mes affaires. Sire, il y a urgence à me faire payer ce provisoire. J'ai l'honneur etc. Signé Flandin. »

A cette lettre était jointe une note qualifiée *secrète* dans laquelle le sieur Flandin affirmait qu'il avait une preuve officielle irréfragable que des sommes considérables provenant des fonds soustraits à Alger avaient été remises à plusieurs maisons de banque, et il demandait en terminant 1° que la Recette générale des Bouches-du-Rhône fut retirée au sieur Firino et donnée à la personne que lui, sieur Flandin, présenterait ; 2° que le brevet d'intendant lui fut délivré immédiatement ; 3° il demandait encore une place de maître des Requêtes ; 4° une place d'auditeur au Conseil d'État pour son fils ; 5° cent mille francs sur les fonds secrets et de peur que la mémoire de Sa Majesté ne vint à la trahir, il avait pris la précaution d'annexer à cette note en l'adressant à Sa Majesté un mémorandum pour chacun des ministres que concernaient les cinq demandes.

Toutes ces pièces furent transmises au ministère public qui requit des poursuites sur les soustractions qu'on y signalait.

Le neuf août, le sieur Flandin fut cité devant le juge d'instruction. Il se contenta d'y demander des délais annonçant que l'extrême importance des pièces qu'il possédait l'avait forcé de les déposer en mains tierces et qu'il en attendait de nouvelles encore de l'étranger. Mandé de nouveau le quinze août, il refusa d'entrer en explication, éluda toutes les questions qui lui étaient nettement posées et déclara que sous peu il remettrait entre les mains de la Justice une déposition écrite en entier de sa main qui pourrait être considérée comme pièce au procès. Le magistrat instructeur eut encore la condescendance de se prêter à cette prétention extra-légale tant était grand le besoin qui animait la Justice de punir les spoliateurs de la fortune publique.

Enfin le trente un août survint cette déposition. Il faut l'avouer, elle fut loin de contenir tout ce qui avait été annoncé. On y chercha vainement les preuves *officielles irréfragables* qu'avec tant d'assurance on avait annoncées au Roi, aux ministres, à Me Péan de St-Gilles et même aux sieurs Denniée, Firino et Tholosé par la voie de l'anonyme.

Comme jusqu'à la fin de l'instruction cette pièce fut la seule que l'on ait appuyée de documens ou de ce qu'on a appellé des preuves, il importe d'en parcourir successivement toutes les parties.

Cette déposition comprend seize divisions qui sont présentées sous la qualification de *faits connus.* Autant de preuves de dénonciations. De ces seize faits, il faudra d'abord en retrancher nécessairement huit qui sont ou de simples considérations ou des énonciations étrangères à la poursuite actuelle et qui ne prouvent ni les soustractions ni la culpabilité des inculpés. On va les indiquer dans l'ordre suivi par le sieur Flandin. Les énoncer sera les réfuter.

Ainsi on n'a jamais voulu sérieusement l'enquête, dit le sieur Flandin (premier fait) « et la preuve c'est que le général en chef n'a pas pris les mesures indiquées dans la note que je lui ai communiquée à Toulon ». C'est-à-dire que l'on fait un reproche au maréchal Clausel de n'avoir pas adopté la proposition de nommer *un grand inquisiteur,* de placer en état de suspicion toute l'armée d'Afrique, etc. Il suffit de reproduire une pareille assertion pour en faire justice.

La commission d'enquête (cinquième fait) dans le cours de ses opérations a trouvé une note émanée du colonel Juchereau de Saint-Denis.

Cette note portait à cinquante millions le chiffre du trésor. Cette note n'a plus été retrouvée en minute. Donc les sieurs Denniée, Firino et Tholosé composant la Commission des Finances chargée de la prise de possession des trésors, ont eu intérêt à la faire disparaître, donc ils l'ont soustraite... Est-ce sur un pareil raisonnement qu'on peut attaquer l'honneur des membres de la Commission et les accuser de soustraction ?

Ainsi (septième fait), le sieur Flandin se plaint qu'on ait suspendu les travaux de la commission d'enquête ; ... (neuvième fait) que le ministère n'ait pas tenu compte de ses protestations répétées... ; (dixième fait) que la commission d'enquête n'ait pas partagé son opinion, accueilli ses conclusions. Il dit même qu'elle a employé des violences morales dans l'intérêt du système adopté ; mais il n'indique aucune violence et le procès-verbal constate qu'un des membres, le sieur Pillaut-Debit, a déclaré n'être pas suffisamment éclairé = preuve certaine que personne n'a été forcé d'émettre un avis, d'adopter une opinion...

(Douzième fait) il se plaint encore que le général Loverdo ait répondu d'une manière évasive à la commission d'enquête...

(Quatorzième fait) il accuse le général en chef de lui avoir refusé de faire appliquer à la torture deux banquiers algériens... odieuse barbarie qu'il n'a pas craint de provoquer contre deux témoins... Enfin il signale des désordres qu'il dit avoir été commis chez le Bey de Constantine quand il sait mieux qu'un autre que tout à cet égard est terminé et qu'un sous-intendant militaire qu'il avait accusé a été complètement lavé de toute inculpation.

On le répète, aucun de ces faits ou plutôt de ces énonciations vagues n'est de nature à fournir aucunes charges aucuns indices de culpabilité contre qui que ce soit, aucun d'eux ne prouvent en aucun point la dénonciation.

Quant aux huit autres s'ils ne sont pas plus positifs au moins énoncent-ils plutôt des faits que des allégations et sous ce rapport méritent-ils un examen particulier. On va suivre l'ordre dans lequel les a produits la dénonciation.

(2e fait de la dénonciation générale).

La commission de finances au moment de l'occupation d'Alger est restée dans une inaction officielle de quarante-huit heures. Puis elle a omis de faire l'inventaire du trésor avant d'y enlever les valeurs... Le reproche d'inaction officielle fait entendre que cet intervalle de quarante-huit heures a été employé par les commissaires à des actes non officiels et comme le sieur Flandin, dans l'articulation du onzième fait, a placé dans cet intervalle et spécialement dans la nuit du 5 au 6 juillet l'enlèvement frauduleux d'une partie considérable des trésors de la Casauba, on comprend le choix de cette expression *inaction officielle.*

Et d'abord il faut observer que cette inaction, quand même elle serait établie, ne serait tout au plus qu'un fait de négligence administrative à l'abri de toute censure judiciaire, mais cette inaction est démentie par les actes et par les faits. Le procès-verbal de la Commission de finances constate en effet que le cinq juillet à onze heures, le jour même de l'occupation elle a commencé la visite des trésors ; elle a rempli cette journée par l'apposition des scellés, l'installation des postes de surveillance, l'établissement des consignes, et la journée du six fut employée à des recherches indispensables dans l'intérieur et dans les dépendances de la Casauba.

C'est dans le courant de cette journée que fut apporté l'argent trouvé dans les appartements du Dey, on leva les scellés pour l'y placer et enfin le sept a commencé le classement et la numération des monnaies d'or.

Le reproche d'omission d'inventaire n'est pas même fondé. Le sieur Flandin aurait voulu qu'avant d'enlever une seule pièce de monnaie, un seul lingot, on eut inventorié le total et déposé le chiffre au Trésor. Mais il faut dire qu'il n'existait dans la Casauba ni livres ni registres de comptabilité ; que les métaux étaient accumulés sans ordre et répandus sur le sol des caveaux ; que pour en faire l'inventaire il eut fallu des affineurs à l'effet de déterminer le titre et le poids de l'or, des instrumens pour faire ces opérations, des employés pour le calculer, enfin du temps et une tranquillité dont on ne jouit pas dans une conquête de la veille, dans un pays barbare et au milieu des obstacles et des dangers dont on était entouré. Il faut ajouter que les instructions du ministre des Finances étaient d'employer le mode le plus expéditif et de substituer au besoin le pesage à la numération, circonstance décisive et sans réplique qui suffirait pour affranchir les commissaires de tout reproche si leurs opérations n'avaient d'ailleurs reçu l'approbation de leurs supérieurs dans la hiérarchie administrative, militaire et financière et leur gestion l'apurement complet de la Cour des Comptes.

3e fait : Dans la nuit du cinq au six juillet, l'établissement de la Monnaie a été pillé, donc la responsabilité de la commission de finances est engagée pour le montant des valeurs qui s'y trouvaient.

Il résulte de l'examen des actes dressés sur les lieux à cette époque que dans la nuit indiquée la Monnaie d'Alger sur les portes de laquelle la Commission de finances avait mis le scellé la veille fut ouverte par effraction et que tout ce qui s'y trouvait fut pillé et enlevé. Les auteurs de ces désordres sont par malheur restés inconnus, mais personne n'a songé à en accuser les membres de la Commission de finances. C'est là un événement de force majeure qui n'aurait pu qu'engager au plus leur responsabilité administrative mais ne saurait en aucune sorte tomber à leur égard sous l'appréciation de la justice criminelle.

(4e fait) : La Commission de finances n'a compté au gouvernement que quarante neuf millions ; or il est certain, dit le sieur Flandin, que le Trésor de la Régence renfermait de bien plus grandes valeurs. Voici sur quoi il l'établit :

La commission d'enquête s'est transportée dans les caves du Trésor. Elle était accompagnée d'un ancien employé à la Trésorerie du Dey. Cet employé a indiqué avec une baguette à quelle hauteur du mur s'élevaient autrefois les masses de métal. Or au moyen d'une opération de cubage on a trouvé qu'il existait au moment de l'occupation environ trois cent trente millions et en réduisant même, ajoute le sieur Flandin, à moitié ce chiffre, on trouve plus de cent cinquante millions ; d'où la conséquence mathématique que de grandes soustractions ont été commises et comme il n'y a que les membres de la commission qui eurent accès dans le Trésor, il en résulte comme conséquence inévitable qu'eux seuls ont commis ces soustractions.

Malgré la fragilité du point de départ d'un pareil raisonnement, l'instruction a fait toutes les recherches nécessaires pour connaître et apprécier les faits. Et d'abord elle a pu non pas fixer mais déterminer approximativement le montant du trésor algérien avant l'entrée des Français. Des habitants d'Alger ont été entendus, ils avaient été employés en mil huit cent dix sept à transporter du château du Dey dans la Casauba le Trésor de la Régence. Ils estimaient qu'à cette époque il se montait à soixante dix millions, mais que la suppression de la piraterie et le non paiement des Tribus et les autres besoins de l'État avaient dû le réduire en mil huit cent trente à la somme d'environ cinquante millions, chiffre qui se rapproche comme on voit beaucoup de celui indiqué par la commission c'est-à-dire de quarante neuf millions.

Quant à l'opération de cubage pratiquée dans les caves du Trésor, les investigations de la Justice ont fait sentir combien elle était dénuée de raison et de fondement. Comment, en effet, sur l'indication donnée par la baguette d'un Turc déterminer à peu près la valeur en francs d'une masse de métal ? Comment apprécier si ces données ont la moindre exactitude ? Si le métal ne s'élevait pas soit un peu plus haut soit un peu plus bas ? S'il s'élevait en tas contre le mur ou s'il offrait partout une masse solide ? S'il en existait sur le sol ou sur une partie seulement ? Un pareil raisonnement ne soutient pas le moindre examen.

(6e fait) : Il existe un faux matériel dans le procès-verbal dressé le vingt-six juillet par la commission de finances. On y avait primitivement porté un envoi en France de deux cent quatre vingt sept sacs faisant en somme Trois millions six cent soixante treize mille six cent francs. Ensuite on a effacé ces chiffres et réduit le nombre des sacs à deux cents et la somme à Deux millions cinq cent soixante mille francs ; différence en moins quatre vingt sept sacs ou un million cent treize mille francs. Puis et sur la minute transmise au ministre des Finances on a écrit cette note en marge : « Cette différence de cinq mille cinq cent soixante huit kilogrammes d'argent provient de ce que quatre vingt sept sacs inventoriés le vingt deux juillet et laissés en dépôt dans la salle du Trésor de la Régence jusqu'à leur expédition pour la France, étaient par double emploi compris dans la pesée de ce jour. La commission reconnaissant cette erreur en a opéré la rectification. »

Cette note est signée du sieur Denniée seul sur la minute du ministre des Finances. Elle se trouve sur les deux autres minutes au-dessus des signatures et en lettres plus fines que le contexte de l'écriture. Le sieur Flandin en conclut que cette somme de un million cent treize mille francs a été détournée au préjudice de l'État par la Commission et que les altérations du procès-verbal rapportées ci-dessus ont eu pour objet de masquer cette soustraction.

Pour apprécier cette imputation, il importe de préciser et bien fixer les faits.

La commission de finances opérait journellement le pesage et l'ensachement des valeurs composant le Trésor. Lorsqu'elle en avait réuni une quantité assez considérable pour constituer une expédition sur France, les sacs étaient portés sur un navire par des détachements escortés de bataillons armés, et le capitaine du vaisseau en donnait décharge. Il résulte des explications données par les inculpés et les témoins entendus sur ce point que le vingt deux juillet quatre vingt sept sacs furent comptés en plus que de coutume et furent déposés dans une des salles du Trésor où jusqu'au vingt six juillet ils restèrent, en quelque sorte oubliés. Ce jour étant celui d'une expédition, on fit le bordereau et le sieur Firino eut la précaution de rappeler par une note au sous-intendant militaire chargé de la rédaction du procès-verbal le dépôt des quatre-vingt sept sacs existant dans l'une des salles. Le sous intendant ne manqua pas d'en faire la mention sur le procès-verbal. Mais ensuite au recensement des valeurs, on reconnut que ces mêmes quatre vingt sept sacs avaient été portés à la date du vingt deux juillet jour de leur pesage. Alors sans autre précaution et d'un seul trait de plume, le sous-intendant rédacteur se contenta d'effacer le résultat posé et d'y substituer comme total le montant de l'expédition moins ces quatre vingt sept sacs, c'est-à-dire moins un million cent treize mille francs. Il annonça ce résultat par une note placée au-dessus des signatures apposées par les membres de la Commission.

Dans cette position peut-on dire que les signataires de cet acte ont commis le crime de faux 1° par altération d'écriture, 2° par intercalation faite sur un acte public depuis sa confection ou clôture ?

Sans doute s'il était démontré que cette addition au procès-verbal ait eu lieu dans un but criminel dans l'intention de s'approprier le montant de la différence annoncée, dans ce cas il y aurait faux et la Justice s'empresserait de sévir contre les auteurs d'un pareil méfait. Mais toute intention frauduleuse est repoussée par les documents de l'information. Elle l'est d'abord par le témoignage du sieur Evrard de Saint Jean, sous-intendant militaire, celui même qui a rédigé le procès-verbal et qui assumant la responsabilité de ses actes s'est empressé de donner à la Justice connaissance de tous les faits, de s'accuser lui-même d'avoir commis le double emploi signalé, d'avoir corrigé lui-même le procès-verbal en passant la plume sur son chiffre et qui dans sa bonne foi s'est empressé de dire qu'il était seul coupable.

Elle est repoussée en second lieu par la loyauté avec laquelle tout s'est passé. Qui croira que, voulant soustraire plus d'un million, on ait altéré sans la moindre précaution un procès-verbal dont on laissait même parfaitement lire le contenu primitif ?

Elle est repoussée par cette idée que si la Commission avait voulu commettre des détournements, elle n'aurait pas choisi des valeurs déjà pesées, ensachées et dont l'existence dans un endroir était connue de tous les soldats et officiers qui avaient concouru à leur pesage et à leur enlèvement des caveaux...

Elle est repoussée enfin par cette considération décisive que s'il y avait eu intention criminelle, on eut pu pour la dissimuler, rédiger un procès-verbal régulier au lieu de provoquer et d'appeler les investigations par une grossière intercalation par un changement choquant d'écritures.

Ainsi point d'intention coupable dans les changements dans les altérations apportées au procès-verbal, partant point de faux car en cette matière plus qu'en toute autre, point de crime sans intention.

Mais il résulte au moins une irrégularité. Oui, mais c'était à l'administration de la critiquer. Or ni le ministre des Finances qui a reçu les comptes de la Commission, ni la Cour des Comptes qui les a apurés n'ont relevé cette omission de former cet inaccomplissement des usages de la comptabilité qui veulent que tous changement apportés à un acte de comptable soient approuvés et signés par les parties. La Justice ne peut donc en connaître, son rôle est épuisé dès que l'idée de faux est écartée.

(8e fait) : La maison Seillières chargée des fournitures de l'armée se trouve inculpée par le sieur Flandin. Il prétend qu'elle aurait chargé en juillet plusieurs millions sur un vaisseau qui au lieu d'aller à Marseille se serait dirigé sur Nice où le chargement aurait été partagé entre des individus qu'on laisse à l'instruction le soin de découvrir.

Un mot répond au grief. Le sieur Flandin a fait à Alger perquisition chez l'agent de la maison Seillières qui n'a obtenu aucun élément d'inculpation, aucun grief contre cette maison de commerce, et il lui a donné un certificat constatant la régularité de ses opérations.

L'instruction a fait aussi des recherches sans plus de succès. Il est seulement resté prouvé 1° que le navire expédié d'Alger en France en juillet mil huit cent trente n'avait gagné Nice que parce que la vue nouvelle pour lui du drapeau tricolore à Marseille avait donné des inquiétudes à son capitaine qui croyait à un soulèvement populaire ; 2° que ce chargement était composé de valeurs appartenant à la maison Seillières et dont elle avait trouvé à se défaire avantageusement à Nice. Ainsi sur ce point comme sur tous les précédents nulles charges contre les inculpés.

(11ᵉ fait) : le sieur Pagès, lieutenant au 49ᵉ régiment d'infanterie aurait dit au sieur Flandin que dans la nuit du cinq au six juillet deux compagnies du deuxième bataillon du sixième régiment auraient été occupées à transporter des sacs d'or tirés du Trésor à l'état-major du régiment ou du bataillon.

Entendu dans l'instruction, cet officier a déclaré qu'il avait seulement rapporté au sieur Flandin avoir entendu des soldats du sixième qu'il ne connaît pas, dire que les deux compagnies préposées à la garde du Trésor avaient transporté de l'or et de l'argent hors de la forteresse. Il a nié avoir parlé de l'état-major du régiment ou du bataillon.

L'instruction a voulu approfondir ce fait. Elle a entendu le lieutenant-colonel du sixième régiment qui a établi les postes à la Casauba le cinq juillet, le chef de bataillon qui a fourni les postes, les officiers des compagnies qui ont occupé pendant cette nuit la grande cour sur laquelle donne la seule issue du Trésor. Le lieutenant général Valazé qui a couché cette nuit à la Casauba, le lieutenant général de police qui en avait la surveillance et qui y a également passé la nuit, le commandant Pélissier qui après avoir vu mettre les scellés sur le Trésor le cinq a couché dans la grande cour et a vu le six au matin les scellés intacts ; tous ces témoins ont été unanimes, tous ont démenti les prétendus enlèvements nocturnes qui n'auraient pu avoir lieu qu'en les mettant tous dans la confidence et en y mettant aussi tous les soldats de toutes les compagnies préposées cette nuit à la garde de la forteresse.

Ce n'est pas tout : le sieur Flandin avait dit que l'officier supérieur commandant les compagnies employées aux soustractions en question avait aussitôt après cette expédition pris sa retraite et était retourné en France, voulant insinuer sans doute qu'il y était allé porter et cacher ses richesses.

Des officiers ont quitté à cette époque le 6ᵉ régiment. L'un, le colonel Nouail de la Ville gelée (sic), colonel à cause de son grand âge, de ses infirmités et de ses blessures ; sa résolution était prise et annoncée dès avant la conquête. L'autre, le capitaine Perron, parce qu'on lui refusait le grade de chef de bataillon. Il l'a depuis obtenu et il est rentré en cette qualité dans le sixième régiment où il est encore. Tout à l'égard de ces deux honorables militaires repousse l'odieux soupçon que si gratuitement on avait voulu jeter sur eux.

(13ᵉ fait) : Des caisses d'or ont été expédiées à Gibraltar en juillet. Le sieur Flandin prétend que l'intendant en chef de l'armée (le baron Denniée) défendit à la douane de les visiter et que le directeur ayant voulu lutter contre cet ordre fut immédiatement destitué. On sent quelles inductions le sieur Flandin laisse à tirer de cette circonstance. Mais toute induction tombe contre les inculpés devant ces deux faits qu'a révélés l'instruction, savoir : que c'est à tort que l'on attribue à l'intendant en chef l'ordre dont on parle et qu'il n'a jamais donné cet ordre ; 2° que les registres de la Douane ne constatent point d'expédition de caisses d'or aux époques indiquées.

(16e fait) : ce chef d'inculpation renferme le fait que le sieur Flandin a considéré comme la preuve officielle et irréfragable des détournements signalés par lui. Pour l'apprécier, il faut l'entourer de toutes les circonstances qui s'y attachent et qu'a apportées le dénonciateur.

Il déclare qu'il eut en octobre mil huit cent trente occasion de donner au comte Treilhard, alors préfet de police des renseignements sur un envoi de vingt cinq millions expédiés au sieur Hagermann, banquier à Paris, par la maison Heath et Compagnie de Londres. Il disait avoir appris du sieur Bourlon, administrateur des Messageries Laffitte-Caillard, que cinq millions placés dans des caisses pareilles à celles employées à Alger pour l'envoi du Trésor étaient en route de Calais à Paris, et il priait le préfet de police de faire des recherches sur l'origine de ces fonds.

Son départ pour la Morée ne permit pas au sieur Flandin de suivre les recherches ni d'en connaître le résultat, mais au mois de mai mil huit cent trente deux, il écrivit au comte Treilhard pour s'en enquérir. A la date du dix sept juin mil huit cent trente deux, le préfet de police lui répondit ces mots : « Les recherches ne constatèrent pas l'identité des remises qui furent faites à peu près dans le même temps à la maison Hagermann et à quelques autres maisons de Paris avec les *fonds soustraits* à Alger. »

Le sieur Flandin s'empare de ces quatre derniers mots *fonds soustraits à Alger ;* ils émanent dit-il d'un fonctionnaire public. Ce fonctionnaire ne parle pas d'une manière dubitative, il dit nettement que des fonds ont été soustraits, donc il y a eu des spoliations à Alger et la preuve en est officielle puisqu'elle consiste dans la déclaration d'un homme ayant un caractère officiel... et c'est sur cette donnée que le sieur Flandin écrit au Roi qu'il a la preuve irréfragable, officielle, que des sommes considérables venant des fonds soustraits à Alger ont été remises à des maisons de commerce de Paris en novembre mil huit cent trente. C'est cette lettre qui fut envoyée avec tant d'assurance dans les négociations avec Me Péan de St-Gilles, avec les ministres de la Guerre et de l'Intérieur, avec le secrétaire général du Ministre de l'Intérieur, avec les inculpés, par la voie de l'anonyme. Assurément cette lettre lue de bonne foi et prise dans son ensemble prouvait plus contre le système du sieur Flandin qu'en sa faveur. Cependant l'information dans son dessein de ne laisser aucune porte à l'équivoque, manda le comte Treilhard, le mit en présence du sieur Flandin et l'invita à donner l'explication des mots : *fonds soustraits à Alger.* Sa réponse fut précise. Il déclara qu'en répondant au sieur Flandin il avait voulu parler des fonds qu'on disait avoir été soustraits à Alger, qu'il n'y avait aucune induction à tirer des expressions de sa lettre ; qu'il ignorait totalement s'il avait été commis à Alger des détournements dans le trésor. Il ajouta d'ailleurs qu'à la date du vingt trois août mil huit cent trente trois il avait dans une seconde lettre au sieur Flandin ce que celle du dix sept juin pouvait avoir de louche (sic). Force a été à ce dernier de le reconnaître et dès ce moment est tombée la preuve *officielle, irréfragable,* dont le dénonciateur se disait en possession.

Au reste le sieur Flandin ne s'était pas reposé sur l'instruction seule du soin de diriger des investigations pour le succès de ses allégations. En septembre mil huit cent trente trois il commit l'imprudence de s'adresser à lord Melbourne, alors ministre de l'Intérieur d'Angleterre pour lui demander de faire prendre des renseignements sur des caisses de lingots expédiées à la maison Hagermann par la maison Heath et Compagnie de Londres et de s'enquérir de qui et pour le compte de qui cette maison les avait reçues, à qui elle les avait expédiées, le nombre et le contenu des caisses, etc., etc. Le sieur Heath, chef de la maison de ce nom, directeur de la Banque d'Angleterre et consul du roi de Sardaigne, fut mandé pour donner les renseignements chez le chef de police de Londres. Il se hâta de protester avec indignation contre une pareille inquisition qu'il croyait sollicitée par le gouvernement français, et il s'en plaignit vivement au ministre anglais qui n'y donna pas de suite. Mais le sieur Heath crut devoir dans l'intérêt de sa réputation et de celle de sa maison outragée par ces soupçons, faire de suite le voyage de Paris pour y porter plainte contre le sieur Flandin. Il comparut à cet effet devant le juge d'instruction, et il y demanda acte des réserves qu'il faisait de le poursuivre ; cette satisfaction ne pouvait lui être refusée, elle lui fut accordée.

Pendant son séjour à Paris, le directeur de la Banque d'Angleterre ne fit aucune difficulté de confier à l'instruction la nature des opérations qu'il avait faites en mil huit cent trente avec le sieur Hagermann et qui avaient donné lieu à la fable des caisses d'or soustraites à Alger et envoyées à Paris. Le sieur Hagermann a livré toute sa correspondance et les explications les plus satisfaisantes ont été la suite de ces communications qui ne peuvent ni ne doivent trouver place ici.

Enfin un étrange incident propre à donner une déplorable idée de la moralité du dénonciateur est venu clore cette instruction déjà féconde en tristes détails de cette nature. Le sieur Flandin avait indiqué pour témoin et comme devant donner de précieux renseignements un sieur Caze, ex-commissaire général de police à Alger. Cet individu a précisé un fait qui jusqu'alors n'avait point eu de consistance. Il a déclaré que le sieur Flandin avait dit qu'il avait déjà trafiqué une fois de son silence et reçu quarante mille francs pour ne pas imprimer son historique. Interrogé sur ces étranges révélations, ce dernier est convenu du propos, faisant même connaître qu'à la vérité il n'avait reçu que quarante mille francs mais qu'il lui en avait été promis trois cents mille ; qu'il avait fait ce marché avec le sieur de Fourmont, ancien secrétaire du maréchal de Bourmont et que les quarante mille francs lui avaient été payés par la Banque sur mandats de la maison Seillières et sous le nom de Durand.

L'instruction dût rechercher et à la Banque et dans les papiers de la maison Seillières les traces de ces paiements. Elle n'en trouva nulle part. Vainement le sieur Flandin disait avoir touché deux paiements de vingt mille francs. En supposant que les registres de la maison Seillières n'en eussent conservé nuls vestiges, au moins la banque qui avait compté les espèces et qui n'avait point d'intérêt à le cacher avait-elle dû garder les mandats acquittés. Rien n'y fut découvert. Rien n'a donné à cette alllégation la moindre vraisemblance. Le sieur Seillières dans l'instruction s'en est défendu avec une honorable indignation. Le sieur Schneider représentant du sieur Seillières l'a repoussée avec les mêmes sentiments et dans l'intérêt et l'honneur du sieur Flandin il vaut mieux penser que le marché et les paiements n'ont jamais eu d'existence que dans son imagination.

En résumé, les faits dénoncés par le sieur Flandin ne prouvent nullement qu'il a été commis en mil huit cent trente des soustractions dans le Trésor algérien au préjudice du Trésor français ; ils prouvent moins encore que les soustractions aient été commises par les trois hommes honorables qu'il en a accusés et dont la conduite pure dans cette circonstance, comme tous leurs antécédants, a reçu l'approbation de tous leurs supérieurs dans la triple hiérarchie militaire, financière et administrative.

Dans ces circonstances,

Attendu que de l'instruction suivie contre les sieurs baron Denniée, intendant militaire, ex-intendant en chef de l'armée d'Afrique ; Firino, receveur général des Bouches-du-Rhône et ancien payeur général de la même armée ; baron Tholosé, maréchal de camp, commandant l'école Polytechnique et ancien gouverneur de la Casauba, tous composant la Commission de finances chargée de la prise de possession du Trésor d'Alger, il ne résulte.

premièrement aucune charge de s'être rendus coupables du détournement de partie des trésors de la Régence.

Deuxièmement, aucune charge de s'être rendus coupables du crime de faux en écriture authentique par altération des trois procès-verbaux d'inventaire en date du vingt six juillet mil huit cent trente qu'ils ont rédigés et signés en qualité de membres de la commission sus énoncée.

Qu'il résulte au contraire que la dénonciation des dits crimes portée contre eux par le sieur Flandin a été précédée de la part de ce dernier, de menaces de diffamation sous condition de remise d'argent et qu'elle a été faite par ledit Flandin calomnieusement et dans l'intérêt d'une spéculation honteuse,

Vu l'article cent vingt huit du code d'instruction criminelle,

Déclarons n'y avoir pas lieu à poursuivre contre les sieurs baron Denniée, Firino et baron Tholosé ;

Donnons acte aux dits Denniée, Firino et Tholosé, et aux sieurs Heath, directeur de la Banque d'Angleterre et Hagermann, banquier à Paris, consul général en France de Sa Majesté le roi de Sardaigne, des réserves faites par eux contre le sieur Flandin.

Fait au Palais de Justice à Paris le trente août mil huit cent trente quatre en la chambre du conseil où siégeaient Messieurs Anthoine de St Joseph, Gairal et Geoffroy, juges, lesquels ont signé.

Ainsi signé à la minute des présentes : MM. Anthoine de St Joseph, Gairal et Geoffroy.

Pour expédition conforme délivrée à M. Divrande, Ainé avoué au tribunal de première instance, du sieur Firino, le 27 septembre 1835.

M. le greffier en chef de la Cour royale, Crapouël.

CABINET DU PREFET DE POLICE *Paris le............185.*

Dilapidation des Trésors
de l'ancienne Régence d'Alger

Rapport sommaire

La conquête d'Alger eut pour résultat la prise de possession des trésors de cette Régence. La Commission qui fut chargée de cette opération constata que ces trésors ne s'élevaient en argent qu'à une somme de 48 684 527 francs.

L'exiguité de ce chiffre fit naître des accusations de soustraction au préjudice de la fortune publique. Une commission d'enquête fut nommée par le maréchal Clausel, mais elle fut bientôt dissoute par ordre supérieur et aucune suite ne fut donnée aux investigations auxquelles elle s'était livrée. Le rapporteur de la Commission, M. Flandin, protesta contre cette dissolution et n'hésita pas à formuler les accusations les plus graves. Ces accusations donnèrent lieu à une instruction, mais cette instruction n'aboutit qu'à une simple ordonnance de *non-lieu*.

M. Flandin ne se découragea pas et quoique placé sous les ordres de M. le ministre de la Guerre en qualité d'intendant militaire, il ne craignit pas de persister avec plus d'énergie encore dans ses accusations. Traduit pour ce fait par les soins du ministère public devant la juridiction correctionnelle, il fut condamné pour diffamation à une année d'emprisonnement. Cette condamnation n'ébranla pas sa conviction et après la révolution de février, il publia un mémoire dans lequel il s'efforça d'établir que près de cent millions avaient été soustraits au profit des agents du pouvoir ou du pouvoir lui-même représenté par Louis-Philippe.

Armé de nouveaux renseignements, M. Flandin s'est enfin adressé à M. le Garde des Sceaux et à M. le Préfet de Police, qui, après l'avoir entendu et à la suite d'une conférence, ont pensé qu'il y avait lieu de vérifier ce qu'il pouvait y avoir de vrai dans ses assertions.

Par les soins de M. le Préfet de Police, on s'est livré à des investigations dont voici en quelques mots le résultat.

Il a été reconnu : 1° que dans l'inventaire de 48 684 527 francs ne figuraient pas les bijoux, les armes précieuses, les diamants, les vaisselles d'or et d'argent qui existaient à la Casauba.

2° que toutes les matières refondables avaient été envoyées sur ordre du Ministre de la Guerre à M. Collot, directeur de la Monnaie.

3° que M. Angot, ancien employé de la Monnaie, estime qu'il est entré à la Monnaie pour une somme de cent millions et que les procès-verbaux de la fonte de ces trésors, si les procès-verbaux existent encore, doivent le constater.

4° que ces valeurs ont été réduites en lingots dont le titre a été vérifié et par le laboratoire des essais de la Monnaie et en partie par les laboratoires des maisons de commerce Chauvière, Bonneville, Gemeau et St André ;

5° que ces lingots ont été déposés au trésor et que les livres de la Caisse centrale de 1831 constatent le versement de quatre-vingt deux millions auxquels il faut ajouter les douze millions du déficit Kesner, ce qui justifie à peu près l'évaluation de M. Angot.

6° que les quarante huit millions seulement dont il a été parlé plus haut figurent cependant au budget, ainsi que cela résulte du compte rendu de la Commission des Finances à la fin de 1831.

Tous ces faits que l'on se borne simplement à énoncer semblent prouver jusqu'à l'évidence la vérité des accusations de M. Flandin.

On peut les corroborer, d'ailleurs, par un grand nombre de témoignages et de documents que nous ne reproduisons pas ici, mais qu'on lira avec intérêt dans un rapport de police que nous mettons sous les yeux de M. le Garde des Sceaux, qui restera convaincu que ce rapport fournit assez d'éléments pour saisir l'autorité judiciaire de cette mystérieuse affaire, car il démontre que la France a été spoliée de la portion la plus importante des trésors de la Casauba et que l'homme qui en a profité ne peut être que celui dont le pouvoir suprême, en lui donnant toute facilité à cet égard, le plaçait à l'abri de toute poursuite.

Le Préfet de Police,
(signé) PIETRI

(A.N. BB 18/1353 1354 (1))

CABINET DU PRÉFET DE POLICE *Paris le 15 juillet 1852*

Affaire de la spoliation
des Trésors d'Alger en 1830

Rapport

Il y a 22 ans que l'esprit public était vivement impressionné en France ; le pavillon français venait de détruire la piraterie ; et, le 5 juillet 1830, l'armée entrait à Alger. La puissance barbare du Dey disparaissait pour faire place à la civilisation européenne, et ses trésors accumulaient devenaient le prix de la conquête.

Ces trésors, dont la Commission chargée de l'occupation prit possession et qui étaient renfermés dans la Casauba, s'élevaient à la somme de 48 684 527 F 94 c ; ils furent pesés et non comptés. Ils se composaient, d'après les mémoires du temps, de boudjoux, de lingots d'or et d'argent, de pièces d'or de toutes les nations, depuis le Roboa Soltani jusqu'à la double quadruple du Mexique, de piastres fortes, de mokos d'Espagne et de Portugal, etc. etc. etc. ; enfin, d'après le rapport de la Commission, il existait 24 millions en or et 24 millions en argent.

La Commission qui prit connaissance des trésors de la Casauba était composée :

1° du baron Denniée, intendant en chef,
2° du baron Tholozée, maréchal de camp, gouverneur,
3° de Firino, payeur général,
4° de Deval, consul de France,
5° de d'Aubignosc, lieutenant général de police d'Alger,
6° d'Edmond de Bussières, ancien secrétaire d'ambassade.

Sur cette somme de 48 684 527 F 94 c, 5 285 729 F 94 c furent gardés pour les besoins de l'armée, et le surplus, c'est-à-dire 43 398 798 F furent chargés dans les proportions suivantes, sur cinq bâtiments de l'expédition :

le vaisseau le *Marengo* reçut 13 218 598 F

le vaisseau le *Duquesne* reçut 11 550 000 F

Ces sommes étaient en or.

Sur le *Scipion*	5 100 600 F
Sur le *Nestor*	10 240 000 F
Sur le *Vénus*	3 289 600 F
somme totale =	43 398 798 F

Le montant de l'inventaire des fonds trouvés dans le Trésor de la Régence a donc été, d'après le rapport de la Commission, comme on en a vu le chiffre plus haut, de 48 684 527 F 94 c.

Ce chiffre était bien inférieur à ce que l'on en attendait ; on pensa généralement en France que cette somme n'était qu'une partie des trésors qui avaient existé, et le mot de pillage, de détournement fut prononcé.

C'est cette question, qui remonte à 22 ans, que nous allons aujourd'hui traiter, en exposant tous les motifs, toutes les causes qui ont accrédité ces bruits.

Une accusation positive de détournement a été portée par M. Flandin, sous-intendant militaire en retraite, ancien membre de la Commission d'enquête à Alger en 1830. M. Flandin, dans une brochure publiée par lui, a exposé tous ses griefs, et a fait valoir toutes les considérations qui, suivant lui, prouvaient le préjudice causé au trésor national. En un mot, il a voulu prouver que les deux trésors de la Régence devaient contenir environ 150 millions.

Notre mission, on le concevra, était des plus difficiles : il fallait rechercher quelle somme était réellement entrée en France, et il fallait faire ces recherches de manière à n'éveiller aucune susceptibilité, aucune attention.

Nous allons donner tous les renseignements qu'il nous a été possible de recueillir pour débrouiller cette ténébreuse affaire, et fournir toutes les indications nécessaires qui, selon nous, peuvent conduire à la découverte de la vérité.

Dans notre pensée, nous dirons que, sauf les preuves les plus précises du contraire, nous croyons à un détournement majeur, à la spoliation des trésors d'Alger et nous prouverons notre dire par des chiffres.

Nous avons, dans notre exposé, dit que la valeur totale des trésors de la Régence, d'après la Commission, représentait en or et en argent, une somme numérique de 48 684 527 F 94 c. Nous n'avons pas vu figurer dans cet inventaire de la Commission les bijoux, les armes précieuses, les diamants, les vaisselles d'or et d'argent qui existaient dans les Palais du Dey. On s'est contenté de parler d'argent ; que sont donc devenues ces autres valeurs qu'un témoin oculaire (M. Chauvière) a cependant vues en partie à la Monnaie ? Évidemment, elles ont dû profiter à quelqu'un !

La Monnaie, en 1830, était sous la direction de M. Collot ; c'est à lui que le Ministère de la Guerre fit la remise de tous les trésors provenant de la conquête d'Alger.

Ces trésors se composaient de matières refondables et furent envoyées à différentes reprises au Directeur de la Monnaie, qui, sur un seul envoi de 12 millions, bénéficia pour son compte, car il avait la fonte à l'entreprise, d'une somme de 60 mille francs environ.

Un homme qui a été, pendant 45 ans, employé à la Monnaie, M. Angot, aujourd'hui retraité et demeurant rue Notre Dame des Champs 12, que l'on a consulté et qui passe pour être bien instruit, car il a eu sous les yeux tous les procès-verbaux de la fonte des trésors, estime qu'il en est entré à la Monnaie pour une somme de cent millions, qui a été réduite en lingots dont le titre a été vérifié par le laboratoire des essais, à la tête duquel était alors M. Darçay père, mort maintenant, et dont le témoignage manque dans cette importante question.

Mais le laboratoire des essais de la Monnaie, seul, ne fit pas tous les essais ; des lingots furent aussi confiés aux essayeurs du commerce qui se trouvaient alors au nombre de 4 à Paris : MM. Chauvière, Bonneville, Genneau et Saint-André, en reçurent tous une certaine quantité, et il en entra dans la maison Chauvière une somme de 35 millions environ.

Les 3 autres maisons en reçurent dans une égale proportion, et un M. Bezodé, aujourd'hui attaché à la maison de laminage Rotschild, se rappelle, pour sa part, avoir essayé, pour le compte de celle où il était alors attaché, 80 lingots d'or, dont un, entr'autres, était du poids de 80 kilos. Comme nous tenons essentiellement à ne donner que des chiffres véritables, nous dirons ici que, suivant, l'habitude des essais, chaque lingot est essayé, à 4 reprises différentes, pour pouvoir bien en constater le titre.

Il se pourrait donc que les mêmes lingots eussent passés tour-à-tour dans les mains des quatre essayeurs, et ne fissent qu'une seule et même somme ; mais nous allons constater, dès à présent, que la maison Chauvière en a acheté pour une somme à peu près égale à celle entrée chez elle, c.-à-d. pour trente-cinq millions environ. Nous allons parler ici et pour mémoire seulement de la maison Hagermann, sur laquelle nous reviendrons en temps utile et nous dirons aussi qu'elle a eu, pour sa part, 30 millions des trésors de la Régence.

Si nous rapprochons immédiatement ces deux chiffres, nous allons trouver 65 millions, somme déjà bien supérieure à celle de la valeur des trésors constatée à la Casauba.

Nous ne pouvons dire que ce soit la Monnaie qui opéra la vente des lingots ; non, la Monnaie, une fois toute sa fonte terminée, tous ses essais complets, qu'ils aient été faits dans ses laboratoires ou ceux du commerce, versa au Trésor.

Or que trouve-t-on au Trésor ? C'était à cette époque M. Thomas, payeur général, qui l'est encore aujourd'hui, qui reçut de la Monnaie les lingots provenant des trésors d'Alger. Monsieur Kesner, dont on connaît la déplorable histoire, était alors à la tête de la Caisse centrale ; il était l'homme de confiance de la maison d'Orléans, et on sait quel fut le déficit qui exista dans ses comptes et qui fut estimé à 12 millions.

C'était lui, disons-nous, qui conduisit toute cette affaire, mit en termes techniques, la main à la pâte, et distribua, vendit, suivant son bon plaisir, ces lingots au commerce. On a pu jeté un coup d'œil sur les livres de la Caisse centrale de 1831. Ces documents existent encore, et on y trouve, qu'à deux reprises différentes, elle a reçu, provenant des trésors d'Alger, d'une part 42 millions et quelque cent mille francs, d'une autre part 39 millions et quelque cent mille francs ; environ 82 millions. Si, à cette somme, on ajoute les 12 millions manquant dans la gestion Kesner, on trouvera que M. Angot a des souvenirs bien nets, bien précis, sur la véritable valeur des trésors d'Algérie qui sont entrés à la Monnaie en 1830. A la même époque, en examinant le compte-rendu de la Commission des Finances à la fin de 1831, et encore un an après l'occupation d'Alger, nous trouvons que le budget a profité dans cette année d'une somme de 48 402 241 F 41 c ; encore faut-il, pour faire cette somme, ajouter celle de 400 000 F provenant des subsides du Bey de Tripoli et celle de 5 615 856 F 56 c produit des revenus territoriaux, le chiffre brut des trésors de la Régence n'ayant donné que 42 562 768 F 61 c.

Incontestablement, voilà un déficit de 50 millions, et encore, comme on l'a fait observer à la Caisse centrale, où ces chiffres ont été pris, la caisse seule a-t-elle pu ne pas recevoir la totalité des sommes entrées à la Monnaie, d'autres envois ayant pu être également faits à d'autres receveurs généraux. La vérification des livres de la Monnaie pourra-t-elle donner une solution à cette question ? C'est un problème qu'il n'a pas été permis de résoudre ; car pour prendre communication des registres de 1830 à 1831, on s'est adressé à M. Huguet, aujourd'hui chef de la comptabilité, qui ne peut en donner connaissance qu'avec l'assentiment du Président de la Commission de la Monnaie et pour un motif des plus urgents.

Encore ces registres existent-ils ? C'est un doute. Si l'on doit croire ce que l'on dit des Directeurs qui ont succédé à M. Collot, dans ses fonctions, la dynastie des d'Orléans aurait bien mal choisi ses hommes.

M. de Cussy, appelé à ces éminentes fonctions, faisait, dit-on, argent de tout et aurait envoyé les livres de cette époque au pilon. Sous M. Persil, c'étaient d'autres dilapidations, des dépenses de toutes sortes. Mme Persil s'était même, assure-t-on, fait ériger une salle de théâtre dans l'intérieur de la Monnaie, et, en 1848, la révolution de février surprenait ce directeur en arrière de 18 à 20 mille francs de mémoires employés pour les embellissements de ses appartements. Il ne serait donc pas surprenant que, de ce côté, on ne retrouvât plus aucun des procès-verbaux qui ont dû constater l'entrée à la Monnaie des trésors provenant de la Régence d'Alger.

Cependant, nous le voyons, suivant M. Angot dont on ne peut contester la véracité, qu'il est entré environ 100 millions à la Monnaie. Voici donc, pour nous, un chiffre précis et d'autant moins contestable que nous voyons que la Monnaie a rendu 82 000 000 environ à la Caisse centrale.

Suivant M. Angot encore, une valeur numismatique considérable sous le double rapport de l'art et de la valeur, si l'on en doit juger par la quantité innombrables de monnaies, de toutes les espèces et de tous les pays, trouvées dans les trésors du Dey, aurait été envoyée à la Bibliothèque royale. Mais il est constant qu'elle n'y est pas entrée.

Le Cabinet des Médailles a la Bibliothèque possède, il est vrai, une collection complète de médailles algériennes ; mais il les a achetées, pièce par pièce, et à grand frais et n'a jamais reçu aucune valeur provenant des Trésors d'Alger. Il est permis de demander ce qu'est devenu cet envoi.

Nous allons aborder maintenant ce qui est relatif à la maison Hagermann et passer rapidement sur les indications fournies par M. Flandin pour arriver aux recherches.

Toute vérification aux Messageries est maintenant impossible, attendu que les registres de cette administration sont détruits tous les cinq ans et que l'année la plus éloignée que l'on trouve aujourd'hui dans les archives est 1847.

En 1830, cette administration ne possédait pas de roulage ; c'était elle-même qui avec ses voitures transportait ses colis et l'on retrouve plus aucun des anciens employés de cette époque. Ces témoignages, d'ailleurs, deviendraient inutiles, le seul homme qui pouvait donner les renseignements les plus précis sur l'entrée dans la maison Hagermann, des millions provenant des trésors d'Alger, était le concierge qui existait en 1830, et ce concierge a été retrouvé. C'est le sieur Chapoteau, qui, pendant de longues années, a été l'homme de confiance de la maison Hagermann, à laquelle il était attaché depuis 1810 ou 1812.

Chapoteau, on doit le dire, est un homme qui méritait cette confiance ; il est considéré comme probe, intègre et incapable de mentir ; on a donc dû ajouter foi à ce qu'on a pu recueillir près de lui.

La maison Hagermann, prédécesseur de la maison Rotschild, alors rue d'Artois, devenue depuis rue Lafitte, a reçu, pour sa part, 30 millions, en monnaie d'or provenant des trésors d'Alger. Il n'y a donc pas lieu de chercher par quelle voie ils sont arrivés dans cette maison, car on pourrait faire confusion.

En 1830, la maison Hagermann faisait commerce de l'or comme on fait celui d'autres denrées et elle avait, à Londres, une maison de fonderie, de concert avec la maison Heach (sic) et Cie, son assosié. Cet or était destiné au commerce de la soie dans toute l'Italie. Les envois, comme les réceptions, étaient donc considérables de tous côtés. Or, cet or expédié par la voie de Londres, était réexpédié sur la route du Midi par le courrier de la malle de Marseille, et on voit les 25 (sic) millions signalés par M. Flandin n'a donc rien qui puisse surprendre et on en trouverait bien d'autres.

Mais ce qui est positif, c'est que pour avoir reçu 30 millions des trésors d'Alger, ces millions sont entrés dans la maison Hagermann qui avait alors un laboratoire d'affinage rue Neuve de la Fidélité.

Cet établissement d'affinage était dirigé à cette époque par M. St André, qui avait été caissier chez M. Fould, banquier, et qui en sortit pour se mettre à sa tête, et c'est là que furent affinés les 30 millions qui, au dire de Chapoteau, produisirent un bénéfice considérable attendu que le titre de l'or était supérieur à la valeur pour laquelle il avait été compté.

Un enfant, devenu aujourd'hui un homme, le concierge actuel de la maison d'affinage Poinsat et Cie, quai Valmy, qui n'est que la suite de la maison St André, commanditée par Rotschild, était, en 1830, apprenti dans cet établissement, et il se rappelle également que le chiffre des monnaies d'or provenant de l'Algérie était d'une trentaine de millions.

Des employés de l'ancien affinage St André, qui ont encore souvenance de cette affaire, sauf le concierge Bussy, mort il y a cinq ans, existent encore aujourd'hui ; l'un est un sieur Gombault, contremaître, qui est allé monter une maison à Londres, l'autre un sieur Duménil, contremaître actuel de la maison Poinsat. Outre ces valeurs, la maison Hagermann reçut encore la fortune personnelle du Dey d'Alger, car par une de ces précautions qui semblaient dénoter de sa part les prévisions de l'avenir, le Dey avait placé plusieurs millions sur diverses banques d'Italie.

On peut même rappeler qu'à la suite de la conquête d'Alger, un nommé Blackerie, ancien banquier à Livourne, habita longtemps à Paris à l'hôtel des Princes, où il joua un grand rôle. Or cet argent qu'il prodigua follement jusqu'à sa mort, appartenait au Dey, dont il avait trompé la confiance et auquel de tous ses trésors il ne resta qu'une somme de sept millions.

Le Dey, mort à Palerme, touchait ses revenus chez M. Hagermann ; il fallait donc que ce banquier eût reçu le capital, et si Chapoteau le dit, c'est que cela est.

D'ailleurs, bien que 22 ans se soient écoulés, il existe peut-être encore à Alger même des hommes qui ont dû, mieux que personne, avoir eu connaissance exacte de la valeur des trésors de la Régence, ou qui ont transmis ces documents à leurs descendants, car les traditions de famille se perdent peu.

Ces hommes, qui ont pu voir les trésors du Dey avant sa décadence et les apprécier, sont le Kasnédji, ou ministre des Finances du Dey en 1830, et ses trésoriers, dont l'un était un Maure du nom de Mustapha Saïji, l'autre un nommé Mohammed Ogel Harji.

Chapoteau, dont on croira les paroles, parle également d'un navire chargé par le maréchal de Bourmont, qui aurait aussi participé pour sa part à la spoliation des trésors, et, évidemment, ce n'est pas lui qui a inventé cette histoire ; il n'est ici que l'écho du banquier Hagermann par lequel il l'aura entendu dire, et il laisse aussi pressentir que la fortune de la famille Bourmont a passé par la maison Hagermann.

D'ailleurs, sans s'expliquer clairement, il a parlé de dilapidations, et pour en parler, lui l'homme instruit des opérations les plus secrètes, il faut qu'il en ait eu connaissance.

On comprendra que le pousser trop en avant sur ce terrain eût pu éveiller ses doutes, car bien qu'il aime à parler de sa position de confiance dans la maison Hagermann, il n'aborde encore que difficilement les questions qui touchent aux intérêts de son ancien maître, et cela se conçoit.

Chapoteau a eu entre les mains la procuration entière de M. Hagermann, et il se tairait immédiatement s'il savait dire une seule parole qui pût causer à sa réputation le moindre préjudice. Du reste, les opérations de M. Hagermann, pour sa part, ont pu être parfaitement régulières. Il a pu acheter et faire d'une partie des trésors d'Alger une spéculation comme il en a fait tant d'autres ; mais comme les livres ont été fidèlement respectés, qu'ils existent encore rue de Londres, dans une des chambres des hôtels n° 17-19, qui appartiennent à la veuve et au fils Hagermann, on pourra, de ce côté, être édifié quand on le voudra, sur la nature réelle de toutes ces opérations.

Quoi qu'il en soit, nous pouvons dire qu'il est entré dans la maison Hagermann 30 millions provenant purement des trésors d'Alger. Nous sommes donc autorisés, jusqu'à la preuve du contraire, à ajouter ces 30 millions aux cinquante que nous avons déjà trouvés en déficit, et à dire que voilà 80 millions dont nous ne trouvons pas l'emploi.

Quand bien même on voudrait nous dire qu'il y a eu ici double emploi, que ces 30 millions proviennent de ceux versés à la Monnaie, nous nous en référons à notre première constatation et nous dirons que pour nous, il y a toujours une cinquantaine de millions en déficit.

Maintenant, comme le prétend M. Flandin, M. Hagermann a-t-il seulement prêté la main à la réception de ces trente millions pour les rendre ensuite à la famille Louis-Philippe, et a-t-il réellement reçu pour ce service une somme de 300 000 F à titre de commission, c'est ce que les livres seuls peuvent dire.

MM. Duhamel, rue de Rivoli 19, Costa, habitant encore l'hôtel de M. Hagermann fils, et Hamont, l'un des administrateurs actuels du chemin de fer d'Orléans, qui ont été les hommes d'affaires de M. Hagermann père, mais, on le conçoit, qu'on ne pouvait consulter, sous aucun prétexte que ce fût, dans la circonstance actuelle, sont aussi seuls aptes à traiter cette question qui ne pouvait être abordée avec eux.

Nous avons parlé plus haut de M. Chauvière, dont le procès a rendu le nom tristement célèbre, il y a quelques années, M. Chauvière, comme nous l'avons dit, a acheté pour sa part 35 millions des trésors de la Régence ; c'est lui que nous avons cité comme témoin et comme ayant vu à la Monnaie des vaisselles d'or et d'argent, des pendules, des objets d'art dont nous n'avons trouvé nulle part la mention.

Quel intérêt M. Chauvière aurait-il eu à mentir quand il ignore encore pour quel motif on a été le consulter, et évoquer ses souvenirs de 20 ans ? Eh bien, dans la conversation de M. Chauvière, il y a eu aussi dilapidation, et suivant lui, M. Kesner, mort il y a quelques années de chagrin sur les côtes de l'Angleterre, avait payé de son honneur son dévouement à la famille d'Orléans.

M. Kesner, d'après son dire, était un honnête homme, et, s'il y a eu déficit dans ses comptes, la somme de 12 millions manquante serait passée dans la maison de Louis-Philippe. Accusé, il aurait gardé le silence par dévouement pour la dynastie d'Orléans, sans recevoir le prix de son abnégation.

Si ce fait est réel, l'emploi des 80 millions, ou au moins des 50 millions, a sa place toute trouvée ; il a suivi la même route.

Un mot encore de M. Hagermann, puis nous aborderons les questions relatives aux agents qui ont pris possessions des trésors.

M. Hagermann, mort en 1840, en laissant une fortune de plus de 12 millions, après avoir été banquier à Livourne était venu s'établir dans cette ville. Protégé sous la Restauration, ce fut lui qui, en 1818, traita du domaine de Malmaison, qu'il morcela, vendit par portions et dont il retira un bénéfice net de 3 millions. Sans vouloir porter atteinte à sa réputation, nous dirons que ce banquier, de religion juive spéculait sur tout, et que tout ce qui pouvait lui assurer un lucre quelconque était accepté par lui. N'importe à quel titre, 30 millions de valeurs algériennes sont entrées chez lui.

De quelque côté que nous nous tournions, nous avons toujours en expectative un déficit considérable.

Ce déficit, si comme nous voulons bien l'admettre, par les chiffres que nous avons posés, nous avons fait double emploi est toujours de 50 millions au moins ; si, au contraire, la maison Hagermann a reçu, directement, pour son compte, les 30 millions des trésors de la Régence, qui sont entrés chez elle, sans avoir passé par la Monnaie, il est évident que le déficit s'élève à plus de 80 millions, et nous sommes rationnels dans nos dires.

La dynastie d'Orléans a donc dû profiter, nous le disons hautement, de 50 ou 80 millions ! Qu'on nous prouve le contraire ?

Parlerons-nous maintenant de la part qu'ont pu se faire les preneurs de possession ? Nous rappellerons seulement ici en ce qui concerne le receveur général Firino, la mémoire de Chapoteau. Le sieur Firino avait fait de mauvaises affaires, ceci est à la connaissance ; et c'est seulement à la suite de l'expédition d'Alger qu'il s'est retrouvé dans un état prospère qu'il a conservé depuis, car il est encore aujourd'hui payeur général à Marseille. Quant au baron Denniée, la notice suivante qui le concerne pourra fixer sur son compte ; d'une manière précise, car ces documents sont à la connaissance de tous ceux qui l'ont connu.

En 1828 et 1829, M. Deniée, qui avait déjà dévoré un fort patrimoine, se trouvait réduit aux emprunts, lorsque fut préparée l'expédition d'Alger. Des sommes assez majeures lui avaient été prêtées, et ses créanciers pouvaient avoir des inquiétudes assez sérieuses sur leur remboursement que ne garantissaient nulles hypothèques, quand M. Denniée revint d'Algérie. Les sommes par lui dues furent alors payées intégralement ; l'hôtel qu'il possédait rue de la Ville l'Evêque, remeublé à neuf, et, un peu plus tard, il fit l'acquisition du domaine de Beljames, près Montlehery (S. et O.) moyennant un prix de 4 à 500 000 F. Ce domaine fut également remeublé à neuf ; d'importantes modifications et des constructions furent faites à la ferme et au moulin ; enfin, sans fixer un chiffre, on croit ne pas être au-dessous de la vérité en portant les dépenses faites alors à plus de 150 mille francs. Matériel d'exploitation, hangars, vacheries, rien ne manquait à ce domaine.

D'un autre côté, M. Denniée menait alors une somptueuse existence : il était séparé, non judiciairement mais de fait, d'avec sa femme, qui menait elle-même un grand train de maison ; et il entretenait une maîtresse qui a dû lui coûter des sommes folles.

A son départ pour l'expédition d'Alger, M. Denniée en était presque aux expédients ; à son retour, on voit combien sa position avait changé. Il avait rapporté chez lui les armes et la selle du Dey d'Alger, objets précieux et que tous ceux qui étaient admis à son hôtel ont pu voir.

Le bruit a couru alors que toute cette splendeur provenait des trésors de la Casauba ; on sait quelle enquête fut faite sur son compte. De hautes influences détournèrent alors l'orage qui s'amoncelait sur sa tête et empêchèrent de divulguer ce qui était un secret d'État, puisque sa cause touchait à celle de la famille d'Orléans. Mais si l'on avait bien cherché, on aurait évidemment trouvé que la place seule de M. Denniée n'avait pu fournir à tout ce luxe, à toutes ces dépenses qui furent déployées à la suite de la conquête de l'Algérie, et qui durèrent jusqu'à sa mort, arrivée à Grenoble en 1847 ou 1848, alors qu'il était intendant militaire dans l'armée des Alpes.

On a pu entendre, en 1831, son secrétaire particulier, un sieur Adérer, ancien employé du Ministère de la Guerre, qui l'avait accompagné à Alger, dire, à son retour d'expédition, qu'il était content du baron, que le baron l'avait bien traité ; et comment interpréter ces paroles si ce n'est par quelque don d'argent de l'intendant général ?

Si le sieur Adérer n'avait pas relevé son frère, tombé dans de mauvaises affaires, à Sedan ou à Elbœuf, où il était fabricant de drap, on aurait facilement trouvé l'explication de ces paroles dans sa succession ; mais ce qu'il y a de certain, c'est que le baron n'oublia jamais son secrétaire, lui, oublieux de tant d'autres, qu'il le fit nommer à un bureau de poste ou de tabac à Stoultzberg, et que c'est là que mourut Adérer, laissant encore quelque chose à ce même frère qu'il avait sauvé de la ruine, et à un neveu maintenant régisseur chez le duc de Broglie.

Depuis longtemps, M. Denniée avait hérité de la fortune de son père, qui avait été engloutie dans ses prodigalités ; il n'avait donc plus ni succession, ni espérances à revenir lors de la conquête d'Alger. Nous nous abstenons d'autres commentaires ?

A l'occasion des preneurs de possession des trésors d'Alger, nous allons, encore une fois, citer le nom de M. Chauvière, qui a révélé le nom d'un 3e personnage qui entre pour la première fois en scène.

Ce personnage est un certain général Noisel ou Loisel (sic), qui avait pris part à l'expédition, et auquel M. Chauvière a acheté aussi des lingots d'or, provenant évidemment des pillages qui ont eu lieu dans les Trésors de la Régence.

M. Chauvière, qui est établi aujourd'hui fabricant d'acides sulfuriques, à Issy, près des fortifications, a traité, en 1830 et 1831, non seulement d'une partie des trésors de la Régence, mais encore avec le commerce d'Alger, de matières premières d'or et d'argent, et il parle également et savamment de toutes les dilapidations qui ont existé à la prise d'Alger.

Nous croyons donc avoir réuni dans notre exposé des documents assez précis pour convaincre qu'en 1830, les trésors du Dey d'Alger n'ont profité à la France que pour une faible partie et que la plus grosse part a servi à grossir la fortune de la branche déchue et quelques fortunes personnelles.

C'est maintenant à la Justice qu'il appartiendra de prononcer pour les recherches à faire et qui sont mentionnées dans l'indication graduelle de M. Flandin, en ce qui concerne la maison Fould, le Ministère de l'Intérieur, la maison Sellière (sic) et la liste civile.

Bien que nous ayons examiné attentivement ces questions, nous les avons trouvées hors de notre compétence et nous n'avons, quant à présent, vu aucun parti à en pouvoir tirer, sans éveiller, à l'instant même, l'attention des personnes ayant encore tout intérêt à laisser dans l'ombre l'histoire des trésors de la Régence.

Nous allons terminer cet exposé par une seule question.

150 000 000 devaient bénéficier à la France.

42 562 768 F 61 c sont seulement portés au budget 1830. C'est donc 107 437 231 F 39 c qui manquent et dont nous demandons la justification, nous résumant à 77 437 231 F 39 c si nous avons fait double emploi pour la maison Hagermann.

Puisque nous avons parlé de dilapidations et prouvé qu'elles devaient exister, nous ne terminerons pas ce mémoire sans parler d'autres abus tout aussi graves, tolérés sous le règne de Louis-Philippe et qui ont dû être productifs à sa liste civile.

Pendant les dix dernières années du gouvernement de la famille d'Orléans, on a pratiqué dans les forêts de l'État, non seulement dans les hautes futaies aménagées en coupes réglées, mais encore dans les taillis où, suivant l'usage des forêts, sont conservés de place en place des arbres à haute tige, un système complet de ruine auquel on a donné le nom d'éclaircies.

Pour colorer ce système d'un prétexte plausible, on mettait en avant que les arbres ainsi dégagés et éloignés les uns des autres devaient arriver à plus brillante végétation ; mais ce prétexte, qui avait pour partisans des gens intéressés ou à conserver leur position ou à profiter de ces coupes sombres, ne pouvait avoir aucune valeur aux yeux de ceux qui connaissent parfaitement l'aménagement des bois.

Cette innovation était, pour les connaisseurs, la mort de toute tige abattue, et par conséquent la ruine d'une partie des forêts.

On comprendra, et cela est évident, que si, au milieu d'une haute futaie, on abat un arbre seul, la racine, privée d'air, ne peut repartir, ne pousse que de faibles rachées, et finit par mourir et ne laisse qu'une souche noire.

C'est ce qui est arrivé dans la majeure partie des forêts de l'État ; des arbres sont morts, mais on a réalisé ainsi chaque année des sommes énormes, en multipliant le nombre des coupes ; et dans une forêt par exemple où il existait 20 à 30 coupes réglées, ce système d'éclaircies en a procuré quarante.

Si l'on désire du reste être édifié sur cette affaire que le gouvernement de Louis-Philippe a toujours craint de voir divulguer, on doit trouver sur ce système un ouvrage inédit qui avait été préparé par M. St Ange, ancien garde général des forêts, mais qui n'a pas été publié, car son silence aurait été acheté par une position plus élevée que celle qu'il occupait et qu'il doit encore posséder aujourd'hui.

Seulement, M. St Ange est légitimiste. A la chute de Charles X, il était à Saint-Germain-en-Laye, et il doit toujours appartenir à ce parti.

Ce n'est donc qu'avec une entière réserve que ce sujet pourrait être abordé avec lui. C'est, du reste, un homme très instruit dans l'administration forestière et l'un des plus compétents pour donner sur cette affaire et sur les produits qu'elle a dû rapporter, les renseignements et les chiffres les plus précis.

VU,
Le Préfet de Police,
(signé) PIETRI

Cabinet
du
PRÉFET DE POLICE.

Paris, le ... 185..

Rapport sommaire

Dilapidation des trésors de l'ancienne Régence d'Alger.

La conquête d'Alger eut pour résultat la prise de possession des trésors de cette régence. La commission qui fut chargée de cette opération constata que ces trésors ne s'élevaient en argent qu'à une somme de 48.684.527 francs.

L'exiguité de ce chiffre fit naître des accusations de soustraction au préjudice de la fortune publique. Une commission d'enquête fut nommée par le Maréchal Clausel, mais elle fut bientôt dissoute par ordre supérieur et aucune suite ne fut donnée aux investigations auxquelles elle s'était livrée. Le rapporteur de la commission, Mr Flandin, protesta contre cette dissolution et n'hésita pas à formuler les accusations les plus graves. Ces accusations donnèrent lieu à une instruction, mais cette instruction n'aboutit qu'à une simple ordonnance de non-lieu.

Mr Flandin ne se découragea pas et quoique placé sous les ordres de Mr le Ministre de la Guerre en qualité d'Intendant militaire, il ne craignit pas de persister avec plus d'énergie encore dans ses accusations. Traduit pour ce fait, par les soins du ministère public, devant la juridiction correctionnelle, il fut condamné pour diffamation à une année d'emprisonnement. Cette condamnation n'ébranla pas sa conviction et après la révolution de février, il publia un mémoire dans lequel il s'efforça d'établir que près de cent millions avaient été soustraits au profit des agents du pouvoir ou du pouvoir lui-même représenté par Louis-Philippe.

Armé de nouveaux renseignemens Mr. Flandin s'est enfin adressé à Mr. le Garde des Sceaux et à Mr. le Préfet de Police, qui, après l'avoir entendu et à la suite d'une conférence, ont pensé qu'il y avait lieu de vérifier ce qu'il pouvait y avoir de vrai dans ses assertions.

Par les soins de Mr. le Préfet de Police on s'est livré à des investigations dont voici en quelques mots le résultat.

Il a été reconnu 1° que dans l'inventaire des 48.684.527 francs, ne figuraient pas les bijoux, les armes précieuses, les diamants, les vaisselles d'or et d'argent qui existaient à la Casauba.

2° Que toutes les matières refondables avaient été envoyées sur l'ordre du Ministre de la Guerre à Mr. Collot, directeur de la monnaie.

3° Que Mr. Augot, ancien employé de la monnaie estime qu'il est entré à la monnaie pour une somme de cent millions et que les procès-verbaux de la fonte de ces trésors, si les procès-verbaux existent encore, doivent le constater.

4° que ces valeurs ont été réduites en lingots dont le titre a été vérifié et par le laboratoire des essais de la monnaie et en partie par les

les laboratoires des maisons de commerce Chauvière, Bonneville, Gemeau et Ste André;

5° Que ces lingots ont été déposés au trésor et que les livres de la caisse centrale de 1831, constatent le versement de quatre-vingt deux millions auxquels il faut ajouter les douze millions du déficit Kesner, ce qui justifie à peu-près l'évaluation de Mr Angot.

6° Que les quarante huit millions seulement dont il a été parlé plus haut, figurent cependant au budjet, ainsi que cela résulte du compte-rendu de la commission des Finances à la fin de 1831.

Tous ces faits, qu'on se borne simplement à énoncer, semblent prouver jusqu'à l'évidence la vérité de l'accusation de Mr Flandin.

On peut les corroborer d'ailleurs, par un grand nombre de témoignages et de documens que nous ne reproduisons pas ici, mais qu'on lira avec intérêt dans un rapport de police que nous mettons sous les yeux de M. le Garde des Sceaux, qui restera convaincu que ce rapport fournit assez d'élémens pour saisir l'autorité judiciaire de cette mystérieuse affaire, car il démontre que la France a été spoliée de la portion la plus importante du trésor de la Casauba et que l'homme qui en a profité ne peut être que celui dont le pouvoir suprême en lui donnant toute facilité à cet égard, le plaçait à l'abri de toute poursuite.

Le Préfet de Police

Gisquet

Repères chronologiques

Fin XVe siècle : Installation de négociants français à La Calle.

1694 : Convention entre la Régence d'Alger et la Compagnie d'Afrique octroyant des Concessions à celle-ci pour la pêche du corail.

1793-1796 : Fournitures de blés à la France par Bacri et Busnach, négociants algériens, débiteurs de l'État.

1797 : Refus français de régler les fournitures. Début de l'affaire des « créances Bacri-Busnach ».

1801 : Traité franco-algérien rétablissant la paix ; reconnaissance des créances Bacri-Busnach et engagement de les régler.

1807 : Nouvelle tension franco-algérienne : les créances ne sont toujours pas acquittées ; les « Concessions » retirées à la France et accordées à l'Angleterre.

1808 : Projet d'expédition contre Alger ; Napoléon envoie sur place un agent, le commandant Boutin, pour établir les bases d'un plan de débarquement.

1814-1815 : Restauration des Bourbons.

1815 : Pierre Deval, consul de France à Alger.

1816 : Bombardement d'Alger par la flotte anglo-hollandaise.

1817 : La Régence restitue à la France le privilège des Concessions.

1819 : Transaction sur les créances Bacri-Busnach ; les intérêts de l'État algérien n'y sont pas garantis par suite d'une sombre combinaison.

1823 : Expédition française en Espagne.

1824 : Triomphe du parti ultra aux élections ; de Villèle, président du Conseil ; premières réclamations du dey Hussein au sujet des créances.

1825 : Incident franco-algérien à Bône ; incident naval entre la Marine algérienne et des bâtiments du Saint-Siège.

1826 : Hussein réitère sa demande de règlement des créances, et demande le rappel de Deval. Le baron de Damas, ministre des Affaires étrangères, envisage une démonstration de force devant Alger.

1827 : 29 avril, « coup d'éventail » ; 16 juin, blocus d'Alger.

1827 : Nov.-déc., défaite de Villèle aux élections.

1828 : Janv., ministère « centriste » de Martignac. Poursuite du blocus.

1829 : Début août, agression contre *la Provence*, navire parlementaire.

1829 : Ministère Polignac. D'octobre à décembre, négociation entre Polignac et le pacha d'Égypte, Mohammed Ali, en vue d'une expédition égyptienne contre Alger.

1830 : Fin janvier, décision d'une expédition militaire contre Alger.

De février à avril, préparatifs militaires ; 25 mai : embarquement du corps expéditionnaire. Crise politique en France (dissolution de la Chambre, renforcement des attaques de l'opposition...).

1830 : 14 juin, débarquement (début) de l'armée expéditionnaire sur les plages de Sidi-Ferruch.

4 juillet, capitulation d'Alger.

5 juillet, entrée de l'armée française dans Alger.

Triomphe de l'opposition aux élections en France. Charles X et Polignac se préparent à riposter par des ordonnances, publiées le 26 juillet. Révolution des Trois Glorieuses ; chute de la branche aînée des Bourbons ; avènement de Louis-Philippe.

Fin juillet-début août : rumeurs de détournements importants opérés dans le Trésor d'Alger.

4 septembre, création d'une commission d'enquête sur ces détournements. Trois semaines plus tard, suspension des travaux de la Commission « sur ordre supérieur ».

1833 : Procès du sous-intendant Flandin, ancien membre de la Commission d'enquête, qui, après avoir tenté de faire chanter d'anciens responsables du détournement, les a dénoncés publiquement. Il sera condamné pour diffamation.

1848 : Révolution et chute de Louis-Philippe. Flandin demande la reprise de l'enquête sur le Trésor.

1852 : Enquête du préfet de police Pietri qui conclut formellement au détournement d'une centaine de millions de francs (de l'époque). Mais l'affaire sera définitivement enterrée, après la confiscation des biens de la famille d'Orléans, principale bénéficiaire des sommes soustraites à la Casbah.

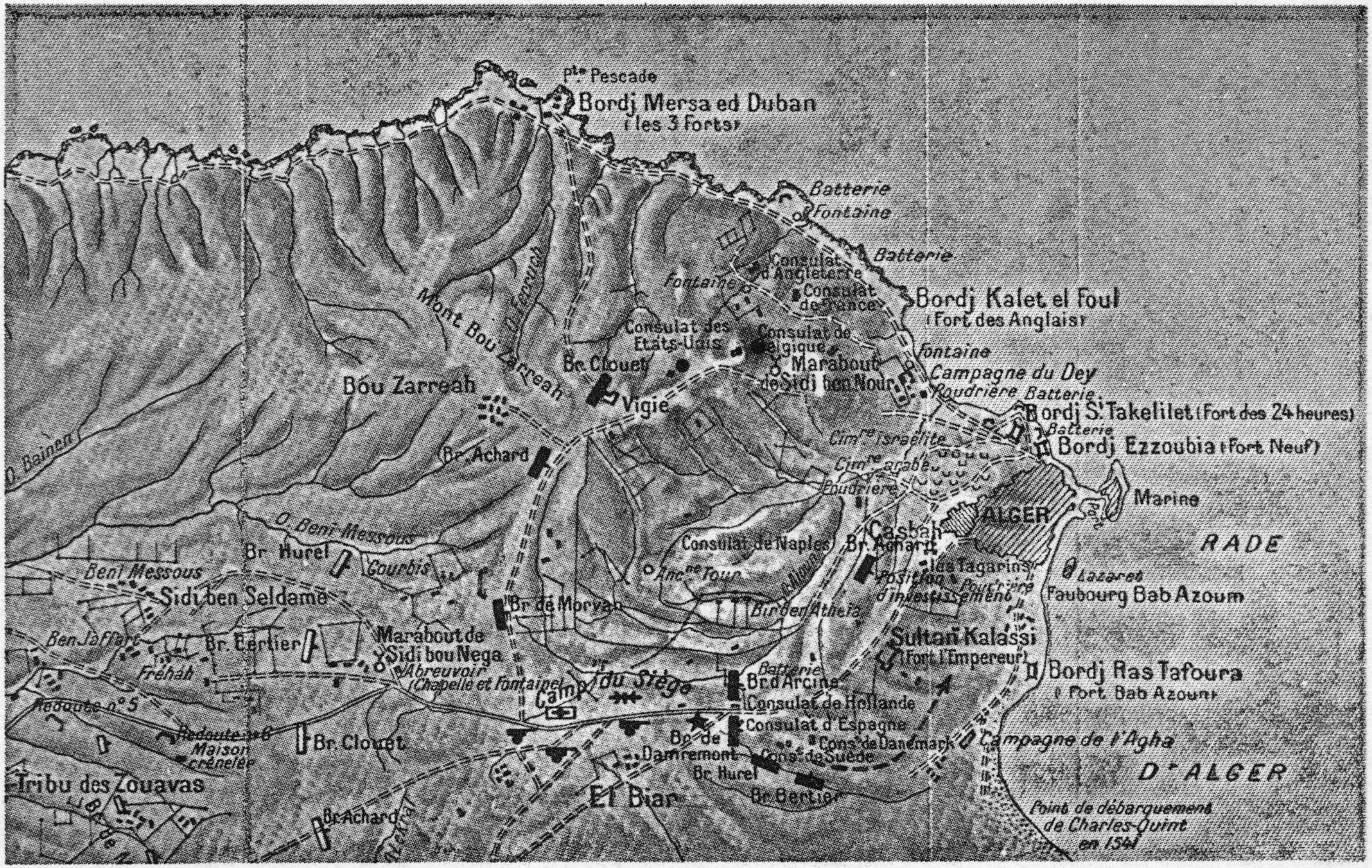

Pte Pescade
Bordj Mersa ed Duban
(les 3 Forts)
Batterie
Fontaine
Batterie
Consulat d'Angleterre
Consulat de France
Bordj Kalet el Foul
(Fort des Anglais)
Fontaine
Consulat des États-Unis
Consulat de Belgique
Marabout de Sidi ben Nour
Fontaine
Campagne du Dey
Poudrière Batterie
Bordj St Takelilet (Fort des 24 heures)
Batterie
Bordj Ezzoubia (Fort Neuf)
Mont Bou Zarreah
Bou Zarreah
Br. Clouet
Vigie
Br. Achard
O. Bainem
Cimre Israélite
Cimre arabe
Poudrière
Marine
ALGER
RADE
Casbah
Br. Achard
Consulat de Naples
Ancne Tour
O. Beni Messous
Br. Hurel
Courbis
Beni Messous
Sidi ben Seldame
Br. de Morvan
Bir ben Atheia
les Tagarins
Position d'investissement
Poudrière
Lazaret
Faubourg Bab Azoum
Ben Jaffart
Br. Bertier
Marabout de Sidi bou Nega
Abreuvoir
(Chapelle et fontaine)
Fréhah
Sultan Kalassi
(Fort l'Empereur)
Bordj Ras Tafoura
(Fort Bab Azoun)
Batterie
Br. d'Arcine
Camp du Siège
Consulat de Hollande
Consulat d'Espagne
Cons. de Danemark
Cons. de Suède
Br. de Damremont
Br. Hurel
Br. Bertier
El Biar
Campagne de l'Agha
D'ALGER
Redoute n° 5
Redoute n° 6
Maison crénelée
Br. Clouet
Tribu des Zouavas
Br. Achard
Point de débarquement de Charles-Quint en 1541

Notes

(Les titres des ouvrages cités sont abrégés, les énoncés complets figurant en bibliographie. Pour ne pas allonger démesurément ces notes, nous avons réduit les citations au strict minimum, et renvoyons aux documents originaux.)

Introduction

1. Voir la subtile analyse de Laroui, *Histoire du Maghreb*, p. 244 et suiv.
2. Cf. notamment, la lettre du dey Omar au Sultan, datée du 12 septembre 1816, citée par Temimi, *Recherches et documents d'Histoire maghrébine*, p. 227.
3. J.-C. Vatin, *L'Algérie politique*, p. 95. Pour une étude plus approfondie, cf. M. Bedjaoui, La *Révolution algérienne et le droit.*
4. Archives du Ministère français des Affaires étrangères, *Mémoires et Documents, Algérie*, t. 6, f° 170-174.
5. Archives de la Présidence du conseil turc à Istanbul (B.A.), HH 225558 c, citée et traduite par Temimi, Le *Beylik de Constantine...*, p. 32.
6. W. Shaler, *Esquisse de l'État d'Alger*, p. 276.
7. Genty de Bussy, *De l'établissement des Français dans la Régence d'Alger*, t. II, p. 77.
8. Il s'agit du « petit trésor », situé sous la salle des Miroirs, qui contenait du numéraire en petite quantité ; le « grand trésor », enfermé dans les caves, n'était accessible au dey et au khaznadji que dans certaines circonstances et dans des conditions étroitement réglementées.
9. A. Jal, *Une visite au Dey d'Alger*, in *Revue de Paris.*
10. Gsell, Marçais, Yver, *Histoire de l'Algérie*, p. 191-192.
11. C.-A. Julien, *Histoire de l'Algérie contemporaine*, t. I, p. 21.
12. A. de Laborde, *Au Roi et aux Chambres*, véritable démonstration, preuves à l'appui, de l'inexactitude de la thèse du gouvernement français...
13. M. Emerit, *Une Cause de l'expédition d'Alger...*
14. A. Nouschi, *Algérie, passé et présent*, ch. VI.
15. M.C. Sahli, *Décoloniser l'histoire*, p. 89.
16. H. Garrot, *Histoire générale de l'Algérie*, p. 648.

Première partie

1. Lettre citée par Mas Latrie, *Traités de paix et de commerce*, p. 317.
2. C.-A. Julien, *Les voyages de découvertes...*, p. 57.

3. H.D. Grammont, *Relation de l'expédition de Charles-Quint... d'après Villegaignon,* p. 83.
4. *Voyages de M. de Brève...*, p. 354.
5. A. de Laborde, *Au roi...*, *Pièces à l'appui,* p. XIX.
6. A. de Laborde, op. cit., p. 7.
7. *Moniteur* (le) du 18 juin 1793.
8. Plantet, *Correspondance des deys...*, t. II, p. 343.
9. P. Masson, *Concessions et Compagnies d'Afrique...*, p. 50.
10. Hamdane ben Othman, *Le Miroir,* p. 142.
11. G. Esquer, *La Prise d'Alger,* p. 19.
12. F. Hildesheimer, *Grandeur et décadence de la maison Bacri,* p. 391.
13. C. Martin, *Les Israélites algériens...*, p. 21, et aussi Lettre du consul Vallière, citée par P. Masson, *Concessions et Compagnies...*, p. 57.
14. G. Esquer, *La Prise...*, p. 20.
15. Rapport du consul Jean Bon Saint-André cité par G. Esquer, *La Prise...*, p. 20 ; cf. également l'étude de la correspondance de la maison Bacri de Marseille, in Hildesheimer, op. cit.
16. Plantet, *Correspondance des deys...*, t. II, p. 410.
17. L. Lautard, *Esquisses historiques,* t. I, p. 410.
18. P. Masson, *Concessions et Compagnies...*, p. 59.
19. Rapport du Directeur de l'Agence, Arch. des B. du R., M^{14}, 168, doss. 6, cité par P. Masson, op. cit.
20. Lettre du ministre des Affaires étrangères Delacroix, datée du 26 avril 1797, citée par Esquer, *La Prise...*, p. 24.
21. Plantet, *Correspondance des deys...*, t. II, p. 472.
22. Esquer, *La Prise...*, p. 24.
23. Lettre citée par Bloch, *Inscriptions...*, p. 134.
24. Lettre de Talleyrand du 24 août 1800, citée par Esquer, *La Prise...*, p. 27.
25. Plantet, *Correspondance des deys...*, t. II, p. 525.
26. Julien, *Histoire de l'Algérie contemporaine,* t. I, p. 23-24.
27. Yacono, *La véritable histoire du coup d'éventail,* p. 11.
28. Shaler, *Esquisse...*, p. 162.
29. A. de Laborde, *Au Roi...*, a rapporté une anecdote curieuse : « Le 10 décembre 1817, écrit-il, une jeune personne, Rose Posonbinio, d'origine sarde, protégée de France, fut arrachée des bras de sa mère et livrée à la brutalité du dey qui régnait alors (Ali Khodja), ainsi qu'une jeune juive, Virginia Benzamon, logée, dit-on, chez le consul de France. Le cri public accuse ce consul et son ami Jacob Bacri d'avoir coopéré à cette action, ce qu'il est impossible de croire ; mais enfin la plainte juridique des parens et le rapport de la victime, lorsqu'elle recouvra la liberté, fait devant le consul général de Sardaigne le 30 mars 1818, et que je possède, articule positivement ce fait ; et dans cette opinion, fausse sans doute, les consuls portèrent leurs plaintes au gouvernement français et rompirent tout commerce avec M. Deval. Une enquête fut même entamée à Marseille par ordre du ministre de la Marine ; mais il faut croire qu'elle a été à l'avantage de M. Deval, puisqu'il reçut peu après la décoration de la Légion d'Honneur. (L'auteur ironise évidemment, ici.) Le dey actuel (Hussein), poursuit de Laborde, le jour même de son élévation, le 28 février 1818, rendit ces deux victimes à leurs familles, et leur donna à chacune une indemnité de cinq mille piastres fortes. On conçoit que le dey dut conserver des préventions contre le consul de France...» p. 37-38, note 3.
30. Julien, *Histoire...*, op. cit. p. 24.
31. Sur le bombardement d'Alger en 1816, voir notamment Temimi, *Recherches et Documents...*, pp. 36-41 et 108-116.
32. A. E., *Corr. dipl.*, n° 42.
33. Laborde, *Au Roi...*, p. 12.
34. Le texte de la transaction a été publié par plusieurs auteurs, dont Laborde,op. cit., Pièces justificatives, n° 3, pp. XI-XVI.
35. Il n'est même pas certain que la Caisse des Dépôts et Consignations ait reçu les 2 500 000 francs en dépôt, ou en tout cas pas la totalité de la somme. Nous

lisons, en effet, dans une note interne des services de la C.D.C. datée du 11 octrobre 1965 qui nous a été obligeamment communiquée : « Les archives du Service des Consignations administratives et judiciaires (...) étant détenues par D d 4 et les documents comptables par D d 1 le (...) 5e bureau n'a pu que se mettre en rapport avec ces deux bureaux pour s'enquérir du résultat des recherches entreprises en vue de trouver trace d'une consignation de 2 500 000 francs effectuée entre 1819 et 1830 vraisemblablement à la Direction générale pour sauvegarder les droits des créanciers français de deux négociants algériens MM. Bacri et Busnach.

« Il est vraisemblable qu'en raison de sa nature-opposition par des créanciers français au paiement d'une dette même cantonnée à 2 500 000 francs, chiffre très important pour l'époque, la somme en question a fait l'objet d'une consignation judiciaire. Elle aurait pu toutefois être reçue à titre de consignation administrative car il s'agissait d'une dette reconnue par le Gouvernement français.

« Des renseignements communiqués il apparaît que les recherches entreprises tant à Paris qu'aux archives de Blois se sont révélées infructueuses... »

L'auteur de la note explique ce résultat négatif par diverses hypothèses (règlement possible de la consignation avant 1871, destruction des archives de la Caisse des Dépôts et consignations pendant les événements de la Commune, etc.). Toutefois, il précise : « Je crois devoir ajouter que, bien qu'affecté depuis (...) 1928 au service des consignations, je n'avais jamais entendu parler avant cette année - *1965* - de l'existence d'une telle consignation »...

36. Laborde, op. cit.. p. 18-19.
37. Laborde, op. cit., p. 33.
38. P. Guiral, *Marseille et l'Algérie,* p. 33.
39. Plantet, *Correspondance des deys,* t. II, p. 555.
40. Archives nationales de Paris, A.N., BB[4] 530, partiellement citée par Esquer, *La Prise...,* p. 58-60.
41. P. Masson, *Concessions et Compagnies...,* p. 116.
42. Plantet, *Correspondance des deys,* t. II, p. 558-561.
43. A. E., *Mém. et Doc., Algérie,* t. II, f° 22.
44. A. E., *Mém. et Doc., Algérie,* t. II, f° 28-41.
45. Berenguer, *Le coup d'éventail,* et Yacono, *La Véritable histoire du coup d'éventail.*
46. E. Kuran, *La Dernière lettre du dey...,* p. 192.
47. Hamdane, *Le Miroir...,* p. 168-169.
48. Rapport du consul de Danemark, Carstensen, à son gouvernement, du 15 mai 1827, publié et traduit par Berenguer, *Le coup d'éventail,* p. 68.
49. Aumerat, *Souvenirs algériens,* cité par Yacono, art. op. cit., pp. 20-21.
50. A. E., *Mém. et Doc., Algérie,* t. III, f° 236.
51. Yacono, art. op. cit., p. 21.
52. Lettre du baron de Damas citée par Le Marchand, *L'Europe et la Conquête d'Alger,* pp. 75-76.
53. Arch. de la Chambre de Commerce de Marseille, Régence d'Alger, citée par Guiral, *Marseille et l'Algérie,* p. 34.
54. Julien, Histoire de l'Algérie..., t 1, p. 28.
54 bis Yacono, *La Véritable histoire...,* p. 22.
55. Cf. Charles-Roux, *France et Afrique du Nord avant 1830.*
56. Temimi, *Le Beylik de Constantine...,* p. 49.
57. Shaler, *Esquisse...,* p. 71.
58. Shaler, p. cit., p. 216.
59. Vaulabelle, *Histoire des deux Restaurations,* t. VIII, pp. 162-163.
60. Moikiné-Guetzéwich, *1830 et l'évolution constitutionnelle,* p. 4.
61. Baron de Damas. *Mémoires,* t. II, p. 65.
62. Comtesse de Boigne, *Récits d'une tante,* t.II, éd. du Mercure de France. Sur l'affaire de la Congrégation, qui occupe une place importante dans tous les Mémoires de l'époque, voir bibliographie, notamment l'étude de Bertier de Sauvigny et le *Mémoire à consulter* du comte de Montlosier.
63. Rapport du général Sébastiani, cité par Vaulabelle, *Histoire...,* t. VII,

pp. 242-243.

64. Vidalenc, *La Restauration*, p. 98-99 ; voir aussi Chateaubriand, *Mémoires d'outre-tombe*, Grandmaison, *L'Expédition française en Espagne en 1823*, etc.

65. Cité par Vaulabelle, *Histoire...*, t. VII, pp. 262-263.

66. Lettre de Villèle à Polignac, in Bertier de Sauvigny, *Au soir de la Monarchie*, p. 397.

67. Bertier de Sauvigny, op. cit., p. 405.

68. Baron de Damas, *Mémoires*, t. II, pp. 84-85.

69. Baron de Damas, op. cit., t. II, p. 108.

70. Rapport de Clermont-Tonnerre, A. N., BB 4272. Cf. l'étude de ce rapport, P. Azan, *Le Rapport du marquis de Clermont...*

71. *Rapport de Clermont-Tonnerre, op. cit.*

72. *A. E., Mém. et Doc., Algérie,* t. III, f° 41.

73. D'après Esquer, *La Prise...*, p. 81.

74. Baron de Damas, *Mémoires*, t. II, p. 173.

Deuxième partie

1. Les *Mémoires* et *Journaux* des principaux chefs politiques (de Villèle, Hyde de Neuville, Pasquier, etc.) qu'il est évidemment impossible de citer ici.

2. Comtesse de Boigne, *Récits...*, t. II, p. 130.

3. Il est difficile de préciser le coût du blocus : d'une part, le calcul de ces dépenses était réparti sur plusieurs ministères ; d'autre part, les polémiques politiques s'en mêlèrent, d'où des estimations contradictoires ou fantaisistes !

4. Lettre du 4 octobre 1828, in A. E., *Mém. et doc., Algérie*, t. III, f° 236.

5. Hamdan, *Le Miroir...*, p. 226.

6. Hyde de Neuville, *Mémoires*, t. III, p. 459. Sur les dispositions de Charles X à l'égard du gouvernement Martignac, voir aussi l'étude de Daudet.

7. Cuvillier-Fleury, *Journal intime*, t. I, p. 121.

8. Vaulabelle, *Histoire...*, t. VIII, p. 49.

9. Comtesse d'Agoult, *Mes souvenirs*, p. 98.

10. Bertier de Sauvigny, *Au soir...*, p. 425. Observations intéressantes dans les *Mémoires* de Montbel, pendant le séjour à Ham. Jugements parfois très sévères du baron de Vitrolles, du maréchal de Castellane, de Pasquier, etc. La biographie du président du Conseil par Robin-Harmel est une apologie sans effort documentaire.

11. A. E., Mém. et Doc., Algérie, t. IV, f° 191. Sur le projet franco-égyptien, voir Darcy, Douin (le plus complet), Le Marchand, Pingaud, Serres...

12. Cf. Devoulx, *Le registre des prises...*

13. Baron d'Haussez, *Mémoires*, t. II, pp. 155-157. Ces Mémoires retracent avec d'infinis détails le rôle de l'auteur, ministre de la Marine, que n'étouffait pas la modestie ! A comparer avec le *Journal d'un ministre*, de Guernon-Ranville.

14. Cité par R. Marquant, *Thiers et le baron Cotta*, pp. 493-94. La crise a été amplement développée dans la quasi-totalité des Mémoires et Souvenirs, avec naturellement des interprétations partisanes.

15. R. Marquant, op. cit., p. 497.

16. Cuvillier-Fleury, *Journal...*, t. I, p. 171.

17. Cauchois-Lemaire, *Lettre au duc d'Orléans.*

18. A. d'Hautpoul, *Souvenirs sur la Révolution...*, p. 407.

19. La situation économique et financière de la Restauration en 1830 a été particulièrement étudiée dans Braudel et Labrousse, *Histoire économique de la France*, Gille, *Histoire de la Maison Rothschild*, Chaminade, *La Monarchie et les puissances d'argent*, notamment, (cf. Biblio.) ; notations dans de nombreux mémoires (Laffitte, Pasquier, Talleyrand, etc.).

20. Baron de Damas, *Mémoires*, t. II, p. 172-173.

21. A. d'Hautpoul, *Souvenirs...*, p. 40.

22. Guernon-Ranville, *Journal...*, pp. 27-30.

23. Lettre citée par Gautherot, *Un gentilhomme...*, p. 376.

24. Comtesse de Boigne, *Récits...*, t. II, p. 163.

25. Emerit, *Une cause de l'expédition d'Alger...*, p. 8.

26. Passy, député de l'Eure, *Rapport,* Chambre des Députés, session de 1832, n° 97, p. 3 et 9.
27. Cf. Baron de Damas, *Mémoires,* t. II, p. 209.
28. Apponyi, *Journal...,* t. I, p. 299.
29. A. E., *Mém. et Doc., Algérie,* t. III, f° 38-40.
30. Shaw, *Voyage à Alger,* 2e éd., p. 210.
31. Archives du Ministère de la Défense à Vincennes, *A.M.G. Algérie,* carton H 225.
32. L. G. Michaud, *Biographie... de Louis-Philippe,* p. 237.
33. L. G. Michaud, op. cit., p. 339-340.
34. Archives de Vincennes, *A.M.G., Algérie,* H. 225.
35. *A.M.G., Algérie,* carton H 225.
36. *A.M.G.,* op. cit.
37. Rozet, *Relation de la guerre d'Afrique...,* t. I, p. 295.
38. Merle, *Anecdotes historiques...,* p. 269.
39. Pour les tractations franco-anglo-turques, voir notamment Serres, Le Marchand, Darcy, Pingaud, Esquer...
40. A. E., cité par Serres, Le Marchand.
41. A. E., cité par Serres, Le Marchand, Esquer.
42. ibid. Voir également études de Julien et Temimi, op. cit.
43. Cf. Esquer, *La Prise...,* pp. 274-276.
44. A. E. *Mém. et doc., Algérie,* t. V, f° 191 à 203.
45. A.E. *Mém. et Doc., Algérie,* t. V.
46. Proclamation citée notamment par Rousset, *La Conquête d'Alger,* p. 90-91.
47. Voir les Comptes rendus de la Commission d'Afrique, qui reflètent bien l'indécision du gouvernement et les luttes entre les différentes tendances (colonistes et anti-colonistes). Cf., sur cette question, l'étude d'Yver, *La Commission...*
48. Castellane (Mal), écrit dans son *Journal* (t. II, p. 299) : « Le vice-amiral de Rigny est arrivé aujourd'hui de Paris (à Moulins) ; il vient passer deux jours chez son frère, receveur général. Je l'ai trouvé ce soir (22 août 1829) à Bressolles ; il est assez curieux à entendre. Il m'a confirmé tout ce qui est dans la lettre du duc de Dalberg ; il croit qu'il y a 10 millions de préparés pour séduire la Chambre des députés. Le Roi l'a fort pressé d'accepter la Marine, lui disant que son refus tuait le gouvernement. M. de Rigny, ému de tout ce que lui a dit le Roi, lui a demandé vingt-quatre heures pour répondre. Sa Majesté lui a accordé jusqu'au soir. M. de Rigny a alors écrit au prince de Polignac qu'il ne pouvait pas entrer dans un ministère auquel il ne voyait pas la majorité. Il a déclaré en outre qu'il ne voulait, en aucune façon, être le collègue de M. de Bourmont, et que dans le cas où on le croirait utile, il faudrait les mettre tous deux dans une balance et prendre celui qu'on préférerait... »
49. Castellane, *Journal,* t. II, pp. 338-339.
50. Baron d'Haussez, *Mémoires,*t. II, pp. 155-167 et 185-210.
51. Barchou de Penhoen, *Mémoires d'un officier...,* p. 58. Sur le personnel militaire de grades élevés, Castellane reste une des meilleures sources ; voir également aux Archives de Vincennes les dossiers personnels des officiers supérieurs, à compléter par les archives des familles aux A. N.
52. Pélissier (Cap.), *Mémoires,* p. 69.
53. Barchou, op. cit., p. 58.
54. Pélissier (Cap.), *Mémoires,* p. 70.
55. Le maréchal Marmont, duc de Raguse, fut mêlé à une affaire de détournement d'argent à l'époque où il commandait l'armée de Dalmatie : il obligea le payeur de cette armée à lui livrer des fonds sans crédits ouverts ! Napoléon s'en prit... au payeur : « Il devait au moins, écrivait l'Empereur au ministre du Trésor Mollien, dresser procès-verbal de violation de caisse et l'envoi de ce procès-verbal aurait donné l'éveil. Envoyez là un payeur ferme et que rien ne puisse faire dévier de la règle. » Le payeur incriminé, nommé Duliège, fut limogé. Napoléon voulant néanmoins récupérer la somme détournée, écrivit dans ce sens au général Clarke, ministre de la Guerre : « Voilà 800 000 francs qui ont été détournés et dont il faut

avoir le compte ; envoyez un officier intelligent auprès du général Marmont. Vous écrirez à Marmont que je donne l'ordre que le payeur (Duliège) soit destitué, qu'ainsi il aura causé la perte de cet homme, dont le cautionnement va être confisqué et les biens mis sous séquestre. » Marmont garda l'argent pour lui et le payeur fut ruiné... Voir sur cet épisode, Frémont, *Les Payeurs d'armée,* t. I, p. 171 et suite.

56. Comtesse de Boigne, *Récits...*, t. II, p. 114. La comtesse rapporte aussi (p. 115) un extravagant projet « industriel » de son ami le maréchal Marmont : « J'avais visité, dit-elle, cet encyclopédique établissement (de Châtillon) en détail, entre autres la bergerie à *trois étages* dont il était si fier. Tout l'hiver précédent, il nous avait entretenus de ses *moutons vêtus* qui devaient être une source de fortune incalculable. J'en parlai au régisseur qui me répondit par un soupir : « Hélas, madame, je vais vous les montrer ; c'est la dernière fantaisie de monsieur le maréchal. Il m'écrit toutes les semaines des calculs sur le profit qui doit nécessairement en résulter, et je lui répète vainement à quel point c'est onéreux. » Je trouvai de pauvres bêtes, cousues dans les peaux d'autres moutons déjà tombées en haillons, étouffant de chaleur et ayant la tournure la plus grotesque qu'on puisse imaginer. Le calcul du maréchal était que la redingote (dont étaient revêtus les moutons vivants) coûtait *quatre* francs et durait dix-huit mois. La toison devait se vendre *six* à *sept* francs de plus et les animaux n'être plus sujets à aucune maladie.Les livres du régisseur prouvaient autre chose. La redingote coûtait *sept* francs, ne durait qu'un an malgré des rapiécetages qui la faisaient revenir à *neuf* francs. La toison ne se vendait que quarante sols de plus que celle des bêtes non revêtues, et les maladies étaient au moins aussi fréquentes et plus contagieuses »...

57. Marmont, duc de Raguse, *Mémoires,* t. V, p. 212.
58. Marmont, op. cit.. p. 228.
59. Marmont, op. cit., p. 230.
60. Marmont, op. cit., p. 232.
61. Guernon-Ranville, *Journal...,* pp. 260-262.
62. Rousset, *Un ministre de la Restauration...,* p. 345.
63. Baron d'Haussez, *Mémoires,* t. II, pp. 95-96.
64. Pasquier, *Mémoires,* t. VI, p. 191.
65. Pélissier (cap.), *Mémoires...,* p. 14.
66. Castellane, *Journal..,* t. II, p. 336.
67. Castellane, op. cit., p. 337.
68. Castellane, op. cit., p. 325.
69. Comtesse de Boigne, *Récits...,* t. II,p. 154. Sur la trahison de Bourmont à la veille de Waterloo, qui a parfois été mise en doute, nous ne citerons que deux des témoignages les plus accablants. Le premier figure dans les *Souvenirs* du Chevalier de Cussy (t. II, pp. 112-114). En juillet 1830, de Cussy se trouvait à Corfou en qualité de consul de France, et y avait pour collègue le général anglais Frédéric Adam, qui avait combattu dans les rangs ennemis de l'armée impériale en 1815. « Ce que m'a dit hier (1er juillet 1830) sir Frédéric Adam, au sujet du général Bourmont, notait le chevalier dans son carnet, m'a surpris au dernier point et mérite que je le consigne ici, sans plus de retard. « Que tout ceci, mon cher chevalier, reste entre nous mais la confiance que vous m'avez inspirée, la droiture de votre caractère, et la modération, l'impartialité avec lesquelles vous jugez les hommes et les événements, me permettent, avec vous, de penser tout haut. Je vous l'avouerai donc ; j'ai vu avec un véritable chagrin, comme militaire, le choix de M. de Bourmont comme ministre de la Guerre ; je le vois, avec un chagrin plus vif encore, chargé de l'expédition d'Alger. M. de Bourmont ne saurait inspirer confiance à l'armée française, qui n'a point oublié sa conduite à Waterloo, et cette disposition des esprits envers le chef peut compromettre le succès de l'expédition. Aux yeux des soldats, les opinions politiques ne peuvent jamais excuser un transfuge au moment du combat, surtout quand ce transfuge est un général, que sa position élevée a mis à même de connaître les projets et les plans de ceux qu'il quitte, et qu'il vient en donner connaissance à ceux contre lesquels, la veille encore, il semblait vouloir combattre. Bien que sa défection ait été utile aux succès remportés par le duc de Wellington, bien que je me sois trouvé dans les rangs du parti

qui en a profité, je ne puis que réprouver l'action du général de Bourmont, qui, après avoir *sollicité,* sans doute, mais en tout cas accepté un commandement dans l'armée de Napoléon, en 1815, quitta sa division pour se rendre d'abord à notre quartier général, puis à Gand, auprès du roi Louis XVIII, emportant avec lui la connaissance de la position, de la force des corps, et des projets du général en chef (Napoléon). Je commandais l'avant-garde. C'est vers moi que se rendit le général de Bourmont. Son action me révolta, je l'avoue. Je ne voulus pas entendre ses confidences ; je lui dis que ce n'était pas mon office, et je le fis conduire au quartier général du duc de Wellington... ».

Le second témoignage sur la désertion de Bourmont est celui rapporté par Cuvillier-Fleury dans son *Journal* (t. I, p. 142) : « Le général Baudrand nous explique, sur une carte de Cassini, tout le système des opérations militaires de Waterloo. Fatale influence de Ney dans cette journée ; faute énorme de Grouchy ; *Bourmont a été le porteur des plans de Napoléon dans le camp des Alliés ;* les plans étaient admirables, s'ils n'eussent été prévenus par cette trahison ; ils devaient empêcher la jonction des deux armées ennemies, et même, malgré Bourmont, elle n'aurait pas eu lieu, sans l'incertitude de Ney, sans l'imbécile hésitation de Grouchy... »

70. Baron de Vitrolles, *Mémoires,* t. III, p. 350.

71. Castellane, *Journal,* t. II, pp. 339-340.

72. A. d'Hautpoul, *Souvenirs...,* p. 419.

73. Sur cette curieuse tractation financière entre le roi Ferdinand d'Espagne et Bourmont, voir Gautherot, *Un Gentilhomme...,* pp. 335-342.

74. Le choix de Desprez comme chef d'état-major général illustre assez bien l'état d'esprit de l'armée. Malgré les changements de régime, le sectarisme fut beaucoup moins virulent qu'on ne l'a dit, comme en témoigne le général marquis Armand d'Hautpoul dans ses *Mémoires,* pp. 398-399 : « MM. de Clermont, Desprez et moi, écrit-il, nous nous étions retrouvés ensemble à l'École polytechnique, à l'École d'artillerie et du génie de Metz, et nous étions sortis ensemble de cette dernière école pour entrer dans les rangs de l'armée, M. Desprez dans le Génie, M. de Clermont et moi dans l'Artillerie. (...) Depuis la seconde Restauration, l'un était devenu ministre, et tous les deux (Clermont et Desprez), malgré la différence de leurs opinions, avaient été faits lieutenants-généraux, commandeurs de Saint-Louis. (...) M. de Clermont possédait toutes les manières de l'homme de Cour, il était fier de l'aristocratie que représentait son nom (...), ses opinions étaient franchement monarchiques (...). M. Desprez, au contraire, avait les formes assez communes, ses opinions tendaient au républicanisme, ses sentiments étaient démocratiques au point d'avoir toujours repoussé un titre que ses grades et ses emplois le mettaient à même d'obtenir ; en outre il était philosophe et libéral dans l'acception que la politique a donnée à ces deux qualifications, et il frondait souvent avec aigreur les actes de l'autorité royale. Malgré cette différence d'opinion et de caractère, ces deux officiers généraux étaient liés de la manière la plus intime (...). M. Desprez avait de l'esprit, de l'instruction, de l'adresse, il connaissait le faible du ministre (Clermont) et il avait pris un tel ascendant sur son esprit qu'on a souvent pensé qu'il n'était pas étranger à la direction des affaires de la Guerre... »

75. Castellane, *Journal,* t. II, p. 341-342.

76. Apponyi, *Journal...,* t. I, p. 369. Malgré ce jugement assez sévère, le comte d'Apponyi deviendra par la suite presque intime avec la marquise de Bartillat...

77. A. E., Corr., Turquie, 232.

78. Berthezène, Dix-huit mois..., p. 136.

79. E. de Salles, *Ali le Renard,* t. I, pp. 435-440. Cf. l'étude très détaillée de Féraud, *Les Interprètes de l'Armée...*

80. Frémont, *Les Payeurs d'armées,* t. I, p. 203.

81. Castellane, *Journal...,* t. II, p. 329.

82. Pélissier (cap.), *Mémoires,* p. 24.

83. Alph. d'Hautpoul, *Mémoires,* pp. 167-169.

84. Documents cités notamment par Sixte de Bourbon, *La Dernière conquête du roi...,* t. I, pp. 181-183.

85. Valazé, *Notes journalières,* p. 8. La plupart des autres récits de la campagne

décrivent également la traversée, et les difficultés de débarquement.

86. Guernon-Ranville, *Journal...*, p. 109.

87. *Recueil des dépêches télégraphiques*, p. 3.

88. Ault-Dumesnil, *De l'expédition...*, p. 57. L'aspect militaire de la campagne a été spécialement étudié par Azan, *La Conquête...*, et Esquer, *La Prise...* Toutefois, ces travaux sont dépassés aujourd'hui, et il faudrait reprendre toute la question à la lumière des documents d'archives découverts au cours de ces dernières décennies.

Troisième partie

1. Pellissier de Reynaud, *Annales algériennes*, 1re éd. de 1836, t. II, *Notices biographiques*, p. 368 et suiv.

2. Pellissier, op. cit. Voir également P. Eudel, *L'Orfèvrerie...*, pp. 332-353.

3., Pellissier, op. cit., et Eudel, cit.

4. Sur la personnalité de Hamdan ben Othman Khodja, outre la Notice biographique que lui consacra Pellissier, op. cit., et les renseignements fournis par Eudel, voir les récents travaux de Temimi, notamment *A propos du « Miroir » de Hamdan Khodja*, in *Recherches et documents...*, pp. 21-26, avec Lettres et documents divers de Hamdan, pp. 69-95 ; et *Sidi Hamdan bin Othman Khodja*, in R.H.M., n° 25-26, pp. 83-87. Également Yvert.

5. Pellissier, op. cit.

6. Rapport du général de Bourmont au président du Conseil, du 5 juillet 1830, in *Coup d'œil sur la campagne d'Afrique...* pp. 132-136, suivi du texte de la Convention de capitulation.

7. J.-T. Merle, *Anecdotes...*, pp. 258-268.

8. Le texte officiel, conservé aux A. E., a été notamment publié par Plantet, *Correspondance des deys*, t. II, pp. 569-570.

9. Rapport cité par Chassériau, *L'Amiral Duperré*, p. 460.

10. Desprez, *Journal d'un officier...*, p. 181.

11. Ault-Dumesnil, *De l'expédition...*, p. 94.

12. Pélissier (cap.), *Mémoires*, p. 67.

13. Fernel, *Campagne...*, p. 113.

14. Notamment Rozet, *Relation de la guerre d'Afrique*, t. I.

15. Pellissier de Reynaud, *Annales...*, t. I, 2e éd., p. 68.

16. *Papiers Jal*, B.N., mss. fr., f° 165.

17. Le capitaine Rozet, par exemple, s'exprimait ainsi sur la capitulation : « On aura beaucoup de peine à croire qu'un pareil traité ait été signé par un général victorieux, qui dans quelques heures pouvait anéantir la race algérienne... », *Relation de la Guerre d'Afrique*, t. I, p. 255.

18. Desprez, *Journal d'un officier...*, p. 186.

19. Desprez, *Journal...*, pp. 185-187.

20. A. E., *Mém. et Doc.*, *Algérie*, t. V, f° 228.

21. Papiers Jal, *Détails sur Hussein*, B.N., f° 41.

22. Rapport du consul de Suède, traduit et publié par Berenguer, *Documents suédois...*, p. 37.

23. Klein, *Feuillets d'El Djezaïr...*, p. 24.

24. *Correspondance* de Savary, duc de Rovigo, t. I, p. 578-579.

25. *Corr.* de Savary, t. I, p. 595. Dans son rapport du 5 juillet, op. cit., le consul de Suède donne une information importante, mais qu'on doit accueillir avec prudence : « La forme du gouvernement qu'on va établir dépend entièrement de la volonté du vainqueur, et il ne l'a pas encore manifestée ; il a seulement fait afficher et proclamer dans les places publiques que la religion, les femmes et les propriétés des particuliers seront respectées et que *le chef de la nouvelle Régence sera toujours musulman...* » (p. 42). Voir sur cette question l'ouvrage de Habbart, *Histoire d'un parjure*, qui nous a néanmoins paru discutable, sur des points importants touchant à la période de juillet-août 1830.

26. Pichon, *Alger en 1832*, p. 2.

27. Lettre citée par Serval, *La Ténébreuse affaire...*, p. 244-246.

28. Merle, *Anecdotes*, pp. 223-225.

29. Rozet, *Relation de la guerre...*, t. I, p. 258.
30. *La prise d'Alger vue par... Bendjelloul,* p. 76.
31. Parmi les auteurs témoins qui ont traité des pillages, citons Bartillat, pp. 96-99, Berthezène, pp. 104-111, Desprez, pp. 194-195, Lauvergne, pp. 110-128, Quatrebarbes, pp. 64-65, etc.
32. Pélissier (cap.), *Mémoires,* p. 68.
33. E. de Salles, *Ali le Renard,* t. II, pp. 128-131.
34. Merle, *Anecdotes,* p. 188.
35. Desprez, *Journal...*, p. 189.
36. Pélissier, *Mémoires,* p. 68.
37. Bartillat, *Relation de la campagne d'Afrique...*, p. 93.
38. Desprez, *Journal...*, p. 195.
39. *Quelques mots sur le Trésor...*, p. 5.
40. Bartillat, *Relation de la campagne...*, p. 96.
41. Fernel, *Campagne...*, p. 123.
42. Réveillé de Beauregard, *1830, Relation...*, p. 34.
43. Berthezène, *Dix-huit mois...*, p. 106-107.
44. Lauvergne, *Histoire de l'expédition...*, pp. 110-111.
45. Persat, *Mémoires...*, p. 217.
46. Bartillat, *Relation...*, p. 97.
47. Rozet, *Relation de la Guerre...*, t. I, p. 275-276.
48. Rozet, op., cit., t. I, pp. 257-260.
49. Klein, *Feuillets...*, p. 205.
50. Pellissier de Reynaud, *Annales...*, t. I, pp. 74-75. Cf. également Pichon, *Alger en 1832,* Genty de Bussy, *De l'établissement des Français,* t. I, p. 356 : « Dans l'éblouissement qui suivit la conquête, on ne pensa qu'à ce trésor du Dey, grossi par tant d'imagination, et derrière on négligea les autres. *Les registres de l'État ont été portés à la Casbah ; ils disparurent en grande partie,* et ceux qui échappèrent au naufrage ont été les seuls documents à l'aide desquels on ait pu essayer de recomposer le domaine. Aujourd'hui encore, malgré le temps qui s'est écoulé, on ne peut s'empêcher de déplorer un défaut de précaution dont les effets ont déjà porté un coup funeste au bon ordre de nos finances. »
51. Pellissier, *Annales...*, t. I, p. 77.
52. Klein, *Feuillets...*, p. 14.
53. Lettre de Berthezène au ministre de la Guerre, A.M.G. H 7, citée par Temimi, *Le Beylik de Constantine...*, p. 232.
54. Pichon, *Alger en 1832,* p. 12. De son côté, Pellissier de Reynaud, *Annales,* t. I, p. 96, notait : «... Toute l'armée se trouva réunie autour d'Alger. La coupable négligence des chefs de corps laissa dévaster les belles et fraîches maisons de campagne qui entourent cette ville. Au lieu d'employer des moyens réguliers pour avoir du bois, on coupait les haies et les arbres fruitiers, on brûlait les portes, les fenêtres et même les poutres des maisons : le soldat détruisait aussi pour le plaisir de détruire. Les marbres, les bassins, les ornements de sculpture, tout était brisé, sans but et sans profit pour qui ce fût. Les aqueducs ayant été rompus en plusieurs endroits, presque toutes les fontaines tarirent, et l'armée fut sur le point de manquer d'eau. Dès le mois d'août, les environs d'Alger offrirent l'aspect de la plus complète désolation... » Ces informations sont confirmées par Rozet, *Relation de la guerre...*, t. I, p. 303 : « Depuis notre entrée à Alger, la discipline, qui avait toujours été décroissant pendant la guerre, s'était encore considérablement relâchée : les troupes cantonnées dans les environs de la ville ravageaient toute la campagne, les maisons étaient démolies, les arbres coupés, les jardins détruits. Les conduits qui amenaient les eaux dans la ville furent brisés par nos propres soldats, et au cœur de l'été la garnison d'Alger se vit au moment de manquer d'eau... »
55. *La Conquête...* par un sergent de Zouaves, pp. 100-102.
56. Lauvergne, *Histoire de l'expédition,* p. 128.
57. Klein, *Feuillets...*, p. 38.
58. Gudin, *Mémoires,* p. 97.
59. Fernel, *Campagne...*, p. 136. Voir aussi Desprez, Denniée, Rozet, Lauvergne,

etc. Ces distributions *officielles* d'armes de prix furent connues de toute l'armée ; il y en eut d'autres plus discrètes. Ainsi l'intendant Sermet aurait pris ou reçu vingt pistolets garnis de diamants..., Julien, *Hist. de l'Algérie,* t. I, p. 56.

60. Matterer, *Journal de la prise...,* p. 150.
61. Bartillat, *Relation...,* p. 108.
62. Pellissier, *Annales...,* t. I, p. 101.
63. Fernel, *Campagne...,* p. 166-174.
64. Pellissier, *Annales...,* t. I, p. 102-103.
65. Berthezène, *Dix-huit mois...,* p. 114.
66. Pellissier, *Annales...,* t. I, p. 103.
67. Rozet, *Relation de la guerre...,* t. I, pp. 326-327.
68. Pellissier, op. cit. p. 103.
69. Desprez, *Journal d'un officier...,* p. 256.
70. Villeneuve-Bargemon, *L'Expédition d'Alger...,* p. 373-374.
71. Rapport de d'Aubignosc à Bourmont, cité par A. Nettement, *La Conquête...*
72. *W. Shaler, Esquisse...,* p. 73 et 106.
73. Juchereau de Saint-Denys, *Considérations...,* p. 211.
74. Merle, *Anecdotes,* p. 209-211.
75. Rozet, *Relation de la guerre...,* t. I, p. 279-280.
76. Barchou de Penhoen, *Mémoires d'un officier...,* p. 276.
77. Berthezène, *Dix-huit mois...,* p. 111-112.
78. Anonyme, *Embarquement de Hussein...,* pp. 396-398.
79. Anonyme, *Embarquement,* op. cit., p. 404.
80. Juchereau, *Considérations...,* p. 211.
81. *Quelques mots sur le Trésor...,* p. 13.
82. *Papiers Jal,* mss. B.N., f° 56-57.
83. A. E., *Mém. et Doc., Algérie,* t. VIII, f° 214-216. Publié par Plantet, *Correspondance des deys...,* t. II, pp. 573-574.
84. Pellissier, *Annales,* t. I, p. 120.
85. Voir A. E., *Mém. et Doc., Algérie,* t. IX, f° 298-299, et Carton Turquie, Affaires diverses, année 1844.
86. Klein, *Feuillets...,* p. 87.
87. Merle, *Anecdotes,* p. 233-234.
88. Klein, *Feuillets...,* p. 83.
89. A.M.G., Corr. n° 4. Cité par Emerit, *Une cause...,* p. 12-13.
90. A.M.G., carton n° 3, cité par Esquer, *La Prise...,* p. 363.
91. A.M.G., Corr. n° 4, in Emerit, op. cit.
92. A.M.G., H 235, *Papiers Lacroix.*
93. Merle, *Anecdotes,* p. 218, note 1.
94. *Papiers Jal,* mss. B.N., f° 49.
95. Berthezène, *Dix-huit mois...,* p. 107.
96. Emerit, *Une cause...,* p. 13.

Quatrième partie

1. Klein, *Feuillets...,* p. 49 ; Berenguer, *Documents suédois...,* p. 42 : « La maison de campagne du consulat de Suède, dans les jardins de laquelle une batterie fut installée, eut beaucoup à souffrir de la présence des troupes françaises. Le consul avait enfermé dans une chambre tous ses objets précieux. Il ne retrouva rien... »
2. Lauvergne, *Histoire de l'expédition...,* p. 124.
3. Rapport de Passy, député de l'Eure, p. 59.
4. Berthezène, *Dix-huit mois...,* p. 126-127.
5. A.M.G., Algérie, carton H 235 (cité aussi, sans référence par Rousset, *La Conquête...,* p. 230-231). Il est à remarquer que le colonel Bartillat donnait une estimation sensiblement supérieure de la valeur des marchandises, *Relation...* p. 100 : « La France sera matériellement indemnisée des frais de la guerre par 50 millions trouvés au trésor, et *plus de 25 millions en canons, munitions, marchandises ou valeurs de toute espèce...* »

6. A.M.G., Algérie, carton H 225.
7. A.M.G., Algérie, carton H 225.
8. Thierry, *Notices...*, pp. 115-122.
9. Klein, *Feuillets...*, p. 88.
10. Berthezène, *Dix-huit mois...*, p. 127-128.
11. Pellissier, *Annales...*, 1re éd., t. I, p. 85.
12. Berthezène, *Dix-huit mois...*, p. 129-130.
13. Thierry, *Notices...*, p. 121.
14. Eugène P..., *La Vérité sur Alger*, pp. 21-22.
15. Berthezène, *Dix-huit mois...*, p. 128.
16. Pellissier, *Annales...*, 1re éd., t. I, p. 85.
17. Denniée, *Précis historique...*, pp. 49-51. L'existence des registres a été attestée par une foule de témoignages, par exemple : Shaler, *Esquisse...*, p. 250 : « Ainsi il existe pour le trésor (en 1822) un déficit de 424 200 dollars (espagnols). Je dois ces documents à une personne qui a eu la facilité de *compulser les registres*, et qui m'en a garanti l'authenticité ». Berthezène, *Dix-huit mois...*, p. 136 : « Dans ce gouvernement (de la Régence), l'administration publique était fort simple. Quatre kodjia, ou secrétaires d'État, suffisaient à tous les besoins. *Leurs livres, tenus avec autant de probité que d'exactitude, constataient l'état des revenus et des créances.* Cette régularité dans les écritures et cette bonne foi des agents de l'autorité, leur avaient mérité de ces peuples une confiance qui approchait du respect religieux. (...) Malheureusement plusieurs de ces livres sont perdus... » Voir aussi Genty de Bussy, *De l'établissement...*, t. I, p. 350 et suiv. ; Pichon, *Alger en 1832*, etc.
18. Emerit, *Une cause...*, p. 10-11.
19. Temimi, *Sommaire des registres...*, p. 10. Cet auteur donne le sommaire de plus de cinq cents registres ! Et une bibliographie étendue sur cette question particulière.
20. *Papiers Jal*, mss. B.N., f° 39.
21. Knight, *Récit de sept années...*, p. 126.
22. Knight, op. cit., p. 140-142.
23. Shaler, *Esquisse...*, p. 247.
24. Berthezène, *Dix-huit mois...*, p. 109.
25. Rapport du consul de Suède, traduit et publié par Berenguer, *Doc. suédois...*, p. 41.
26. Rapport du consul de Suède du 10 août 1830, traduit et publié par Berenguer, op. cit., p. 42.
27. Lauvergne, *Histoire de l'expédition...*, p. 112-113.
28. Perrot, *La Conquête...*, p. 139.
29. *La Conquête...* par un sergent de Zouaves, pp. 94-98.
30. Matterer, *Journal de la prise...*, p. 174.
31. Flandin, *Prise de possession... Requête*, p. 19.
32. *Recueil des dépêches...*, p. 15.
33. *Relation de la prise d'Alger* (anonyme), p. 4.
34. Esquer, *La Prise...*, p. 364. Le maréchal de Mac Mahon, que l'on peut difficilement accuser de partialité ou de parti pris, d'autant moins qu'il écrivit ses *Mémoires* longtemps après la conquête, notait, pp. 17-18 : « Quelques jours après la prise d'Alger, plusieurs officiers attachés au général Berthezène étant malades, celui-ci me prit auprès de lui comme officier d'ordonnance. Je l'accompagnai le jour où le général de Bourmont, qui venait d'être nommé maréchal (24 juillet), l'invita à visiter le trésor dont il venait de recevoir (sic) les clefs des mains du Dey. La pièce renfermant ces richesses avait environ six mètres de long sur cinq de large (...). Sur la droite il y avait un grand coffre de pièces d'or et surtout de doublons d'Espagne et, par terre, trois ou quatre petites meules en or. Ce trésor représentait *quatre-vingts millions*, somme plus que suffisante pour payer les frais de la guerre... » Quatre-vingts millions, c'était tout de même beaucoup plus que les 48 millions qui entrèrent effectivement dans les caisses de l'État.
35. A.M.G., Algérie, carton H 225. Ordre général n° 70.
36. Flandin, *Prise de possession... Réponse*, pp. 48-49.

37. Flandin, op. cit.„ p. 20.
38. Dopigez, *Souvenirs de l'Algérie*..., p. 164.
39. Flandin, *Prise de possession*..., p. 23-24.
40. Flandin, *Réponse au Mémoire*..., p. 31 à 35.
41. Rozet, *Voyage dans la Régence*..., t. III, pp. 28-38 à 103. Voir également *Correspondance* du duc de Rovigo, t. I, p. 589, et Bavoux, *Alger, Voyage politique*..., repris par Klein, *Feuillets*...
42. *Correspondance* du duc de Rovigo, t. I, p. 589-590.
43. Juchereau, *Considérations*..., p. 207.
44. *Mémoire en défense*..., p. 12, A. N. BB 18/1353 (1).
45. *La Conquête*... par un sergent de Zouaves, p. 102.
46. Pellissier, *Annales*..., 1re éd. t. I, p. 89.
47. Pellissier, op. cit., t. III, note finale.
48. Bertier de Sauvigny, *Au soir*..., p. 435. Sur la Révolution de Juillet, nous renvoyons aux Mémoires, Journaux et Études particulières signalé en bibliographie.
49. Apponyi, *Journal*..., t. I ; p. 351-353.
50. Bartillat, *Relation*..., p. 111.
51. Rozet, *Relation de la guerre*..., t. I, p. 335.
52. Pellissier, *Annales*, t. I, p. 110.
53. Pellissier, op. cit., p. 111.
54. Rozet, *Relation de la guerre*..., t. I, p. 383.
55. Rozet, op. cit., p. 384.
56. Rozet, op. cit., p. 386.
57. Lettre citée par Faré, *Un fonctionnaire*..., p. 128-129.
58. Colling, *Louis-Philippe, homme d'argent*. Voir aussi les *Mémoires* de Laffitte, *Histoire de la maison Rothschild*, de Gille, *Biographie de Louis-Philippe*, par L. G. Michaud, etc.
59. A.M.G., Dossier Denniée, cité par Emerit, *Une cause*... p. 14.
60. Frémont, *Les Payeurs d'armées*, t. I, pp. 287-293.
61. A.M.G., Corr. n° 4, cité par Emerit, op. cit., p. 16.
62. Ce rapport figure dans Flandin, *Prise de possession*..., pp. 11-14.
63. Tous ces documents furent transmis au ministère de la Justice en août 1833. Le bordereau d'envoi existe toujours à Vincennes, A.M.G. Algérie, carton H 225.
64. Flandin, *Notice*..., pp. 6-9.
65. Flandin, *Prise de possession*..., pp. 28-30, et *Requête*, p. 18.
66. Flandin, *Prise de possession*..., pp. 15-16.
67. Flandin, *Prise de possession*..., pp. 36-37.
68. A.M.G., Corr. n° 4, cité par Emerit, *Une cause*..., p. 17.
69. Voir comptes rendus officiels des débats de la Chambre des députés du 18 septembre 1830. Cité par Flandin, *Notice*..., p. 6.
70. Frémont, *Les payeurs d'armées*, t. I, pp. 291-293.
71. Flandin, *Notice*..., p. 6.
72. Flandin, *Prise de possession*..., p. 108.
73. A.M.G. Algérie, carton H 225, Ordre général n° 103.
74. A.M.G. Algérie, carton H 225, lettre du Ministre de la Guerre.
75. A.M.G. Algérie, carton H 225. Cf. aussi Mac Mahon, *Mémoires*, p. 18.
76. *Correspondance* du duc de Rovigo, t. II, p. 99.
77. *Correspondance* du duc de Rovigo, t. II, pp. 234-235.
78. La lettre figure dans les Extraits des minutes du procès de 1833, A. N. BB 18/1353 I (1), f° 9.
79. Flandin, *Notice*..., p. 14.
80. Flandin, *Notice*..., p. 15.
81. Flandin,op. cit., pp. 19-27. Cet *Historique* dont la publication a été si souvent projetée n'a jamais été rendu public, tel quel, à notre connaissance. Nous n'avons pas trouvé trace non plus de manuscrit portant cet intitulé.
82. Flandin, op. cit., p. 25.
83. Flandin, op. cit., p. 28-29.
84. Flandin, op. cit., p. 41-42.

85. Flandin,op. cit., p. 11 et *Requête,* p. 23, où il est signalé que la déposition de Pagès était au dossier de l'instruction judiciaire à la cote 223.
86. A. E., *Mém. et Doc., Algérie,* t. IX, f° 291-292.
87. A. E., ibid., f° 296. Il convient de souligner qu'un officier et un sous-officier seulement furent entendus par le juge d'instruction. Tous les autres membres du 6e régiment d'infanterie de ligne, à quelque grade qu'ils appartinssent, ne vinrent pas témoigner à la barre, soit qu'ils se récusèrent, soit qu'ils subirent des pressions, comme cela se pratiquait à l'époque et même plus tard !
88. A.M.G., Algérie, carton H 225.
89. *Papiers Jal,* mss. B.N., f° 227.
90. A.M.G. Corr. n° 5.
91. Clauzel, *Observations...,* p. 105.
92. Pellissier, *Annales,* t. I, p. 85.
93. Rapport de Dattili traduit et publié par Berenguer, *La Prise d'Alger racontée par un témoin...,* p. 93.
94. *Correspondance diplomatique* de Talleyrand..., p. 306.
95. Dossier Kessner, A.N. F 30 213 2. Transféré aux Archives du Ministère des Finances.
96. *Extraits des enquêtes parlementaires anglaises sur la Banque, Enquête de 1832,* p. 283. Dans ce document également, indications très précises sur l'état des réserves métalliques de la Banque d'Angleterre et de France, qui révèlent une pénurie importante d'or et d'argent. Voir sur le même sujet, Wuillaumé, *Nouveau traité d'économie politique,* t. I, p. 182.
97. A.M.G., Algérie, carton H 225.
98. P. Guiral, *Marseille et l'Algérie,* p. 70.
99. P. Guiral, op. cit.,p. 123.
100. A.M.G., Algérie, carton HG 225.
101. *Correspondance diplomatique* de Talleyrand..., p. 97.
102. Gautherot, *Un gentilhomme...,* p. 434.
103. Vavin, *Compte de liquidation...*
104. Montalivet, *Louis-Philippe et sa liste civile.*
105. *A.N., BB 18/1354* (1).

Nous n'avons pas pu exploiter les archives des Banques Fould et Heine (A.N. 115 AQ 1 à 41), ni celles de la Banque Rothschild (A.N. 132 AQ), explorées par Gille dans un autre but que celui qui est le nôtre ici. Au reste ces immenses archives non classées (800 mètres de rayonnages) demanderaient de longues années. Le fonds Laffitte (101 AQ 1 à 7) mériterait une étude spéciale. Quant aux archives de la Banque Seillière, (A.N. 27 AQ 1 à 4), elles ont fait l'objet de recherches de la part du professeur Guiral, *Marseille et l'Algérie,* où le problème qui nous occupe n'a pas été pris en compte. Nous n'avons pu y avoir accès, ces archives étant classées « *incommunicables* » aux A.N. Un chercheur plus chanceux pourrait certainement y trouver matière à faire reconsidérer l'aspect financier de l'expédition d'Alger, notamment pour la période qui va de décembre 1829 à décembre 1830.

Enfin, il nous paraît intéressant de reproduire le passage concernant l'affaire du Trésor d'Alger où L.G. Michaud, *Biographie de Louis-Philippe,* pp. 339-344, rapporte ce qu'il en avait appris aux meilleures sources, encore que ses chiffres soient sensiblement exagérés :

« Mais l'objet de lucre le plus considérable qu'il (Louis-Philippe) ait rencontré dans toute sa vie, celui dont Cormenin n'a pas dit un mot, sans doute parce qu'il ne le connaissait pas, c'est celui des trésors de la Casauba. Ce fait est un des faits les plus importants de notre époque ; cependant, c'est un des moins connus, c'est un de ceux qu'on a mis le plus de soins à dissimuler. Après beaucoup de recherches nous en avons recueilli quelques détails ; nous n'en rapporterons que ce qui nous a paru incontestable. Tout le monde sait que la conquête de ces trésors fut un des principaux motifs de l'expédition d'Alger, où il s'agissait beaucoup plus de s'emparer d'une aussi riche proie que de venger un coup d'éventail. Et l'on ne peut assurément qu'en louer ceux qui conçurent ce plan. Il fallait enfin extirper et détruire ce repaire de pirates, de brigands qui, depuis quatre siècles, accumulaient dans les caves de la Casauba les dépouilles de toutes les nations (sic), et plus particulièrement celles de l'Espagne et de la France. Déjà plusieurs fois ces puissances avaient fait, pour parvenir à ce but, d'inutiles efforts. L'Angleterre même y avait échoué en 1816. Enfin, l'expédition française, en 1830, sous le comte de Bourmont, soit qu'elle fût plus sérieuse ou mieux dirigée, eut un plein succès. En moins de trois jours (sic), et sans aucune perte, la ville et ses trésors furent en son pouvoir. « Nous avons ici, dit-il aussitôt, en présence de son état-major, de quoi payer les frais de la guerre, l'arriéré des légionnaires et trois mois de solde à toute l'armée... » Tout cela était, en effet, possible avec la moindre partie des trésors du dey ; et ces intentions généreuses allaient être remplies, même à l'égard des légionnaires à qui il était dû quarante millions ; mais ceux qui avaient conçu et exécuté cette belle entreprise n'étaient pas ceux qui devaient en recueillir les fruits : *Sic vos non vobis.* La révolution de juillet était survenue, et ce fut Louis-Philippe qui reçut les rapports sur l'immense découverte. Qu'on juge de sa joie à l'aspect d'un aussi riche butin. Les ordres furent donnés pour que tout arrivât dans ses coffres le plus promptement et le plus sûrement possible. Il fallut bien toutefois en laisser quelque chose à tant d'officiers et d'administrateurs qui avaient aidé à la conquête, surtout ceux qui avaient, les premiers, reconnu le trésor. Comme la somme était forte et qu'en sus de l'or et de l'argent monnayé, que l'on ne put pas d'abord compter entièrement, mais qui, au premier aperçu, fut évalué à deux cent cinquante millions, il se trouva encore dans le trésor particulier du dey pour cent millions de diamants et autres effets précieux (sic) ; qu'enfin on découvrit encore dans la ville un trésor de trente millions que le dey de Constantine y avait envoyé pour le *mettre en sûreté,* ce n'est pas exagérer que de porter le tout à plus de trois cent cinquante millions. Il y en eut donc pour tout le monde ; et ce fut Louis-Philippe qui fit les parts. La sienne, comme on doit le penser, ne fut pas la plus mauvaise. Jamais faveur de la fortune ne lui était venue plus à propos ; ce fut pour lui une espèce de joyeuse entrée. Il se montra presque généreux ; il voulut que tous ses amis fussent contents. La part de l'ordonnateur Denniée fut de plusieurs millions, et celle du Payeur général Firino ne fut pas moindre, sans y comprendre les sommes qu'il put s'adjuger avant le partage comme dépositaire des clés qui lui avaient été remises par le trésorier du dey. L'intendant Flandin a raconté qu'on le vit un jour dans la cave de l'or, remplissant ses poches de quadruples. Quand tout le monde fut pourvu, et que d'innombrables caisses remplies d'or et d'argent furent embarquées pour différentes destinations, on réserva quarante-huit millions pour le trésor de l'État ; et cette somme qui fut directement acheminée vers Paris est la seule qui ait été portée au budget de l'année. C'était le sixième du tout, et à peu près de quoi couvrir les frais de l'expédition ! Quant à la gratification de trois mois pour l'armée, et l'arriéré des légionnaires, il n'en fut plus question. Tout ce qui était au delà des 48 millions reçut d'autres destinations, et fut expédié par l'entremise de différentes maisons de commerce qui en retirèrent de bonnes commissions. On a cité celle de M. Hagermann, de Paris, qui eut trois cent mille francs pour avoir tenu pendant quelques heures dans ses magasins 865 caisses pleines d'or.

« Mais quelles que fussent les précautions prises pour étouffer cette affaire il était difficile qu'il n'en revînt pas quelque chose au maréchal Soult, qui était devenu ministre de la Guerre. On conçoit son chagrin quant il apprit que tant d'or et d'argent venait d'être découvert et de disparaître, sans qu'il en eût rien su, ni rien eu. Une commission d'enquête fut aussitôt nommée ; et elle partit pour l'Afrique, afin d'y rechercher les causes et les effets de ce grand œuvre de spoliation. Après avoir interrogé le trésorier du dey, le Payeur général Firino et quelques-uns des soldats de deux compagnies du 49e régiment (sic) qui, pendant huit jours (sic), avaient été employés au transport, on alla visiter les caves qui, selon tous les témoignages, avaient été remplies d'or, d'argent et d'objets précieux. On les trouva complètement vides ; et il fallut mesurer et cuber les espaces pour savoir ce qu'elles avaient pu contenir. Ce fut le commandant du génie Guy que l'on chargea de cette opération ; et il en résulta qu'il avait dû s'y trouver en quadruples d'Espagne 250 millions, plus de l'argent également monnayé, et des diamants et autres objets de prix pour une somme pareille. Le trésorier du dey qui était présent reconnut l'exactitude (sic) des calculs. Si l'on ajoute à tout cela le trésor de Constantine, on jugera qu'il n'y avait point d'exagération à porter la totalité de cette capture au delà de 350 millions, qui appartenaient à l'État, et qui devaient entrer dans ses caisses bien légalement et bien légitimement. Lorsque la commission d'enquête eut acquis ces renseignements, et qu'elle se disposait à continuer des recherches qui l'eussent infailliblement conduite à la découverte de la vérité toute entière, elle reçut de Paris un ordre formel de suspendre ses opérations. M. Flandin intendant militaire, qui en était le rapporteur, revint dans la capitale, et il se hâta de porter ses plaintes au ministre de la Guerre, puis au roi lui-même ; mais partout il fut mal accueilli, repoussé, et même poursuivi devant les tribunaux qui, déjà, commençaient à *rendre des services.* Il subit même une condamnation, et dut garder le silence jusqu'à la chute de Louis-Philippe. On dit aujourd'hui que, ne pouvant atteindre le principal accusé, il va recommencer ses attaques contre les subalternes, et qu'il a déposé pour cela une pétition à l'Assemblée nationale. Nous désirons vivement qu'il en soit ainsi ; car il est bien temps de porter la lumière sur cette immense déprédation. Ce fut une des premières causes, un des moyens les plus actifs du honteux système de bassesses et de corruption, qui, pendant dix-huit ans, sans interruption, affligea, déshonora la France, dont les conséquences pèsent encore aujourd'hui sur nous d'une manière si funeste ! S'il est vrai que la plus grande partie de ces trésors fut ajoutée à une fortune déjà considérable par les bienfaits, les faveurs de la Restauration, il est d'autant plus juste que le compte en soit fait, que Louis-Philippe, ainsi devenu le plus riche des princes de l'Europe, ne s'est montré ni plus prodigue ni plus généreux envers cette pauvre France, que pendant dix-huit ans il n'a pas cessé d'écraser, d'obérer par des emprunts, des impôts, puis des dots, des dotations, des funérailles, à chaque naissance, à chaque mariage, à chaque enterrement de ses enfants et petits-enfants ; de sorte que bien différent des autres peuples, loin d'avoir à nous réjouir de la fécondité de sa race, nous n'avons pu que nous en plaindre et en gémir... »

Bibliographie

(Les références des documents d'archives cités dans le texte sont données dans les notes. Il n'existe pas encore de bibliographie exhaustive sur l'Algérie. Nous renvoyons aux sélections et orientations présentées dans différents ouvrages de référence, notamment ceux de C.-A. Julien, Valensi, Esquer, etc.).

La Régence d'Alger avant 1830

(Anonyme) : *Précis historique sur le Royaume d'Alger... et la capitulation de 1816.* Paris, Impr. Sétier, s.d., in-8°.

Berbrugger (A.) : *Le Peñon d'Alger, ou les origines du gouvernement turc en Algérie.* Alger, Impr. de Bourges, 1860, in-8°.

Berbrugger (A.) : *La Régence d'Alger sous le Consulat et l'Empire,* in R.A., 1924, tome LXV

Bono (S.) : *I Corsari Barbareschi.* Torino, Ed. R.A.I., 1964.

Bontems (Cl.) : *Manuel des Institutions algériennes.* Paris, Cujas, 1976, tome I, in-8° 564 p.

Boyer (P.) : *La vie quotidienne à Alger à la veille de l'intervention française.* Paris, Hachette, 1963, 268 p.

Boyer (P.) : *Le gouvernement de la Régence d'Alger à la veille de 1830,* in *l'Algérianiste,* n° 10, 1980, pp. 4-7.

Boyer (P.) : *Contribution à l'étude de la politique religieuse des Turcs dans la Régence d'Alger,* XVIe-XIXe siècles, in *R.O.M.M.*, 1966, I, pp. 11-50.

Brahimi (D.) : *Voyageurs français du XVIIIe siècle en Barbarie.* Lille-Paris, H. Champion, 1976, 755 p.

Braudel (F.) : *La Méditerranée et le monde méditerranéen à l'époque de Philippe II.* Paris, Colin, 1949, XV, 1160 p.

Broughton (Miss) : *Six années de séjour à Alger, publié par Bardoux : la Vie d'un consul auprès de la Régence d'Alger,* in *R.A.*, 1924, tome LXV.

Charles-Roux (F.) : *France et Afrique du Nord avant 1830.* Paris, Alcan, 1832, in-4°, 749 p.

Colombe (M.) : *Contribution à l'étude du recrutement de l'Odjaq d'Alger.* in *R.A.*, 1943, tome LXXXVII, pp. 166-183.

Dupuy (E.) : *Américains et Barbaresques (1776-1824).* Paris, Roger et Chernoviz, 1910, 357 p.

Delphin (G.) : *Histoire des Pachas d'Alger de 1515 à 1745. Extrait d'une chronique indigène,*
in *J.A.*, 1922, avril-juin, pp. 161-233.
et *J.A.*, 1925, janv.-mars, pp. 1-15.
Deny (J.) : *Les Registres de solde des Janissaires,*
in *R.A.*, 1920, tome LXI.
Desfontaines (L.R.) : *Voyages dans les Régences de Tunis et d'Alger, publiés par Dureau de la Malle.*
Paris, de Gide, 1838, LII-385 p.
Devoulx (Al.) : *Les archives du Consulat général de France à Alger.*
Alger, Bastide, s.d., 152 p.
Devoulx (Al.) : *Tachrifat. Recueil de notes historiques sur l'administration de l'ancienne Régence d'Alger.*
Alger, Impr. du Gouvt, 1852, 99 p.
Devoulx (Al.) : *Alger, étude archéologique et topographique.*
in R.A., 1875, tome XIX.
Devoulx (Al.) : *Le Registre des prises maritimes,*
in *R.A.*, 1871, tome XV, et 1872, tome XVI.
Devoulx (Al.) : *La Marine de la Régence d'Alger,*
in *R.A.*, 1869, tome XIII.
Devoulx (Al.) : *Les Édifices religieux de l'ancien Alger.*
Alger, Bastide, 1870.
Eisenbeth (M.) : *Les Juifs en Algérie et en Tunisie à l'époque turque,* in *R.A.*, 1952, tome XCVI.
Emerit (M.) : *L'ancienne capitale du corail, La Calle.*
Plaq. Syndicat d'initiative de La Calle, 1951.
Emerit (M.) : *Les quartiers commerçants d'Alger à l'époque turque,* in *Algéria,* fév. 1952.
Emerit (M.) : *La situation économique de la Régence d'Alger en 1830,* in *l'Information historique,* nov.-déc. 1952.
Emerit (M.) : *L'état intellectuel et moral de l'Algérie en 1830* in *R.H.M.C.*, juil-sept. 1954.
Emerit (M.) : *La marine de commerce barbaresque au XVIIIe siècle* in *Cahiers de Tunisie,* 1er Trim. 1956.
Eudel (P.) : *L'Orfèvrerie algérienne et tunisienne.*
Alger, A. Jourdan, 1902, in-4° XX-544 p.
Fau (R.P.) : *Description d'Alger,*
publié par Emerit, Un astronome français à Alger en 1729, in *R.A.*, 1940, tome LXXXIV.
Féraud (Ch.) : *Histoire des villes de la Province de Constantine. La Calle.*
Alger, Aillaud 1877, 639 p.
Féraud (Ch.) : *Les causes de l'abandon du comptoir de Collo par la Compagnie française en 1795,*
in *R.A.*, 1877, tome XXI.
Filipini (J.-P.) : *Livourne et l'Afrique du Nord au XVIIIe siècle,* in *R.H.M.*, 1977, n° 7-8, Mélanges M. Emerit.
Gaïd (M.) : *L'Algérie sous les Turcs.*
Tunis, *M.T.E.*, 1975, 40 p.
Galissot (R.) : *Essai de définition du mode de production de l'Algérie pré-coloniale,* in *R.A.S.J.*, 1968, n° 2.
Galissot (R.) : *L'Algérie pré-coloniale,*
in *Cahier du C.E.R.M.*, 1968, n° 60.
Galissot (R.) et Valensi (L.) : *Le Maghreb pré-colonial : mode de production archaïque ou mode de production féodal ?* in *La Pensée,* 1968, n° 142, pp. 57-93.
Godard (abbé L.) : *Soirées algériennes. Corsaires, esclaves et martyrs de Barbarie.*
Tours, Mame, 1857, 1861, 236 p.
Grammont (H.D. de) : *Histoire d'Alger sous la domination turque, 1515-1830.*
Paris, Leroux, 1887, XVI-420 p.

Grenville T. Temple (Sir) : *Excursions in the Mediterranean. Algiers and Tunis.* London, Saunders and Othey, 1835, 2 vol.
Julien (Ch.-A.) : *Histoire de l'Afrique du Nord.* Paris, Payot, 2e édition, 1952, tome 2.
Kaddache (M.) : *La Casbah sous les Turcs,* in *Documents algériens,* 1951.
Klein (H.) : *Feuillets d'El Djezaïr.* Alger, Fontana, 1910-1921.
Knight (Fr.) : *Récit de sept années d'esclavage chez les Turcs d'Alger...* Publié par Ternaux-Compans, *Archives des Voyages,* tome II, pp. 67-143. Paris, A. Bertrand, 1840-1841, 2 vol.
Lacoste (L.) : *La Marine algérienne sous les Turcs.* Paris, S.E.G.M.C., 1931, 64 p.
Lacoste (Y.), Nouschi (A.) et Prenant (A.) : *L'Algérie, passé et présent.* Paris, Ed. sociales, 1960, 462 p.
Lamouche (Cel.) : *Histoire de la Turquie.* Paris, Payot, 1953, 442 p.
Laugier de Tassy : *Histoire du Royaume d'Alger.* Amsterdam, du Sauzet, 1725, in-12, 382 p. Réédité sous le titre : *Histoire d'Alger et du bombardement de cette ville en 1816...* Paris, Pilhan, 1830.
Mas Latrie (L. de) : *Des possessions françaises en Algérie avant 1830.* Paris, Impr. Royale, 1840, in-fol. 96 p.
Mas Latrie (L. de) : *Traités de paix et de commerce, et documents divers concernant les Relations des Chrétiens avec les Arabes de l'Afrique septentrionale au Moyen Age.* Paris, H. Plon, 1866, in-4°, XXVII-402 p. Supplément (au précédent) : 1872, in-4°, II-118 p.
Mas Latrie (L. de) : *Relations et commerce de l'Afrique septentrionale ou Maghreb avec les nations chrétiennes au Moyen Age.* Paris, F. Didot, 1886, in-12, 550 p.
Mas Latrie (L. de) : *Traité conclu à Alger le 1er janvier 1694, entre le Dey d'Alger et la Compagnie du Bastion de France,* Plaquette, s.n.l.d., in 4°, 50 p.
Masson (P.) : *Histoire des établissements et du commerce français dans l'Afrique barbaresque (1560-1793).* Paris, Hachette, 1903, XXII-678 p.
Mathiex (J.) : *Sur la marine marchande barbaresque au XVIIIe siècle,* in *Annales E.S.C.,* 1958, n° 1.
Mercier (E.) : *Histoire de l'Afrique septentrionale.* Paris, Leroux, 1888-1890, 3 vol.
Metzen (G.) : *Journal de captivité à Alger, 1814-1816,* in *Annales de l'I.E.O.,* Faculté des Lettres, Alger, 1954, tome XII.
Monlaü (J.) : *Les États barbaresques.* Paris, P.U.F., 1964.
Nouschi (A.) : *Constantine à la veille de la conquête.* in *Cahiers de Tunisie,* 1955, 3e trim.
Pananti : *Relation d'un séjour à Alger.* Paris, Le Normant, 1820 (trad. de l'angl.)
Peyssonnel (J.A.) : *Relation d'un voyage sur les côtes de Barbarie, fait par ordre du Roi, en 1724 et 1725.* Publié par Dureau de la Malle, *Voyages dans les Régences d'Alger et de Tunis.* Paris, de Gide, 1838, 2 vol. (tome 1).
Playfair (L.) : *Episodes de l'histoire des relations de la Grande-Bretagne avec les États barbaresques avant la conquête française.* in *R.A.,* 1878, tome XXII et 1880, tome XXIV.
Poiret (Abbé) : *Voyage en Barbarie, ou lettres écrites de l'ancienne Numidie en 1785 et 1786...* Paris, J.B.F. Née, 1789, 2 vol.
Raynal (Abbé) : *Histoire philosophique et politique des établissements et du commerce des Européens dans l'Afrique septentrionale.* Paris. Maumus, 1826, 2 vol.

Renaudot (M.) : *Tableau du royaume, de la ville d'Alger et de ses environs...* Paris, Mongie, 1830, XL-183 p.
Rinn (L.) : *Le royaume d'Alger sous le dernier Dey.* Alger, Jourdan, 1900, 172 p. (publié initialement dans *R.A.*, 1898, T. 41, T. 42 et 1899, T. 43).
Rotalier (Ch. de) : *Histoire d'Alger et de la piraterie des Turcs dans la Méditerranée à dater du XVIe siècle.* Paris, Paulin, 1841, 2 vol., XII-447 et 522 p.
Rousseau (A.) : *Chroniques de la Régence d'Alger, traduites d'un manuscrit arabe intitulé El-Zohrat el-Nayerat.* Alger, Impr. du Gouvt, 1841, 241 p.
Shaler (W.) : *Esquisse de l'État d'Alger...* Paris, Ladvocat, 1830, X-406 p.
Shaw (Dr.) : *Voyage dans plusieurs Provinces de la Barbarie et du Levant...* La Haye, Neaulme, 1743, 2 vol.
2e édition (partielle) : *Voyage dans la Régence d'Alger, par le docteur Shaw, trad. de l'anglais par Mac Carthy.* Paris, Merlin, 1830, 407 p. (Reprint de cette édition : Tunis, Ed. Bouslama, 1980, 401 p.).
Thédenat (P.P.) : *Mémoires,* présentés par Emerit : *Les aventures de Thédenat, esclave et ministre d'un bey d'Afrique,* in *R.A.*, 1949, tome XCII.
Temimi (A.) : *Sommaire des registres arabes et turcs d'Alger.* Tunis, pub. de la *R.H.M.*, 1979, 64 p.
Temimi (A.) : *Recherches et documents d'histoire maghrébine. L'Algérie, la Tunisie et la Tripolitaine (1816-1871).* Tunis, pub. de la *R.H.M.*, 2e éd. 1980, 205 p.
Valensi (L.) : *Le Maghreb avant la prise d'Alger.* Paris, Flammarion, 1969, 142 p.
Vallière (C. Ph.) : *L'Algérie en 1781...* édité par Lucien Chaillou, Toulon, chez l'auteur, 1974, XII-76 p.
Vayssettes (E.) : *Histoire de Constantine sous la domination turque, 1517-1837.* Paris, Challamel, 1869, 424 p.
Venture de Paradis (J.-M.) : *Notes et papiers,* partiellement publiés par Fagnan sous le titre : *Alger au XVIIIe siècle.* Alger, Jourdan, 1898.
Nouvelle édition : *Tunis et Alger au XVIIIe siècle, Mémoires et observations rassemblés et présentés par Joseph Cuoq.* Paris, Sindbad, 1983, 292 p.
Verdier (C.-L.) : *L'Esclavage musulman en Algérie du XVe au XIXe siècle.* Paris, Fac. de Droit, Thèse dact., 1948, 337 p.
Villegaignon (N. Durand de) : *Relation de l'expédition de Charles-Quint contre Alger,* publiée par H.D. de Grammont. Paris, Aubry, Alger, Juillet St-Lager, 1874, 148 p.
Walsin-Esterhazy (M.) : *De la domination turque dans l'ancienne Régence d'Alger.* Paris, Gosselin, 1840, XXII-327 p.
Vatin (J.-Cl.) : *L'Algérie politique. Histoire et société.* Paris, Presses de la Fondation des Sc. Po., 1983, 395 p.

La France de 1814 à 1848

La bibliographie de cette période est immense. Nous n'en citerons que quelques études sur des problèmes particuliers ayant un rapport avec l'affaire algérienne, et surtout les principaux témoignages (Journaux intimes, Mémoires, Souvenirs...) de personnalités françaises de premier plan, qui nous ont été utiles au cours de notre enquête.

Anonymes

Biographie parlementaire des représentants du peuple à l'Assemblée nationale constituante de 1848... Paris, s.d., 510 p.
Causes secrètes de la conjuration royale et ministérielle du Pavillon de Marsan... Paris, 1830, 135 p.
Dictionnaire des girouettes (Nouveau) ou nos grands hommes peints par eux-mêmes.,

pairs, hommes d'État, hommes de lettres..., par une Girouette inamovible. Paris, 1832, in-12, 521 p.
Louis-Philippe, l'homme et le roi (1773-1850). Exposition organisée par les Archives nationales - Hôtel de Rohan.
Documentation française, 1974, in-4°, 156 p.
Milliard des émigrés. États détaillés des liquidations faites par la Commission d'indemnité à l'époque du 1er avril 1826. Paris, Impr. Royale, 1826-1827, 3 vol. in-4°.
Les Omnibus du Nouveau ministère (Polignac, Labourdonnaye, Bourmont, Chabrol, Courvoisier, Montbel).
Paris, *Aide-toi, le Ciel t'aidera,* 1829, in-18, 124 p.
Pétition présentée à la Chambre des députés par les fournisseurs espagnols... pendant l'année 1823. Paris, 1825, in-4°, 42 pp.
Abrantès (Dsse d') : *Mémoires sur la Restauration.* Paris, J. L'Henry, 1re éd., 1835-36, 6 vol.
Agoult (Ctesse d') : *Mes souvenirs.* Paris, Calmann-Lévy, 1877.
Anne (Th.) : *Mémoires, souvenirs et anecdotes sur l'intérieur du Palais de Charles X et les événements de 1815 à 1830.* Paris, Werdet, 1831, 2 vol.
Appert (B.) : *Dix ans à la cour du roi Louis-Philippe...* Paris, J. Renouard, 1846, 3 vol.
Apponyi (Cte Rodolphe d') : *Vingt-cinq ans à Paris (1826-1850). Journal du comte d'...* Paris, Plon-Nourrit et Cie, 1913-1926, 4 vol. (XXXIV-439 p., 527 p, 514 p., et 548 p.)
Artaud de Montor : *Histoire de la vie et des travaux politiques du comte d'Hauterive... depuis 1784 jusqu'en 1830.* Paris, A. Le Clère, 1839, 2e éd., 575 pp.
Balabine (V. de) : *Journal. Paris de 1842 à 1852.* Paris, 1914, 317 p.
Bardoux (A.) : *Études sociales et politiques. Le comte de Montlosier et le gallicanisme.* Paris, Calmann-Lévy, 1881, VIII-394 p.
Bardoux (A.) : *Etudes sociales et politiques. Les dernières années de La Fayette (1792-1834).* Paris, Calmann-Lévy, 1893, 433 p.
Bastard (Cte de) : *Rapport de la Cour des Pairs. Instruction du procès des ministres, 29 nov. 1830.* Paris, 1830, 88 p.
Bastid (P.) : *Un juriste pamphlétaire : Cormenin, précurseur et constituant de 1848.* Paris, 1948, 276 p.
Beaumont-Vassy (Vic. de) : *Histoire de mon temps. 1830-1851, 1re sér.* Paris, Perrotin, 1861, 4 vol.
Belleval (Mis de) : *Souvenirs de ma jeunesse.* Paris. E. Lechevalier, 1895, 433 p.
Bérard (S.) : *Souvenirs historiques sur la Révolution de 1830.* Paris, Perrotin, 1834, 507 p.
Berryer (P.N. aîné) : *Souvenirs de 1774 à 1838.* Paris, A. Dupont, 1839, 2 vol.
Bertier de Sauvigny (G. de) : *Le comte F. de Bertier et l'énigme de la Congrégation.* Paris, 1948, XLII-574 p.
Bertier de Sauvigny (G. de) : *Metternich et la France après le Congrès de Vienne.* Paris, 1968-1971, 3 vol.
Bertier de Sauvigny (G. de) : *Au soir de la Monarchie. Histoire de la Restauration.* Paris, Flammarion, 1974, 3e éd., 506 p.
Blanc (L.) : *Histoire de dix ans, 1830-1840,* complétée par Régnault : *Histoire de huit ans, 1840-1848.* Paris, Pagnerre, 1877-1882, 8 vol.
Boigne (Ctesse de) : *Mémoires. Récits d'une tante.* Paris, Plon, 1921-1925, 5 vol. (éd. la plus complète). Paris, Mercure de France, 1971, 2 vol. (cf. Tome II, 510 p.).
Barante (Baron de) : *Notice sur le comte Louis de Sainte Aulaire...* Paris, Firmin-Didot, 1856, 165 p.
Barante (Baron de) : *Souvenirs du...* Paris, C. Lévy, 1890-1897, 8 vol.
Boisjolin : *Notices historiques sur S.A.R. Louis-Philippe d'Orléans, lieutenant-général du Royaume, et sur le général La Fayette.* Paris, chez les marchands, 1830, 112 p.
Boissy (Mis H.E.O.R. de) : *Mémoires (1798-1866).* Paris, Dentu, 1870, 2 vol.
(Bonnafon et autres) : *Souvenirs et mémoires. Recueil mensuel de documents autobiographiques, souvenirs, mémoires, correspondance...* Paris, 6 gros vol. in-8° parus de 1898 à 1901.

Beraud (P.) : *Souvenirs parlementaires.* Moulins, Impr. Desrosiers, 1841, 474 p.
Bonneval (Gal Mis Armand A.H. de) : *Mémoires anecdotiques (1786-1873).* Paris, Plon-Nourrit, 1900, in-16, VII-313 p.
Boullée (M.-A.) : *Études biographiques sur Louis-Philippe d'Orléans, dernier roi des Français.* Paris, 1849, in-4°, 211 p.
Bouvier (J.) : *Les Rothschild.* Paris, Ed. Complexe, 1983, 352 p.
Broglie (Duc A.C.L.V. de) : *Souvenirs (1785-1870).* Paris, Calmann-Lévy, 1886, 4 vol.
Braudel (F.) et Labrousse (E.) : *Histoire économique et sociale de la France* (sous la direction de...). Paris, P.U.F., cf. tome III, 1er vol., 471-XXV p.
Burnand (R.) : *La vie quotidienne en France en 1830.* Paris, Hachette, 1943, 255 p.
Campestre (Mme de) : *Mémoires.* Paris, M.A. de Campestre, 1827, 2 vol.
Canler (L.) : *Mémoires.* Paris, Hetzel, 1862, 446 p.
Capefigue (J.) : *Histoire de la Restauration et des causes qui ont amené la chute de la branche aînée des Bourbons.* Paris, Dufey et Vézard, 1831-1833, 10 vol.
Carné (Cte L. de) : *Souvenirs de ma jeunesse au temps de la Restauration.* Paris, Didier, 1873, in-18, VII-382 p.
Castellane (Mal de) : *Journal.* Paris, Plon, Nourrit et Cie, 1895-1897, 5 vol. (477, 515, 418, 440 et 452 p.).
Castille (H.) : *Les hommes et les mœurs en France sous le règne de Louis-Philippe.* Paris, Hanneton, 1857, in-18, VII-383 p.
Chalmin (P.) : *L'Officier français de 1815 à 1870.* Paris, Rivière 1957, 408 p.
Chaminade (P.) : *La monarchie et les puissances d'argent.* Fontenay-aux-Roses, Impr. Bellenau, 1933, in-16, 283 p.
Charlety (S.) : *Histoire de la Monarchie de Juillet (1830-1848).* (Tome V de *l'Histoire de France contemporaine,* d'É. Lavisse). Paris, 1921, in-4°, 407 p.
Chateaubriand (F.B. de) : *Mémoires d'outre-tombe.* (Éd. du Centenaire établie par Levaillant). Paris, Bibl. de la Pléiade, 1946, 2 vol, in-12.
Chenu (A.) : *Les Conspirateurs. Les sociétés secrètes. La préfecture de Police sous Caussidière...* Paris, Garnier frères, 1850, in-18, 223 p.
Chéron (F.) : *Mémoires, récits et lettres.* Paris, libr. de la Soc. Bibliographique, 1882, in-18, VIII-279 p.
Chevalier (Éd. cap. de vaiss.) : *Histoire de la marine française de 1815 à 1870.* Paris, Hachette, 1900, 438 p.
Chevalier (M.) : *Cours d'économie politique. La monnaie.* Paris, Capelle, tome III, 1866, 779 p.
Chodruc-Duclos : *Mémoires.* Paris, Dolin, 1843, 2 parties en un vol.
Colling (Alf.) : *Louis-Philippe, homme d'argent.* Paris, André Bonne, 1977, 199 p.
Commissaire (Séb.) : *Mémoires et souvenirs.* Lyon, Méton, 1888, 2 vol.
Constant (B.) : *Journal intime et lettres.* Paris, Ollendorff, 1895, LXXII-452 p.
Cochin (D.) : *Louis-Philippe d'après des documents inédits.* Paris, Lib. Hachette, 1918, 285 p.
Corti (E.M.) : *La maison Rothschild.* Paris, Payot, 1929-1930, 2 vol. (432 et 432 p.)
Cormenin (Timon) *Œuvres. Pamphlets anciens et nouveaux...* Paris, Pagnerre, 1869-1871, 3 vol.
Crétineau-Joli (J.) : *Histoire de Louis-Philippe d'Orléans et de l'orléanisme.* Paris, Lagny frères, 1863.
Cussy (Chev. de) : *Souvenirs. 1795-1866.* Paris, Plon-Nourrit, 1909, 2 vol., 417 et 426 p.
Cuvillier-Fleury : *Journal intime.* Paris, Plon, 1943, 2 vol., 364 et 518 p.
Contamine (H.) : *Diplomatie et diplomates sous la Restauration.* Paris, Hachette 1970, 413 p.

Damas (Baron de) : *Mémoires.* Paris, Plon-Nourrit, 1922-1923, 2 vol., 343 et 380 p.
Dareste : *Histoire de la Restauration.* Paris, Plon, 1879, 2 vol.
Daudet (E.) : *Le ministère de M. Martignac...* Paris, Dentu, 1875, 422 p.
Daudet (E.) : *La police politique.* Paris, 1912, 392 p.
Daudet (E.) : *La révolution de 1830 et le procès des ministres...* Paris, Hachette, 1907,

in-16, XV-301 p.
Daumard (A.) : *La bourgeoisie parisienne de 1815 à 1848.* Paris, Flammarion, 1970, 384 p.
Deschamps (N.) : *Les sociétés secrètes et la société...* Avignon, F. Séguin, 1880-1881, 3 vol.
Dino (Dsse de) : *Chronique de 1831 à 1862.* Paris, Plon-Nourrit, 1909, 463 p.
Du Camp (M.) : *Souvenirs d'un demi-siècle. 1830-1882.* Créteil, 1949, 2 vol.
Dumas (A.) : *Histoire de la vie politique et privée de Louis-Philippe.* Paris, P.H. Krabbe, 1852, 2 vol.
Dupin (M.) : *Mémoires.* Paris, Plon, 1855-1861, 4 vol.
Duvergier de Hauranne : *Histoire du gouvernement parlementaire en France. 1814-1848.* Paris, Michel Lévy, 1857-1871 (cf. tomes VIII, IX et X)
Eyragues (Mis d') : *Mémoires pour mes fils.* Falaise, Impr. de Trolonge, 1875, 359 p.
Falloux (Cte de) : *Mémoires d'un royaliste.* Paris, Perrin, 1888, 2 vol.
Flandin (J.-B.) : *Révélations sur la fin du ministère de M. le comte de Villèle...* Paris, Moutardier, 1829, 364 p.
Fourcassié (J.) : *Villèle.* Paris, Fayard, 1954, 486 p.
Frémilly (Baron de) : *Souvenirs (1768-1828).* Paris, Plon-Nourrit, 1908, XIX-558 p.
Froment (M.) : *La police secrète dévoilée depuis la Restauration et notamment sous MM. Franchet et Delavau.* Paris, 1829, 3 vol.
Garnier (J.-P.) : *Charles X. Le roi, le proscrit.* Paris, 1967, 480 p.
Gasparin (Csse de) : *Correspondance et souvenirs (1813-1894).* Paris, 1902, 2 vol.
Gignoux (C.-J,) : *La vie du baron Louis.* Paris, Lib. Gallimard, 1928, 265 p.
Gille (B.) : *La banque et le crédit en France, 1815-1848.* Paris, PUF, 1959.
Gille (B.) : *Histoire de la maison Rothschild.* Genève, Droz, 1965-1967, 2 vol. (cf. tome I).
Gille (B.) : *La banque en France au XIXe siècle.* Genève, Droz, 1970, 286 p.
Gisquet (H.) : *Mémoires d'un ancien préfet de Police...* Paris, Marchant, 1840, 4 vol. (cf. tomes III et IV).
Gontault (Mme de) : *Mémoires de..., gouvernante des enfants de France pendant la Restauration. 1773-1836.* Paris, Plon-Nourrit, 1891, 399 p.
Gorce (P. de la) : *La Restauration. Charles X.* Paris, Plon, 1926, 342 p.
Gorce (P. de la) : *Louis-Philippe. 1830-1848.* Paris, Plon, 1931, 421 p.
Grandmaison (G. de) : *L'expédition française en Espagne en 1823.* Paris, 1928, 273 p.
Granier de Cassagnac (A.) : *Histoire de la chute de Louis-Philippe, de la République de 1848 et du rétablissement de l'Empire. 1847-1857.* Paris, H. Plon, 1857, 2 vol.
Guernon-Ranville (Cte de) : *Journal d'un ministre...* Caen, Typ. de F. Leblanc-Hardel, 1873, 416 p.
Guizot : *Mémoires pour servir à l'histoire de mon temps.* Paris, Lévy, 1858-1867, 8 vol.
Hajjar (J.) : *L'Europe et les destinées du Proche-Orient, 1815-1848.* Paris, Bloud et Gay, 1970, X-633 p.
Haussonville (Cte d') : *Ma jeunesse, 1814-1830. Souvenirs.* Paris, C. Lévy, 1885, 343 p.
Hautpoul (Mis Alph. d') : *Mémoires.* Paris, Perrin, 1906, 372 p.
Hautpoul (Mis Arm. d') : *Souvenirs. Quatre mois à la cour de Prague. L'éducation du duc de Bordeaux (1833-1834).* Paris, Plon-Nourrit, 1902, 420 p.
Hautpoul (Mis Arm. d') : *Souvenirs sur la Révolution, l'Empire et la Restauration.* Paris, Lib. Emile-Paul, 1904, 547 p.
Haussez (Baron d') : *Mémoires.* Paris, Calmann-Lévy, 1896-1897, 2 vol.
Henin de Cuvilliers (Baron) : *La Monarchie des Solipses...* Paris, Barrois l'Aîné, 1824, 536 p.
Herbelot (A. d') : *La jeunesse libérale en 1830.* Paris, A. Picard, 1908, XVII-293 p.
(Huvelin, X.) : *Souvenirs intimes et anecdotiques d'un garde-du-corps des rois Louis XVIII et Charles X.* Paris, Cadot, 1858, 10 tomes en 6 vol.
Houssaye (A.) : *Les confessions. Souvenirs d'un demi-siècle (1830-1880).* Paris, Dentu, 1885-1891, 6 vol.

Hyde de Neuville (H.G.) : *Mémoires et souvenirs.* Paris, Plon, Nourrit, 1888-1892, 3 vol. (cf. tome III, 592 p.)
Jacomet (P.) : *Le Palais sous la Restauration. Le Palais sous la Monarchie de Juillet.* Paris, 1922 et 1927, 2 vol. in-12.
Joinville (Prince de) : *Vieux souvenirs, 1818-1848.* Paris, C. Lévy, 1894, in-18, 454 p.
Labouisse-Rochefort (M. de) : *Trente ans de ma vie (1795 à 1826) ou Mémoires politiques et littéraires.* Toulouse, Delsol, 1844-1847, 8 vol.
Lacombe (Ch. de) : *Vie de Berryer.* Paris, Firmin-Didot, 1894-1895, 3 vol. (cf. T. II, 597 p.)
(Laffitte) : *Mémoires.* Paris, Firmin-Didot, 1932, 347 p.
La Frégeolière (Gal B. de) : *Emigration et chouannerie.* Paris, Lib. des Bibliophiles, 1881, 377 p.
Lamennais : *Correspondance inédite avec le baron de Vitrolles.* Paris, G. Charpentier, 1886, 500 p.
La Motte Rouge (Gal de) : *Souvenirs et campagnes (1804-1883).* Nantes, Impr. V. Forest et E. Grimaud, 1888-1889, 3 vol. (cf. T. I).
La Roque (L. de) : *Trois pages d'histoire de Louis-Philippe.* Paris, Dentu, 1852, 158 p.
Lassalle (Alex. de) : *Histoire et politique de la famille d'Orléans.* Paris, Dentu, 1853, 524 p.
Lanne (Ad.) : *La fortune des d'Orléans.* Paris, Dujarric, 1905, in-12, 368 p.
(Lourdeix, P. de) : *Profils critiques et biographiques des 900 représentants du peuple, par un vétéran de la presse...* Paris, 1848, 3e éd., in-12, 332 p.
Lucas-Lebreton (J.) : *Le comte d'Artois. Charles X. Le prince, l'émigré, le roi.* Paris, Hachette, 1927, 258 p.
Marchal (Ch.) : *La famille d'Orléans.* Bruxelles, chez les libraires, 1846, in-12, 405 p.
Marin (Scipion) : *Le Mémorial de Lulworth et d'Holy Rood, occupation, projets, correspondances et tentatives de Charles X pendant son exil.* Paris, chez l'auteur, 1830, 76 pp.
Marion (M.) : *Histoire financière de la France.* Paris, 1928, tome V, X-602 p.
Marmont, duc de Raguse : *Mémoires.* Paris, Perrotin, 1857, 9 vol. (cf. T. VIII).
Marquant (R.) : *Thiers et le Baron Cotta.* Paris, P.U.F., 1959, 538 p.
Mazas (Alex.) : *Mémoires pour servir à l'histoire de la Révolution de 1830...* Paris, Urbain Canel et Guyot, 1833, 406 p.
Mazas (Alex.) : *Ham (août 1829-novembre 1832).* Paris, U. Canel, 1834, 403 p.
Mélia (J.) : *Le roman d'un roi. Charles X.* Alger, Éd. Guiauchain, 1954, 276 p.
Michaud (L.G.) : *Biographie ou vie publique et privée de Louis-Philippe.* Paris, Au bureau de la Biographie universelle, 1849, IV-384, Appendice, 152 p.
Milleret (J.) : *La France depuis 1830, aperçus sur sa situation politique, militaire, coloniale et financière.* Paris, G. Dufour, 1838, 643 p.
Molé (Cte) : *Le comte Molé, sa vie, ses mémoires.* Paris, E. Champion, 1922-1930, 6 vol.
Monier (Ch.) : *Mémoires d'un condamné politique sous la Restauration.* Paris, d'Urtubie et Worms, 1836, XX-361 p.
Montalivet (Cte de) : *Louis-Philippe et sa liste civile.* Paris, M. Lévy, 1851.
Montalivet (Cte de) : *Confiscation des biens de la famille d'Orléans, Souvenirs historiques.* Paris, M. Lévy, 1871, 48 pp.
Montbel (de) : *Dernière époque de l'histoire de Charles X.* Paris, (1836), in-12, XII-128 p.
Montbel (Cte de) : *Souvenirs.* Paris, Plon-Nourrit, 1913, 436 p.
Montcalm (Mise de) : *Correspondance. Un salon politique sous la Restauration.* Paris, Éd. du Grand siècle, 1949, 299 p.
Montlosier (Cte de) : *Mémoire à consulter...* Paris, Dupont et Roret, 1826, 339 p.
Nisard (D.) : *Souvenirs et notes biographiques.* Paris, C. Lévy, 1888, 2 vol.
Naylies (J.-J. de) : *Relation fidèle du voyage du roi Charles X depuis son départ de Saint-Cloud jusqu'à son embarquement, par un garde-du-corps.* Paris, 1830, 55 pp.

Neuville (Cte de) : *Notice historique sur le comte de Villèle...* Paris, Fontaine, 1855, 284 p.
Œchslin (J.-J.) : *Le mouvement ultra-royaliste sous la Restauration ; son idéologie et son action politique (1814-1830).* Paris, Lib. générale de Droit et de Jurisprudence, 1960, 218 p.
Olivier (J.) : *Paris en 1830. Journal.* Paris, Mercure de France, 1951, 315 p.
Palmade (G.) : *Capitalisme et capitalistes français au XIXe siècle.* Paris, Colin 1961, in-16, 299 p.
Pasquier (baron) : *Discours prononcés dans les Chambres législatives (1814-1836).* Paris, H. Plon, 1842, 4 vol.
Pasquier (baron) : *Mémoires.* Paris, Plon, 1893-1895, 6 vol. (cf. T. V et VI, 582 et 486 p)
Pelet de la Lozère (Ctsse) : *Souvenirs (1793-1874).* Dijon, s.d., 86 pp.
Perceval (E. de) : *Un condamné de haute cour, 1830, le comte de Peyronnet (1776-1854).* Paris, H. Champion, 1930, XII-497 p.
Perreux (G.) : *Au temps des sociétés secrètes. La propagande républicaine au début de la Monarchie de Juillet (1830-1834).* Paris, 1951, 398 p.
Peuchet (J.) : *Mémoires tirés des archives de la Police de Paris...* Paris, Levavasseur, 1838, 6 vol.
Plancy (baron de) : *Souvenirs ou indiscrétions d'un disparu.* Paris, Ollendorff, 1892, VIII-348 p.
Polignac (Prince de) : *Études historiques, politiques et morales sur l'état de la société européenne, vers le milieu du XIXe siècle.* Paris, Dentu, 1845, 441 p.
Pontmartin (A. de) : *Souvenirs d'un vieux critique.* Paris, Calmann-Lévy, 10 vol. in-18 (cf. 1re et 7e Séries).
Portal (baron) : *Mémoires.* Paris, Amyot, 1846, VI-379 p.
Puymaigre (Cte A. de) : *Souvenirs sur l'Emigration, l'Empire et la Restauration.* Paris, Plon, 1884, VII-448 p.
Ramon (G.) : *Histoire de la Banque de France.* Paris, B. Grasset, 1929, in-4°, 503 p.
Ravage (M.E.) : *Grandeur et décadence de la maison Rothschild.* Paris, Albin Michel, 1931, 346 p.
Regnault (Elias) : *Histoire du gouvernement provisoire.* Paris, V. Lecou, 1850, III-371 p.
Reiset (Victe M.A.) : *Souvenirs.* Paris, Calmann-Lévy, 1899-1902, 3 vol. (cf. T. III).
Rémy (Alex.) : *La faction orléaniste.* Paris, Desloges, 1852, 199 p.
Renouvin (P.) : *Histoire des relations internationales.* Paris, Hachette, cf. Tome V, 1954, 422 p.
Richemont (Gal baron de) : *De la situation politique de l'Europe et de l'intérêt de la France.* Paris, 1829, 116 pp.
Robin-Harmel : *Le prince de Polignac.* Avignon, Aubanel, 1950, 295 p
Rochechouart (Cte de) : *Souvenirs sur la Révolution, l'Empire et la Restauration.* Paris, Plon et Nourrit, XI-541 p. Nlle éd., Plon, 1933, VII-515 p.
Rochefoucauld (duc de Doudeauville de la) : *Mémoires.* Paris, M. Lévy, 1861-1864, 15 vol. (cf. T. IX, 638 p., T. XI, 622 p.)
Rousset (C.) : *Un ministre de la Restauration : le marquis de Clermont-Tonnerre.* Paris, E. Plon, Nourrit, 1885, 443 p.
Rumigny (Gal) : *Souvenirs du général..., aide-de-camp du roi Louis-Philippe (1789-1860).* Paris, Emile-Paul, 1921, 378 p.
Saint-Amand (Imbert de) : *Les femmes des Tuileries. Marie-Amélie.* Paris, Dentu, 1891-1894 (T. XXV, XXVI, XXVII, XXVIII et XXIX).
Sainte-Aulaire (Ctsse de) : *Souvenirs.* Périgueux, Impr. J. Bonnet, 1875, VI-297 p.
Saint-Marc (P.) : *Le maréchal Marmont, duc de Raguse (1774-1852).* Paris, Fayard 1957, 391 p.
(Salvandy, N.A. de) : *La vérité sur les marchés Ouvrard.* Paris, Ponthieu, 1825, 330 p.
Sarrans (B.) : *La Fayette et la Révolution de 1830.* Paris, Toisnier et Desplaces, 1833, 2 vol.
Sée (H.) : *Histoire économique de la France.* Paris, 1951, T. II.

Sèze (Cte de) : *Souvenirs de Lulworth, d'Holy-Rood et de Bath.* Paris, 1831, in-12, 152 p.
Talleyrand : *Mémoires.* Paris, C. Lévy, 1891-1895, 5 vol. (cf. T. IV et V)
Talleyrand : *Le prince de Talleyrand et la Maison d'Orléans. Lettres.* Paris, C. Lévy, 1890, in-16, 290 p.
Talleyrand : *Ambassade à Londres, 1830-1834.* (1re partie, seule parue avec introd. et notes de G. Pallain). Paris, Plon, 1945, 443 p.
Talleyrand : *Talleyrand (1754-1838),* par G. Latour-Gayet. Paris, 1928-1934, 4 vol.
Tocqueville (A. de) : *Œuvres complètes.* Paris, Gallimard, 1962..., cf. T. III, 557 p.
Thureau-Dangin (P.) : *Histoire de la Monarchie de Juillet.* Paris, Plon-Nourrit, 1888-1892, 2e éd., 7 vol.
Thureau-Dangin (P.) : *Royalistes et républicains.* Paris, 1874, 426 p.
Thureau-Dangin (P.) : *Le parti libéral sous la Restauration.* Paris, 1888, in-12, 520 p.
Vaublanc (Cte de) : *Souvenirs.* Paris, Ponce-Lebas, 1838, 2 vol.
Vaulabelle : *Histoire des deux Restaurations.* Paris, Perrotin, 1858, 8 vol.
Vavin : *Compte de la liquidation de la liste civile et du domaine privé du roi Louis-Philippe.* Paris, Impr. H. et Ch. Noblet, 1852, in-4o, 265 p.
Véron (Dr L.) : *Mémoires d'un bourgeois de Paris...* Paris, G. de Gonet, 1856-1857, 5 vol. in-12.
Vidal (C.) : *Une bataille diplomatique au temps de Charles X...* in *R.H.D.*, 45e année, no 2, avril-juin 1931.
Vidal (C.) : *La Monarchie de Juillet et le Saint-Siège au lendemain de la Révolution de 1830.* Paris, *Éd. R.H.D.,* 1932, 23 p.
Vidal (C.) : *Le Royaume de Naples et la Monarchie de Juillet,* in *R.H.D.,* avril-juin 1934.
Vidalenc (J.) : *La Restauration.* Paris, P.U.F., 1966, 125 p.
Vidalenc (J.) : *Les demi-soldes. Étude d'une catégorie sociale.* Paris, P.U.F., 1957.
(Viennet) : *Journal de..., pair de France, témoin de trois règnes.* Paris, Amyot-Dumont, 1955, 354 p.
Vigier (Ph.) : *La Monarchie de Juillet.* Paris, P.U.F., 1972.
Villèle (Cte de) : *Mémoires et correspondance.* Paris, Perrin, 1888-1890, 5 vol. cf. T. IV, 540 p. et T. V., 504 p.
Villemessant (H. de) : *Mémoires d'un journaliste.* Paris, Dentu, 1867-1878, 6 vol. in-12.
Villeneuve (Mis de) : *Charles X et Louis XIX en exil. Mémoires inédits.* Paris, 1889, 317 p.
Vinçard (Aîné) : *Mémoires épisodiques d'un vieux chansonnier saint-simonien.* Paris, Dentu et Grassart, 1878, in-12, 319 p.
Vitrolles (baron de) : *Mémoires et relations politiques.* Paris, G. Charpentier, 1884, 3 vol. (cf. T. III). 2e éd. Gallimard, 1950-1952, 2 vol.

La crise franco-algérienne (1797-1830)

(Nous ne signalons, ci-dessous, que les principaux ouvrages et articles ayant directement un rapport avec la crise franco-algérienne sous ses différents aspects (créances Bacri-Busnach, coup d'éventail, rupture, blocus, expédition, conquête d'Alger, affaire du Trésor). Ces questions ont, parfois, été abordées dans les ouvrages figurant dans la bibliographie précédente, notamment dans les Journaux et Mémoires d'hommes d'État ou de militaires français (par exemple, de Villèle, de Damas, d'Haussez, Guernon-Ranville, Castellane, etc.). Nous avons exclu les innombrables « Histoire de l'Algérie » qui ne présentent aucun intérêt documentaire.)

Anonymes

Aperçu historique, statistique et topographique sur l'État d'Alger. Paris, 1830, in-16, VII-216 p. + atlas in-fol. obl.
Conquête d'Alger, racontée par un sergent de Zouaves. Paris, B. Renaud, 1844, in-12, 108 p. + pl.
Recueil des dépêches télégraphiques de l'Armée d'Afrique, et détails des victoires rem-

portées sur les Algériens... (suivi de) *Suite des détails sur la prise d'Alger.* Marseille, Typo. de H. Terrasson, s.d. (1830), 16 + 4 pp.

Rapports sur la prise de la ville d'Alger. Paris, Le Normant fils, impr., s.d. (1830), in-12, 20 p. pl.

Relation de la prise d'Alger par l'armée française, le 5 juillet 1830. Dijon, Impr. Brugnot, 1830, in-4°, 4 p.

Expédition d'Afrique. Prise d'Alger par l'armée française, le 5 juillet, à deux heures après-midi. Nouvelles officielles. Clermont-Ferrand, Impr. Veysset, s.d., (1830), in-4°, 2 f.

Dépêches télégraphiques. Premier et deuxième détails sur la prise d'Alger par capitulation. Paris, Demonville impr. s.d. (1830), 2 f.

Expédition d'Afrique. Armée française. Dépêches télégraphiques. Lyon, impr. de Brunet, 1830, in-4°, 2 f.

Histoire résumée de la guerre d'Alger. Paris, Corréard, 1830, 56 p.

Lettres d'un page du roi sur la campagne d'Alger, in Nouvelle Revue Rétrospective, T. XIX, 1903.

Procès-verbaux et rapports de la Commission... de 1833... Paris, Impr. Royale, 1834, 2 vol. in-4°, 476 + 539 p.

Recueil des actes du gouvernement de l'Algérie (1830-1854). Alger, Impr. du Gouvt, 1856, in-4°, VIII-1317 p.

Réfutation de l'ouvrage de Sidi Hamdan ben Othman Khodja. Paris, Everat, juin 1834, 59 p.

Sur la guerre actuelle avec la Régence d'Alger... Paris, mai 1830.

Extraits des enquêtes parlementaires anglaises sur les Questions de Banque. Enquête de mai 1832, publiés par Coullet et Juglar. Paris, Furne, 1865.

Initiation à l'Algérie (collectif, par Boyer, Esquer...). Paris, Maisonneuve, 1957, XII-422 p.

Histoire et historiens de l'Algérie (collectif, par Alazard, Esquer...). Paris, Alcan, 1931, 428 p.

Relation de l'embarquement de Hussein-Pacha, dernier dey d'Alger, à bord de la frégate la Jeanne d'Arc, de son séjour à bord et de son débarquement à Naples, in *Annales maritimes et coloniales,* 1831, 2e Partie, n° 1. Rééd. in *Carnet de la Sabretache,* 1930, 4e série, 3e vol., pp. 396-407.

(Ahmed Effendi) : *La prise d'Alger racontée par un Algérien.* Texte turc et traduction par Ottocar de Schlachta, in *J.A.*, n° 11, IX-X 1862, pp. 319-340.

Allard (M.) : *Considération sur la difficulté de coloniser la Régence d'Alger.* Paris, 1830.

Allut (P.A.) : *Expédition contre Alger* (par..., capitaine du 37e de ligne), in *Carnet de la Sabretache,* 1902, T. X.

Ault-Dumesnil (E. d') : *De l'Expédition d'Afrique en 1830.* Paris, Delaunay, 1832, IV-148 p. (Nlle éd. revue et augmentée sous le titre :) *Relation de l'expédition d'Afrique en 1830 et la conquête d'Alger.* Paris, Palmé, 1869, in-12, 519 p.

Aulard (A.) : *L'insulte faite au consul de France par le dey d'Alger en 1827.* in *Révol. franç.*, T. LXXVI, pp. 160-164.

Aumerat (J.-F.) : *Souvenirs algériens.* Blida, Impr. Maugin, 1898, in-12.

Azan (Gal) : *L'expédition d'Alger.* Paris, Plon, 1930, 230 p.

Azan (Gal) : *L'armée d'Afrique de 1830 à 1852.* Paris, Plon, 1936, in-4°, 524 p.

Azan (Gal) : *Les grands soldats coloniaux.* Orléans, Pigelet (1931), 124 p. (*Cahiers du Centenaire* n° 4).

Azan (Gal) : *Le rapport du marquis de Clermont-Tonnerre...* (de 1827) in *R.A.*, 3e et 4e trim. 1929, pp. 207-253.

Auzoux (A.) : *La mission Leisségue à Alger et à Tunis* in *R.E.N.*, 1918.

Bannister (S.) : *Appel en faveur d'Alger et de l'Afrique du Nord par un Anglais.* Paris, Dondey-Dupré, 1833, 30 p.

Bapst (S.) : *Le maréchal de Canrobert.* Paris, Plon, 1898, cf. T. I, XV-560 p.

Barbier et Prévost : *Sur la conquête d'Alger* (textes extraits des Mémoires d'Haussez et Guernon-Ranville). Rouen, Lecref, 1930, 145 p.

Barchou de Penhoen (baron) : *Mémoires d'un officier d'état-major. Expédition d'Afri-*

que. Paris, Charpentier, 1835, VIII-440 p. + 2 ff. d'errata (Reprint de cette édit. par Mégariotis, 1981).
Barchou de Penhoen (baron) : *Souvenirs de l'expédition d'Afrique* in *Revue des Deux Mondes,* 1832, T. V, pp. 641-698.
Barchou de Penhoen (baron) : *Étude sur le peuple kabyle* in *Journal de la Marine, des Colonies, des Consulats et des Voyages,* 1833, nov., p. 151 et sq.
[Bartillat (Mis de)] : *Coup d'œil sur la campagne d'Afrique en 1830, avec les pièces officielles* (publié sans nom d'auteur). Paris, Delaunay et Dentu, 1831, 200 p.
[Bartillat (Mis de)] : *Relation de la campagne d'Afrique en 1830...* Paris, Dentu, 1832, 2e éd., XII-225 p.
Bavoux (J.E.) : *Alger. Voyage politique et descriptif dans le nord de l'Afrique.* Paris, Brockhaus, 1841, 2 vol., 374 et 384 p.
(Bendjelloun) : *La prise d'Alger en 1830, d'après un écrivain musulman* trad. et publ. par L. Féraud, in *R.N.M.C.,* 1865, pp. 67-79.
Berbrugger (A.) : *L'Algérie historique, pittoresque et monumentale.* Paris, Delahaye, 1843, 3 vol. gr. in-fol. (pl. et notices).
Berbrugger (A.) : *Le 48e de Ligne en Afrique en 1830, et de 1837 à 1844.* Alger, Bastide, 1844, 66 p.
Berjaud (L.) : *Boutin, agent secret de Napoléon Ier...* Paris, Chambriand, 1950, 304 p.
Berque (J.) : *L'intérieur du Maghreb (XVe-XIXe siècle).* Paris, Gallimard, 1978, 552 p.
Berteuil (A.) : *L'Algérie française ; histoire, mœurs, coutumes, industrie, agriculture.* Paris, Dentu, 1856, 2 vol., 452 et 447 p.
Berenguer (A.) : *Le coup d'éventail* in *R.H.C.M.,* janv. 1970, no 8, pp. 63-73.
Berthezène (Gal) : *Dix-huit mois à Alger...* Montpellier, Impr. Ricard, 1834, 305 p.
Berthezène (Gal) : *Réponse à la lettre du lieutenant-général Loverdo...* Paris, 1834, 32 p.
Bianchi (T.-X.) : *Relation de l'arrivée dans la rade d'Alger de la « Provence ».* Paris, Lachevardière, 1830, 78 p.
Bidault (Th.) : *Souvenirs d'Alger* in *Revue de Paris* (première), 1830, T. I, pp. 113-119.
Boissy (A.) : *Réflexion d'un Français sur l'expédition d'Alger.* Paris, 1832.
Bonnafont (Dr J.-P.) : *Géographie médicale d'Alger et de ses environs.* Alger, Impr. du Gouvt, 1839, XV-171 p.
Bonnafont (Dr J.-P.) : *Douze ans en Algérie, 1830-1842.* Paris, Dentu, 1880, in-12, 380 p.
Bodichon (Dr E.) : *Considérations sur l'Algérie.* Paris, Comptoir central de la Librairie, 1849, VIII-151 p.
Bonnellier (H.) : *Mœurs d'Alger. Juives et Mauresques.* Paris, Sylvestre, 1833, 355 p.
Bourbon (prince Sixte de) : *La dernière conquête du roi. Alger 1830.* Paris, Calmann-Lévy, 1930, 2 vol. in-12, 272 et 228 p.
Boyer (P.) : *L'évolution de l'Algérie médiane.* Paris, Maisonneuve, 1960, XX-426 p.
Bosquet (P.F.J.) : *Lettres du maréchal Bosquet à sa mère (1829-1858).* Pau, Ribaut, 1877-1879, 4 vol. in-4o.
Bosquet (P.F.J.) : *Lettres du maréchal Bosquet à ses amis (1837-1860).* Pau, Ribaut, 1879, 2 vol. in-16.
Bosquet (P.F.J.) : *Lettres du maréchal Bosquet (1830-1858).* Paris, Berger-Levrault, 1894, VII-400 p.
(Bouderbah) : *Réflexions sur la colonisation d'Alger,* in *R.A.,* 2e Trim. 1913, pp. 220-244.
Bressonnet (M.) : *L'expédition d'Alger. Projets et inventions,* in *R.E.H.,* 1906.
Canal (J.) : *La conquête de l'Algérie,* in *B.S.G.O.,* 1899, pp. 1-24, 171-196, 308-353.
Carpentier (P.) : *Alger, le duc de Rovigo et M. Pichon...* Paris, Delaunay, 1838, VIII-48 p.
Carstensen (J.A.H.) (consul de Danemark à Alger) : *Rapport* publié par Berenguer, in *R.H.C.M.,* janv. 1970, no 8, pp. 63-73.
Cat (E.) : *Biographies algériennes* (Alger), Mustapha, Impr. de l'Algérie nouvelle, s.d., 249 p.
Cat (E.) : *Précis d'histoire de l'Algérie française.* Alger, Jourdan, 1890, in-12, XVII-

397 p.
Caze (F.) : *Notice sur Alger.* Paris, Locquin, 1831, 38 p.
Cavaignac (E.) : *La Régence d'Alger (Notes sur l'occupation).* Paris, Magen, 1839, 245 p.
Changarnier (Gal) : *Campagnes d'Afrique. Souvenirs (du gal...).* Paris, Berger-Levrault, 1930, XVIII-328 p.
Chasseriau (F.) : *Vie de l'amiral Duperré.* Paris, Impr. nationale, 1848, VII-531 p.
Chennechot (J.) : *Histoire résumée de la guerre d'Alger.* Paris, Correard, 1830, 56 p.
Christian (P.) : *L'Afrique française.* Paris, Barbier, 1846, 499 p.
Chouraqui (A.) : *Les Juifs d'Afrique du Nord.* Paris, P.U.F., 1952, 399 p.
[Clauzel (Gal)] : *Observations du Gal Clauzel sur quelques actes de son commandement à Alger.* Paris, Denain, 1831, 164 p.
[Clauzel (Gal)] : *Correspondance du Maréchal Clauzel.* Paris, Larose, 1949-1950, 2 vol., in-4°, 310 et 640 p.
Contremoulins (M.) : *Souvenirs d'un officier français prisonnier en Barbarie.* Paris, Anselin, 1830, IX-44 p.
Collection des actes du gouvernement depuis l'occupation d'Alger jusqu'au 1er octobre 1834. Alger, Impr. du Gouvt, 1834, 331 p. 2e éd. 1838.
Combaluzier (F.) : *L'organisation du culte catholique à Alger (1830-38)* in *R.H. des Missions,* juin 1930, pp. 161-187 et 263-295.
Cossé-Brissac (Ph. de) : *Les rapports de la France et du Maroc pendant la conquête de l'Algérie (1830-1847).* Paris, Larose, 1931, in-4°, 176 p.
Cruveiller : *Notice sur la conquête d'Alger.* Alger, Jourdan, 1912, 39 p.
Daumas (Gal) : *Mœurs et coutumes de l'Algérie.* Paris, Hachette, 1853, in-16, 391 p.
Darcy (J.) : *France et Angleterre : cent ans de rivalités coloniales.* Paris, Perrin et Cie, 1904, Tome 1, 488 p.
Dechaud (A.) : *La marine à la prise d'Alger,* in *R.M.C.,* 1906, T. 170-171.
Delort (Lt-Gal) : *Notes sur l'ouvrage du général Berthezène intitulé « Dix-huit mois à Alger »...* Paris, Bourdon, 1834, VII-81 p.
Demontès (V.) : *Le général Clauzel,* in *B.S.G.A.,* 1904, pp. 91-150 et 353-423.
Demontès (V.) : *Trois ans d'exil et d'intrigues. Le dey Hussein en Italie,* in *B.S.G.A.,* 1905, pp. 120-151.
Demontès (V.) : *Papiers du général Berthezène...* Paris, Larose, 1918, 311 p.
Denniée (baron) : *Précis historique et administratif de la campagne d'Afrique.* Paris, Delaunay, 1831, 219 p.
Derrecagaix (Gal) : *Le maréchal Pélissier, duc de Malakoff.* Paris, 1911, 638 p.
Desparmet (C.) : *L'entrée des Français à Alger,* in *R.A.,* 3e-4e Trim. 1930, pp. 225-256.
[Desprez (Gal)] : *Journal d'un officier de l'armée d'Afrique.* Paris, Anselin, 1831, 320 p.
(Desprez Gal) : *Quelques mots sur le Trésor d'Alger.* Paris, Impr. Dondey-Dupré, (1830), 16 p.
Desprez (Ch.) : *Alger naguère et maintenant.* Alger, Impr. Maréchal, 1868, in-18.
Dieuzaide (V.) : *Histoire de l'Algérie (1830-1878).* Oran, Heintz, 1880-1882, 2 vol., VIII-480 et 459 p.
Dopigez (abbé) : *Souvenirs de l'Algérie et de la France méridionale.* Douai, Adam, 1840, 394 p.
Douin (G.) : *Mohammed-Ali et l'expédition d'Alger.* Le Caire, Pub. de la S.R.G. d'Egypte, 1930, in-4°, XCII-294 p.
Du Barail (Gal) : *Mes souvenirs.* Paris, Plon, 1894, 3 vol., cf. T I, 452 p.
(Duperré, amiral) : *Réfutation de plusieurs passages du Journal d'un officier de l'Armée d'Afrique* (Desprez), in *Annales maritimes,* 1831, 2e partie, T. II, pp. 333.
Dupetit-Thouars (aml) : *Dupetit-Thouars et l'expédition d'Alger,* in *Revue des Deux Mondes,* 1er nov. 1929, pp. 84-121.
Dupin de Saint-André : *l'Amiral Duperré et l'expédition d'Alger,* in *R.M.C.,* 1881, T. 69.
Dupuy (A.) : *La lutte entre les prélats et les gouverneurs algériens de 1830 à 1870,* in *Rev. Socialiste,* mars 1956, pp. 237-247 et avril, pp. 345-359.

Emerit (M.) : *L'Algérie à l'époque d'Abd-el-Kader.* Paris, Larose, 1951, 302 p.
Emerit (M.) : *Les mémoires d'Ahmed, dernier bey de Constantine,* in *R.A.*, 1er-2e Trim. 1949, pp. 65-125.
Emerit (M.) : *L'état intellectuel et moral de l'Algérie en 1830,* in *R.H.M.C.*, VII-IX 1954, pp. 201-212.
Emerit (M.) : *Une cause de l'expédition d'Alger. Le trésor de la Casbah* in *Actes du LXXIXe Congrès des Sociétés savantes, Histoire de l'Algérie,* Alger, 1954, pp. 5-22.
Emerit (M.) : *La situation économique de la Régence d'Alger en 1830,* in *l'Infor. hist.*, nov.-déc. 1952, pp. 169-172.
Emerit (M.) : *La lutte entre les généraux et les prêtres au début de l'Algérie française,* in *R.A.*., 1er-2e trim. 1953, pp. 66-97.
Eisenbeth (M.) : *Les Juifs en Algérie, esquisse historique depuis les origines jusqu'à nos jours.* Paris, I.E.C.M., 1937.
Eisenbeth (M.) : *Le judaïsme nord-africain. Études démographiques sur les Israélites du dépt de Constantine.* Constantine, Éd. P. Braham, 1931, IX-285-II p.
Ernest-Picard (P.) : *La monnaie et le crédit en Algérie depuis 1830.* Alger, J. Carbonel - Paris, Libr. Plon, 1930, 436 p. in-4o.
Esquer (G.) : *Les commencements d'un empire. La prise d'Alger (1830).* Paris, nlle éd., Larose, 1929, 570 p.
Esquer (G.) : *Iconographie historique de l'Algérie depuis le XVIe siècle jusqu'à 1870.* Paris, Plon, 1929, 3 cartons grand in-fol.
Esquer (G.) : *Reconnaissance des villes, forts et batteries d'Alger par le chef de bataillon Boutin (1808),* suivis des *Mémoires sur Alger par les consuls de Kercy (1791) et Dubois-Thainville (1809).* Alger, Carbonel, 1927, XXX-158 p. + Atlas.
Esquer (G.) : *Les débuts de l'administration civile à Alger. Le personnel,* in *R.A.*, 3e trim. 1912, pp. 301-338.
Esquer (G.) : *Les débuts de la presse algérienne,* in *R.A.* 3e-4e Trim. 1929, pp. 254-318.
Esquer (G.) : *Les poètes et l'expédition d'Alger,* in *R.A.*, 1er Trim. 1919, pp. 3-26.
Estancelin : *Coup d'œil sur la conquête et la possession d'Alger.* Paris, Malteste, 1838, 30 p.
Estre (H. d') : *Les conquérants de l'Algérie.* Paris, Berger-Levrault, 1930, VIII-244 p.
Estre (H. d') : *Bourmont, la chouannerie, les Cent Jours, la Conquête d'Alger.* Paris, Plon, 1934, 282 p.
Faré (H.) : *Un fonctionnaire d'autrefois. D.F. Lafaurie (1786-1876).* Paris, Plon, 1883, 257 p.
Faucon (N.) : *Le Livre d'or de l'Algérie.* Paris, Challamel, 1889, T. I, XXIII-617 p.
Féraud (Ch.) : *Les interprètes de l'armée d'Afrique.* Alger, Jourdan, 1876, 479 p.
Fernel (Comt) : *Campagne d'Afrique en 1830.* Paris, Barrois, 1831, 2e éd., XIV, 189 p.
Feydeau (E.) : *Alger.* Paris, Lévy, 1862, XI-285 p.
Fillias (Ach.) : *Histoire de la conquête et de la colonisation de l'Algérie (1830-1860).* Paris, A. de Vresse, 1860, 456 p.
Firino (D.) : *La famille Firino. Le payeur général Firino.* Paris, H. Champion, 1927. XX-487 p.
Flandin (J.-B.) : *Prise de possession des Trésors d'Alger. Réponse au Mémoire...* Paris, chez Féret, libr.-éditeur, 1835, in-4o, 104 p.
Flandin (J.-B.) : *Prise de possession des Trésors d'Alger. Requête...* Paris, Impr. de Jules Didot l'Aîné, s.d. (1835), in-4o, 32 p.
Flandin (J.-B.) : *Notice sur la prise de possession des Trésors de la Régence d'Alger.* Paris, Impr. Chassaignon, 1848, in-16, 44 p.
Flassan (G. de) : *Opinion de la querelle de la France avec Alger.* Paris, Vinchon, 1830, 16 p.
Fleury : *Effemi. Souvenir de la guerre d'Alger,* in *l'Artiste,* 1832, T. III, pp. 287-290.
Fontaine de Resbecq : *Alger et les côtes d'Afrique.* Paris, Gaume, 1837, in-18.
Fournier (Ed.) : *Variétés littéraires et historiques.* Paris, Jannet T. IX, 1859, 259 pp.
Franc (J.) : *L'histoire de la colonisation de l'Algérie. Les sources d'archives.* Alger, Pfeiffer et Assant, 1928, 159 p.

Frémond : *Les payeurs d'armées.* Paris, Plon, Nourrit, 1906, T. I, 649 p.
Friès (J.) : *Onze années d'esclavage chez les Kabyles.* Alger, Bastide, 1846, in-12, 26 p.
Gasparin (Ag. de) : *La France doit-elle conserver Alger ?* Paris, Plon, 1835, 72 p.
Gaudin (A.) : *Nouveaux documents sur la conquête d'Alger par les Français.* Paris, Duprat, 1864.
Gautherot (G.) : *L'amiral Duperré et Bourmont,* in *R.H.C.F.*, 1922.
Gautherot (G.) : *Un gentilhomme de grand chemin. Le maréchel de Bourmont (1773-1846).* Paris, P.U.F., 1926, 480 p.
Gautherot (G.) : *La conquête d'Alger.* Paris, Payot, 1929, 208 p.
Genty de Bussy : *De l'établissement des Français dans la Régence d'Alger...* Paris, Didot, 2e éd., 1839, XII-455 et 499 p.
Genty de Bussy : *De l'intendance militaire et de son organisation.* Alger, Impr. du Gouvt, 1834, 129 p.
Gossez (A.M.) : *Un adversaire de la colonisation en Algérie : A. Desjobert,* in *Révol. 1848,* mars-mai 1930, pp. 26-43.
Gournerie (D. de la) : *La Béarnaise. Episodes des guerres d'Afrique.* Paris, 1834.
Grandin (Comt) : *Les grands soldats coloniaux.* Paris, Jonquières, 1931, in-4°, 442 p.
Gsell, Marçais, Yver : *Histoire de l'Algérie.* Paris, Boivin, 1927, in-12, VI-327 p.
(Gudin) : *Mémoires du baron Gudin (1820-1870).* Paris, Plon-Nourrit, 1921, in-12, 241 p.
Guenoun (L.) : *L'organisation de la justice en Algérie de 1830 à 1834.* Alger, *Actes de la IIe Conf. des Soc. Hist.*, 1932, pp. 211-242.
(Guerey) : *Le Trésor d'Alger en 1791,* in *Feuillets d'El-Djezaïr,* par Klein, T. VI.
Guiral (P.) : *Marseille et l'Algérie (1830-1841).* Gap., Éd. Ophrys, 1957., 252 p.
Guiral (P.) : *L'opinion marseillaise et les débuts de l'entreprise d'Alger (1830-1841) ;* in *R.H.*, juil.-sept. 1955, pp. 9-34.
Guiral (P.) : *La presse française et la conquête (1830-1848)* in *Bull. Soc. Hist. Mod.*, 12e Série, n° 19 et 20, pp. 7-13.
Hain (V.A.) : *A la nation sur Alger.* Paris, chez les Marchands de Nouveautés, 1832, 147 p.
Hamdane Ben Othman Khodja : *Miroir, ou Aperçu historique et statistique sur la Régence d'Alger.* Paris, Goetschy, 1833, IV-456 p.
Hamdane Ben Othman Khodja : *Réponse à la réfutation* (de son ouvrage). Paris, Dezauche, 1834, 12 P.
Hildesheimer (Fr.) : *Grandeur et décadence de la maison Bacri de Marseille,* in *R.E.J.*, T. CXXXVI, juil-déc. 1977, fasc. 3-4, 389-413.
Hornoy (de Dompierre d') : *Après la « Conquête d'Alger ». Le rôle de la Marine.* Paris, Soc. d'Éd. de Paris, (1930), 1 f + 195 (1) p.
Hugonnet (L.) : *La crise algérienne et la démocratie.* Paris, Lechevalier, 1868, 95 p.
Isnard (H.) : *Le Sahel d'Alger en 1830,* in *R.A.*, 1937, pp. 587-596.
Isnard (H.) : *L'état économique de la Mitidja en 1830,* in *R.A.*, n° H.S., 1938, pp. 717-725.
Jal (A.) : *Une visite au dey d'Alger* in *Revue de Paris,* T. XXX, sept. 1831, pp. 36-52.
Jal (A.) : *Détails sur Hussein,* in *Revue de Paris,* T. XXXI, oct. 1831, pp. 291-311.
Jal (A.) : *Papiers* (de A. Jal). Manuscrits à la B.N., Manus. français, Nouvelles acquisitions, 9 444 à 9 503.
Juchereau de Saint-Denys (A.) : *Considérations statistiques, historiques, militaires et politiques sur la Régence d'Alger.* Paris, Delaunay, 1839, VIII-328 p.
Julien (Ch.-A.) : *Marseille et la question d'Alger à la veille de la conquête,* in *R.A.*, 1er trim. 1919, pp. 16-61.
Julien (Ch.-A.) : *L'opposition et la guerre d'Alger à la veille de la conquête,* in *B.S.G.O.*, 1er trim. 1921, pp. 21-44.
Julien (Ch.-A.) : *La question d'Alger devant les Chambres sous la Restauration,* in *R.A.*, 1922, pp. 270-305 et 425-456.
Julien (Ch.-A.) : *La question d'Alger devant l'opinion de 1827 à 1830,* in B.S.G.O., 3e-4e trim. 1922, pp. 225-258.
Julien (Ch.-A.) : *Un médecin romantique interprète et professeur d'arabe : Eusèbe de Salles,* in *R.A.*, 1924, pp. 472-529 ; 1925, pp. 119-322.

Julien (Ch.-A.) : *Histoire de l'Algérie contemporaine. T. I : Conquête et colonisation.* Paris, P.U.F., 3e éd., 1979. 632 p.
Kellermann (E.) : *Question d'Alger.* Paris, 1841. (Publiée in *La Quotidienne,* 15 mai 1841).
Kerviler (J.) : *Souvenirs d'un vieux capitaine de frégate.* Paris, Champion, 1895 (cf. IIe Série).
Klein (H.) : *Le vieil Alger et l'occupation militaire française.* Alger, Fontana, 1910, 33 p.
Klein (H.) : *Souvenirs de l'ancien et du nouvel Alger.* Alger, Fontana, 1913, 116 p.
Klein (H.) : *Les rues de l'ancien et du nouvel Alger.* Alger, Fontana, 1913, 142 p.
Klein (H.) : *Alger à fleur d'histoire.* Alger, Léon, 1920, 36 p.
Kuran (E.) : *La lettre du dernier dey d'Alger au grand Vizir de l'empire ottoman,* in *R.A.,* 1er-2e Trim. 1952, pp. 188-195.
Laborde (A. de) : *Au Roi et aux Chambres sur les véritables causes de la rupture avec Alger et sur l'expédition qui se prépare.* Paris, chez Truchy, libr., 1830, VI-111 p. 2 cart., + Pièces à l'appui, LX p.
Lacroix (Dr A.) : *Esquisse historique et médicale de l'expédition d'Afrique de 1830 par un officier de santé...* Paris, Firmin-Didot, 1831, 130 p. + pl.
Lacuée (baron) : *Opinion sur la colonisation d'Alger.* Agen, Quillot, 1831, 95 p.
Ladimir (J.) : *La guerre d'Afrique depuis la conquête d'Alger...* Paris, Renault, 1859, 431 p.
Lannoy (A.) : *Études artistiques de la Régence d'Alger.* Paris, 1837.
Lacheraf (M.) : *L'Algérie : nation et société.* Paris, F. Maspero, 1965, 349 p.
Lauvergne (Dr H.) : *Histoire de l'expédition d'Alger en 1830 ou mémoires historiques...* Paris, Béchet, 1831, VIII-267 p.
Laye (Y.) : *Le port d'Alger, le passé, le présent, l'avenir.* Alger, Impr. Rives 1951, 395 p.
Laroui (A.) : *L'histoire du Maghreb. Un essai de synthèse.* Paris, F. Maspero, 1970, 390 p.
Lemarchand (E.) : *L'Europe et la conquête d'Alger.* Paris, Perrin, 1913, VIII-340 p.
La Gorce (P. de) : *La conquête de l'Algérie.* Paris, Flammarion, 1934, 125 p.
Lespès (R.) : *Alger. Étude de géographie et d'histoire urbaines.* Paris, Alcan, 1930, in-4°, 860 p.
Lessore et Wyd : *Voyage pittoresque dans la Régence d'Alger pendant l'année 1833.* Paris, Motte, 1835, 51 pl. avec notices, gr. fol.
Leynardier et Clausel : *Histoire de l'Algérie française.* Paris, Morel, 1846, 2 vol. 412 et 396 p.
Loevenbruck et Hellin : *Les cahiers du sergent Walter.* Paris, Tallandier, 1930, in-12, 255 p.
Lomon (A.) : *Souvenirs de l'Algérie. Captivité de l'amiral Bonard et de l'amiral Bruat.* Paris, Coll. Hetzel, E. Jung-Treuttel, s.d. (1863), in-12, XVI-209 p.
Loverdo (Gal) : *Extrait du journal d'un officier supérieur...* Paris, Anselin, 1831, 91 p.
Loverdo (Gal) : *De la Régence d'Alger...* in le *Spectateur militaire,* 1833, et Paris, Anselin, 1833, 36 p.
Loverdo (Gal) : *Lettre à M. le lieutenant-général Berthezène... Réponse de Berthezène... Réfutation de* (la réponse)... Paris, Renouard, 1834, 11 + 32 pp.
Lugan (J.) : *Une mission à Tunis,* in *Revue de Paris,* nlle Série, 1836, T. XXIX, XXXI et XXXII.
Marmier (X.) : *Lettres sur Alger.* Paris, A. Bertrand, 1847, in-12, XLI-312 p.
Marmier (J.) : *Sur Alger.* Paris, Anselin, 1830, 29 p.
Mac Mahon (Gal) : *Mémoires. Souvenirs d'Algérie.* Paris, Libr. Plon, 1932, XVI-340 p.
Mantran (R.) : *Le statut de l'Algérie, de la Tunisie et de la Tripolitaine dans l'Empire ottoman,* in *Atti Congr. intern. di Studi Nord-Africain,* 1965, pp. 205-216.
Martin (Cl.) : *Les Israélites d'Algérie.* Paris, Éd. Héraklès, 1936, 390 p.
Masson (P.) : *A la veille d'une conquête. Concessions et Compagnies d'Afrique (1800-1830),* in *Comité des Travaux historiques et scientifiques. Bulletin de Géogra-*

phie historique et descriptive. Paris, Impr. Nle, E. Leroux édit., 1909, pp. 48-124.
Masson (P.) : *Marseille et la colonisation française. Essai d'histoire coloniale.* Marseille, Barlatier, 1906, 589 p.
Masson (P.) : *Marseille depuis 1789. Études historiques.* Marseille, Hachette, 1921, T. 1, pp. 473-561.
Matterer (Cap. de frégate) : *Journal de la Prise d'Alger,* présenté et commenté par P. Jullien. Paris, Éd. de Paris, 1960, 205 p.
Merle (J.-T.) : *Anecdotes historiques et politiques pour servir à l'histoire de la conquête d'Alger en 1830.* Paris, G.-A. Dentu, 1831, XVI-317 p., plans et pl. Rééd. : *La prise d'Alger racontée par un témoin. Préface et notes de H. d'Alméras.* Paris, H. Jonquières, coll. Jadis et Naguère, 1930, LXIXI-181 p.
Merle (J.-T.) : *Anecdotes,* in *l'Artiste,* T. II, p. 69-70.
Modica (M.) : *Le rôle du comte Dattili della Torre,* in *B.S.G.A.* 1914, pp. 73-102, et Alger, Bastide, 1921.
Montagne (D.-J.) : *Avantages pour la France de coloniser Alger.* Paris, Delaunay, 1831.
Montpezat (Mis de) : *De la domination française en Algérie.* Paris, Plon, 1865, 29 p.
Montrond (Cap.) : *Histoire de la conquête d'Algérie (1830 à 1847).* Paris, Marc Aurel, 1847, 2 vol. 435 et 448 p.
Nettement (A.) : *Histoire de la conquête d'Alger.* Paris, Lecoffre, 1856, VIII-667 p.
Martin (Cl.) : *Histoire de l'Algérie française 1830-1962.* Paris, Éd. des 4 Fils Aymon, 1963, 508 p. Paris, 1979, 2 vol.
Noguères (H.) : *L'Expédition d'Alger 1830.* Paris, Julliard, 1962, 471 p. 2e Éd. Cercle du Bibliophile, s.d., 475 p., ill.
Nouschi (A.) : *Enquête sur le niveau de vie des populations constantinoises, de la conquête jusqu'en 1919.* Paris, P.U.F., 1961, LXXIII-767 p.
[Pélissier (cap.)] : *Mémoire sur les opérations de l'armée française sur la côte d'Afrique depuis le 14 juin, jour du débarquement, jusqu'à la prise d'Alger le 5 juillet 1830, par un capitaine de l'état-major général...* Alger, Typ. Duclaux, 1863, 178 p.
Pellissier de Reynaud (E.) : *Annales algériennes.* Paris, Anselin, 1836-1839, 3 vol. XV-376, 472 et 500 p. 2e éd. Paris, Dumaine, Alger, Bastide, 1854, 3 vol., VII-478, 517 et 535 p.
Pellissier de Reynaud (E.) : *Lettre à M. Desjobert sur la question d'Alger.* Alger, Impr. du Gouvt, 1837, 18 p.
Perrot (A.M.) : *La conquête d'Alger.* Paris, Langlois, 1830, LX-145 p.
Persat (Commt) : *Mémoires du commandant Persat, 1806 à 1844.* Publié avec une introduction et des notes de G. Schlumberger. Paris, Plon-Nourrit, 1910, XXX-a-i, 367 p.
Petiet (colonel) : *Journal historique de la 3e Division de l'armée d'Afrique.* Paris, Selligne, 1830, 31 p.
Petiet (colonel) : *Journal historique de la 3e Div. de l'Armée d'Af.* Paris, s.n. (*Spectateur militaire*), 1835, XII-196 p.
Pfeiffer (F.-S.) : *Meine Reisen und meine fünfjährige Gefangenschaft in Algier... Giessen, Druck der hassenschen Buchdruckerei,* 1832, VII-247 p. Partiellement traduit par Michiels, la *Prise d'Alger vue par un captif...,* in *R.A.,* 1875-1876.
Pharaon (F.) : *Épisode de la conquête. Cathédrale et mosquée.* Paris, Lahure, 1880, in-12, 71 p.
Pichon (L.A.) : *Alger sous la domination française. Son état présent et son avenir.* Paris, Barrois, 1833, XXI-509 p.
Pichot (cap.) : *Souvenirs et lettres de garnison et de campagne.* Paris, *Carnet de la Sabretache,* t.p. s.d., 160 p.
Piesse : *Itinéraire historique et descriptif de l'Algérie.* Paris, Hachette, 1862, in-18, CLXXXVII-511 p.
Pingaud : *Le projet Polignac...* in *R.H.D.,* 1900, pp. 402-409.
Piquet (cap. V.) : *Campagnes d'Afrique (1830-1910).* Paris, Lavauzelle, s.d., in-16.
Plantet (E.) : *Correspondance des deys d'Alger avec la cour de France.* Paris, Alcan, 1889, 2 vol., LXXV-560 et 619 p.
Poirson : *Expédition d'Afrique en 1830.* Strasbourg, Simon, 1830.

Primaudaie (E. de la) : *Commerce et navigation de l'Algérie...* Paris, Lahure, 1860, 329 p.
Quatrebarbes (Th.) : *Souvenirs de la campagne d'Afrique...* Angers - Paris, Dentu, 1831, 2e éd., 142 p.
Quesnoy (Dr F.) : *L'armée d'Afrique depuis la conquête.* Paris, Jouvert, 1888, in-12, X-335 p.
Raynal (P.) : *L'expédition d'Alger (1830). Lettres d'un témoin.* Paris, S.E.G., 1930, XIV-153 p.
Raynal (P.) : *De la domination française en Afrique...* Paris, 1832, 154 p.
Réveillé de Beauregard : *1830. Relation des événements se rapportant à l'expédition d'Alger...* Aix, Impr. Nicot, 1890, 44 p.
Rimbault (P.) : *Alger 1830-1930. Les grandes figures du Centenaire.* Paris, Larose, 1929, 276 p.
Roquerol : *Expédition de 1830. Rôle et organisation de l'artillerie.* Paris, 1894.
Rousset (C.) : *La conquête d'Alger.* Paris, Plon, 291 p.
Rovigo (Savary, duc de) : *Correspondance.* Paris, Champion, 1914-1924, 4 vol., 694-580-642 et 74 p.
Royer (C.) : *Vue du royaume d'Alger.* Agen, Noubel, 1830, in-12.
Rozet (C.A.) : *Relation de la guerre d'Afrique pendant les années 1830 et 1831.* Paris, Firmin Didot, 1832, 2 vol. VIII-392-419 p.
Rozet (C.A.) : *Voyage dans la Régence d'Alger...* Paris, A. Bertrand, 1833, 3 vol., XV-286-326 et 439 p. + Atlas.
Rozet (C.A.) et Carette : *L'Algérie.* Paris, Firmin Didot, Collect. *l'Univers,* 1862, 32-347 p.
Rumigny (Gal) : *Essai sur la province d'Alger,* in *Spectateur militaire,* 1841, 41 p.
Sahli (M.C.) : *Décoloniser l'histoire. Introduction à l'histoire du Maghreb.* Paris, Maspero, 1965, in-18, 148 p.
Saidouni (N.) : *Le blocus d'Alger (1827-1830)* in *R.H.M.*, janv. 1976, nº 5, pp. 35-44 *(en arabe).*
Saidouni (N.) : *La Trésorerie algérienne (1800-1830)* in *R.H.M.*, janv. 1975, nº 3, pp. 18-29 *(en arabe).*
Salles (E. de) : *Ali le Renard ou la Conquête d'Alger (1830).* Paris, Gosselin, 1832, 2 vol. VIII-464 et 460 p.
Salles (E. de) et Vincent : *Les finances d'Alger* in *Revue de Paris,* T. 32, 1832, pp. 130-135.
[Salles (E. de)] : *Sur le roman à clefs de Salles,* par Fleuriot de Langle, in *Revue méditerranéenne,* nov. 1929.
Serres (J.) : *La politique turque sous la monarchie de Juillet.* Paris, Geuthner, 1925, XXIV-392 p.
Serval (D.) : *La ténébreuse histoire de la prise d'Alger.* Paris, Table Ronde, 1980, 2e éd. 313 p.
(Schultze, consul de Suède à Alger) : *Rapports officiels...* publiés par le père Berenguer, in *R.H.C.M.*, nº 4, janv. 1968, pp. 35-49.
Sismondi (de) : *De l'expédition contre Alger,* in *Rev. encyclo.*, mai 1830, T. XLVI, pp. 273-296.
Soult (Mal) : *Correspondance avec Louis-Philippe.* Paris, Plon, (1959), 306 p.
Temimi (A.) : *Le beylik de Constantine et Hadj Ahmed Bey (1830-1837).* Tunis, Publ. de la *R.H.M.*, 1978, 303 p.
Temimi (A.) : *Recherches et documents d'histoire maghrébine. L'Algérie, la Tunisie et la Tripolitaine (1816-1871).* Tunis, Publ. de la *R.H.M.*, 1980, 2e éd. remaniée, 205 p.
Temimi (A.) : *L'Activité de Hamdan Khudja à Paris et à Istanbul...* in *R.H.M.*, nº 7-8, janv. 1977, pp. 234-243.
Thibaut (E.) : *Notice statistique et historique sur le royaume et la ville d'Alger,* Paris, 1830.
Thierry (M.) : *Notices sur la Corse et en Grèce, suivies d'un Coup d'œil rapide sur l'expédition d'Afrique.* Paris, 1832, in-16, 142 p.
[Torre (comte Dattili della, consul de Sardaigne à Alger)] : *Rapport...* publié par

l'abbé Berenguer, in *R.H.C.M.*, pp. 86-94.
Touchard et Lacoste : *Histoire de la gendarmerie d'Afrique (1830-1860).* Alger, Dubos, 1860, VI-554 p.
Valazé (Gal) : *Notes journalières,* in *R.A.*, T. 36 ; 1892, pp. 129-148. Tiré à part, Jourdan, 22 p.
Valet (R.) : *L'Afrique du Nord devant le Parlement au XIX*e *siècle.* Paris, Champion, 1924, 256 p.
Valmy (duc de) : *Question d'Alger. Histoire des négociations.* Paris, Proux, 1841.
Valynselles (J.) : *Les maréchaux de la Restauration et de la Monarchie de Juillet.* Paris, chez l'auteur, 1962, XVIII-435 p.
Vidal (C.) : *Le royaume de Naples et l'expédition d'Alger,* in *R.H.D.*, 1954, n° oct-déc. 22 p.
Vidal (C.) : *La conquête d'Alger et le Royaume de Sardaigne,* in *Bollettino storico bibliog.*, 1959, juin-juil., fasc. 1-2.
(Villeneuve-Bargemon, cap. de vaisseau) : *L'expédition d'Alger vue par un marin, le cap...* in *Carnet de la Sabretache,* 1930, 4e Série, troisième volume, pp. 336-374 + Pièces annexes, 375-386.
Vigny (A.) : *Anecdotes historiques et politiques sur Alger...* in *Revue des Deux Mondes,* 1831, T. III, 477-487.
Volland (baron) : *Notice sur le mode de gouvernement provisoirement établi dans le royaume d'Alger.* Alger, Litho. du Gouvt, 1831, in-4°, 123 p.
Yacono (X.) : *Un siècle de franc-maçonnerie algérienne (1785-1884).* Paris, Maisonneuve et Larose, 1969, 319 p.
Yacono (X.) : *La véritable histoire du coup d'éventail,* in *l'Algérianiste,* 1980, Nlle Série, n° 10, pp. 8-22.
Yver (G.) : *Si Hamdan ben Othman,* in *R.A.*, 1913, pp. 96-138.
Yvert (E.) : *Épitre royaliste à un officier de l'expédition d'Alger.* Paris, 1830, 20 p.

Index des noms cités

A.I.
le 25 février 1985

Cet ouvrage a été composé par A-P-S (Tours)
et imprimé par la S.E.P.C. à Saint-Amand-Montrond (Cher)
pour le compte des éditions Balland

Achevé d'imprimer le 25 février 1985

ISBN : 2.7158.0519.5
F2 6529

Dépôt légal : février 1985.
N° d'impression : 385.

Imprimé en France